香港政制發展資料彙編（一）

港英時期及起草《基本法》

責任編輯	李玥展
書籍設計	吳冠曼

書　　名	香港政制發展資料彙編（一）：港英時期及起草《基本法》
編　　者	強世功
出　　版	三聯書店（香港）有限公司
	香港北角英皇道 499 號北角工業大廈 20 樓
	Joint Publishing (H.K.) Co., Ltd.
	20/F., North Point Industrial Building,
	499 King's Road, North Point, Hong Kong
香港發行	香港聯合書刊物流有限公司
	香港新界大埔汀麗路 36 號 3 字樓
印　　刷	中華商務彩色印刷有限公司
	香港新界大埔汀麗路 36 號 14 字樓
版　　次	2015 年 6 月香港第一版第一次印刷
規　　格	16 開（185 mm × 260 mm）536 面
國際書號	ISBN 978-962-04-3657-4

© 2015 Joint Publishing (H.K.) Co., Ltd.

Published in Hong Kong

香港政制發展資料彙編（一）

港英時期及起草《基本法》

——

強世功

三聯書店（香港）有限公司

前 言

　　隨著香港特區政府提出行政長官普選辦法的方案，香港政制發展進入一個關鍵階段。政制發展這個概念雖然直接源於《基本法》規定，即行政長官及立法會全體議員的產生辦法按照香港的實際情況，循序漸進至最終由普選產生，但如果我們把它的內涵擴大到任何憲制安排的更改，則它並非新鮮事物。事實上，早在英國對香港實行殖民統治伊始，就有了關於修改立法局組成辦法的辯論。在英國統治時期，這種辯論雖然高潮與低谷交織，但一直延續，直到 97 香港回歸祖國。為了便於研究人員與普通讀者系統認識、了解及研究香港政制發展問題的歷史與現狀，我們選編了有關的權威資料，包括憲制法律的規定、政府報告、相關政府官員的發言等，時間跨度自英國佔領香港伊始至目前特區政府提出的普選辦法方案，以期全面反映香港政制發展問題的來龍去脈。

　　本書分為一、二兩冊。第一冊共七章，涵蓋港英時期的政制發展及《基本法》對特區政制安排的規定，內容包括港英時期的憲制性法律、對修改立法局組成辦法的辯論，上世紀 60 年代開始的地方行政改革，上世紀 80 年代開始的代議政制改革，以及中英雙方對未來特區政制安排的協商與爭拗等。第二冊共六章，以香港回歸後政制發展的若干重要階段為線索，全面收集整理了每個階段的重要文獻，內容包括特區政府的諮詢文件及報告，全國人民代表大會常務委員會的解釋、決定及其相關說明，中央及特區政府相關官員的發言。全書文獻編排既考慮時間順序，又兼顧主題。為了便於讀者對每一章的文獻有全面的理解與把握，我們在每一章開始處撰寫了導讀，扼要介紹在本章所涵蓋的時間跨度與主題下，有關政制發展的背景以及所選各篇文獻的內容。需要向讀者說明的是，香港的政制發展還沒有最終解決。現時有關 2017 年普選行政長官的問題即將進入“第三部曲”，無論最後是否可以在 2017 年實現行政長官的普選產生，肯定還會出現有關政制發展的大量文獻。這些文獻我們會在本書的再版修訂過程中予以收錄。由於時間跨度大，資料繁雜，選編文獻難免有錯漏不足之處，還望讀者指正，所有可能的錯誤由編者承擔責任。

本書的編輯獲全國人民代表大會常務委員會港澳基本法委員會的課題支持，香港敏華控股有限公司也給予特別支持，特此致謝。北京大學法學院易軍、楊坤和陳卓等同學先後協助收集相關資料，並承擔錄入、排版及校對工作，劉天驕同學協助翻譯了第二章的部分文獻，感謝他們的辛勞和付出。本書收錄的部分文獻已獲香港特別行政區政府新聞處、香港特別行政區立法會及香港特別行政區政府政制及內地事務局授權使用，一併致謝。

編者

2015 年 5 月

目 錄

第三章 地方行政改革

第四章 代議政制改革

第五章 未來特區的政制安排與順利銜接

第六章 "直通車"停駛：中英關於政制發展的爭論

第七章 "另起爐灶"：特區臨時立法會與第一屆立法會的產生辦法

第 一 章

憲制法律

　　與英國無成文憲法的憲政制度不同，香港作為英國的殖民地，擁有成文的憲制法律 ——《英皇制誥》（Letters Patent，1843 年的《英皇制誥》以 The Hong Kong Charter 為名）及《皇室訓令》（Royal Instructions）。但香港在起草制訂這兩份憲制法律的過程中並未扮演任何角色，這兩份憲制法律是英皇以特許立法的形式作出，其中《英皇制誥》就殖民地的設立，總督、行政局與立法局等港英當局建制的設置及權力分配，總督的立法權、人事任免權等一系列權力作了原則性的規定，而具體的、細節性的操作規範由《皇室訓令》予以補充。

　　在漫長的殖民統治時期，《英皇制誥》及《皇室訓令》均經歷多次修訂，這其中既包括了通篇重新制訂，也包括增刪、修訂部分條款。就《英皇制誥》而言，自 1843 年頒佈後，其全文於 1877 年 4 月 9 日、1888 年 1 月 19 日及 1917 年 2 月 14 日三次被重新制訂，其後至 1995 年所作修訂只是針對部分條款。至於《皇室訓令》，其自 1843 年頒佈後，於 1886 年 10 月 11 日、1888 年 1 月 19 日及 1917 年 2 月 14 日三次被通篇重新制訂，其後與《英皇制誥》一樣，至 1995 年亦只是針對部分條款作出修訂。在本章收錄的《英皇制誥》及《皇室訓令》，均是根據 1917 年及其後修訂版本譯出。這是出於以下幾點考慮：

　　首先，兩份憲制法律的 1917 年版本與之前被廢除的幾個版本相比，並未進行根本性質的修改，因此單獨收錄 1917 年版本並不影響讀者對之前憲制法律規範的了解及認識。從 1917 年版本中亦可看到英國政府自殖民統治伊始對港英當局各建制機構的設置及權力分配的規定。

　　其次，1917 年恰好處於英國在香港一個半世紀殖民統治的中間時段，讀者可以看到憲制法律在前後兩個階段有鮮明的對比。前 74 年（1843-1917）英國政府對香港統治的憲制安排並未有太大變動，兩份憲制法律也只是經過少數幾次重新制訂，針對部分條款的修訂屈指可數。但後 78 年（1917-1995）則不同，一方面這兩份憲制法律未再進行全文重新制訂，至 1997 年香港回歸祖國，它們的整體框架及結構未有變化；另一方面這兩份憲制法律的部分條款進行過多次修訂，在這 78 年中，《英皇制誥》修訂過 20 次，而《皇室訓令》修訂過 25 次。這些修訂見證了英國政府統治香港的具體手段的不斷變化，是因應政治社會發展變化對機構設置（例如立法局民選議員的出現）及權力分配（例如對總督權力的限制）作出新的規定。我們認為，後一個階段的憲制法律及其變化更能體現英國政府殖民管治的特點，更值得讀者留意。

最後，本章收錄的兩份憲制法律的中文譯文是按照每一條款的變化歷史進行編排的，統一於 1917 年版本之下。由於此版本與之前各個版本在條文編號上各有不同、難以統一，而若分開處理則篇幅過大。綜合考慮後，我們放棄了之前的各個版本，僅以 1917 年版本為準。

《英皇制誥》1917 年版本共 21 條，截至 1995 年共增加了 3 條，有 7 條作過修改，其餘 14 條未有改動。《英皇制誥》所規範的事宜多屬原則性質，因此少有修訂。《皇室訓令》1917 年版本計有 37 條，於 78 年間增加了 4 條，有 5 條未曾作過修訂便被廢除，有 8 條作過修訂後最終被廢除，15 條作過修訂，其餘 9 條未有改動。我們在編輯本章時，按照兩份憲制法律的每一條的修訂歷史予以編排，即就這 78 年間每一條的每一次修訂進行編排，排列於這一條 1917 年版本之下，方便讀者閱讀這一條的歷史變化。在文字處理上，如果修訂內容明確，我們會用文字說明修訂位置及內容，而不再全文收錄修訂後的條文全文，以節省篇幅。遇有英文文法修改，而中文含義不變的情況，我們亦會說明此點，請讀者注意。在表格左欄中時間一項，未加有括號的時間為該條文經英皇會同樞密院予以批准的時間，加有括號的時間為該條文由總督決定的於香港生效的時間。最後需要說明的是，這兩份憲制法律從未有官方的中文譯本，均是編者據刊憲的英文本譯出，學力所限，若有錯漏，敬請方家指正。

1.1 英皇制誥

〔1917-1995〕

第 1 條	
1917 年 2 月 14 日 （1917 年 4 月 20 日）	於皇室殖民地香港及其屬土（下稱本殖民地）設總督兼駐港英軍總司令，由英皇經御筆簽署並蓋上御璽之委任狀委任。

第 2 條	
1917 年 2 月 14 日 （1917 年 4 月 20 日）	英皇特准，授權並飭令總督兼駐港英軍總司令（下稱總督），依本制誥及任何英皇經御筆簽署並蓋上御璽而頒發予其之委任狀，並依不時下達予其之訓令 —— 此等訓令經英皇御筆簽署並蓋上御璽，或經英皇會同樞密院頒令，或由英皇經一名內閣大臣傳達，並依本殖民地現行法律或日後有效之法律，領其轄內一切事宜。

第 3 條	
1917 年 2 月 14 日 （1917 年 4 月 20 日）	任何獲委任總督之人士任職前，須於最高法院首席按察司或其他按察司及方便出席之本殖民地行政局議員面前莊嚴宣讀並公佈總督委任狀，之後其須即場立刻於上述人士面前作效忠宣誓，該宣誓之格式依維多利亞女皇陛下卅一及卅二年通過之《宣誓法》訂明，其亦須作受任宣誓及司法宣誓，以上各項宣誓由首席按察司或按察司監誓，若該等人士均缺席，由出席儀式之行政局資深議員監誓。

第 4 條	
1917 年 2 月 14 日 （1917 年 4 月 20 日）	總督保管並使用本殖民地官璽，對一切需加蓋官璽之事情蓋印。

第 5 條	
1917 年 2 月 14 日 （1917 年 4 月 20 日）	於本殖民地設行政局，其成員由英皇經御筆簽署並蓋上御璽之訓令指定，此等人士依英皇意願出任該局議員。總督認為理由足够，得於等待英皇明示意願期間暫時中止任何行政局議員行使其職能，並立即經一名內閣大臣呈報英皇。若停職由英皇經一名內閣大

	臣確認，總督須立即以蓋上本殖民地官璽之文件撤回對該議員之委任，其席位即告出缺。

第6條

1917年2月14日 （1917年4月20日）	於本殖民地設立法局，其成員包括總督及英皇經御筆簽署並蓋上御璽之訓令所指定之人士，此等人士依英皇意願出任該局議員。總督認為理由足夠，得於等待英皇明示意願期間暫時中止任何立法局議員行使其職能，並立即經一名內閣大臣呈報英皇。若停職由英皇經一名內閣大臣確認，總督須立即以蓋上本殖民地官璽之文件撤回對該議員之委任，其席位即告出缺。

1985年4月2日
（1985年4月4日）
	本條1917年2月14日版本 ——
	
	修訂為："（1）於本殖民地設立法局，其成員包括 ——
	
	    （a）總督；
	
	    （b）三名當然官守議員，為在任之布政司、律政司及財政司；
	
	    （c）不超過七名由總督不時委任之本殖民地政府官員（他們與當然官守議員合稱"官守議員"）；
	
	    （d）不超過二十二名由總督不時委任之人士（他們稱"委任議員"）；以及
	
	    （e）二十四名依本殖民地現行之相關法律符合資格並經由選舉產生之議員（他們稱"民選議員"）。
	
	（2）總督須依英皇經御筆簽署並蓋上御璽之訓令，或英皇經一名內閣大臣下達之訓令，以蓋上本殖民地官璽之委任書委任立法局議員。官守議員及委任議員須依英皇意願，且於此前提下須依英皇經御筆簽署並蓋上御璽之訓令，出任該局議員。
	
	（3）於依英皇經御筆簽署並蓋上御璽之訓令前提下，民選議員須依本殖民地現行之相關法律，出任立法局議員及辭職。"。

1988年4月7日 （1988年4月9日）	本條1985年4月2日版本 —— 第（1）款（d）段"二十二名"修訂為"二十名"； 第（1）款（e）段"二十四名"修訂為"二十六名"。
1990年8月30日 （1990年10月12日）	本條1988年4月7日版本 —— 刪除第（1）款（c）段； 第（1）款（d）段"二十名"修訂為"十八名"；

	第（1）款（e）段"二十六名"修訂為"三十九名"； 第（2）款刪除"官守議員及"。
1992 年 12 月 17 日 （1993 年 2 月 18 日）	本條 1990 年 8 月 30 日版本 —— 刪除第（1）款（a）段。
1993 年 7 月 16 日 （1994 年 7 月 1 日）	本條 1992 年 12 月 17 日版本 —— 修訂為："（1）在本殖民地設立立法局，由六十名議員組成，均為依本殖民地現行之相關法律符合資格並當選之人士，包括： （a）二十名經由地方選區選舉產生的議員； （b）三十名經由功能界別選舉產生的議員； （c）十名經由選舉委員會選舉產生的議員。 （2）（廢除） （3）於依英皇經御筆簽署並蓋上御璽之訓令前提下，議員須依本殖民地現行之相關法律，出任立法局議員及辭職。"。

第 7 條

1917 年 2 月 14 日 （1917 年 4 月 20 日）	總督參照立法局意見並在該局同意下制訂法律，以確保本殖民地之安寧、秩序及良好管治。
1985 年 4 月 2 日 （1985 年 4 月 4 日）	本條 1917 年 2 月 14 日版本 —— 修訂為第（1）款； 增加第（2）款："（2）於不損害前款之一般適用原則下，本殖民地法律得訂明立法局民選議員之選舉，尤其得決定選舉界別及決定各界別選出之本局議員數量，決定選民、候選人及民選議員之資格及資格喪失，決定民選議員之任期。"。
1990 年 8 月 30 日 （1990 年 10 月 12 日）	本條 1985 年 4 月 2 日版本 —— 第（2）款修訂為："（2）於不損害前款之一般適用原則下，本殖民地法律得訂明立法局民選議員之選舉，尤其得劃定選區及決定各選區選出之立法局議員數量，決定選民、候選人及民選議員之資格及資格喪失，決定民選議員之任期。本殖民法律亦得訂明民選議員之不同類別，及分別訂明不同類別民選議員之選區或界別劃定、資格及資格喪失。"。

1991 年 5 月 20 日 （1991 年 6 月 7 日）	本條 1990 年 8 月 30 日版本 —— 增加第（3）款："（3）聯合國大會一九九六年十二月十六日通過之《公民權利和政治權利國際公約》適用於香港，通過香港法律實施。自一九九一年（第二號）英皇制誥生效後，於香港所制訂之法律不得與公約適用於香港之條款相悖，限制於香港可享有之權利及自由。"。
1993 年 7 月 16 日 （1994 年 7 月 1 日）	本條 1991 年 5 月 20 日版本 —— 第（2）款修訂為："（2）於不損害前款之一般適用原則下，本殖民地法律得訂明立法局議員之選舉。此等法律得訂明議員之不同類別，並就一般情況，或就特定類別之議員，訂明 —— （a）不同的選舉制度； （b）劃定選區及決定各選區選出之立法局議員數量； （c）選民、候選人及議員之資格及資格喪失； （d）議員之任期。"； 第（3）款修訂為第（5）款； 增加第（3）款："（3）本條不得解釋為，就立法局議員之選舉，阻止本殖民地制訂法律向普通公眾或特定人士授予除地方選區投票權以外之投票權。"； 增加第（4）款："（4）本殖民地法律得訂明選舉不同界別或不同類別立法局議員之投票時間。"。
<div align="center">第 8 條</div>	
1917 年 2 月 14 日 （1917 年 4 月 20 日）	英皇及其世襲繼承人及繼位人保留駁回任何上述法律之絕對權力，駁回決定經一名內閣大臣下達，於總督在本殖民地頒佈後生效。
<div align="center">第 9 條</div>	
1917 年 2 月 14 日 （1917 年 4 月 20 日）	英皇及其世襲繼承人及繼位人保留參照樞密院之意見制訂本殖民地法律之當然權利，該法律乃確保本殖民地之安寧、秩序及良好管治所必需。

<table>
<tr><td colspan="2" align="center">第 10 條</td></tr>
<tr>
<td>1917 年 2 月 14 日
（1917 年 4 月 20 日）</td>
<td>立法局通過之條例草案須呈總督批准，總督須依英皇經御筆簽署並加蓋御璽或經一名內閣大臣下達予其之訓令，自行判斷並決定 —— 批准之，或拒絕批准之，或留待英皇批准之。</td>
</tr>
<tr><td colspan="2" align="center">第 11 條</td></tr>
<tr>
<td>1917 年 2 月 14 日
（1917 年 4 月 20 日）</td>
<td>留待英皇批准之條例草案，英皇會同樞密院頒令或經一名內閣大臣表示同意，即刻生效。總督須以送達立法局或公佈之形式明示英皇之同意。若該條例草案自呈總督批准之日起超過兩年，則無須將英皇之同意送達立法局。</td>
</tr>
<tr><td colspan="2" align="center">第 12 條</td></tr>
<tr>
<td>1917 年 2 月 14 日
（1917 年 4 月 20 日）</td>
<td>總督及立法局在制訂法律時，須符合並遵從包含在任何英皇經御筆簽署並蓋上御璽之訓令內一切相關之規則、規例及指令。</td>
</tr>
<tr><td colspan="2" align="center">第 13 條</td></tr>
<tr>
<td>1917 年 2 月 14 日
（1917 年 4 月 20 日）</td>
<td>總督得以英皇名義並代表英皇決定並執行批出及處置本殖民地任何得由英皇批出及處置之土地，該決定及執行須加蓋本殖民地官璽。惟土地批出及處置須依本殖民地現行法律，或英皇經御筆簽署並加蓋御璽或經一名內閣大臣下達予總督之訓令，或本殖民地現行規例。</td>
</tr>
<tr>
<td>1950 年 3 月 16 日
（1950 年 6 月 1 日）</td>
<td>本條 1917 年 2 月 14 日版本 ——

結束位置增加："本條不得解釋為阻止本殖民地立法局就決定並執行批出及處置土地而制訂法律。"。</td>
</tr>
<tr>
<td>1960 年 7 月 19 日
（1960 年 8 月 26 日）</td>
<td>本條 1950 年 3 月 16 日版本 ——

修訂為：

"（1）總督得以英皇名義並代表英皇決定並執行批出及處置本殖民地任何得由英皇批出及處置之土地。

（2）本條賦予總督之權力得由任何獲授權履行總督職權之人士代表總督行使之，無論此等人士以個人名義或因所擔任之官職獲得授權。是項授權須刊憲公告。</td>
</tr>
</table>

	（3）獲授權之人士須遵從總督指明之條件及限制（如有）。總督得修改或撤回上述授權。授權之條件、限制、修改或撤回均須刊憲公告。 （4）總督依本條批出及處置土地，須符合英皇經御筆簽署並蓋上御璽或經一名內閣大臣不時下達予其之訓令，亦須符合本殖民地現行法律。"。
第 14 條	
1917 年 2 月 14 日 （1917 年 4 月 20 日）	總督得指定並委任依法得由英皇指定並委任之本殖民地按察司、專員、太平紳士以及其他必要之官員。除另有法律規定外，所有上述獲指定或委任之人士須依英皇意願出任相應職位。
1970 年 12 月 23 日 （1971 年 2 月 5 日）	本條 1917 年 2 月 14 日版本 —— 修訂為："總督得依法指定並委任按察司、太平紳士以及其他公職人員。除另有法律規定外，所有上述獲指定或委任之人士須依英皇意願出任相應職位。"。
1991 年 5 月 20 日 （1991 年 5 月 21 日）	本條 1970 年 12 月 23 日版本 —— 修訂為第（1）款； 增加第（2）款："（2）除獲指定並委任之官員為最高法院按察司、地方法院法官、布政司、律政司以及財政司外，並依總督指明之條件及限制（如有），本條授予總督之權力得由任何獲授權履行總督職權之人士代表總督行使之，無論此等人士以個人名義或因所擔任之官職獲得授權。代行總督權力之授權，總督指明之條件及限制須刊憲公告。"。
第 14A 條	
1955 年 1 月 19 日 （1955 年 3 月 1 日）	（1）總督或本制誥第 14 條規定之官員離職，須委任其他人士取代之。 （2）若兩人或多於兩人按本條第（1）款獲委任同一職位，為執行本制誥第 17 條及第 17A 條計，並為出任該職位之官員正常履行職權計，以最後獲委任者出任。

第 15 條

1917 年 2 月 14 日 （1917 年 4 月 20 日）	就發生於本殖民地之任何刑事罪案，或因此等案件在本殖民地受審之犯人，總督認為有必要時，得以英皇名義並代表英皇赦免該罪案之任何一名從犯，其須提供證據令該罪案之主犯或其他共犯入罪。總督亦得赦免在本殖民地任何法院，或經任何法官或裁判司，以任何罪行被定罪之罪犯 —— 或將其釋放，或將其有條件釋放，或以總督認為合適之時間減免或暫緩刑期，或處以罰款、罰金，或沒收財物，並將罰沒物上繳英皇。惟總督不得以犯人被驅逐出境，或自行離境，或被移送出境為赦免及減刑之條件，不涉嚴重罪行之政治犯除外。
1970 年 12 月 23 日 （1971 年 2 月 5 日）	本條 1917 年 2 月 14 日版本 —— "總督亦得赦免在本殖民地任何法院，或經任何法官或裁判司，以任何罪行被定罪之罪犯"修訂為"總督亦得赦免在本殖民地任何法院（除議會經立法所設立之軍事法庭外）以任何罪行被定罪之罪犯"。

第 16 條

1917 年 2 月 14 日 （1917 年 4 月 20 日）	總督認為理由足夠，得開除本殖民地任何領取可供計算退休金之薪酬不超過每年一千港元或一百英鎊（依所領幣種而定）之官員，英皇經手令委任之官員除外。惟此等決定須以書面列明理由並送達該官員，俾其得充分機會為己辯白，總督亦須由該官員任職時之任職部門首長協助，調查此等決定之事實基礎。 總督認為理由足夠，亦得令本殖民地任何官員暫時中止行使其職權，無論此等官員由英皇經委任狀或手令委任，或以英皇名義委任，或以其他任何方式委任。英皇向總督明示其意願前，總督暫時中止該官員行使職權之命令持續有效。若停職決定由一名內閣大臣確認，總督須立即通知該官員，其職位即告出缺。就處理任何停職事宜，總督須嚴格遵從英皇經訓令向其下達之相關指示。
1938 年 4 月 30 日 （1938 年 7 月 7 日）	本條 1917 年 2 月 14 日版本 —— 修訂為："於依英皇經一名內閣大臣不時向其下達之訓令前提下，總督認為理由足夠，得開除本殖民地任何官員，或令其暫時中止行使職權，或給予總督認為適當之紀律處分。"。
1967 年 11 月 3 日 （1967 年 11 月 17 日）	本條 1938 年 4 月 30 日版本 —— 起始位置增加："於依本制誥第 16A 條之規定前提下，且"。

1993 年 9 月 17 日 （1996 年 5 月 31 日）	本條 1967 年 11 月 3 日版本 —— 修訂為第（1）款； 增加第（2）款： "（2）本條第一款不適用於本殖民地以下官員 —— 最高法院經歷司 最高法院副經歷司 最高法院助理經歷司 裁判司 特委裁判司 勞資審裁處審裁官 小額錢債審裁處審裁官 死因裁判官 土地審裁處大法官 土地審裁處法官 土地審裁處審裁委員（全職公職人員）。"。
1995 年 11 月 30 日 （1996 年 5 月 31 日）	本條 1993 年 9 月 17 日版本 —— 第（2）款末增加： "總裁判司 勞資審裁處主任審裁官 小額錢債審裁處主任審裁官。"。

第 16A 條

1967 年 11 月 3 日 （1967 年 11 月 17 日）	（1）於依本條如下各款之規定前提下，最高法院按察司於年屆六十二歲時退休，惟若該按察司於年屆六十二歲之前已開始主理某些訴訟，則於年屆六十二歲後得留任一段時期，以便作出判決或處理有關事務。 （2）最高法院按察司得隨時以親筆信向總督提出辭職。 （3）除本條第一款或其他法律規定外，僅於最高法院按察司無法履行職權（由於身體、精神或其他原因），或行為不檢，始得免職。免職程序須符合本條第（4）款之規定。

	（4）總督得依本條第（5）款呈請英皇轉介最高法院按察司免職事宜至樞密院司法委員會，該委員會依據《1833 年司法委員會法》或任何其他賦予英皇此等權力之法律設立。若司法委員會建議英皇，該按察司因不能履行職責或行為不檢應予免職，總督須以蓋上官璽之文件免除該按察司之職務。
	
	（5）總督若認為最高法院按察司因不能履行職責或行為不檢而免職之事宜應予調查 ——
	
	   （a）總督須以加蓋官璽之文件（總督得以另一份加蓋官璽文件修訂或撤回此文件）委任成立一審裁委員會，該委員會由一名主席及不少於兩名委員組成，他們須由總督於英聯邦內享有不受規限管轄權之法院或享有對此等法院之上訴管轄權之法院中曾任或現任法官中挑選。
	
	   （b）審裁委員會進行調查後須將事實呈報總督，並建議總督應否呈請英皇轉介該法官之免職事宜於樞密院司法委員會。
	
	   （c）若審裁委員會建議應予呈請，總督須按程序呈請英皇。
	
	（6）若最高法院按察司免職事宜已交依本條第（5）款委任之審裁委員會調查，總督得暫時中止該按察司履行職權。
	
	（7）總督得隨時撤回上述停職決定，且若 ——
	
	   （a）審裁委員會建議總督無須呈請英皇轉介此事宜至司法委員會；或
	
	   （b）司法委員會建議英皇，該按察司不應予以免職，該停職決定立即失效。

1976 年 5 月 3 日
（1976 年 5 月 7 日）
	本條 1967 年 11 月 3 日版本 ——
	
	修訂為："（1）於依本條如下各款之規定前提下，最高法院按察司或地方法院法官須於退休年齡屆滿時離職，若其於退休年齡屆滿之前已開始主理某些訴訟，則於退休年齡屆滿後得留任一段時期，以便作出判決或處理有關事務。
	
	（2）為執行上款計，"退休年齡" ——
	
	   （a）最高法院首席按察司為六十五歲；
	
	   （b）最高法院按察司為六十二歲；
	
	   （c）地方法院法官為六十歲；
	
	惟總督將司法人員敘用委員會之建議呈報英皇後，依英皇經一名內閣大臣下達予其之訓令，得延任年屆六十二歲之最高法院按察司，任期由總督會同該按察司商議，不超過三年。若最高法院按察司依前述規定延任，其於延任期屆滿時始達退休年齡。

	（3）最高法院按察司及地方法院法官得隨時以親筆信向總督提出辭職。
	（4）僅當最高法院按察司或地方法院法官無法履行職權（由於身體、精神或其他原因），或行為不檢，始得免職。免職程序須符合本條第（5）款之規定。
	（5）總督得依本條第（6）款請求英皇轉介最高法院按察司或地方法院法官免職事宜至樞密院司法委員會，該委員會依據《1833年司法委員會法》或任何其他賦予英皇此等權力之法律設立。若司法委員會建議英皇，該按察司或法官因不能履行職責或行為不檢應予免職，總督須以蓋上官璽之文件免除該按察司或法官之職務。
	（6）總督若認為最高法院按察司或地方法院法官因不能履行職責或行為不檢而免職之事宜應予調查 ——
	（a）總督須以加蓋官璽之文件（總督得以另一份加蓋官璽文件修訂或撤回此文件）委任成立一審裁委員會，該委員會由一名主席及不少於兩名委員組成，他們須由總督於英聯邦內享有不受規限管轄權之法院或享有對此等法院之上訴管轄權之法院中曾任或現任法官中挑選。
	（b）審裁委員會進行調查後須將事實呈報總督，並建議總督應否呈請英皇轉介該法官之免職事宜於樞密院司法委員會。
	（c）若審裁委員會建議應予呈請，總督須按程序呈請英皇。
	（7）若最高法院按察司或地方法院法官免職事宜已交由依本條第（6）款委任之審裁委員會調查，總督得暫時中止該按察司或法官履行職權。
	（8）總督得隨時撤回上述停職決定，且若 ——
	（a）審裁委員會建議總督無須呈請英皇轉介此事宜至司法委員會；或
	（b）司法委員會建議英皇，該按察司或法官不應予以免職，該停職決定立即失效。"。

1982年3月18日
（1982年4月30日）
	本條1976年5月3日版本 ——
	第（2）款修訂為：
	"（2）
	    （a）為執行前款計，"退休年齡" ——
	        （i）最高法院首席按察司及按察司為六十五歲；
	        （ii）地方法院法官為六十歲。

	（b）即使有前段規定 ——
	（i）任何人士不論年齡或之前是否曾出任此職位，得一次或多次獲委任為最高法院按察司，惟任期累計不得超過五年；
	（ii）年屆六十歲之地方法院法官，得延任一次或多次，惟任期累計不得超過五年，為執行前款計，依前述規定延任之按察司或法官於延任期屆滿時始達退休年齡。"。
1988 年 4 月 7 日（1988 年 4 月 9 日）	本條 1982 年 3 月 18 日版本 —— 第（2）條修訂為： "（2） （a）為執行前款計，"退休年齡" —— （i）最高法院首席按察司及按察司為六十五歲； （ii）於 1987 年 1 月 1 日之前獲委任之地方法院法官為六十歲； （iii）於 1987 年 1 月 1 日之後獲委任之地方法院法官為六十五歲。 （b）即使有前段規定 —— （i）任何人士不論年齡或之前是否曾出任此職位，得一次或多次獲委任為最高法院按察司，惟任期累計不得超過五年； （ii）除依本段獲委任之最高法院按察司外，任何最高法院之按察司或第（a）段第（ii）節所指涉之地方法院法官，得延任一次或多次，惟任期累計不得超過五年，為執行前款計，依前述規定延任之按察司或法官於延任期屆滿時始達退休年齡。"。

第 17 條

1917 年 2 月 14 日（1917 年 4 月 20 日）	於總督出缺，或無法履行職權，或離開本殖民地，本殖民地之副總督，或若本殖民地未設副總督，則任何英皇經御筆簽署並蓋上御璽所委任之人士，以及若無此等獲委任之人士，則在任之輔政司，須依英皇意願管理本殖民地政府。其須依前款規定之方式，宣讀前款規定之總督須宣讀之誓言。一經宣誓，英皇特准，授權並飭令副總督，或前述管理本殖民地政府之任何人士，依英皇意願，依本制誥及英皇不時下達之訓令及本殖民地現行法律，履行屬於總督之全部職權。

1939 年 6 月 29 日 （1939 年 9 月 1 日）	本條 1917 年 2 月 14 日版本 —— 修訂為： "於總督出缺，或離開本殖民地，或因任何原因無法履行職權，任何英皇經御筆簽署並加蓋御璽委任之人士，或若無此等獲委任之人士，或此等獲委任之人士亦離開本殖民地或因任何原因無法履行職權，則在任之輔政司，或若無在任之輔政司，則身處本殖民地之行政局資深議員，須依英皇意願管理本殖民地政府。其須依前款規定之方式，宣讀前款規定之總督須宣讀之誓言。一經宣誓，英皇特准，授權並飭令其依英皇意願，履行本制誥規定總督之全部職權。 惟總督或前述獲委任之人士到訪鄰近地區，履行本制誥規定之職權，或履行英皇直接或經一名內閣大臣授予或委予之職權，不得視為本條所規定之離開本殖民地。 上述人士在接獲總督或任何得優先管理本殖民地政府之人士即將開始管理本殖民地政府之通知後，須立即終止管理本殖民地政府。"。
1967 年 11 月 3 日 （1967 年 11 月 17 日）	本條 1939 年 6 月 29 日版本 —— 修訂為： "（1）於總督出缺，或離開本殖民地，或因任何原因無法履行職權，依英皇意願，總督職權由下列人士履行 —— （a）英皇經御筆簽署並加蓋御璽或經一名內閣大臣下達之訓令所指定之人士；或 （b）若本殖民地無此等獲指定人士，則在任之輔政司。 （2）首次履行總督職權前，上述人士須依本制誥第三條之規定，宣讀須由就任總督者宣讀之誓詞。 （3）上述人士在接獲總督或任何得優先履行總督職權之人士即將開始履行此等職權之通知後，須立即終止履行總督職權。 （4）為執行本條計，於依本制誥第 17A 條任命代總督期間，總督及上述人士不得被視為離開本殖民地或不能履行總督職權。"。
1976 年 11 月 23 日 （1977 年 2 月 17 日）	本條 1967 年 11 月 3 日版本 —— 第（1）款（a）段 "輔政司" 修訂為 "布政司"。

第 17A 條	
1939 年 6 月 29 日 （1939 年 9 月 1 日）	於總督短期暫時無法履行職權，或總督為履行本制誥規定之職權，或履行英皇直接或經一名內閣大臣授予或委予之職權，到訪臨近地區，依具體情況，得以加蓋本殖民地官璽之文件委任一名或多名人士於其不履行職權或離開本殖民地期間為本殖民地或本殖民地任何部分地區之唯一代總督或多名代總督。代總督僅於總督不履行職權或離開本殖民地期間代替總督履行、行使、執行其職權。代總督代為行使之本制誥賦予總督之職權須以委任文件指明並限定之。代總督須符合並遵從總督不時下達予其之指示。依本條規定委任代總督時，總督之職權不受削減、改變或任何方式之影響，除英皇得認為必要而隨時予以指令外。
1967 年 11 月 3 日 （1967 年 11 月 17 日）	本條 1936 年 6 月 29 日版本 —— 修訂為： "（1）於總督 —— 　　（a）有理由相信其乃短期離開本殖民地； 　　（b）有理由相信其乃短期忍受病痛；或 　　（c）認為公眾利益需要，得以加蓋本殖民地官璽之文件委任一名人士為代總督，代其履行此委任文件所指明之總督職權。 （2）依本條規定委任代總督時，總督職權不受削減、改變或任何方式之影響。代總督須依總督之指示行事，惟法院不得過問代總督是否依總督之指示行事。 （3）除英皇得隨時以經一名內閣大臣下達之訓令，或總督得隨時以加蓋本殖民地官璽之文件，撤回依本條對代總督之委任外，依本條獲委任之人士須於委任文件指明之時間內出任獲委任之職位。"。
第 18 條	
1917 年 2 月 14 日 （1917 年 4 月 20 日）	英皇指示並飭令本殖民地一切文武官員及平民服從，協助並支持總督及暫時管理本殖民地政府之任何人士。
第 19 條	
1917 年 2 月 14 日 （1917 年 4 月 20 日）	本制誥"總督"一詞須包括暫時管理本殖民地政府之任何人士。

第 20 條	
1917 年 2 月 14 日 （1917 年 4 月 20 日）	英皇及其世襲繼承人及繼位人保留依其意願不時廢除、更改、修訂本制誥之絕對權力。
第 21 條	
1917 年 2 月 14 日 （1917 年 4 月 20 日）	英皇指示並責令，本制誥須於總督認為適當之本殖民地任何地方宣讀並公佈，自總督指定之日起生效。

1.2 皇室訓令

〔1917-1995〕

<table>
<tr><td colspan="2" align="center">**第 1 條**</td></tr>
<tr>
<td>1917 年 2 月 14 日
（1917 年 4 月 20 日）</td>
<td>總督認為必要時，得指令本殖民地公職人員依英皇制誥述及之宣誓法之形式作效忠宣誓，以及由本殖民地有效法律不時規定之其他宣誓。總督本人，或總督指定之本殖民地其他官員監督。</td>
</tr>
<tr><td colspan="2" align="center">**第 2 條**</td></tr>
<tr>
<td>1917 年 2 月 14 日
（1917 年 4 月 20 日）</td>
<td>本殖民地行政局成員包括副總督（如有），在任之統轄本殖民地駐軍之高級軍官，在任之本殖民地輔政司、律政司及財政司 —— 上述成員下稱當然官守議員，以及於英皇制誥生效之日起擔任本局議員，或英皇經御筆簽署及蓋上御璽之訓令或手令不時委任，或總督依英皇經一名內閣大臣下達之訓令，以蓋上本殖民地官璽之委任書不時委任之其他人士。</td>
</tr>
<tr>
<td>1928 年 11 月 15 日
（1929 年 1 月 4 日）</td>
<td>本條 1917 年 2 月 14 日版本 ——

"律政司" 後增加 "、華民政務司"。</td>
</tr>
<tr>
<td>1938 年 4 月 30 日
（1938 年 7 月 7 日）</td>
<td>本條 1928 年 11 月 15 日版本 ——

修訂為：

"本殖民地行政局成員包括在任之統轄本殖民地駐軍之高級軍官，在任之本殖民地輔政司、律政司、華民政務司及財政司 —— 上述成員下稱當然官守議員，以及英皇經御筆簽署及蓋上御璽之訓令或手令不時委任，或總督依英皇經一名內閣大臣下達之訓令，以蓋上本殖民地官璽之委任書不時委任之其他人士。此等獲委任之人士，依其獲委任時是否任本殖民地公職，以下分別稱官守議員或非官守議員。

非官守議員任期自獲頒發委任書之日起五年，或依委任書指明之任期，任期屆滿後，得依前述方式再度獲委任，惟每次任期不超過五年。若此等議員為臨時補缺委任且緊接此臨時委任獲正式委任，上述之五年任期自獲臨時委任之日起計算。

若官守議員終止出任本殖民地公職，其於本局之議席即告出缺。"。</td>
</tr>
</table>

1967 年 10 月 16 日 （1967 年 11 月 17 日）	本條 1938 年 4 月 30 日版本 —— "在任之統轄本殖民地駐軍之高級軍官" 修訂為 "統轄本殖民地駐軍之軍官（下稱駐港英軍司令）"。
1969 年 2 月 17 日 （1969 年 2 月 28 日）	本條 1967 年 10 月 16 日版本 —— "華民政務司" 修訂為 "民政司"。
1976 年 8 月 26 日 （1976 年 9 月 24 日）	本條 1969 年 2 月 17 日版本 —— "輔政司" 修訂為 "布政司"。
1983 年 8 月 24 日 （1983 年 9 月 1 日）	本條 1976 年 8 月 26 日版本 —— 刪除 "民政司"。
1988 年 3 月 31 日 （1988 年 4 月 9 日）	本條 1983 年 8 月 24 日版本 —— "非官守議員" 修訂為 "委任議員"。
1992 年 12 月 17 日 （1993 年 2 月 19 日）	本條 1988 年 3 月 31 日版本 —— 刪除 "統轄本殖民地駐軍之軍官（下稱駐港英軍司令），"。

第 3 條

1917 年 2 月 14 日 （1917 年 4 月 20 日）	除當然官守議員外之本殖民地行政局議員以親筆信辭職，或死亡，或由總督以蓋上本殖民地官璽之文件宣佈其不能行使作為本局議員之職能，或離開本殖民地，或署任本局當然官守議員之官職，或暫時中止行使作為本局議員之職能，總督得以蓋上本殖民地官璽之委任書臨時委任任何官員暫時出任本局官守議員或非官守議員，或委任任何平民暫時出任本局非官守議員，以取代上述辭職，或死亡，或暫時中止行使職能，或被宣佈不能行使職能，或離開本殖民地，或以當然官守議員身份出席本局會議之議員。 若英皇不接納此等人士之臨時委任，或若此等人士暫代之議員解除停職，或由總督以蓋上本殖民地官璽之文件宣佈得重新行使職能，或返回本殖民地，或終止出任本局當然官守議員，此等人士須立即終止擔任本局議員。

1970 年 11 月 27 日 （1971 年 2 月 5 日）	本條 1917 年 2 月 14 日版本—— 修訂為： "除當然官守議員外之本殖民地行政局議員以親筆信辭職，或死亡，或由總督以蓋上本殖民地官璽之文件宣佈其不能行使作為本局議員之職能，或離開本殖民地，或署任本局當然官守議員之官職，或暫時中止行使作為本局議員之職能，或此等議席出缺，總督得以蓋上本殖民地官璽之委任書臨時委任任何官員暫時出任本局官守議員或非官守議員，或委任任何平民暫時出任本局非官守議員，以取代上述辭職，或死亡，或暫時中止行使職能，或被宣佈不能行使職能，或離開本殖民地，或以當然官守議員身份出席本局會議之議員。 若英皇不接納此等人士之臨時委任，或若此等人士暫代之議員解除停職，或由總督以蓋上本殖民地官璽之文件宣佈得重新行使職能，或返回本殖民地，或終止出任本局當然官守議員，此等人士須立即終止擔任本局議員。"。
1988 年 3 月 31 日 （1988 年 4 月 9 日）	本條 1970 年 11 月 27 日版本—— 修訂為： "除當然官守議員外之本殖民地行政局議員以親筆信辭職，或死亡，或由總督以蓋上本殖民地官璽之文件宣佈其不能行使作為本局議員之職能，或離開本殖民地，或署任本局當然官守議員之官職，或暫時中止行使作為本局議員之職能，或此等議席出缺，總督得以蓋上本殖民地官璽之委任書臨時委任任何官員暫時出任本局官守議員，或委任任何平民暫時出任本局委任議員，以取代上述辭職，或死亡，或暫時中止行使職能，或被宣佈不能行使職能，或離開本殖民地，或以當然官守議員身份出席本局會議之議員。 若英皇不接納此等人士之臨時委任，或若此等人士暫代之議員解除停職，或由總督以蓋上本殖民地官璽之文件宣佈得重新行使職能，或返回本殖民地，或終止出任本局當然官守議員，此等人士須立即終止擔任本局議員。"。

第 4 條

1917 年 2 月 14 日 （1917 年 4 月 20 日）	總督委任行政局臨時議員，須立即經一名內閣大臣呈報英皇批准。任何此等人士依英皇意願出任本局議員，總督得以蓋上本殖民地官璽之文件撤回此等委任。

第 5 條	
1917 年 2 月 14 日 （1917 年 4 月 20 日）	行政局官守議員排名先於非官守議員，彼等依英皇專門指定之次序排名，若無此指定，則按如下次序排名 —— 首先為當然官守議員，依前述之官職次序排名，惟若高級軍官之軍銜低於中校，其排名須於律政司之後，其次為官守議員及非官守議員，依獲委任時間之先後排名，若依同一委任書委任，則依彼等於委任書上之名列次序。
1938 年 4 月 30 日 （1938 年 7 月 7 日）	本條 1917 年 2 月 14 日版本 —— 修訂為： "行政局議員依英皇專門指定之次序排名，若無此指定，則按如下次序排名 —— 首先為當然官守議員，依前述之官職次序排名，惟若高級軍官之軍銜低於中校，其排名須於律政司之後，其次為官守議員，依獲委任時間之先後排名，若依同一委任書委任，則依彼等於委任書上之名列次序，最後為非官守議員，亦依此方式排名，惟非官守議員於其任期屆滿後立即再度獲委任，須依其自連續出任本局議員之日期排名。"。
1955 年 2 月 17 日 （1955 年 3 月 1 日）	本條被廢除。
第 6 條	
1917 年 2 月 14 日 （1917 年 4 月 20 日）	總督須立即向行政局傳達本訓令，及英皇不時下達，或總督認為為便於效忠英皇計而需傳達予行政局之指令。
第 7 條	
1917 年 2 月 14 日 （1917 年 4 月 20 日）	除總督妥為召集外，或除總督或主持會議之議員外少於兩名議員出席並全程參加會議，行政局不得召開會議處理事務。
1967 年 10 月 16 日 （1967 年 11 月 17 日）	本條 1917 年 2 月 14 日版本 —— 修訂為："除總督召集外，行政局不得召開會議。"。

第 8 條	
1917 年 2 月 14 日 （1917 年 4 月 20 日）	除生病或其他重大理由外，總督須出席並主持行政局全部會議，於總督缺席，其指定之行政局議員須主持會議，若其指定之議員亦缺席，則出席會議之本局資深議員須主持會議。

1955 年 2 月 17 日
（1955 年 3 月 1 日）
	本條 1917 年 2 月 14 日版本 ——
	
	修訂為：
	
	"（1）總督須儘可能主持行政局會議。
	
	（2）若總督缺席，本局會議 ——
	
	    （a）由總督指定之議員主持；或
	
	    （b）若總督指定之議員缺席，由出席會議之資深當然官守議員主持；或
	
	    （c）若總督指定之議員及當然官守議員均缺席，由資深官守議員主持。
	
	（3）為履行本條第（2）款（b）段及（c）段計 ——
	
	    （a）統轄本港駐軍之高級軍官不得作為本局當然官守議員；
	
	    （b）其餘當然官守議員依本訓令第 2 條提及之官職次序排名；
	
	    （c）官守議員依獲委任時間之先後排名，惟若依同一委任書獲委任，則依彼等於委任書上之名列次序。"。

1967 年 10 月 16 日 （1967 年 11 月 17 日）	本條 1955 年 2 月 17 日版本 —— "統轄本港駐軍之高級軍官" 修訂為 "駐港英軍司令"。
1992 年 12 月 17 日 （1993 年 2 月 19 日）	本條 1967 年 10 月 16 日版本 —— 刪除第（3）款（a）段； 刪除第（3）款（b）段中 "其餘"。
第 9 條	
1917 年 2 月 14 日 （1917 年 4 月 20 日）	行政局全部會議過程之記錄須定期保存，本局於每次召開會議處理事務前，上一次會議過程之記錄須予以確認，或如有必要，須予以修訂。 每半年之全部會議過程記錄之完全及精確副本須經一名內閣大臣呈報英皇。

1967 年 10 月 16 日 （1967 年 11 月 17 日）	本條 1917 年 2 月 14 日版本 —— 修訂為： "（1）若除總督或主持會議之議員外，仍少於四名議員出席會議，僅一名出席會議之議員得阻止行政局處理除休會動議外之任何事務。 （2）於依本條第（1）款之規定前提下，行政局不得因本局議席出缺而喪失處理事務之權力，且縱使未有權力參與本局會議過程之人士參與，此等會議過程須為有效。 （3）總督或主持會議之議員認為，為處理事務計，得傳召非擔任本局議員之人士出席本局會議。"。
第 10 條	
1917 年 2 月 14 日 （1917 年 4 月 20 日）	總督於執行英皇制誥賦予之權力時，須就一切事項徵詢行政局意見，惟依其判斷，因徵詢行政局而致令英皇蒙受不利之事項，或無關緊要而無需徵詢行政局意見之事項，或總督需立即採取行動而不及徵詢行政局意見之事項除外。遇有緊急事項，總督須於切實可行範圍內儘早將採取之措施並理由知會行政局。
1969 年 2 月 17 日 （1969 年 2 月 28 日）	本條 1917 年 2 月 14 日版本 —— 修訂為："總督於執行英皇制誥賦予之權力時，須就一切事項徵詢行政局意見，惟涉及委任、紀律處分或辭退公職人員事項，及依其判斷，因徵詢行政局而致令英皇蒙受不利之事項，或無關緊要而無需徵詢行政局意見之事項，或總督需立即採取行動而不及徵詢行政局意見之事項除外。遇有緊急事項，總督須於切實可行範圍內儘早將採取之措施並理由知會行政局。"。
第 11 條	
1917 年 2 月 14 日 （1917 年 4 月 20 日）	只得總督有權向行政局提出議題，徵詢議員意見並決定之。若總督拒絕議員書面請求總督向本局提出之議題，該議員得要求於會議記錄記載其書面申請及總督就該申請之答覆。

第 12 條

1917 年 2 月 14 日 （1917 年 4 月 20 日）	就任何議題，若總督認為適當，得行使英皇制誥賦予之權力，不依行政局議員意見行事，惟其須儘快將此決定，及作出此決定之依據並理由呈報英皇。此情況下，本局任何議員得要求於會議記錄詳細記載其就該議題所提意見及建議之理由。

第 12A 條

1985 年 3 月 30 日 （1985 年 4 月 4 日）	（1）依本殖民有效法律選舉立法局全體民選議員須 —— 　　（a）於一九八五年舉行；以及 　　（b）若本局之後被解散，則於解散日三個月內舉行。 （2）民選議員之臨時空缺須依本殖民地有效之相關法律進行補選。
1990 年 8 月 22 日 （1990 年 10 月 9 日）	本條 1985 年 3 月 30 日版本 —— 第（1）款（a）段 "一九八五" 修訂為 "一九九一"。
1993 年 12 月 23 日 （1994 年 7 月 1 日）	本條 1990 年 8 月 22 日版本 —— 修訂為： "（1）依本殖民地有效法律選舉立法局全體議員須 —— 　　（a）於一九九五年舉行；以及 　　（b）若本局之後被解散，則於該日起三個月內舉行。 （2）議員之臨時空缺須依本殖民地有效之相關法律進行補選。 （3）於依本條第（1）款（b）段之規定前提下，就第（1）款規定之選舉，不同界別之投票，或不同組別議員之選舉，得於不同日期進行。"。

第 13 條

1917 年 2 月 14 日 （1917 年 4 月 20 日）	本殖民地立法局成員包括總督、副總督（如有）、在任之統轄本殖民地駐軍之高級軍官、在任之本殖民地輔政司、律政司及財政司，不超過三名於本殖民地擔任公職之其他人士 —— 此等人士須於英皇制誥生效之日起為本局官守議員，或英皇經御筆簽署及蓋上御璽之訓令或手令不時委任，或總督依英皇經一名內閣大臣下達之訓令，以蓋上本殖民地官璽之委任書不時委任，此等上述人士稱立法局官守議員，以及不超過六名之其他人士 —— 此等人士須於英皇

	制誥生效之日起為本局非官守議員，或總督依英皇經一名內閣大臣下達之訓令，以蓋上本殖民地官璽之委任書不時委任，此等上述人士稱立法局非官守議員。
1928 年 11 月 15 日 （1929 年 1 月 4 日）	本條 1917 年 2 月 14 日版本 —— "律政司" 後增加 "、華民政務司"； "三名" 修訂為 "四名"； "六名" 修訂為 "八名"； 結束位置增加："若任何立法局官守議員終止擔任本殖民地公職，其議席即告出缺。"
1938 年 4 月 30 日 （1938 年 7 月 7 日）	本條 1928 年 11 月 15 日版本 —— 刪除 "副總督（如有）、"； 刪除 "於英皇制誥生效之日起為本局官守議員，或"； 刪除 "於英皇制誥生效之日起為本局非官守議員，或"。
1964 年 5 月 12 日 （1964 年 7 月 1 日）	本條 1938 年 4 月 30 日版本 —— "四名" 修訂為 "七名"； "八名" 修訂為 "十三名"。
1965 年 12 月 23 日 （1966 年 1 月 6 日）	本條 1964 年 5 月 12 日版本 —— 刪除 "在任之統轄本殖民地駐軍之高級軍官、"； "七名" 修訂為 "八名"。
1969 年 2 月 17 日 （1969 年 2 月 28 日）	本條 1965 年 12 月 23 日版本 —— "華民政務司" 修訂為 "民政司"。
1970 年 11 月 27 日 （1971 年 2 月 5 日）	本條 1969 年 2 月 17 日版本 —— "財政司" 後增加 "，上述成員稱當然官守議員"。
1972 年 6 月 28 日 （1972 年 7 月 14 日）	本條 1970 年 11 月 27 日版本 —— "八名" 修訂為 "十名"； "十三名" 修訂為 "十五名"。

1976 年 8 月 26 日 （1976 年 9 月 24 日）	本條 1972 年 6 月 28 日版本 —— "輔政司" 修訂為 "布政司"； "十名" 修訂為 "十八名"； "十五名" 修訂為 "二十三名"。
1977 年 8 月 17 日 （1977 年 8 月 26 日）	本條 1976 年 8 月 26 日版本 —— "十八名" 修訂為 "二十名"； "二十三名" 修訂為 "二十五名"。
1980 年 8 月 22 日 （1980 年 10 月 3 日）	本條 1977 年 8 月 17 日版本 —— "二十名" 修訂為 "二十二名"； "二十五名" 修訂為 "二十七名"。
1983 年 8 月 24 日 （1983 年 9 月 1 日）	本條 1980 年 8 月 22 日版本 —— 刪除 "民政司"； "二十二名" 修訂為 "二十五名"； "二十七名" 修訂為 "二十九名"。
1984 年 6 月 30 日 （1984 年 9 月 1 日）	本條 1983 年 8 月 24 日版本 —— "二十九名" 修訂為 "三十二名"。
1985 年 3 月 30 日 （1985 年 4 月 4 日）	本條 1984 年 6 月 30 日版本 —— 修訂為： "總督認為理由足够，得於等待英皇明示意願期間暫時中止任何立法局官守或委任議員行使其職能，並立即經一名內閣大臣呈報英皇。若停職由英皇經一名內閣大臣確認，總督須立即以蓋上本殖民地官璽之文件撤回對該官守或委任議員之委任，其席位即告出缺。"。
1990 年 8 月 22 日 （1990 年 10 月 9 日）	本條 1985 年 3 月 30 日版本 —— 刪除兩處 "官守或"。
1993 年 12 月 23 日 （1994 年 7 月 1 日）	本條被廢除。

第 14 條	
1917 年 2 月 14 日 （1917 年 4 月 20 日）	除當然官守議員外之本殖民地立法局官守議員以親筆信辭職，或死亡，或暫時中止行使作為本局議員之職能，或由總督經蓋上本殖民地官璽之文件宣佈其不能行使作為本局議員之職能，或離開本殖民地，或署任本局當然官守議員之官職，總督得以蓋上本殖民地官璽之委任書臨時委任他人暫時出任本局官守議員，以取代上述辭職，或死亡，或暫時中止行使職能，或被宣佈不能行使職能，或離開本殖民地，或以當然官守議員身份出席本局會議之議員。 若英皇不接納此等人士之臨時委任，或若此等人士暫代之議員返回本殖民地，或解除停職，或由總督經蓋上本殖民地官璽之文件宣佈得重新行使職能，或終止出任本局當然官守議員，此等人士須立即終止擔任本局官守議員。 總督臨時委任立法局官守議員，須立即經一名內閣大臣呈報英皇批准。任何此等人士依英皇意願出任本局議員，總督得以蓋上本殖民地官璽之文件撤回此等委任。
1928 年 11 月 15 日 （1929 年 1 月 4 日）	本條 1917 年 2 月 14 日版本 —— 修訂為： "除當然官守議員外之本殖民地立法局議員以親筆信辭職，或死亡，或暫時中止行使作為本局議員之職能，或由總督經蓋上本殖民地官璽之文件宣佈其不能行使作為本局議員之職能，或離開本殖民地，或署任本局當然官守議員之官職，或其議席出缺，或任何人士同時出任超過一項屬本局當然官守議員之官職，視情況而定，總督得以蓋上本殖民地官璽之委任書臨時委任他人暫時出任本局官守議員或非官守議員。 若英皇不接納此等人士之臨時委任，或其臨時委任由總督撤回，或其臨時委任由正式委任之官守議員或非官守議員取代，或若此等人士暫代之議員返回本殖民地，或解除停職，或由總督經蓋上本殖民地官璽之文件宣佈得重新行使職能，或終止出任本局當然官守議員，或終止出任超過一項屬本局當然官守議員之官職，視情況而定，此等人士須立即終止擔任本局議員。 總督臨時委任本局官守議員或非官守議員，須立即經一名內閣大臣呈報英皇批准。 任何此等人士依英皇意願出任本局議員，總督得以蓋上本殖民地官璽之文件撤回此等委任。"。

1938 年 4 月 30 日 （1938 年 7 月 7 日）	本條 1928 年 11 月 15 日版本 —— 修訂為： "除當然官守議員外之本殖民地立法局議員以後述方式辭職，或死亡，或其議席出缺，或暫時中止行使作為本局議員之職能，或由總督經蓋上本殖民地官璽之文件宣佈其不能行使作為本局議員之職能，或離開本殖民地，或署任本局當然官守議員之官職，總督得以蓋上本殖民地官璽之委任書臨時委任他人暫時出任本局議員，以暫代該議員。 此等人士依英皇意願出任本局議員，若英皇不接納此等人士之臨時委任，或其臨時委任被總督撤回，或其臨時委任由正式委任之議員取代，或若此等人士暫代之議員解除停職，或由總督經蓋上本殖民地官璽之文件宣佈得重新行使職能，或返回本殖民地，或終止出任本局當然官守議員，此等人士須立即終止擔任本局議員。 若任何人士同時出任超過一項屬本局當然官守議員之官職之情況持續，總督得以蓋上本殖民地官璽之委任書臨時委任適合之人士暫時出任本局議員，惟此等委任得不獲英皇接納或由總督撤回。 總督臨時委任本局議員，須立即經一名內閣大臣呈報英皇批准。"。
1985 年 3 月 30 日 （1985 年 4 月 4 日）	本條 1938 年 4 月 30 日版本 —— "除當然官守議員外之本殖民地立法局議員" 修訂為 "除當然官守議員及民選議員外之本殖民地立法局議員"。
1990 年 8 月 22 日 （1990 年 10 月 9 日）	本條 1985 年 3 月 30 日版本 —— "除當然官守議員及民選議員外之本殖民地立法局議員" 修訂為 "本殖民地立法局委任議員"。
1993 年 12 月 23 日 （1994 年 7 月 1 日）	本條被廢除。

第 15 條

1917 年 2 月 14 日 （1917 年 4 月 20 日）	若立法局非官守議員死亡，或由總督經蓋上本殖民地官璽之文件宣佈其不能行使作為本局議員之職能，或暫時中止行使作為本局議員之職能，或被開除，或離開本殖民地，或以親筆信辭職，或其議席出缺，總督得以蓋上本殖民地官璽之委任書臨時委任適當人士暫代其出任本局非官守議員。 若英皇不接納此等人士之臨時委任，或若此等人士暫代之議員返回本殖民地，或解除停職，或由總督經蓋上本殖民地官璽之文件宣佈

	得重新行使職能，此等人士須立即終止擔任本局議員。 總督臨時委任立法局非官守議員，須立即經一名內閣大臣呈報英皇批准。任何此等人士依英皇意願出任本局議員，總督得以蓋上本殖民地官璽之文件撤回此等委任。
1928 年 11 月 15 日 （1929 年 1 月 4 日）	本條被廢除。

<table>
<tr><td colspan="2" align="center">第 16 條</td></tr>
<tr><td>1917 年 2 月 14 日
（1917 年 4 月 20 日）</td><td>於英皇制誥生效之日起擔任立法局非官守議員之人士任期六年，自獲委任之日起計算，於英皇制誥生效後獲委任之非官守議員任期六年，自獲頒發委任書之日起計算，該委任書另有規定除外。惟若此等議員為臨時補缺委任且緊接臨時委任獲正式委任，上述之六年任期自獲臨時委任起計算。

於依英皇經一名內閣大臣傳達之許可前提下，非官守議員任期屆滿後，得由總督以蓋上本殖民地官璽之委任書連委連任，惟每次任期不超過六年。</td></tr>
<tr><td>1922 年 1 月 10 日
（1922 年 3 月 3 日）</td><td>本條 1917 年 2 月 14 日版本 ——

修訂為：

"於本訓令（增補）送達本殖民地之日起擔任立法局非官守議員之人士任期六年，於本訓令（增補）送達本殖民地後獲委任之非官守議員任期四年，自獲頒發委任書之日起計算，該委任書另有規定除外。惟若此等議員為臨時補缺委任且緊接臨時委任獲正式委任，依情況而定，上述之六年或四年任期，自獲臨時委任起計算。

於依英皇經一名內閣大臣傳達之許可前提下，非官守議員任期屆滿後，得由總督以蓋上本殖民地官璽之委任書連委連任，惟每次任期不超過四年。"。</td></tr>
<tr><td>1938 年 4 月 30 日
（1938 年 7 月 7 日）</td><td>本條 1922 年 1 月 10 日版本 ——

修訂為：

"立法局非官守議員任期自獲頒發委任書之日期起四年，或依委任書指明之任期，任期屆滿後，得依前述方式連委一次或多次，惟每次任期不超過四年。若此等議員為臨時補缺委任且緊接臨時委任獲正式委任，上述之四年任期自獲臨時委任時起算。"。</td></tr>
</table>

1985 年 3 月 30 日 （1985 年 4 月 4 日）	本條 1938 年 4 月 30 日版本 —— 修訂為： "（1）若立法局官守議員終止出任本殖民地公職，其於本局之議席即告空缺。 （2）立法局委任議員於以下兩種情況終止出任本局議員 —— 　　（a）委任書指明之任期到期；或 　　（b）立法局民選議員選舉結束，下一屆立法局會議開始前一天，上述兩種情況以先出現者為準。 （3）依本條第（2）款終止出任本局議員之委任議員得連委連任。"。
1990 年 8 月 22 日 （1990 年 10 月 9 日）	本條 1985 年 3 月 30 日版本 —— 刪除第（1）款。
1993 年 12 月 23 日 （1994 年 7 月 1 日）	本條被廢除。

第 17 條

1917 年 2 月 14 日 （1917 年 4 月 20 日）	若立法局非官守議員破產或無力償債，或被定罪，或未經總督許可離開本殖民地超過三個月，總督得以書面聲明之方式宣告該議員於本局之席位出缺，該議員於此聲明公佈之日起立即停止出任本局議員。
1985 年 3 月 30 日 （1985 年 4 月 4 日）	本條 1917 年 2 月 14 日版本 —— 修訂為： "於不損害本訓令第 13 條之效力前提下，若立法局委任議員依本殖民地有效法律當選本局民選議員，其委任議席因以下情況直接或因資格喪失而告空缺 —— 　　（a）出任上述法律指定之公職或從該職位被開除； 　　（b）被裁定犯有指定罪行； 　　（c）於本殖民地或其他地方被判處指定刑罰； 　　（d）破產或負債； 　　（e）多次缺席本局會議； 　　（f）當選本局民選議員。 總督須以書面聲明之方式宣告該委任議員於本局之席位出缺，該議

	員於此聲明刊憲之日起立即停止出任本局議員。"。
1993 年 12 月 23 日 （1994 年 7 月 1 日）	本條被廢除。

第 18 條

1917 年 2 月 14 日 （1917 年 4 月 20 日）	立法局非官守議員得以親筆信辭職，惟總督或英皇經一名內閣大臣以書面接受始生效。
1938 年 4 月 30 日 （1938 年 7 月 7 日）	本條 1917 年 2 月 14 日版本 —— "立法局非官守議員" 修訂為 "除當然官守議員外之立法局議員"。
1985 年 3 月 30 日 （1985 年 4 月 4 日）	本條 1938 年 4 月 30 日版本 —— "除當然官守議員外之立法局議員" 修訂為 "除當然官守議員外之立法局官守議員或委任議員"。
1990 年 8 月 22 日 （1990 年 10 月 9 日）	本條 1985 年 3 月 30 日版本 —— "除當然官守議員外之立法局官守議員或委任議員" 修訂為 "立法局委任議員"。
1993 年 12 月 23 日 （1994 年 7 月 1 日）	本條被廢除。

第 19 條

1917 年 2 月 14 日 （1917 年 4 月 20 日）	立法局不得因議席出缺而被剝奪議事權力，惟除非包括總督或主持會議之議員在內之出席會議全程之議員不少於五名，本局無權作任何決定。
1969 年 2 月 17 日 （1969 年 2 月 28 日）	本條 1917 年 2 月 14 日版本 —— "五名" 修訂為 "十名"。
1983 年 8 月 24 日 （1983 年 9 月 1 日）	本條 1969 年 2 月 17 日版本 —— "十名" 修訂為 "二十名"。
1991 年 5 月 12 日 （1991 年 5 月 21 日）	本條 1983 年 8 月 24 日版本 —— 修訂為：

	"（1）立法局不得因議席出缺而被剝奪議事權力，本條之議席出缺包括本局於民選議員選舉後首次開會際之議席出缺，且本局任何議事過程不得因議席出缺，或因選舉，委任議員過程中之任何瑕疵，或議員資格之任何瑕疵而被宣告無效。 （2）若立法局會議未達法定人數，且出席議員因此反對本局行使議事權力，則於本局會議常規訂明之時間過後，總督或主持會議之議員察知仍未達法定人數，須宣告休會。 （3）為執行本條第（2）款計，法定人數為包括總督或主持會議之議員在內之二十名議員。"。
1992 年 12 月 17 日 （1993 年 2 月 19 日）	本條 1991 年 5 月 12 日版本 —— 刪除第（2）款及第（3）款之 "總督或"。
1993 年 12 月 23 日 （1994 年 1 月 21 日）	本條 1992 年 12 月 17 日版本 —— 增加第（4）款："（4）本訓令所指稱之 "主持會議之議員"，依情況而定，即為立法局主席或依本訓令第 23 條第（2）款規定之代理主席。"。
1993 年 12 月 23 日 （1994 年 7 月 1 日）	本條 1992 年 12 月 17 日版本 —— 第（1）款刪除 "民選" 及 "，委任"。
<div align="center">**第 20 條**</div>	
1917 年 2 月 14 日 （1917 年 4 月 20 日）	立法局官守議員排名先於非官守議員，彼等依英皇專門指定之次序排名，若無此指定，則按如下次序排名 —— 首先為當然官守議員，依前述之官職次序排名，惟若高級軍官之軍銜低於中校，其排名須於律政司之後，其次為官守議員及非官守議員，依獲委任時間之先後排名，若依同一委任書委任，則依其於委任書上之名列次序。 立法局非官守議員於其任期屆滿後立即再度獲委任，須依其自連續出任本局議員之日期排名。
1929 年 11 月 20 日 （1930 年 1 月 31 日）	本條 1917 年 2 月 14 日版本 —— 修訂為： "立法局議員依英皇專門指定之次序排名，若無此指定，則按如下方式排名： （1）首先為官守議員 ——

	（a）當然官守議員，按前述之官職次序排名，惟若高級軍官之軍銜低於中校，其排名須於律政司之後；
	（b）官守議員，依獲委任時間之先後排名，若依同一委任書委任，則依其於委任書上之名列次序。
	（2）其次為非官守議員 ──
	（a）同時擔任本殖民地行政局議員之非官守議員，依彼等於行政局內之次序排名；
	（b）其他非官守議員，依獲委任時間之先後排名，若依同一委任書委任，則依其於委任書上之名列次序，惟此等非官守議員於其任期屆滿後立即再度獲委任，其與其他未同時擔任行政局議員之非官守議員，須依其自連續出任本局議員之日期排名。"。
1938 年 4 月 30 日 （1938 年 7 月 7 日）	本條 1929 年 11 月 20 日版本僅有英文文法修訂，不影響中文譯文。
1955 年 2 月 17 日 （1955 年 3 月 1 日）	本條被廢除。

第 21 條

1917 年 2 月 14 日 （1917 年 4 月 20 日）	除生病或其他重大理由外，總督須出席並主持立法局會議，於總督缺席，由總督以書面指定之本局議員須主持會議，若未有此等獲指定之議員，出席議員中排名最先者須主持會議。
1955 年 2 月 17 日 （1955 年 3 月 1 日）	本條 1917 年 2 月 14 日版本 ── 修訂為： "（1）總督須儘可能主持立法局會議。 （2）若總督缺席，本局會議： （a）由總督指定之議員主持；或 （b）若總督指定之議員缺席，由出席會議之資深官守議員主持。 （3）為執行本條第（2）款（b）段計 ── （a）統轄本港駐軍之高級軍官不得作為本局官守議員； （b）本局其餘官守議員依如下次序排名 ── （i）首先，依本訓令第 13 條指定之官職次序；

	（ii）其次，其他議員依獲委任之先後次序，惟若依同一委任書獲委任，則依其於委任書上之名列次序。"。
1965 年 12 月 23 日（1966 年 1 月 6 日）	本條 1955 年 2 月 17 日版本 —— 第（3）款修訂為： "（3）為執行本條第（2）款（b）段計，本局官守議員依如下次序排名 —— （i）首先，依本訓令第 13 條指定之官職次序； （ii）其次，其他議員依獲委任之先後次序，惟若依同一委任書獲委任，則依其於委任書上之名列次序。"。
1985 年 3 月 30 日（1985 年 4 月 4 日）	本條 1965 年 12 月 23 日版本 —— 第（3）款（i）段修訂為： "（i）首先，依 1985 年英皇制誥第 6 條第（1）款（b）段指定之官職次序；"。
1988 年 3 月 31 日（1988 年 4 月 9 日）	本條 1985 年 3 月 30 日版本僅作英文文法修改，不影響中文譯文。
1990 年 8 月 22 日（1990 年 10 月 9 日）	本條 1988 年 3 月 31 日版本 —— 修訂為： "（1）總督須儘可能主持立法局會議。 （2）若總督缺席，本局會議 —— （a）由代主席主持；或 （b）若代主席缺席，由出席會議之資深當然官守議員主持。 （3）總督得以蓋上本殖民地官璽之文件委任立法局任何議員為代主席，其依英皇意願出任此職位，若總督撤回對其之委任，或其終止出任本局議員，其須立即終止出任代主席。 （4）1917-1990 年英皇制誥第 6 條第（2）款適用於委任代主席，若無該條款提及之訓令，總督須立即將任命經一名內閣大臣呈報英皇。 （5）為執行本條第（2）款（b）段計，本局當然官守議員依 1917-1990 年英皇制誥第 6 條第（1）款（b）段指定之官職次序排名。"。

1991 年 5 月 12 日 （1991 年 5 月 21 日）	本條 1990 年 8 月 22 日版本 —— 第（1）款修訂為： "（1）總督須擔任立法局主席且於出席本局會議時主持會議。"。
1992 年 12 月 17 日 （1993 年 2 月 19 日）	本條 1991 年 5 月 12 日版本 —— 第（1）款修訂為："（1）立法局設主席一職，其須於出席本局會議時主持會議。立法局主席由不包括當然官守議員在內之本局議員互選產生。"； 第（2）款修訂為："（2）若主席缺席，本局會議 —— （a）由代理主席主持，其須由不包括當然官守議員在內之本局議員互選產生；或 （b）若代理主席缺席，由資深當然官守議員主持。"； 第（3）款修訂為："為免生疑問，'主持會議之議員' 依情況不同分別指主席，或代理主席，或出席會議之資深當然官守議員。"； 刪除第（4）款。
1993 年 12 月 23 日 （1994 年 1 月 21 日）	本條 1992 年 12 月 17 日版本 —— 刪除第（2）款及第（3）款。
1993 年 12 月 23 日 （1994 年 7 月 1 日）	本條 1993 年 12 月 23 日版本 —— 修訂為："立法局設主席一職，其須於出席本局會議時主持會議。立法局主席由本局議員互選產生。"。

第 21A 條

1985 年 3 月 30 日 （1985 年 4 月 4 日）	（1）立法局會期之開始日及結束日須由總督不時刊憲公佈，惟上次會期之結束日與下次會期開始日相距不得逾三個月。 （2）總督經刊憲公佈，得於上次會期結束日與下次會期開始日之間任何時候召集特別會議。 （3）立法局對條例草案或其他事項之討論及處理，不受會期結束之影響，且須於其後舉行的本局會議上恢復。
1988 年 3 月 31 日 （1988 年 4 月 9 日）	本條 1985 年 3 月 30 日版本 —— 第（3）款修訂為："（3）立法局對任何法案或其他事項之討論及處理，不受會期結束之影響，且須於其後舉行的本局會議上恢復，

	惟若立法局解散，則須終止。"。
第 21B 條	
1992 年 12 月 17 日 （1993 年 2 月 19 日）	（1）總督得自行決定出席立法局，或委員會，或小組委員會之會議，為 —— （a）於其認為合適之任何時間，包括特別會議期間，向立法局作施政報告； （b）便於本局議員就任何本殖民地政府負責之政策事宜向其質詢並獲得回應； （c）提出任何政策、措施、法案、投票表決、決議、動議或問題供本局，或委員會，或小組委員會辯論。 （2）就任何本殖民地政府負責之政策事宜，總督得自行決定指派公職人員出席立法局，或委員會，或小組委員會之會議，為 —— （a）發表聲明； （b）回答本局議員質詢； （c）提出任何政策、措施、法案、投票表決、決議、動議或問題供本局，或委員會，或小組委員會辯論。
第 22 條	
1917 年 2 月 14 日 （1917 年 4 月 20 日）	立法局辯論之任何議題，以多數票決定，總督或主持會議之議員須擁有與其他議員相同之原有票，及就任何問題投票相等時之決定票。
1992 年 12 月 17 日 （1993 年 2 月 19 日）	本條 1917 年 2 月 14 日版本 —— 刪除 "總督或"。
第 23 條	
1917 年 2 月 14 日 （1917 年 4 月 20 日）	立法局得不時制訂會議常規以規管其會議過程，惟此等會議常規不得與英皇制誥，或本訓令，或英皇經御筆簽署並蓋上御璽之其他訓令相左。
1993 年 12 月 23 日 （1994 年 1 月 21 日）	本條 1917 年 2 月 14 日版本 —— 修訂為第（1）款；

	增加第（2）款："（2）在不損害前款一般適用之原則下，會議常規得規定立法局議員於立法局主席缺席或未能主持會議時代替主席。"。
第 24 條	
1917 年 2 月 14 日 （1917 年 4 月 20 日）	立法局議員得於立法局提出任何議題供辯論，此等議題若為其他議員附議，則須依會議常規進行辯論並處理。惟任何條例、投票表決、決議或質詢之對象及效果若涉及英皇於本殖民地之歲入，須由總督提出，或取得總督之明確同意或指示。
1969 年 2 月 17 日 （1969 年 2 月 28 日）	本條 1917 年 2 月 14 日版本—— 刪除"若為其他議員附議，則"。
1992 年 12 月 17 日 （1993 年 2 月 19 日）	本條 1969 年 2 月 17 日版本—— 修訂為： "（1）於依本條第（2）款之規定前提下，立法局議員得於立法局提出任何議題供辯論，此等議題須依會議常規進行辯論並處理。 （2）若任何條例，投票表決，決議或質詢之對象及效果若涉及英皇於本殖民地之歲入，須—— 　　（a）由總督提出； 　　（b）由總督依本訓令第 21B 條第（2）款指定之公職人員提出；或 （3）由總督明示授權或准許提出此議題之本局議員提出。"。
第 25 條	
1917 年 2 月 14 日 （1917 年 4 月 20 日）	總督及立法局制訂條例時於切實可行範圍內須依循下列規則—— （1）所有法律稱"條例"，冠以"香港總督參照立法局意見並在該局同意下制訂"字句。 （2）所有條例以標題區分，下分連續編號之條、款，每條須旁註簡要說明。每一年度之條例以編號區分，每年自第一號始連續編號。 除留待英皇批准之條例草案外，總督須於立法局通過條例當年批准之，須註明批准之日期及按通過之年份編號。總督認為留待英皇批准之條例草案，須註明其生效之日期及按生效之年份編號。 （3）不同事務須以不同條例規定之，無恰當關聯之事項不得混雜

	於同一條例內，與任何條例標題無關之條款不得載入或夾附於該條例，臨時條例不得包含永久生效之條款。
1986 年 7 月 24 日 （1986 年 8 月 22 日）	本條 1917 年 2 月 14 日版本第 1 款 —— 修訂為： "1. 法律以英文或中文制訂。所有法律稱 "條例"，冠以 "香港總督參照立法局意見並在該局同意下制訂" 字句，或相應中文字句。"。
1988 年 3 月 31 日 （1988 年 4 月 9 日）	本條 1986 年 7 月 24 日版本僅作英文文法修改，不影響中文譯文。
第 26 條	
1917 年 2 月 14 日 （1917 年 4 月 20 日）	除後述情況外，總督不得以英皇名義批准就以下事項之條例草案 —— 1. 以婚姻聖事結合之人士之離異； 2. 贈予他自己土地、金錢、捐獻或酬金； 3. 影響本殖民地貨幣或涉及發行紙幣； 4. 設立銀行公會，修訂銀行公會章程、權力或特權； 5. 開徵不同稅種； 6. 與英皇依條約所承擔之義務相悖； 7. 干涉皇家陸、海、空三軍紀律及管控； 8. 損害英皇特權，或非居住於香港之英國屬民之權利及財產，或聯合王國及其屬土之貿易及航運； 9. 非歐洲出生之人士及其後裔需承歐洲出生之人士及其後裔無需承受之禁令或限制； 10. 包含英皇曾拒絕或未予批准之條款。 就前述事項之條例草案，總督事前經一名內閣大臣獲英皇就此等條例草案之訓令，或此等條例草案附一條文說明需經英皇明示同意方可生效，或總督有足夠理由認為事態緊急此等條例草案須立即生效，總督獲特准以英皇名義批准此等條例草案，惟該等草案不得與英國法律或英皇依條約所需承擔之義務相悖。總督須以最快時間將其批准之條例草案及理由呈報英皇。

第 27 條

<table>
<tr><td>1917 年 2 月 14 日
（1917 年 4 月 20 日）</td><td>凡影響或惠及特定人士、協會、法人團體之條例草案，須有一條款保障英皇及其世襲繼承人及繼位人，所有政治團體及法人團體，以及其他未由該條例草案所提及且未經由、透過或藉它們提出申索之團體之權利。此等非屬政府法案之條例草案於提交立法局前，須連續刊憲不少於兩期，及依現行立法局會議常規規定之其他方式妥為公佈，此等條例草案未經公佈，總督不得以英皇名義批准之。總督須親筆以書面證明此等條例草案已公佈，並將該證明與相關條例草案呈報英皇。</td></tr>
<tr><td>1967 年 10 月 16 日
（1967 年 11 月 17 日）</td><td>本條 1917 年 2 月 14 日版本 ——

修訂為："非屬政府法案之條例草案，凡影響或惠及特定人士、協會、法人團體之條例草案，須有一條款保障英皇及其世襲繼承人及繼位人，所有政治團體及法人團體，以及其他未由該條例草案所提及且未經由、透過或藉它們提出申索之團體之權利。此等條例草案於提交立法局前，須連續刊憲不少於兩期，及依現行立法局會議常規規定之其他方式妥為公佈，此等條例草案未經公佈，總督不得以英皇名義批准之。總督須親筆以書面證明此等條例草案已公佈，並將該證明與相關條例草案呈報英皇。"。</td></tr>
</table>

第 28 條

<table>
<tr><td>1917 年 2 月 14 日
（1917 年 4 月 20 日）</td><td>總督須將已通過之條例及留待英皇批准之條例草案詳盡精確並附有旁註之副本，蓋上本殖民地官璽及親筆簽名，經一名內閣大臣呈報英皇作最終審核、接納或其他指示。卜述副本須連同説明通過該條例或提出該條例草案之理由一併呈報。</td></tr>
<tr><td>1988 年 3 月 31 日
（1988 年 4 月 9 日）</td><td>本條 1917 年 2 月 14 日版本 ——

刪除 "並附有旁註"。</td></tr>
</table>

第 28A 條

<table>
<tr><td>1985 年 3 月 30 日
（1985 年 4 月 4 日）</td><td>（1）總督得隨時下令解散立法局，解散令須刊憲。惟除非立法局較早時已解散，該局須於最近一次本局民選議員選舉後所召集之第一次會議屆滿三周年之前第九十日解散。

（2）立法局解散後，所有民選議員須離任。惟為處理緊急事務計，於立法局解散後至選舉立法局全體民選議員（依本訓令第 12A 條規定）之前，總督須指定立法局召集會議之時間，緊接此次解散之</td></tr>
</table>

	前出任立法局民選議員之人士須繼續以民選議員身份出席會議，直至下一次選舉開始之日（若選舉超過一日，則以首日為準）。
1988 年 3 月 31 日 （1988 年 4 月 9 日）	本條 1985 年 3 月 30 日版本 —— 第（1）款修訂為："（1）總督得隨時下令解散立法局，解散令須刊憲。惟立法局須於最近一次本局民選議員選舉後第三年解散，日期由總督決定，不得早於該選舉三周年之前第六十日，亦不得遲於該選舉三周年之前第三十日。"。
1990 年 8 月 22 日 （1990 年 10 月 9 日）	本條 1988 年 3 月 31 日版本 —— 第（1）款修訂為："（1）總督得隨時下令解散立法局，解散令須刊憲。惟立法局須於最近一次本局民選議員選舉後第四年解散，日期由總督決定，不得早於該選舉四周年之前第六十日，亦不得遲於該選舉四周年之前第三十日。"。
1991 年 5 月 12 日 （1991 年 5 月 21 日）	本條 1990 年 8 月 22 日版本 —— 第（1）款修訂為："（1）總督得隨時下令解散立法局，解散令須刊憲。惟立法局須於最近一次本局民選議員選舉後第四年解散，日期由總督決定，不得早於該選舉四周年之前第六十日，亦不得遲於該選舉四周年之前第三十日，若選舉超過一日，則以首日為準。"。
1993 年 12 月 23 日 （1994 年 7 月 1 日）	本條 1991 年 5 月 12 日版本 —— 所有"民選議員"修訂為"議員"。

第 29 條

1917 年 2 月 14 日 （1917 年 4 月 20 日）	每年初於切實可行之條件下，總督須儘早公佈上一年所制訂條例之完整彙編，以廣周知。
1970 年 11 月 27 日 （1971 年 2 月 5 日）	本條被廢除。

第 30 條

1917 年 2 月 14 日 （1917 年 4 月 20 日）	立法局全部會議過程之記錄須定期保存；本局於每次召開會議處理事務前，上一次會議過程之記錄須予以確認，或如有必要，須予以修訂。 於每次會議後，總督須儘快將會議記錄之完全及精確副本經一名內閣大臣呈交英皇。

1967 年 10 月 16 日 （1967 年 11 月 17 日）	本條被廢除。

第 31 條

1917 年 2 月 14 日 （1917 年 4 月 20 日）	總督於處置屬英皇所有之任何空地或廢地前，須對該地進行測量，並須保留其認為為築路或其他公用所必需之部分。未獲英皇經一名內閣大臣下達之特准，總督不得直接或間接購買上述土地。

第 32 條

1917 年 2 月 14 日 （1917 年 4 月 20 日）	除法律另有規定外，總督頒發予任何人士擔任任何職位或從事任何工作之委任書皆非固定任期。總督委任非為英皇特別指定之人士出任起薪超過每年一千港元或一百英鎊（依薪酬所計之幣種而定）之空缺職位，其須明確告知此等人士相關委任僅為暫時或臨時，直至英皇明示接納與否。
1938 年 4 月 30 日 （1938 年 7 月 7 日）	本條 1917 年 2 月 14 日版本—— 修訂為："除法律另有規定外，總督頒發予任何人士擔任任何職位或從事任何工作之委任書皆非固定任期。"。
1970 年 11 月 27 日 （1971 年 2 月 5 日）	本條被廢除。

第 33 條

1917 年 2 月 14 日 （1917 年 4 月 20 日）	任何領取可供計算退休金之薪酬超過一千港元或一百英鎊（依所領薪酬之幣種而定）之公職人員於停職前，總督須以書面明示該公職人員停職之理由，並要求其以書面說明理由為己辯白，若該公職人員未能於總督限定之時間內提交說明，或未能提供令總督滿意之合理解釋，總督須於行政局內委任一委員會調查此事件並向行政局提交詳盡報告。總督須立即於行政局會議討論該報告並於會議記錄記載行政局或行政局之多數議員是否同意停職決定，若總督依行政局意見批准停職決定，須將委員會報告及其採納之證據，與行政局會議記錄一併經一名內閣大臣儘早呈送英皇。惟若英皇利益要求特定人士須立即停止行使其權力及職能，或召開前述之行政局會議需時，總督須禁止此人行使其權力及職能。
1938 年 4 月 30 日 （1938 年 7 月 7 日）	本條被廢除。

第 34 條	
1917 年 2 月 14 日 （1917 年 4 月 20 日）	遇有任何罪犯被本殖民地法庭判處死刑，總督須令該案主審法官以書面彙報該案案情，並於報告提交後方便召集之行政局首次會議上討論之，總督得特別傳召主審法官出席該會議並作説明。總督不得赦免該罪犯或暫緩執行死刑，除非行政局建議此舉合宜，惟總督得自行判斷，決定是否考慮赦免該罪犯或暫緩執行死刑，無須顧及行政局議員之意見。若總督與行政局多數議員意見相左，須將其決定之理由詳細記載於行政局會議記錄。
1967 年 10 月 16 日 （1967 年 11 月 17 日）	本條 1917 年 2 月 14 日版本 —— "於報告提交後方便召集之行政局首次會議" 修訂為 "於行政局會議"。
第 35 條	
1917 年 2 月 14 日 （1917 年 4 月 20 日）	總督每年須準時經一名內閣大臣向英皇呈報通稱為藍皮書的本殖民地年報，包括 —— 歲入歲出、防務、工務、立法、公務員管理、養老金、人口、教育、匯率、進出口、農業、生產、製造，以及其他由藍皮書特別指定之事項，以作本殖民地狀況之參考。
1967 年 10 月 16 日 （1967 年 11 月 17 日）	本條被廢除。
第 36 條	
1917 年 2 月 14 日 （1917 年 4 月 20 日）	未獲英皇經御筆簽署並蓋上御璽或經一名內閣大臣下達之事先許可，總督不得以任何藉口擅離本殖民地。
第 37 條	
1917 年 2 月 14 日 （1917 年 4 月 20 日）	除與上下文理不諧外，本訓令 "總督" 一詞須包括暫時管理本殖民地政府之人士。

第
二
章

憲制發展
（1843－1984）

　　1843 年英國佔領香港，實行總督專制的殖民統治，即使在第二次世界大戰結束後，全球非殖化浪潮風起雲湧之際，香港仍然保持了此種制度，一直持續到 1997 年中國恢復對香港行使主權。因此，在港英時期，所謂"憲制發展"，是不觸及總督專制的發展，總督作為英國在香港殖民統治的核心，其地位從來沒有改變過。本章所談及的憲制發展，主要針對港英時期香港中央層級的憲制機構——立法局——構成上的發展變遷，時間截止到 1984 年港英政府啟動代議政制改革之前，其後至 1997 年回歸之前的發展變化請參閱本書第四章及第六章。

　　香港作為英國殖民地的獨特之處在於，它的立法機關不像其他英國殖民地的立法機關那樣，性質逐漸演變。雖然香港於被佔領之際，英國在其廣袤的殖民地上已經開始實行"新代議政制"（New Representative System），但在其後接近一個半世紀的漫長時期裡，這種制度的曙光始終未有照及香港。在英國佔領香港之初，立法局（當時稱為"定例局"）甚至與行政局重疊在一起，戴維斯（John Francis Davis，香港第二任總督）就任香港總督後，二者才得以分家。而早期的立法局也不具有立法權力，總督只須"參照立法局意見"制訂法律，直至 1888 年修改《英皇制誥》，才於其後加入了"並在該局同意下"的字樣。

　　根據 1945 年的《殖民地規例》，香港屬於分類 101.II（iv），即立法局僅由官守議員同委任議員（亦即非官守議員）組成，而其中官守議員須佔多數。直到 1965 年至 1975 年期間，官守議員與非官守議員才數量相當。1976 年，非官守議員的數量始佔多數。直到 1985 年港英當局啟動代議制改革後才出現民選議員，但當時的民選議員由選舉團與功能組別選舉。到 1991 年，立法局第一次出現直選議員。可以說，香港的立法局從來沒有像英國其他殖民地的立法機關那樣，從一個非官守議員佔少數的諮詢機構，逐步發展為一個準代議制機構，再演變為一個民選議員佔多數的代議機構。可以說，在 1984 年港英政府展開代議制改革之前，香港立法局構成上的重大變革乏善可陳。

　　儘管如此，我們還是可以找出港英時期立法局構成變化的幾個重要階段，本章以這些重要階段為線索，下分六個小節，摘錄了在這些階段反映英國政府、港英當局及本地各政治勢力從不同角度對憲制發展之建議及考慮的重點文獻，希望讀者可以一窺港英治下香港憲制發展之全貌。簡要說明如下：

　　小節 2.1 有關 1849 年首次委任立法局非官守議員：**文件 2.1a** 是部分英國商人的陳情書，表達了他們參與立法程序的渴望；**文件 2.1b** 是時任總督般咸（Samuel George Bonham，香港第三任總督）致陸軍與殖民地大臣格雷伯爵（Henry George Grey）的信件，力陳允許非官守議員加入立法局的種種好處；**文件 2.1c** 是般咸再次致殖民地大臣的信件，介紹其採用本地團體提名的方式挑選、委任非官守議員的人選。這種方法隨後雖被暫時廢棄，但於總督寶雲在任期間再度被採用，一直沿用至上世紀 70 年代。

　　小節 2.2 有關英國政府及港英當局就是否選舉非官守議員進行的討論：**文件 2.2a** 是時任總督寶靈（John Bowring，香港第四任總督）向殖民地大臣萊布什（Henry Labouchere）解釋他希望採用選舉方式的種種理據，但需要注意，這裡的選舉權並非普選權，而是與英語能力及財產狀況掛鉤的有限選舉權；**文件 2.2b** 是時任殖民地大臣萊布什否定寶靈的建議，在其給出的理由中，華人因素作為主要原因，頗多落墨。未來對香港憲制發展影響深遠的本地華人因素，甚至是更大範圍的中國因素，此時已現端倪。

　　小節 2.3 有關首次委任華人非官守議員的討論：**文件 2.3a** 是當時香港社會中有影響力的華人士紳及商人向時任總督軒尼詩（John Pope Hennessy，香港第八任總督）推薦伍才（即中國近代史上著名的外交家伍廷芳）擔任立法局議員的陳情書。值得注意的是，在這份附在軒尼詩致殖民地大臣信後的陳情書上，標註有 "Translation" 的字樣。顯然，陳情書以中文擬就，這可從一個側面說明當時華人社群迫切需要一位精通中英雙文的人士代表他們的利益。**文件 2.3b** 是軒尼詩致殖民地大臣畢奇（Michael Hicks Beach）的信件，通報已委任伍才擔任臨時議員，嘗試請求殖民地部委任伍才為常任議員。軒尼詩對華人社群無代表的處境頗為同情，但在強調伍才具有適合擔任立法局議員的資格時，他更多集中闡述伍才擁有英國國籍、熟識英文、身家豐厚，且認同英國在東方的利益，同時將伍才同新加坡的議員胡亞基做了比較。**文件 2.3c** 是殖民地大臣的回覆，並未接納軒尼詩的建議，而堅持伍才只可就任臨時議員。

　　小節 2.4 有關將挑選部分非官守議員的方式制度化，即先由香港本地的商會及太平紳士這兩個群體提名人選，然而交由殖民地部委任：**文件 2.4a** 是時任總督寶雲（George Ferguson Bowen，香港第九任總督）致殖民地大臣德比伯爵（Frederick Arthur Stanley, Earl of Derby）的信件，信中寶雲建議修改政府官員擔任立法局非官守議員的異常現象，同時建議由本地團體挑選提名部分非官守議員的人選，即恢復了般咸任總督時期的做法；**文件 2.4b** 是殖民地大臣的回信，確認了政府官員不再擔任立法局非官守議員，亦批准了寶雲的建議，由商會和太平紳士提名非官守議員人選，同時亦要求非官守議員中必須有一名是華人。這種挑選非官守議員的方式作為憲法慣例被一直延續至 1970 年代麥理浩任職總督時期，甚至有學者認為，此種方法是功能組別選舉的前身。

　　小節 2.5 有關圍繞著 1894 年以英國商人為主的請願而在英國政府、港英當局、本地勢力之間進行的有關憲制改革的種種爭論：**文件 2.5a** 是以英國商人為主，包括少數其他國籍居民聯署的陳情書，請求英國政府允許選舉立法局非官守議員，非官守議員要佔多數、擴大非官守議員的權力及角色、進行市政管理改革等等。這次提交的陳情書與之前的不同之處，在於不僅提出了陳情人的訴求，而且詳細分析了支持這些訴求的理據，同時系統化、全面化提出了改革的建議。**文件 2.5b** 是當時署任輔政司的駱克（J. H. Stewart Lockhart）對陳情書建議逐條進行的反駁，讀者可以發現，華人因素成為港英當局攻擊陳情人訴求的最有力武器。**文件 2.5c** 及**文件 2.5d** 是當時立法局兩位非官守議員凱威克（J. J. Keswick）與庇理羅士（E. R. Belilios）致總督羅便臣（William Robinson）的信件，反對陳情書的訴求。這是一個值得注意的現象，非官守議員作為憲制改革的持份者，開始積極參與討論，讀者可以看到，這兩位非官守議員的立場更接近他們那些官守議員同事，而事實上，當時有其他立法局非官守議員參與了陳情書的聯署。**文件 2.5e** 是總督羅便臣致殖民地大臣力彭侯爵（George Frederick Samuel Robinson, Marquess of Ripon）的信件，只建議對行政局做少許修改。**文件 2.5f** 是力彭侯爵的回信，拒絕了陳情書中的所有訴求，亦拒絕了羅便臣改革行政局的建議。

本小節選錄的多篇文獻篇幅頗長，華人因素及中國因素在英國政府與港英當局考慮是否進行憲制改革時起到了越來越大的影響。進入 20 世紀後，以英國商人為主的群體又曾進行過兩次請願，訴求及理據與之前的請願無本質不同，同樣亦均以失敗告終。第一次是 1916 年 1 月，時任立法局議員的普樂（Henry Edward Pollock）牽頭向時任殖民地大臣鮑納勞（Andrew Bonar Law）提交的陳情書，要求非官守議員在立法局內佔多數，且選舉產生非華人的非官守議員。時任總督梅含理（Henry May，香港第十五任總督）及鮑納勞均反對他的建議，鮑納勞甚至沒有給出任何解釋就否決這個建議。第二次是 1922 年 3 月，部分英國商人成立了憲制改革協會，"新瓶裝舊酒"，將普樂陳情書中的建議修改後提交給下議院。時任總督司徒拔（Reginald Edward Stubbs，香港第十六任總督）反對前者的建議，給出的理由與當年力彭侯爵的說法如出一轍。此後，直到第二次世界大戰結束，憲制發展的討論才再次走向前台。

小節 2.6 有關二戰剛剛結束後香港憲制發展的討論：**文件 2.6a** 是時任總督楊慕琦（Mark Aitchison Young，香港第二十一任總督）致殖民地大臣鍾斯

（Arthur Creech Jones）的信件。楊氏雖以建議改革地方行政的"楊慕琦計劃"
而聞名，但其對香港憲制改革的建議還涉及針對立法局的改革，且這二者互有
關聯。**文件 2.6b** 是羅文錦代表所有立法局非官守議員針對楊慕琦的改革建議而
提出的另一套改革方案，其建議改革的方向及程度遠比楊氏的大膽。**文件 2.6c**
是楊慕琦的繼任者總督葛量洪（Alexander William George Herder Grantham，
香港第二十二任總督）致殖民地大臣的信件，其中對楊慕琦所提建議及羅文錦
所提建議進行了評估。讀者不難發現，華人因素再一次被港英當局拿來作為否
決開放選舉權的有力武器，同時，剛剛成立的中華人民共和國也成為考慮限制
立法局進一步改革的重要因素。在葛量洪的評估中，非常值得關注的是葛氏對
立法局內非官守議員佔多數可能引致的風險及對策的分析。**文件 2.6d** 是英國政
府外交部的沙德（J. S. H. Shattock）與殖民地部的薛本德（J. B. Sidebotham）
之間的通信，表示了香港憲制改革要伺遠東局勢之機而動的意見。**文件 2.6e** 是
時任殖民地大臣列堤頓（Oliver Lyttelton）對香港憲制改革的評價，可以看出，
英國政府內部整體上均對香港的憲制發展不再熱心，更多的考慮是與新中國
的關係問題，立法局構成上的變革亦戛然而止。自 1950 年代至 1984 年，立
法局的構成已無根本性質的變革，只不過是議員數量的增加。麥理浩（Murray
MacLehose，香港第二十五任總督）就任總督後，曾經大幅增加委任非官守議
員，其數量甚至超過官守議員，打破了英國政府與港英當局長期以來控制非官
守議員數量的傳統。

　　本章所選文獻絕大部分來自英國政府殖民地部已解密的檔案，其餘少數幾
份來自其他部門已開放的檔案。讀者可以發現，與上世紀 70 年代以來港英當局
在重大變革前以綠皮書的形式諮詢民意的做法不同，在相當長的一段時期內，
憲制發展與變革由英國政府及港英當局專斷決定，非官守議員也只是在後期才
逐漸加入了有關問題的討論。

2.1　首次委任非官守議員加入立法局

2.1a　香港殖民地居民致不列顛及愛爾蘭聯合王國 議會下院諸公的陳情書（節錄）

〔1849 年 1 月〕

……

第八，陳情人進一步表示，雖然本殖民地已經成立了七年，但本地居民在立法機關內既無選舉產生的代表，亦無由總督委任的代表；而在英國的其他殖民地，當地居民在立法機關內擁有代表這項特權都是不予剝奪的。

……

（劉天驕譯）

2.1b　總督般咸致陸軍與殖民地大臣格雷伯爵 的信件（節錄）

〔1849 年 2 月 26 日〕

……

8. 陳情書的第八段提及本地居民沒有參與本殖民地立法的權利。在這個問題上，本人看不到有什麼理由要拒絕各提名兩位在本地有社會地位的居民分別擔任立法局議員及行政局議員。相反，本人認為接納兩位來自本地商會的人士進入兩局將在很多方面極為有用，因為他們可以比殖民政府官員更自如一貫地互相交流，以及同本地居民交流，這是他們掌握信息的方法，而這些信息包括了本殖民需要什麼，以及本地居民目前因被排斥在立法局之外而渴望得到的改革及變化。並且，採納這種措施亦可以為普通公眾提供機會，令他們可以隨時向殖民地政府表達自己的期望及要求。即使沒有其他用處，這一措施也可令本地居民高興，對當局帶來的肯定只有好處，沒有壞處。而且，這種措施還可令政府清楚明白地解釋自己的決策，本人要說的是，在大多數情況下，政府推出的政策之所以備受抱怨，原因就在於它們沒有得到清楚的解釋，因而受到誤解。因此，本人鄭重請求女王陛下可以批准各有兩名在本地有社會地位之人士分別加入立法局及行政局。

……

（劉天驕譯）

2.1c　總督般咸致戰爭與殖民地大臣格雷伯爵
的信件（節錄）

〔1849 年 12 月 15 日〕

⋯⋯

在考慮將本殖民地最適合、最恰當之人選推薦給閣下時，本人覺得極難下決斷。因此，本人斷定，如果召集非受薪的太平紳士，讓他們提名兩位他們認為最適合擔任此等職位的人選，公眾可能會更滿意。最終，本人召集了太平紳士並向他們表達了此一希望，同時亦知會他們，他們提名之人選的委任需閣下批准。經過一段時間，他們（共 16 人）向本人建議兩個人選，一位是戴維・渣甸先生（David Jardine），另一位是約瑟夫・埃傑先生（Joseph Frost Edger）。渣甸先生是頗有影響力且富有的公司 —— 怡和洋行（Jardine Matheson & Co.）在本地的主要合夥人，埃傑先生是同樣值得重視的賈米森埃傑公司（Jamieson Edger & Co.）的代表。這兩位先生均在中國居住超過八年，他們有智慧、極為受人尊重，並完全熟悉本地社會的需要。

太平紳士的提名完全令本人滿意，本人因此向閣下建議：委任渣甸先生及埃傑先生為本殖民地立法局議員。

（劉天驕譯）

2.2　首次嘗試選舉立法局非官守議員的改革

2.2a　總督寶靈致殖民地大臣萊布什的信件（節錄）
〔1856 年 3 月 26 日〕

　　……本人之建議旨在本殖民地政府的成員中引入民選的元素，並且令這種元素促進本殖民地繁榮昌盛，本人有理由相信這種做法會令公眾接受。

　　2. ……本人認為目前的狀況未令全社會滿意，更不用說它應該令全社會滿意。本人認為，若在立法局組成中，我們允許代表公眾意見的人士加入，利用他們的知識、他們對改善境況的渴望以及他們對社會改革的利益訴求，那麼這種做法就會如同在其他地方那樣，使本港社會更滿意政府的所作所為，並帶來更好的管治。

　　3. 雖然本港社會對目前現狀的不滿仍處於低水平，但本人認為，最需要做的是不要等待憤怒醞釀開來，以及公眾的不滿公開表達出來，現在就要以某種形式賦予本港人數激增的居民選舉代表的權益……本人不建議、亦不希望任何大規模地引進民選元素，但本人反對在每個政府部門中完全排除任何形式的民選元素。本人相信，排除民選元素對行政機關有百害而無一利，這必會令其鬆垮懈怠、刻板僵化，也會缺乏對行政機關有用的控制，難以避免其行差踏錯。本人看不到有任何理由，為什麼可以在其他皇室殖民地以某種形式讓步的、賦予當地居民的代議制原則，要在香港予以否定。

　　4. 本人反對單獨賦予行政立法兩局更多公共職能的做法，因為這樣做只會分散，最終會減少行政機關的責任，而在本人看來，由行政機關集中執行它的職能要比分散執行更好。另外，這樣做除了可以把未在建制內的力量帶入立法程序外，我看不到有太多改革的需要。增加立法局非官守議員的數量是本人願意接受的建議，但作為交換，要增加更多更高級別的政府官員擔任官守議員。

　　……

　　9. ……本人作為立法局主席的經驗是……非官守議員的存在對本局明顯有益，因為他們能掌握並傳播本殖民地的知識；目前本局其中一位非官守議員埃傑先生一直堅持出席本局會議，另一位渣甸先生則曾有缺席。本人相信，這是因為立法局的工作並不足夠吸引或足夠重要，因此不能令渣甸先生把自己寶貴的時間投入進來。但本人相信，渣甸先生一直出席討論重要事宜。無論現在立法局的非官守議員有哪些優缺點，本人認為終身任命是不合適的，而非官守議員絕對獨立於民眾的情感也與他們承擔的公共責任不相兼容，這種公共責任是每個立法局議員都應具備的。如果他是因自己擔任某種公職而被委任進入立法局，那麼他要向自己的上級負責；如果他是被選舉進入的立法局，那麼他要向那些選他進入立法局的人負責。無論是哪種情況，都要以民意為依歸。

10. 因此，本人決不會認為兩名非官守議員（他們由極少數太平紳士互選產生）加入立法局僅能以他們出任本局議員"不會帶來妨礙及偏見"這個理由來辯護。同樣，本人認為，如果立法局接納非官守議員的理由只是他們不會給政府施政帶來危害的話，再增加一位非官守議員的建議既毫無根據，亦沒有用處，因為這完全沒有顧及政府的關注。

11. 關於將外國人排除在選民之外的意見，本人認為這種排除將不得民心，也是不明智的。外國人也向本殖民地貢獻了自己的力量，也被要求擔任陪審員以及其他公職。在本人看來，如果立法局的民選議員是土生土長的英國屬民，或已歸化的英國屬民，那將足夠安全。並且，因為本人建議增加非官守議員總數至五位，那麼本人提議其中三位應從太平紳士中挑選，同時官守議員將會是八位，總督同時擁有原有票及決定票，本人認為原先的建議不會有任何風險。

12. 關於華人的問題，本人樂於讓他們也感受到政府施政。在新加坡，華人已經被允許擔任地方官員，而且我了解到這並沒有帶來什麼惡果，相反則好處多多。如果華人在行使選舉權利前接受文化水平測試，或者我們鼓勵華人學習英語作為溝通工具，那麼可能會更有好處。

13. 本人仍認為，不應該有大量的公職人員因其職位而擔任立法局議員。本人在英國議會的經驗，以及由民選官員擔任立法機關議員的種種不當令本人確信，不應有公職人員擔任非官守議員。本人亦認為，下級官員（高級官員因其職位已成為立法局議員）不應放下手頭工作，參與立法局討論及辯論，這既不符合禮儀，也沒有任何好處。

14. 輔政司建議，在 75,000 名居民中，全部選舉人應只有 75 人，或從實際角度考慮，只有 45 人，相當於每 1,666 名居民中有一名選舉人。在本人看來，這是設立了一個"選區"，選舉權受限制的程度令公眾一定會站出來鳴不平。本殖民地的太平紳士共計 24 名，特選陪審團計有 34 名成員，普通陪審團計有 113 名成員。

每年繳交的地租在 401 鎊以上的計有 650 人，301 鎊以上的 1,135 人，201 鎊以上的 1,566 人，101 鎊以上的 1,999 人。本人認為，沒有任何理由可以用來否定賦予每年繳交地租達 101 鎊以上的人以選舉權，尤其是再加上本人已經建議的 "文化水平測試" 的話。

……

16. 本人決不認同輔政司的結論，即本殖民地外國人人數眾多是將其聲音排除在政府之外的理由。本人認為，他們忠誠及合作的最好方式是承認，而非否決他們的主張 —— 他們應被視為全社會的一部分，他們應該盡公共義務，他們也應該被允許參與社會的公共事務，至少像現在允許他們有權挑選英國屬民擔任立法局非官守議員那樣。

……

2.2b　殖民地大臣萊布什致總督寶靈的信件（節錄）
〔1856 年 7 月 29 日〕

本人仔細考慮了閣下 3 月 26 日的信件，以及我們之前就此問題進行的通信。雖然本人很不情願反駁閣下的意見，但仍然決定拒絕閣下把民選元素引入殖民地政府的建議。

……

3. 本人相信，目前的建議是第一次提議把代議制度引入亞洲人群體，這個群體裡僅包括很少數的英籍及其他歐洲國籍的居民。因此，本人認為更有必要去仔細考慮支持及反對這項建議的諸種理由。

4. 那些最熟悉華人群體的人士堅稱，華人雖然充滿智慧，但缺乏最基本的道德倫理。香港的華人，除了少數例外，在這方面表現得非常低劣。

5. 閣下傳遞給本人的信息並未說服本人，教育可以令年輕的華人進步，以至於下一代人會比現今這一代更具道德倫理。因此，在授予大多數由華人組成的群體以選舉權這個問題上，本人必須考慮，那些不尊重維繫社會秩序存在之主要原則的人，無論他們是因缺乏道德原則還是在傳統影響下這樣做，他們能否以一種對自己有益，且對整體社會有益的方式去運用這項特權。

6. 本人認為他們不會。

7. 另一方面，如果選舉權不被授予華人及其他亞洲人，而是被授予了英籍居民，本人有非常充分的理由能感受到這項安排一定會令人不滿。

8. 很少英籍居民及他們的後代會永遠定居在香港，他們僅僅是在有限的時間內僑居在那裡，經商或是從事專業工作，一旦環境允許，他們就會離開香港。

9. 無論在何種程度上，通過局部引入代議制度，把地方事務的控制權交到這樣一個群體的手中，無異於讓暫居者有權控制定居者的生活，並不受後者意見所影響，而這二者在種族、語言、宗教方面各不相同。無論暫居者有多麼值得尊重的品格，本人認為這樣的安排將不可能順利運作。

10. 如果有建議指出，而且確實閣下在信中也如此建議，引進選舉的目的是令總督增加了解本殖民地居民願望與感受的渠道，但不涉及令立法局擴大立法的權力或控制政府開支的權力，本人認為此項方案也會遇到其他相反的意見。

11. 在本人看來，如果只是為了找到最有能力為公共事務提供意見的人士，那麼在香港這樣一個社會裡，管理殖民地政府的官員的判斷同公眾選舉（無論選舉權是否受限制）一樣，都是很好的測試標準，除非本殖民地目前的制度予以轉型，賦予立法局民選議員更多的權力。本人同意，在不帶來任何不滿的前提下，不可能建立這種制度。

12. 即使對閣下希望引進的改革不存在實質性的反對理由，本人仍然認為香港的特殊位置也是它不能輕易實施選舉的一個難以逾越的障礙。

13. 由於香港天然的地理優勢，皇室未能全然擁有此島，只是用其輔助英帝國及中華帝國的相互交往。這一點極為重要。巨大的商業利益及未來整個東方的開化，在很大程度上要依靠在香港維持英國統治及有序管治。

14. 事實是，在這樣一塊屬土上的政府會面對一些特殊的難題，既包括來自內部的，也包括來自鄰近地區的。如果本人可以確信當引入代議制度時，政府最基本的目標還可以始終如一地得以堅持，本人將很高興。但本人看不到有任何理由會令本人預料到局勢將有大的變化，大到足以移除這些難題。目前看來，這些難題都是不可逾越的。

15. 但是，本人的意見絕非要求閣下在處理本殖民地事務時完全不去考慮本殖民地居民的感覺及利益，對於本殖民地性質之最慎重的考慮不能影響具體的政策。

16. 閣下暗示在新加坡，華人可以擔任地方行政官員。如果閣下今後能從值得信任的華人居民中挑選出閣下認為適合擔任此等職位或其他行政管理職位的人士，本人將樂於批准委任。然而，這種嘗試應小心謹慎地進行，直到取得大量經驗，本人不認為在沒有英國官員制約下，讓華人單獨行使權力是明智的做法。

　　17. 如閣下認為需要，本人不反對適度增加立法局議員的數量。本人亦批准閣下已經採取的改革措施，即允許立法局討論財政預算案，並請議員就公共開支提供意見。

　　⋯⋯

2.3 首次委任華人議員加入立法局

2.3a 香港華人紳士及商人致香港總督軒尼詩
的陳情書（節錄）

〔1879 年 12 月 17 日〕

......

香港貿易的數量及繁榮程度與日俱增，同時香港 90% 的居民為華人，但是當任何公共議題提出時，華人並不被允許參與討論，因此在華人中很容易生出一種感覺，即似乎外籍居民及華人不獲同等對待。

......

陳情人希望，今後在任何有關全社會利益的議題上，華人可被允許參與討論，即使是處於從屬的地位。

到目前為止，華人社會中並沒有太多受高度尊重的人士，但眾所周知，伍才先生即是其中一員。伍才先生熟練掌握英語並精研英國法律，同時與華人社會肝膽相照、備受信任，完全有資格在立法局內代表華人。

陳情人因此請求，在立法局議員席位出缺時，由伍才先生填補空缺，此舉必然會對本地居民大有裨益。

......

2.3b 總督軒尼詩致殖民地大臣畢奇的信件（節錄）

〔1880 年 1 月 19 日〕

......本人有幸向閣下彙報，已暫時委任伍才先生為立法局非官守議員。

2. 伍才是華裔英國屬民，生於新加坡。他在英格蘭接受過完整的教育，並於 1877 年春季學期在林肯律師學院獲頒發執業資格。首席按察司告知本人，伍才從他的父親及妻子那裡獲得了豐厚的私人財產。約翰·斯梅爾爵士（John Smale）亦同本人講，在本殖民地無法找到比伍才先生更值得尊敬及正直的人。

3. 除了這些品質，本人不能不指出，早就應該在立法局內委任可以公平代表香港華人利益的人士。

......

5. 自總督寶靈爵士在任以來，財產所有人的身份有了巨大的改變，如果按照他所建議的那樣，那麼目前選民中的大多數將是華人。實際上，寶靈爵士提出建議之後不久，總督夏喬士·羅便臣爵士（Hercules George Robert Robinson）……就說過：華人佔據香港人口的 98%，對政府收入的貢獻比例也大致如此。在其他場合，羅便臣爵士還說過："華人令香港有了今天的模樣。"

6. 至於由伍才署任裁判司一事，伍才是出現在太平紳士名單上唯一的華人。但其之所以獲得批准，是因為大家希望看到，在 30 至 40 位刑事裁判司中加入 4 至 5 位居住在香港的英國執業大律師。

7. 但是無論寶靈爵士的選舉改革計劃有哪些理論上的優點，本人非常清楚，它並不會如目前的制度一樣順利運作，在目前的制度下，本殖民地總督主要負責委任立法局臨時議員。

8. 就目前情況而言，在履行女王陛下的委任狀及皇室訓令所要求的職責時，本人有便利條件去考慮女王治下那些富有的、行為良好的華人屬民的意見，以判定伍才先生在多大程度上可以如他們所說那樣代表本殖民地華人社群的利益。在這一問題上，本人謹附上一份文件供閣下參考，這份文件於一個月前送達本人，由香港華人社群的頭面人物聯署，向本人推薦伍才先生，他們認為伍才先生受華人社群高度尊重，完全適合在立法局內代表華人的利益。

......

10. 本人於 1879 年 5 月向閣下彙報臨時委任吉布（Gibb）先生加入立法局時，曾經表示：在向閣下建議這項委任時，本人必須考慮的事實是，本殖民地立法局內四名非官守議員全部是歐洲國籍的人士，現在四萬名女王陛下的華人屬民是在英國旗幟下出生的，華人社群也擁有了大量財富，他們應該像新加坡那樣，在立法局內有自己的代表……

11. 至於寶靈爵士建議我們可以參照新加坡的做法，本人很難不提醒閣下，在 1869 年任命胡亞基（黃浦）先生（Hoo Ah Kay Whampoa）擔任新加坡立法局議員的做法，對當地的公共服務大有助益。據本人在過去 12 年間對胡先生的了解及與他之間進行的通信，本人可以嘗試將胡先生與伍才先生予以比較。胡先生更年長，也更具經驗，但他不具有伍先生對英國及對英語的了解。事實上，伍才先生是頗有成就的英國學者，對英國文化嫻熟於胸。胡先生是歸化的英國屬民，而伍先生則是英國屬土出生的屬民。他們均向女王陛下效忠，也均完全認同英國在東方的利益。他們均是優秀典範，憑藉各自影響力，為在各自殖民地塑造一個健康的盎格魯—華人社區貢獻良多。

12. 在仔細全面考慮這個問題後，本人毫不猶疑地向閣下建議，委任伍才先生擔任立法局議員。

2.3c 殖民地大臣畢奇致總督軒尼詩的信件（節錄）
〔1880 年 4 月 20 日〕

……

5. 在 1 月 19 日及 21 日的信中，閣下說……已經委任伍才先生於吉布先生離港期間臨時擔任立法局議員。

6. 本人不認為立法局內有任何席位會永久性出缺，而目前也看不到立法局非官守議員中有誰會復職，所以我建議女王陛下批准伍才先生於吉布先生離港期間署任立法局非官守議員一職，但是任期不超過三年，條件是吉布先生在這段時期終止前既沒有辭職亦沒有復職。本人樂於考慮閣下的極力推薦以及伍才先生在這個國家享有的教育優勢，亦樂於考慮在本局內委任華人議員是一個值得嘗試的建議，但本人的這些做法不應該被理解為本人已經有了最後的決定，即華人應該在立法局內有一席之地。

7. ……如果吉布先生在三年期限之前辭職或復職，伍才先生署理議員的委任自然予以終止。

2.4 非官守議員提名模式之制度化

2.4a 總督寶雲致殖民地大臣德比伯爵的信件（節錄）
〔1883 年 5 月 14 日〕

......

9. ……所有人都同意目前立法局的組成方式有兩個明顯不合邏輯的異常現象。

第一，駐港英軍司令雖然是行政局議員，但不是立法局議員，這與其他皇室殖民地實行的做法相左。本人相信閣下也會同意，駐港英軍司令應該作為立法局議員。

第二，立法局四位（所謂的）非官守議員中，有兩位政府的受薪官員：總登記官斯圖亞特（Stewart）先生及總測量官普萊斯（Price）先生。律政司（其意見隨信附上）指出，依女王陛下訓令，斯圖亞特先生有必要作為非官守議員。本人相信，當總登記官加入立法局的時候，這種異常現象並未引起閣下的注意。不用說，委任兩名受薪官員擔任立法局非官守議員是騙不了人的小伎倆，這樣做激怒了社會上所有人，他們自然希望香港能像其他皇室殖民地那樣，在立法機關裡能有公平比例的獨立代表。實際上甚至可以說，如果在香港的立法局內不再有非官守議員，這種做法都要比讓官員去擔任四名非官守議員中的兩名更少引起公眾的憤怒，即便這樣做是女王陛下訓令的真實意圖。這一點千真萬確……因為總督手下的官守議員佔絕對多數，甚至無須動用他的原有票及決定票。本人相信閣下會同意本人的意見，這種異常現象應予終止。

10. 因為……駐港英軍司令、總登記官、總測量官應該算作立法局的官守議員，本人提議，合適的做法是增加兩名立法局非官守議員。這樣一來，立法局就會有八名官守議員，六名非官守議員，總督當然會保留他的原有票及決定票。

11. 至於六名非官守議員，本人提議，在錫蘭已經順利運作的提名原則也應該在香港適用。本港兩個執業界牛耳的公共團體 —— 香港商會及太平紳士 —— 已經足以代表這個社會上有智慧、有教養及有財富的人。本人建議，依照在錫蘭實施的做法，六名非官守議員中的兩名應該按照香港商會的建議人選予以委任，一名應該按照太平紳士建議的人選予以委任，這應該成為一條準則。另一位非官守議員應該從華人中委任，因為過去很多年來，在英屬印度、錫蘭、新西蘭及海峽殖民地，本地居民在立法機關中都有自己的代表。實際上，如果華人的利益不能由總登記官恰當代表的話，在立法局中有兩個他們的代表都是合適的。並且，本人已經指出，總督作為女王陛下的代表，應該不分種族、不偏不倚地保護女王陛下所有臣民的利益。當然，在任何情況下，總督自己決定是否委任獲得提名的人選，並由皇室批准。但局部採用已在其他地區順利運作的制度將避免在具有相同主張及優點的候選人中挑選議員所帶來的不公。這種做法有很多優點，亦可避免普選帶來的麻煩，很明顯，在香港這樣一個內部分化的社會實施普選根本就不可行。

……

2.4b　殖民地大臣德比伯爵致總督寶雲的信件（節錄）

〔1883 年 8 月 7 日〕

……

3. 現在我們講一下立法局。本人有幸知會閣下，駐港英軍司令是否應擔任立法局議員一事之前已被反覆考慮過，看起來更可取的做法是，因為缺乏任何有力及特殊的理由，駐港英軍司令不應該擔任立法局議員。相應的安排是，在馬爾他和向風群島，當地駐軍司令已不再參與立法活動，而僅僅擔任行政局議員。

……

8. 本人批准閣下的建議，目前擔任非官守議員的總調查官應該轉為官守議員。並且，由於閣下已經收到本人 4 月 19 日所發電報，准許總登記官及財政司加入立法局，不包括總督在內，官守議員的數量將增至六名。

9. ……本人最近批准了毛里求斯可使用這條原則，即允許一些非官守議員代表當地一些重要的商業機構的意見，本人贊成閣下的說法，如果在香港應用這條原則，將是令人滿意的。但同時，本人也認為維持目前官守議員和非官守議員的比例是可取的措施，即非官守議員數量的增加不能如閣下建議那樣之大。

10. 本人建議非官守議員的數量應是五名，而不是六名，其中至少有一名應來自華人社群。本人不反對閣下所建議的挑選非官守議員的方式，惟商會只得提名一人，因非官守議員總數只有五名。

……

2.5 拒絕選舉產生非官守議員的建議

2.5a 香港商人、銀行家、專業人士、貿易商、藝術家及其他納稅人致大不列顛及愛爾蘭聯合王國議會下院諸公的陳情書（節錄）

〔1894 年 5 月 10 日〕

......

4. 儘管陳情人的全部利益不可分離地、永久地與本殖民地的良好管治、有效行政以及財政穩健相聯繫，他們目前也只被允許有限參與本殖民地之管治，且不被允許在管理其自己事務（無論內部事務抑或外部事務）上發出任何真正有效之聲音。作為一個純粹的皇室殖民地，香港由女王陛下委任的總督及行政局、立法局管治。行政局完全由殖民地公職人員組成，由皇室挑選及委任。立法局包括七名官守議員 —— 由女王陛下挑選及委任；以及五名非官守議員 —— 其中兩名由本殖民地一些特定團體提名，另外三名由總督提名，他們全部由女王陛下委任。

5. 行政局的會議及討論保密。立法局公開舉行會議，其過程看起來允許全面、不受限制的討論，但是實際上那裡並沒有真正自由的討論。政府要考慮並解決的問題，要採取的政策，其實都已在行政局決定了。之後它們才被帶到立法局，因為官守議員佔多數，即使非官守議員有任何反對意見，政府能夠確保任何措施得以通過，非官守議員因此只能表示反對及抗議，他們沒有權力提出任何他們認為有益的建議，亦沒有權力拒絕或修改他們認為對本殖民地利益有害的任何措施。

6. 在調整和使用本殖民地歲入上，人們可能會假定，納稅人在立法局內的非官守議員代表會有具影響力的發言權，在形式上這些意見會被政府接受。但也僅僅在形式上，因為在財政委員會內，如同在立法局內一樣，非官守議員佔少數，他們任何不同的意見，完全可以通過投票被否決。

7. 立法的起草幾乎全部由律政司負責，公佈前在本殖民地頻繁傳閱，或是送到樞密院由內閣大臣批准，在它被獲准進入立法局審議後，三讀程序走完，官守議員會投票通過，完全依照訓令的要求，不顧他們自己的意見及看法。

有時候，負責起草並通過法律的那些人缺乏對本殖民地需求的認識，他們也沒什麼意願去實際接觸這些需求。因此他們不能完全抓住要害，以制訂出最適合本殖民地需求的措施。

8. 有知識和經驗的人當然是非官守議員，因為他們有這些資格，所以才被挑選或委任，他們將生命的大部分時間都放在了本殖民地，他們或是在這裡有永久的個人利益，或是擁有值得永久信任的地位，與本殖民地的事務緊密相聯。因此，他們最有可能去仔細研究本殖民地的真正需要，也完全熟悉如何採取最能滿足這些需要的措施。另一方面，在香港任職只是官守議員政治職業生涯的一個階段，他們在本殖民地只是居住或長或短的時期，如果他們對任何問題的意見與政府在行政局內已經決定的意見有任何不同之處，他們要冒觸犯總督的風險，因此他們偶爾會被迫違背自己的良心而投票。

9. 陳情人謙恭地表示，在馬爾他、塞浦路斯、毛里求斯、英屬洪都拉斯以及其他皇室殖民地，當地居民已經被授予了比本殖民地更為自由的政府形式：行政局包括非官守議員；立法局內非官守議員佔多數；選舉立法局議員的權力；在管理純粹地方性質的事務上更多的權力和影響。這些殖民地中，沒有一個在商業和工業利益上可與香港媲美。因此，陳情人請求下院諸公授予我等同樣或類似的優待。

10. 陳情人完全認識到在距離一個巨大的東方帝國如此之近的殖民地，人口大部分由外國人組成，他們的傳統及家庭利益、種族認同很大程度上都在那個巨大的東方帝國裡，特殊的立法及守護措施完全必要。本殖民地一度是前沿堡壘並海軍補給站，是女王陛下艦隊的總部，是在遠東水域進行海陸兩軍行動的基地，因為本殖民地在帝國中的這個地位，那些立法及守護措施應該繼續存在。如果出現下述狀況，例如任何本地立法機關將獲得不受限制的立法權，或女王陛下的政府會被迫放棄對本殖民地的至上控制，那些立法及守護措施也並非不切實際。陳情人的全部請求僅是英籍居民管理地方事務、控制本殖民地開支的普通權利，不涉及帝國的戰略考慮。

......

12. ......陳情人只是謙恭地指出，在符合這些制衡及守護措施的前提下，我等可以獲得允許，自由選舉英國籍代表加入本殖民地立法局；立法局中以此種選舉方式產生的議員應佔多數；官守議員完全自由地討論問題，有權力憑藉個人良心確信而投票，而不致其職位受損；立法局對本殖民地開支全面控制；管理地方事務；可對帝國事務提供諮詢意見。

......

2.5b　署理輔政司駱克之備忘錄（節錄）

〔1894 年 5 月 26 日〕

......

陳情人指出，50 年前，香港是一個只有少數漁民逗留的不毛之地。今天，這片殖民地已經擁有超過 25 萬居民，年貿易額達 4,000 萬英鎊，全部來自本港稅賦的歲入大約 200 萬港元。

關於香港人口，於 1891 年進行的最近一次人口普查顯示為 221,441 人；其中中國籍居民 210,995 名；英籍非軍事平民 1,448 名；葡籍居民 2,089 名；德籍居民 208 名；美籍居民 93 名。

英籍居民中成年男性 795 名，中國籍居民中成年男性有 127,690 名，亦即，在香港，每有一名英籍成年男性居民就對應著 160 名中國成年男性居民。

在香港，英籍華裔不算一個大的群體，並且很難確切察知他們的數量，也不可能把他們和普通華人區分開來，因為他們和其他華人有著共同的立場和情感。因此，他們要被算作中國籍居民。除去這些人，英籍居民中的成年男性構成了商界、銀行界、航運公司以及商店的老闆和打工仔。

......

確實，現在賺錢的速度沒有以前那麼快了，在目前條件下，英國人也要被迫在本港待上比以前更長的時間。但在環境改變的情況下，香港的英籍居民也在變化。各個商號的老闆經常離開香港到中國的其他地區或是回英國打點他們的業務，那些打工仔也頻繁地從一個辦事處奔波到另一個辦事處。在最近十年，本港幾乎每間公司的老闆和員工都變了，有許多還不止變動一次。毫無疑問，英籍居民為增進本港財富奉獻了時間及辛勞，但是為了公共利益而犧牲個人利益的事例仍非常罕見。的確，商人及其他從業者從不隱瞞這樣一個事實，即他們自己公司的利益至高無上，其他一切 —— 無論公或私 —— 都必須向這個原則讓步；而且他們也很少有時間，或根本就沒有時間來處理與其業務沒有直接關係的外部事務。本港不存在有時間（儘管可能有意願）致力於公共事務的有閒階級。

　　必須牢記，本港絕大多數居民是華人。中國商人與英國商人除了商業利益絕對沒有任何交往。兩國居民之間的巨大分歧仍像 25 年 —— 甚至 50 年 —— 之前一樣。

　　確實，相較於以前，現在有更多的華人能够說英語，但是從整體上看比例仍極其微小。絕大多數華人不識英語，就像英籍居民不懂中文那樣。在此情況下，英國人不了解華人、他們的習俗、他們特殊的需求也就不足為奇了，英國人與華人的接觸僅僅局限在市場、貨物、價格等，用一種被稱作"洋涇浜（pidgin）"的英語進行討論。用這樣的交流方式，思想上的溝通就不可能產生，在現實中也確實幾乎未被嘗試過。當陳情人在陳情書第八段稱非官守議員天生就擁有"知識及經驗"時，他們所指的不可能是關於華人及其需求的"知識及經驗"，因為，他們的無知臭名遠揚。

　　在此情況下，他們不可能代表華人。也許正是他們的無能，讓他們嚴肅認真地建議華人不應有代表，代表應由英國人壟斷，他們要"全面控制地方開支"，而他們貢獻的財政收入卻少得可憐。

　　正如陳情人指出的那樣，在考慮代表問題時，重要的是記住"來到香港的華人的傳統及家庭利益、種族認同很大程度上仍然保留在中國"。換句話說，在港的華人仍然是華人，這是老生常談，任何偶爾來香港的人都知道。但是陳情人似乎忘記了，在呼籲大家關注這一無可置疑的事實同時，他們也不幸地提醒了我們，代議機構不僅不合適，亦與華人的想法不相容。

　　在中國，家長制依然存在，社會的單位是家庭而不是個人。華人很難理解現代的"一人一票"理念。並且，即便他們可以抓住這種理念的內涵，對他們而言，這也只是一種理想，與中國的社會構成和治理理論相悖。在中國，政府負責徵稅，人民對於財政開支也沒有發言權和制衡權。對於生活在本殖民地的華人來說，如果稅收公平徵收，用得起所，不被挪用（這在中國普遍存在），他們還是希望生活在中國那套制度下。實際上，他們還是更喜歡那樣的制度，而不是陳情人鼓吹的這一套，因為如果陳情人的請求獲得准許，實際上就是把徵稅的權力賦予了一小撮英國商人，他們只是匆匆過客，華人也不認同他們作為統治者。如果一小撮英國商人可以劫持政府的觀點，這也會削弱政府在華人眼中的形象。

　　一些華人曾經居住在海外或是與外國人有所聯繫，他們所持有的理念與其同胞不同，但是這些人為數稀少，不是華人看法的代表。在香港，華人已經在英國保護下享受了半個多世紀的安寧生活；他們非常滿意現在的政府形式，在目前的政府形式下，法律不分種族，一體適用；他們特別的風俗和需求都會得到考慮；稅項被公平地徵收。

陳情人估計殖民地的年貿易額為 4,000 萬英鎊，香港之所以具有這種與其幾乎不相稱的商業地位，是因為 "英國商人的創業、技能和幹勁"。他們說："陳情人的不懈努力並自我犧牲，以及華人的可貴合作與支持，是維持殖民地繁榮的最好方式。"

無論過去這些年本殖民地發展貿易的條件是什麼，我認為，英國商人自己要承認的一個事實是，現在的趨勢是貿易越來越多地掌握在華人手中，這幾乎不是因為部分陳情人 "自我犧牲"。以前大型的英國商號現如今或是消失了，或是極大改變了過去的經營方式。現在商人不是自己處理商品買賣，而是越來越多地通過委託華人來進行買賣，這無疑會導致大型商號的數量不再增長，而以小額資本聯營的小型公司（以代理人身份從事商業活動）多了起來。本殖民地如果沒有中國貿易商，它的繁榮將很快衰落，並且香港也不可能達到現在的商業地位。

……

香港的歲入完全源於稅收，在 1893 年是 2,078,135 港元。

大部分稅收幾乎完全來自華人。英國及其他國籍居民唯一一項與華人所繳同樣的賦稅是對維多利亞的房產所徵收的 13% 房產稅，其他地區稅率稍微少些。

每年，這部分稅收大約 470,000 港元，其中超過 305,500 港元由華人繳交，剩下的由所有其他國籍人共同繳交。

這些陳情人中有一些不是英國人，並且其中很多人沒有對稅收做出直接貢獻，他們聲稱要享有 "英國人管理本地事務及控制本殖民地財政支出的權利"。然而，他們刻意忽略了本地事務也包括華人的事務，而正如他們指出的那樣，這些事務常常是他們所忽視的，並且華人也不希望由英國商人及其他國籍的居民管理的。他們同樣刻意忽略了一個事實，即他們對其所希望控制的本殖民地財政支出僅僅貢獻了非常少的份額。

陳情人們並未明確主張，英國人對歲入的貢獻如此之小，卻可以享有控制全部財政開支的天然權利。真是有趣，我國憲政歷史上有哪個階段主張或允許這樣的權利。

事實是，如果以繳稅作為代表的基礎 —— 那些本身繳稅的陳情人即是這樣指出，我們可以推斷他們就是主張以繳稅作為基礎 —— 那麼英籍居民在立法局內已經被過度代表了。不包括總督，立法局有六名官守議員（順便說一下，他們都是納稅人）及五名非官守議員。所有非官守議員，包括何啟議員，都是英國籍。五名非官守議員中，兩名在英國出生，兩名在印度出生，一名在香港出生。嚴格意義上的華人完全沒有被代表，儘管何啟議員具有中國血統，但他出生於香港因此是英國屬民。然而，陳情人並不滿足於他們已經擁有的過度代表；他們希望立法局的英國籍的非官守議員佔多數，這意味至少還要增加三名議員。他們表示，他們應當被准許"自由選舉英籍代表"，但是他們並未指出這種自由選舉怎樣實施，甚至沒有說明選舉權是否因國籍而有所限制。簽署這份陳情書的有英國人、美國人、葡萄牙人及華人，從這一點看，選舉權可能不受限制，而由所有納稅人不分國籍同等行使。如果選舉權只限於英籍人士行使，那麼在實踐中就只有 800 名英國成年居民以及數量非常之少、根本未形成一個群體的英籍華人可以投票。這 800 名英國成年居民中，很多人除了自己的工作，對本殖民地既不感興趣，也不存在利益寄託。而英籍華人群體具有華人的觀念及情感，只給予他們選舉權，不給予其他華人同樣的權利，似乎不合情理，因為那些華人幾乎構成了本殖民地的全部人口，迄今為止對稅收的貢獻最大，也是本殖民地利益的最大持份者。另一方面，如果選舉權包括外國人，龐大數量的華人將淹沒其他國籍的居民，立法局將完全按照華人的意願組成，極有可能他們只選出英籍華人作為代表。目前立法局非官守議員中有三名由總督提名，一名由太平紳士（他們都是英國屬民）提名，另有一名由商會提名。商會由各個國籍的居民組成，所以如果立法局議員的選舉權被限定在英籍居民手中，現在外國人擁有的投票權將被剝奪。

陳情人聲稱，在立法局"沒有真正自由的辯論"，似乎是暗示非官守議員的觀點總不被理會。每一個熟悉香港歷史的人都知道，立法局辯論的所有問題都允許極度自由的討論。閱讀本殖民地立法局會議記錄就可以發現，每項措施在被採納前是如何被徹底全面討論的，而非官守議員的意見又是如何得到尊重的。同樣，也可以發現，一些非官守議員是如何無視華人事務的。

陳情人似乎對律政司負責起草法律不滿。幾乎可以確定，律政司非常樂意允許有擔任法律起草人之抱負且有能力達成此目標的立法局議員或其他人士可以分擔法律起草的工作。但是，因為起草條例就是律政司的職責，他之所以領薪水就是因為這一點，那麼他要做好這份工作就是自然而然的事情，尤其是我們還找不到自願參與起草法律的人士。非官守議員提出的立法建議從來沒有不引起局方的關注，就在幾年前，不止一條由非官守議員提出的立法建議被投票通過成為法律。一個足以值得注意的例子是，凱威克（J. J. Keswick）議員提出的股份條例草案被立法局通過，成為法律。另一方面，非官守議員也經常強烈反對並力圖阻止某些立法，雖然之後一些不可辯駁的事實會令他們不得不接受這些立法對本殖民地大有裨益。總督麥當奴爵士（Richard Graves Macdonnell）提出了印花稅條例（該條例現今仍有效），非官守議員聲嘶力竭地抗議，聲稱如果該法實施，總督會毀了殖民地的經濟。該法律實施了，殖民地繁榮了，因徵收印花稅，每年都有大量額外的歲入。這顯然表明，犯錯是人之常情，非官守議員與其他人一樣，概莫能外。

陳情書中又提及，法律草案“於公佈前在本殖民地頻繁傳閱，或是送到樞密院由內閣大臣批准”，然後無需討論，在本局走過場，這與事實不符。沒有理由這樣做，本局通過的每項條例都有暫時不予實施的條款，因為要留待女王陛下御准。非官守議員們自己就常常要求加入這樣的條款。

……

陳情人錯誤地認為“官守議員的工作只是他們職業生涯的一塊墊腳石”，而且在殖民地居住的時間也可長可短。

目前，除總督外，立法局還有六名官守議員。

（1）輔政司，非官守議員甚至認為他是本殖民地有史以來最優秀的官員之一。

（2）律政司，他的工作屬技術性且只限於法律事務，原則上不需要了解本地情況。

（3）總登記官，他的職責是管理華人的事務，要求熟悉本地情況和需要。他已居港 15 年，在這個職位上已工作七年。

（4）財政司，他的職責是負責本地歲入歲出，他已居港 13 年。

（5）工務司，他已居港七年。

（6）港務司，他已居港十年。

事實上，立法會的官守議員不僅現在是，而且在過去二十年中一直都是在港長期居住。原則上，他們在港居住的時間與非官守議員的時間一樣長，而如已經指出的那樣，那些非官守議員通常不會永遠留在香港。

陳情人援引了馬爾他、塞浦路斯、毛里求斯及英屬洪都拉斯，指這些皇室殖民地都享有比香港更自由的政府形式，並補充說“這些殖民地的商業及產業價值沒有一個能在規模及地位上比肩香港"。但陳情人或許也應該同時指出，正如上一任立法局非官守議員賴理（Phineas Ryrie）所言 ——"香港是獨特的"。上述殖民地的人口及地理位置均不同於香港，在大英帝國中的地位也不同……

……

（劉天驕譯）

2.5c 凱威克議員致總督的信件（節錄）

〔1894 年 6 月 5 日〕

……

本人現在開始談論陳情書的實質性內容，但不會逐條批評陳情書的內容，因為似乎無此必要。本人要挑戰的是它的一些原則性主張，它們集中在一起，傳遞了這樣一種理念，即陳情人及華人社群長期自我犧牲，成就了本殖民地今天的繁榮……

雖然目前居住在香港的人士對本殖民地的重要性不容否認，但事實上，香港能有今天的成就，並非只是因為陳情人的貢獻，而是因為 53 年來開明審慎的政府，因為一系列來自各個國家的有能力且受人尊重的人士及商家，因為本地的工業，因為銀行，因為船廠 ——它們都由英國人投資，以及因為華人，所有人來香港都不是因為對這片土地飽含深情，而是為了賺錢，居住在這裡的目的只有一個，就是為了經商。歐洲人及美洲人來香港，亦並非為了這片土地奉獻青春年華，而是為了賺錢，一旦賺夠了錢，他們會立即返回自己的國家。

在本殖民地，華人本質上是個變數，大多數華人定居在香港或是臨近的大陸地區。一個無可爭辯的事實是，華人居住在香港，也像殖民者一樣，只對這個地方、它的繁華、它的未來感興趣，因為他們對它的政府、法律或發展並不感同身受，除了他們自己的利益。

……

即便是一個很小殖民地的政府，要進行翻天覆地的變革都需要最令人信服的理由，對一個民選政府的要求，至少應該同時來自那些受現行政權壓迫的人們。香港缺乏這些條件。不滿並未被明確指出，而是偽裝成普遍存在的現象。沒有什麼可以顯示出陳情人發起的這項"運動"代表了真正的公共意見。

　　陳情人的建議粗糙得不成樣子，他們根本未想清楚。他們要求成立代議政府，而有意避開了任何具體的有關選舉團體、選舉方式及代表資格的設計。他們希望介紹一個全新事物，但是未能脫離符合目前政權體制的術語。

　　陳情人建議立法局非官守議員應該由人民選舉，但他們沒有指出由誰來選，或由社會哪些界別來選，或依據何種程序來選。這些都是陳情人未抓住的細節問題。在一個改組政府的建議中，陳情人聲稱這樣做會消除他們所謂的邪惡，他們這樣說的時候的那種樣子，就好似這個目的就要達成了，而他們不會因為消除小的邪惡而縱容更大的邪惡。

　　在一個名義上的民選政府下，例如紐約政府，最嚴重的濫權可能會永遠存在，幾乎不可能想像一個所謂的代議政府在香港這樣一個地方運作，但沒有發生更惡劣的濫權。我看到了發生最惡劣的濫權的空間和危險。那些鼓吹改革的人義不容辭，他們要展示如何防止這些濫權，陳情人應該曝光計劃的全部細節。

　　本人的印象是，如果陳情書的發起人呼籲全社會一起行動，清楚解釋他們真正需要什麼，那麼在陳情書上匆忙簽署的那些人會給人們留下更多好感。陳情書也不應走得如此之遠，社會也沒有必要與政府對立。

　　為了避免不合時宜，本人冒昧提出一些有關立法局非官守議員數量的建議。

　　本人認為，以實際運作來看，目前五名非官守議員已經足夠，但那些並非是商會成員，也不是太平紳士的歐洲人及美洲人不時表示，他們在立法局內沒有代表。本人建議，他們應該有一名代表，但他們享有選舉權要基於是否繳付地租以及繳付多少。

　　本人認為，如果有一名於英國出生的人士被委任為行政局非官守議員，對政府大有幫助。政府外的知識與經驗可能對解決不斷出現的問題大有價值，並會增強行政機關的施政能力。

　　最後，本人極力反對再委任一名華人為立法局非官守議員。

2.5d　庇理羅士議員致總督的信件（節錄）

〔1894 年 5 月 29 日〕

......

本人認為，應授予本殖民地英籍納稅人更大程度的管理並控制純粹本地事務的權力，但本人同時認為，陳情書的要求過高。它企圖令立法局內的官守議員完全不起作用，以及委任非官守議員加入行政局。本人不會主張如此巨大的變革。本人認為，大英帝國的利益在香港必須是至高無上的，因為本殖民地僅是為營商便利及獲取資源的中轉站，是一塊築有防禦設施的岩石，在這上面不存在任何程度的永久性本地利益。本人不認為哪個英籍居民會視此為家，我們都是過客，每隔幾年都會把這裡的位置讓給其他同樣的過客。毛里求斯、塞浦路斯、馬爾他等地的情況是，定居者先於英國政府在該地定居；而本殖民地並非如此，是先有了成建制的政府，之後定居者才來到這裡居住，並組成商行。要予以反對的觀點是陳情人聲稱官守議員們也是暫時居住在這裡，不會顧及本殖民地人民的需要。居住短雖屬事實，但他們並非朝令夕改，且要向更高級別的權力負責。而陳情人建議的非官守議員人選，他們持有的意見可能與我的同事們的意見完全不同，只是代表了英國局部的利益。

若大量增加立法局非官守議員的數量，本人十分懷疑，就算目前可以找到有合適的人選，但他們是否有足夠的閒暇時間承擔此項工作，並且他們的地位能夠令他們接受這種使命與責任。大部分有代表性的居民都分身乏術，他們可能會婉拒這種邀請。但假設可以找到好的議員，本人仍會懷疑，是否總能為他找到合適的繼任者，或者是我們在本地留下的利益能否得到安全保障，當然，我們假定非官守議員佔多數。從個人角度出發，本人承認，更相信未來的官員，因為本人不懷疑他們的誠實廉潔，亦因為他們的政策不需被操縱以迎合小部分選舉產生的代表，那些代表在未來很大程度上由華人或華人與其他國籍的人士聯合選出，他們承諾的政策是本人不認同的，亦可能毀掉本殖民地。若陰謀家發現進入立法局對其有利，他可以為個人的利益擴張推動某些項目，那麼這一時刻就可能來臨。這種情況已經在很多國家出現了，若立法局民選議員也有這樣的權力，香港很快也會出現。我們不能壟斷公民道德。正是存在可乘之機才造成了巨貪及社會渣滓。對此最好的描繪莫過於賈伯茲·巴福爾（Jabez Balfour），一家公司的創辦人，但隨後逃匿，最近剛剛從阿根廷被引渡回國。因此，本人不支持創造這樣的可乘之機。也許一些陳情書上的簽署人並未如本人一樣思慮長遠。本人已在本殖民地居住多年，把一生中最好的時光都奉獻在這裡，經歷了這個社會裡反覆的人事變更，亦見證了幾次重要的社會變遷。應該還會有變遷，但未必朝好的方向發展。

陳情書第 2 段將本殖民地的繁榮與進步歸結於商人社群的創業精神、勞心勞力及商業敏感，因為本人亦是商人，本人確信，大英帝國政府及下議院毫無疑問會把本殖民地的繁榮歸功於他們。同時，本人認為，香港發展起來的貿易地位及重要性，也不能不歸因於過去半個世紀，香港作為英國皇室殖民地擁有一個穩定的政府。

……本人認為，立法局非官守議員的數量可以增加，但本人認為，若立法局可以凌駕於政府則不會對本殖民地有利。至少，本人未曾忘記，一旦總督行事恣意任為、不合情理，本殖民地居民總可以訴諸殖民地大臣的幫助，過去這樣做總是有效，也沒有什麼證據可以證明未來這樣做不再有效。並且，本人認為各位同道應考慮一種情況，即殖民地部的官員擁有大量、各式各樣的不同殖民地的立法經驗，他們經歷過各種條件、各種狀況，他們能夠極力幫助本殖民地立法，也確實這樣做了，他們會寄送法律草案，如果適應當地環境，這些法律都可以順利實施……

2.5e　總督羅便臣致殖民地大臣力彭侯爵的信件（節錄）
〔1894 年 6 月 5 日〕

……

本人基本認同駱克先生的評論。本人相信，如果公投的話，華人（他們只是有極少數代表）及葡萄牙人（他們根本就沒有代表）會支持純粹的專制制度；美國人的意見無需考慮，而"英國人"除了一小部分"不安定分子"外，也會滿意保持原狀……

……

從個人角度出發，本人不應該反對稍微增加立法局非官守議員的數量，雖然本人不承認陳情人的訴求有任何正義或真實之處。本人亦不應該反對委任一名非官守議員加入行政局，他長期居住在本殖民地獲取的地方知識無疑會對行政局在準備提交給立法局的各項措施時大有裨益。但如果現狀得以維持，在實踐上這樣的裨益也總能獲得，本人要說，在將針對純粹地方性事務的措施帶到立法局之前，本人一向諮詢非官守議員的意見。

如果閣下希望對陳情人作出或建議任何讓步的話，本人提議，在行政立法兩局中各委任一名非官守議員。

本人知道閣下的多位前任曾經極力反對此舉。

但一定不要忘記，他們的反對意見都通過信件傳達給了多位總督，而那些總督管治下的殖民地都已經存在由民選代表組成的下院。

巴貝多出現的問題通過委任一個行政委員會得到了解決，那是本人任職當地總督時設立的。在巴哈馬，非官守議員也已經進入行政局。

如果閣下希望在香港作出任何讓步，毫無疑問，那將大受歡迎，並且本人亦不認為那是一個不明智的決定。

......

2.5f　殖民地大臣力彭侯爵致總督羅便臣的信件（節錄）
〔1894 年 8 月 23 日〕

......

7. 關於政府形式，陳情書將香港同馬爾他、塞浦路斯、毛里求斯以及英屬洪都拉斯進行了不切實際的比較。本人看來，香港與這四個殖民地在程度及種類上均不同。香港小於它們之中的任何一個，沒有歷史及傳統，沒有記載曾經有人定居或有政治慣例及憲法權利。實際上香港都沒有原居民，並且如果本人的理解是正確的，無論歐洲人還是華人都不會在香港終老一生。

8. 也許對香港及其作為英國殖民地之命運的一個公平解釋是，50 年前它被英國佔領，以服務帝國，確保帝國在遠東地區的貿易得以進行。

香港具有扼守珠江口的戰略位置，擁有天然良港，因此被有意保持為一個自由港，就像海峽殖民地那樣，同時受到帝國駐軍及英國戰艦的有力防衛。它的繁榮源於這些優勢，亦源於帝國政府的政策，以及源於這樣一個事實，即由於香港被強有力地保護起來，它吸引了大量華人，因為他們發現在英國統治下可以安寧生活、保有財富。

本人傾向於認為，香港不僅作為一個皇室殖民地而繁榮起來，而且正是因為它是皇室殖民地，才得以繁榮。

9. 然而，有人不同意，認為雖然皇室殖民地制度適合本殖民地開埠之初的年代，但現在本殖民地要享有更大程度的自治。

因此本人將簡要評論陳情人提出的需要予以讓步的幾項要點。

10. 他們首先要求"自由選舉英國籍代表加入本殖民地立法局"。

他們使用的字眼有些模糊。他們可以指，選民應該是歐洲人、美洲人、亞洲人、華人，只要他們選出的代表是英國人。而英國籍代表既可能指擁有其他國籍的英國屬民，也可以指在英國出生的人或是父母在英國出生的人。不過，我猜想，這個字眼的意思是，在香港的英格蘭人、蘇格蘭人及愛爾蘭人可以選舉他們的代表擔任立法局議員。如果是這個意思，很明顯，本殖民地超過九成的人口就完全不會被授予選舉權，歐洲人不會被包括在內，美洲人同華人一樣也被排除在外，只有英籍居民才能被賦予選舉權，而其中的平民（有一部分是本殖民地政府官員）在數量上遠少於駐紮在香港的軍人。

有人可能會說，海陸兩軍的軍人應該被排除在外，因為他們並非本殖民地居民，但這樣的理由同樣適用於平民，雖然可能程度上稍微弱一些。實際上，除了其他反對在香港實施代議制度的理由外，在我看來一個最嚴重的障礙是，香港居民本身具有的暫居此地的特點。

11. 第二項主張與第一項相輔相成，或就是第一項的延伸。陳情人不僅要求選舉代表擔任立法局議員，還要求他們佔多數，換言之，在立法過程中，立法權被賦予了一小撮居民，超過九成的居民要受他們箝制。

12. 第三項主張是官守議員要被允許自由發言及投票。這是在皇室殖民地常見的一項主張，但對此只有一種答案，即，政府的受薪公職人員不能隨意反對政府，當本人得知官守議員亦希望有這種自由時，本人十分驚訝。

事實上這並非皇室殖民地獨有的要求，這是所有政府的一項最基本的要求，受薪的公職人員或是支持、維護政府已經決定的政策；或是辭職。

13. 第四及第五項主張要求立法局，或那些立法局內選舉產生的多數議員，應該全權控制本地開支及管理本地事務。

在這些主張中毫無疑問有一點是建立市政管理機構，錫蘭及海峽殖民地擁有這樣的機構，但香港並沒有。香港的困難在於必須區分市政管理機構管轄的事務與殖民地政府管轄的事務。這樣說的時候，本人意識到陳情人希望達到的目的非常可能不是獲取市政管理的權力，他們可能比本人對"本地開支"及"本地事務"下的定義更加寬泛。

……

15. 總之，陳情人表面上籲求賦予香港自治的權利及選舉制度。在本人看來，這與香港的位置及其所處的環境全然不相適。

在我看來，香港這樣一個位於外國邊境、作為英國在遠東廣泛利益之核心的大英帝國基地，承載著重要的大英帝國利益，必須置於大英帝國的保護及控制之下。

這樣說的時候，我假定自治是名副其實的，而選舉則要涵蓋社會中的所有階層，但這並非陳情人所主張的。本人知道，那些起草並簽署陳情書的人希望由經過挑選的少數人掌控權力，依種族組成一個小的寡頭集團。對此本人堅決反對，本人認為，與那種將絕大多數居民排除在外的代表制相比，皇室殖民地制度並不按照階層或種族進行劃分，從而能夠更好地保護絕大多數居民的福祉。

因此，本人絕不希望香港終止實施皇室殖民地制度。

16. 接下來需要考慮的是，能否在不動搖皇室殖民地制度的前提下，按照陳情書所指出的方向，採取一些措施，對現有的憲制制度進行微調？

值得考慮三項可行的建議：

（1）增加立法局中非官守議員的數量。

（2）委任非官守議員加入行政局。

（3）成立一個市政局。

17. 針對第一點，本人不贊成在未同時增加官守議員數量的前提下單獨增加非官守議員的數量。在皇室殖民地，官守議員必須保有數量上的優勢，而非官守與官守議員席位的均等必將導致摩擦和紛爭。

但是在這個前提下，就本人所知，沒有人強烈反對增加立法局議員的數量，除非根據實際工作情況看，本局的議員已經足夠多了。然而，如果要增加一位議員，因為平等的理由，很難拒絕這位新委任的議員來自華人社群。另一方面，據本人所知，這並非請願者所願意看到的。並且，凱威克先生……主張在立法局內增加一名非官守議員，但他強烈反對"這個增加的席位給華人"。

正反兩方面的意見同時存在，因此，不宜對立法局現有的議員數量和構成作出任何改動。

18. 第二項建議是委任一名非官守議員加入行政局。該項建議由凱威克先生提出，而閣下在信中表示並不反對，並認為這一讓步將受到歡迎，也並非不明智。

本人充分認識到，委任一位有崇高聲望及豐富當地經驗的人士加入行政局，對行政局的工作有利。若閣下在進一步考慮以下各點後仍堅持這一建議，本人準備批准。

首先，目前，在三個東方殖民地的行政局中都沒有非官守議員。本人不清楚批准上述建議一定有益，但本人非常清楚，現行體制總體上運作良好，因此並無特別強烈的理由去改變它。

其次，本人注意到，凱威克先生建議這名非官守議員應當由在英國出生的人來擔任。然而，必須考慮的是，把女王陛下的華人屬民排除在外，這既不公平，也招人反感。因此，也必須考慮由華人來擔任行政局非官守議員的可能性。

第三，閣下指出，"如果維持現狀"，在實踐中行政局"也總能得到"來自非官方的協助。閣下亦指出，"在處理純粹的本地事務時歷來都會諮詢立法局非官守議員的意見"。因此，正式委任一名行政局非官守議員可能實踐中就沒有太多好處了。

本人認為或許可以這樣做，與其正式委任一名非官守議員，倒不如考慮：只要香港還不存在市政管理機構，那麼在討論任何特定的本地問題時，可以召集一名或數名立法局非官守議員參加行政局會議，而無需正式委任他們。請閣下考慮這一建議。

19. 關於市政管理機構，坦率講，本人希望在香港可以設立這樣一個機構。但是目前存在兩個現實困難。第一是目前的危機。本人並未準備批准於管治方面進行任何重要的改革，這要留待未來，待情況變得足夠清晰，以及有必要的措施可以保護本殖民地健康發展的時候才可進行。那時，在清晰劃定的領域設立市政管理機構則會有一些成功的可能。

第二個難題前面已經提及，即區分市政事務與殖民地事務。本人並不相信這個難題可以得到解決，亦不相信市政事務會受到駐軍的歡迎並與之和諧共處。但仍有可能的是，潔淨局發展為一個令人滿意的市政委員會，控制全部或部分財政收入，這些財政收入來自地租。這樣的計劃是否可行，本人請閣下得閒時仔細考慮，同時閣下可自主決定，在閣下認為時機合適時，公開此信內容。

（劉天驕譯）

2.6 二戰結束後的改革計劃及爭論

2.6a 總督楊慕琦致殖民地大臣鍾斯的信件（節錄）

〔1946 年 10 月 22 日〕

......

44. 閣下知悉，目前立法局有不超過八名議員由總督委任……總督慣常的做法是請香港總商會及非官守太平紳士各提名一個人選供其參考，並將這兩個人選提交皇室予以批准。這種做法在規範組建立法局的憲制文件，即《英皇制誥》及《皇室訓令》中均無憲制基礎。本人現在建議，這一做法應由憲制文件予以認可並擴大其適用範圍，即規定立法局四名非官守議員由上述兩個團體各直接提名一名，由（建議成立的）市政委員會直接提名兩名；或者，若在各個團體中有超過一名人士獲得廣泛支持的情況下，由上述兩個團體各直接選舉一名，由（建議成立的）市政委員會直接選舉兩名。

45. 與這一改變相應，本人建議減少立法局官守議員數量。目前本局有五名當然官守議員及四名官守議員。本人建議，當然官守議員的數量不做修改，但官守議員應該從四名減少至兩名。本人不認為官守議員數量減少會對政府在本局提出建議的權力造成任何實質性影響。並且，如果我們現在已經開始慎重思考某些政府部門（它們各自的部門首長現在出任立法局議員）將在很大程度上轉型為市政委員會的部門，那麼這種改變就並非不合適。

按照本人的建議，立法局的組成將有所改變：目前立法局由九名官守議員（不包括總督）及八名非官守議員組成；而未來立法局將由七名官守議員及八名非官守議員組成。如果非官守議員一致反對政府提出的某項舉措，他們會在本局內形成多數，而政府如要推行它所建議的舉措，只能依靠總督的原有票及決定票。

2.6b　羅文錦議員在立法局的發言（節錄）

〔1949 年 6 月 22 日〕

......

督憲閣下，本人代表所有本局非官守議員，向閣下提出改組本局的建議：

（1）本局應由十七名議員組成，包括：

（a）督憲閣下及五名官守議員；以及

（b）十一名非官守議員。

（2）十一名非官守議員中，應有六名華人議員及五名非華人議員。

（3）六名華人議員中，四名應由選舉產生，兩名應由總督委任。

（4）五名非華人議員中，兩名應由選舉產生，三名應由總督委任（如果民選議員中沒有葡萄牙裔議員，委任議員中應有一名）。

（5）選民限於英國屬民，且華人選民及非華人選民應分開選舉各自的議員。

（6）總督應持有原有票及決定票，並享有通常的 "保留權力"。

本局非官守議員一致認為，雖然設計一套能完全令本殖民地所有居民滿意的憲制改革方案不切實際，但本建議已經代表了一個公正且可接受的妥協。

本人亦明了，我等的建議無法吸引那些希望全體立法局議員通過選舉產生的人士。本人只能向彼等力陳，在大家普遍接受的程度上，取得一些實質性進步，肯定比強硬地堅持某些教條的但不可實現的理念更重要。

2.6c　總督葛量洪致殖民地大臣鍾斯的信件（節錄）

〔1949 年 8 月 25 日〕

......

31. ......針對楊慕琦爵士及羅文錦議員的建議，存在大量不同意見。主要的批評意見集中在：第一，建議中將立法局的選舉權限於英國屬民。當然，這種批評針對非官守議員的建議而非楊慕琦爵士的建議，因為後者未建議選舉立法局議員。第二，非官守議員的建議中斷言放棄 "楊慕琦計劃" 中成立市政委員會的建議。第三，保留委任議員，這一點兩份建議中均有涉及。

32. 主張非英國屬民亦應該被授予選舉立法局議員之選舉權，這很大程度上源於錯誤理解了將會 "放棄" 成立市政委員會，在這個建議成立的市政委員會中，非英國籍的議員由不分國籍的人士選舉產生。非官守議員的建議中並沒有放棄把與市政事務有關的選舉權擴大至非英國屬民的念頭，只不過暫緩執行……

33. 就選舉權而言，本人認為，我們必須堅守的基本原則是，英國屬土的事務只能由英國屬民處理。立法局成員因此限於英國屬民。本人假定，允許非英國屬民選舉英籍候選人並非完全不可能，但本人肯定這不是一種通常的做法。事實上，本人相信，如果英國或其屬土允許一個外國人，不論其在此居住多久，也不論其通過賦稅向國家財政收入作出多少貢獻，就允許其行使選舉權，選舉最高層級立法機關代表，那麼這種做法肯定是獨一無二的。本人亦無從在任何國家（無論英國還是其他國家）的任何地方發現有這樣的做法。可以爭辯說，香港本身就是獨一無二的，因為大約 95% 的居民是合法在此居住的外國人，但是也必須注意，他們是選擇在此居住的外國人。他們選擇居住在香港，在一個穩定及公平的政府保護下享受安寧與繁榮。但他們也都做好了準備，一旦條件許可，即刻主張自己華人的身份。這一點在戰爭早期表現得清清楚楚，當時女王陛下的政府要徵用英國屬民在美國的美元資產。然而，有一些華人肯定作出了選擇，而且他們也必須作出選擇，無論他們是出生在香港或聲稱在香港出生，或在其他地方出生而歸化英國。這些有華裔血統的英國屬民在本殖民地絕非僅僅承擔物質上的風險，他們也享受了英國的生活方式，他們的未來與香港的未來緊緊地綁在一起。我們的政策一向是，鼓勵長期居住在香港的華人自行決定留在哪一邊。僅將選舉權授予英國屬民是一個誘因。

……

37. ……羅文錦等非官守議員把楊慕琦爵士的八名非官守議員與七名官守議員的建議比例增加到十一名非官守議員與五名官守議員，他們又建議，未來十一名非官守議員中有六名應選舉產生，這會帶來何種後果呢？肯定的是，選舉產生立法局議員會比僅在市政委員會中引入選舉議員帶來更大的政治風險。然而，根據"楊慕琦計劃"，工會（那裡共產黨滲透得越來越多了）的直接代表，以及市政委員會中將有大量的非英國籍人員已經帶來了一種我們不希望看到的嚴重的政治上的活躍。也許很少由華人（無論他們是否英籍）可以當選，除非他們承諾照顧華人的利益。但無論如何，本人認為立法局議員通過選舉產生早晚會實現，而非官守議員的建議把這個問題提了出來。我們所能希望的最好情況是，華人民選議員帶來的潛在風險將被更穩定的組成部分予以抵消。

……

39. 將有十一名非官守議員，六名是華人，五名是非華人，這五名中兩名通過選舉產生，三名由委任產生（如果無法選出一名葡裔議員的話，必須委任一名）。本人不認為有必要或有需求去規定其他委任議員的族裔，儘管目前有跡象顯示印度裔社群會極力爭取在本局內的代表性。據估計，目前本港有 2,500 名印度裔及巴基斯坦裔居民，而英籍的葡裔人士則有 3,000 名。從數量上看，印裔居民當然有很好的理由主張應該與葡裔一樣，在立法局內有代表。但從歷史上看，葡裔人士則有更好的理由，因為葡裔人士長期以來就在立法局內有代表。並且，葡裔人士是真的把香港的利益放在心上，如果沒有其他的原因的話，那是因為他們視香港為 "家"，本殖民地絕大多數印裔人士則未必。本地葡裔人士及很多印裔人士在忠誠度上的對比在 1941 年已經充分體現出來了。如果有一位合適且傑出的印裔人士，本人應不會反對委任他，雖然他可能不會被整個印裔社群所接受，因為他們不是一個團結的群體。目前階段就有一位這樣的人士 —— 律敦治（J. H. Ruttonjee）先生，但這種情況並不總會存在。

40. 因此，如果非官守議員一致投票的話，將不受總督原有票及決定票的箝制。至於利用立法局內更穩定的組成部分抵消華人民選議員帶來的潛在風險，本人的立場是，為了應對四名華人民選議員，將有兩名華人委任議員，兩名非華裔民選議員及三名非華裔委任議員。即使華人委任議員在特定事件中不支持政府，五名非華裔議員將得到五名官守議員的支援，應對六名華人議員。本人承認，這種族群的分化是一種不幸，但我們必須面對這樣可能的結局。至少有一名非華裔議員是葡裔，像德 · 阿瑪達先生（Mr. d'Almada）在其針對非官守議員們動議的發言中清楚明白表達的那樣，葡裔人士比華人及英國商人更有資格說自己是香港市民，這一事實在一定程度上緩解了族群分化。另外，如果兩名非華裔民選議員與四名華人民選議員及兩名華人委任議員聯合，這就是八票；而三名非華裔委任議員及五名官守議員聯合亦是八票，可以予以箝制。這樣會造成民選議員站在一邊，與委任議員及官守議員發生對立，就像在任何情況下為壓制民選議員的集體投票而造成的分化一樣。但這種情況的嚴重性比族群分化的嚴重性要小一些。

41. 因此，本人建議應批准羅文錦等非官守議員的建議。

2.6d　外交部沙德致殖民地部薛本德的信件（節錄）

〔1950 年 12 月 28 日〕

......

3. 殖民地部及香港政府最有資格去判斷什麼是香港憲制變革最渴望的及最可行的，我們因此對目前的建議方案未有評論。然而，我們對於在目前階段將此問題交由公眾討論的建議深感不安。我們知道，當幾個月前與葛量洪總督討論此事時，他極力支持加緊推動這些政制改革。我們亦理解香港政府目前啟動改革的明顯意圖可以很好地推動香港道德風氣的增長，顯然，女王陛下的政府不希望放棄香港。

4. 另一方面，我們相當肯定的是，無論建議方面多麼出色，它們一定會受中國政府抨擊（以及非常有可能也受其他共產國家的宣傳部門抨擊）。改革可能會被指責為"不民主"，因為剝奪了香港華人充分的代表權，是英帝國主義者偽善及不真誠的例證。同樣真實的是，共產中國在適當時期同樣會抨擊香港拖延啟動改革。但我們看來，在目前遠東局勢特別嚴重的情況下，不宜採取會肯定刺激宣傳抨擊的行動，以及送給他們就此事發表意見的機會，近幾個月以來，他們在此事上一直保持沉默。

......

2.6e　殖民地大臣列堤頓的備忘錄（節錄）

〔1952 年 5 月 16 日〕

......

3. 目前考慮的建議之主要特徵是引進間接選舉制度，同時令立法局內的非官守議員佔多數。（之所以引進間接選舉制度而非直接選舉制度是因為在香港的特殊環境下，很難將選舉權限制在英國屬民手中。非英國屬民中肯定也沒有人適合被委任為立法局議員。）立法局將有四名官守議員，五名由總督委任的非官守議員，及六名經選舉產生的議員，他們分別由太平紳士、總商會和市政局選舉產生。總督擁有如往常一樣的保留權力。但總督會滿意於，即使非官守議員形成我們可以想像到的任何的一致投票的情況，政府總是可以依靠立法局內的多數推行重要措施。

4. 這項建議早在 1950 年末就獲得了同意，但在外交部的要求下，被推遲到 1951 年初，理由是該建議並未賦予華人選舉權，這在遠東局勢特別緊張的時候會激起共產中國的宣傳抨擊，尤其需要避免的是，不能給中國政府任何藉口以收回香港。

鑒於總督近期的描述，此事由外交部、聯邦關係部、國防部及財政部聯合考慮它們均在一定程度上對此事感興趣，也均同意儘管目前遠東局勢未定，也是時候解決這個問題了。啟動改革，包括大量文書及諮詢香港政府的工作，會持續若干個月，與此同時，如果遠東局勢惡化，改革需要再次推遲。

……

地方行政改革

香港被英國佔領後，其性質是"征服殖民地"（conquered colonies），而非"定居殖民地"（settled colonies）。換言之，在香港生活的居民，哪怕是英籍居民，也不能享有如生活在定居殖民地的人士那樣或多或少的自治權利。這也是為什麼自香港被佔領之初，本地英籍居民就反覆向港英當局或英國政府請願，要求被授予一定的地方／市政管理權。

根據總督與殖民地大臣之間的通信記載，這些片段主要包括：1845 年 8 月 13 日部分香港居民致殖民地大臣格雷伯爵的陳情書；1849 年 1 月 19 日部分居民致總督般咸的陳情書；1849 年 1 月殖民地居民致英國下議院議員的陳情書等。在這些陳情書中，陳情人均表示，他們作為納稅人，希望可以在決定本地開支及稅收問題上有發言權。在上面這幾份陳情書中，無一例外，陳情人以大量篇幅描述香港的財政狀況以及通過與其他殖民地相比，陳情人負擔過重的窘況。

香港的獨特之處在於地方細小，在上述這些事件發生的時代，英國控制的只是香港島，甚至只是維多利亞城一帶。因此可以想像，未必有需要增加一級政府建制機構，所以開放地方行政管理權力的訴求最終由港英當局通過吸納非官守議員加入立法局予以解決。隨著英國佔領區域的擴大，本地居民的呼聲時有起伏，港英當局於 1883 年成立了潔淨局，負責市區的清潔與環境，承擔非常有限的市政管理權。但在這個階段，要求改革立法局的呼聲亦同時高漲起來。英國政府與港英當局為了避免過多改革產生動盪，堅持抵制下放市政管理權。

1894 年 8 月 23 日，殖民地大臣力彭侯爵在致總督羅便臣的信件中明確指出，成立市政管理機構面臨兩個難題，其一是目前的立法局改革（參見第二章**小節 2.5**），需要待立法局改革完成後，才可以考慮地方行政改革；其二是難以在香港區分何為市政管理事務與殖民地政府管理的事務。他建議，可以考慮是否將潔淨局改組為市政議會組織，但這並非最後定案。1936 年，力彭侯爵的設想成為了現實，潔淨局改組為市政局，其成員包括了從不同界別選舉產生的議員（當然是有限制的選舉權），成為香港第一個有民選議員參與的公共機構。但之後不久就經歷了第二次世界大戰、日治時期，香港的地方行政改革也未有重大進展，直到二戰結束後，才重新提上議事日程。

二戰結束後香港的地方行政改革可以大致分為三個階段。第一個階段從英國恢復對香港的統治，楊慕琦再度出任總督，提出著名的"楊慕琦計劃"，到1960 年代中期。"楊慕琦計劃"的主要內容是設立一個市政管理機構 —— 市政委員會。但該計劃並非一個單一版本，楊慕琦 1946 年 8 月 28 日在電台廣播中講解他的計劃，翌日由《工商時報》轉載，**文件 3.1a** 全文收錄了這篇報道。但楊氏於 1946 年 10 月 22 日致殖民地大臣的信件中，計劃的具體細節有所變動，例如委員人數由 48 名降至 30 名，**文件 3.1b** 節錄了這封信件。需要注意的是，如第二章**文件 2.6a** 所示，楊慕琦的建議中還包括對立法局的組成進行改革，而擬設立的市政委員會將有權選舉立法局議員。楊慕琦不久後離任，而接替他的總督葛量洪對該計劃並不熱衷，且英國政府對遠東局勢的判斷與之前有所變化（即中國不會立刻收回香港），加之香港本地各方勢力亦反對該計劃，"楊慕琦計劃"不了了之。但與此同時，市政局進行了局部的改組，議員人數增加，且重新增加民選議員。市政局也獲授予更多新的權能。

第二個階段是 1960 年代中期到 1970 年代進行的新一輪地方行政改革熱潮。**文件 3.2** 是時任總督戴麟趾（David Clive Crosbie Trench，香港第二十四任總督）施政報告中有關地方行政改革內容的節錄，提出了需要進行地方行政改革的建議。**文件 3.3** 是市政局下設的專責委員會發表的報告書，建議設立一個三層架構，擴大中層的市政局（亦要更名為大香港市政府）之職權，包括房屋、教育、社會福利、交通、醫療健康及城市規劃，並由新設立的區議會加以輔助。**文件 3.4** 是政府下屬的專責小組發表的報告書，建議維持兩層架構，上層為中央政府，下層則取消市政局，打散成多個地方當局，將其職能轉交新的地方組織負責，並增加其他方面的職務，例如屋邨管理、設置及管理學校、提供某些社會福利服務等。**文件** 3.5 是市政局修訂後的地方行政改革報告書，在之前報告的基礎上，提出分階段改組該局並設立區議會的建議。在進行這些討論期間，香港發生了 1967 年五月風暴，令港英當局改變其管治政策，於 1968 年設立 "民政主任制度"，通過將行政管理權直接延伸到基層居民，以減少政府與民眾間的隔膜及矛盾。同時，也把上述建議的那些改革思路劃上句號，改革的規模因而縮窄至**文件** 3.6 市政局白皮書所公佈的重組計劃的範圍。

　　第三個階段是 1980 年代前期至中期的地方行政改革。這一階段具有實質性意義的措施是 1980 年代在全港成立區議會，**文件** 3.7 是港英當局發表的就成立區議會等地方行政改革事宜進行諮詢的綠皮書。**文件** 3.8 是港英當局就上述綠皮書諮詢情況提出的改革建議，一方面成立地區管理委員會，將行政權力的觸角延伸到了全港各區，另一方面成立區議會，吸納地區精英，允許民眾通過選舉區議員參與管理地區事務。1982 年，第一次區議會選舉在全港範圍舉行。同時，在啟動代議政制改革的同時，港英當局也進行了新界地區區域性質的地方機構改革，建議成立一個與市政局同級的機構，管理新界區域的地方行政事宜。**文件** 3.9 及**文件** 3.10 分別是港英當局布政司夏鼎基（Charles Philip Haddon-Cave）與民政司黎敦義（Denis Campbell Bray）在立法局所作的聲明，檢討了上一屆區議會選舉並建議成立區域市政局。1985 年，第二屆區議會選舉舉行，同時成立臨時區域市政局（1986 正式成立區域市政局）。

3.1 楊慕琦計劃（節錄）

3.1a 總督楊慕琦廣播演講
〔1946 年 8 月 28 日電台播報，8 月 29 日《工商時報》轉載〕

總督楊慕琦爵士，昨晚八時十五分，向 ZBW 英語廣播台播講 "香港政制之改革"。ZBK 英語廣播台播送其釋稿。楊慕琦爵士揭露新政制草案，但聲明此為 "試行" 之主張，並非 "最後的或不可更改" 的意見。此種建議，僅為提供討論之基礎，英政府在本年底前，將予以考慮。其演詞如下：

今日本人特向諸君陳述在計劃中之香港政制之改革：

諸君當知英國政府已聲明欲改革香港之政制，俾給予香港居民較大之自治權力。目前關於此項問題之研究，以及居民之意見及其願望之探討，已達至某一階段，可使本席向各界人士作一進之報告。因此，本席今日特將此事向大眾陳述。

分析各種意見後，已獲致一明朗之結論，市政委員會之設置，及將政府若干機能移交與市政委員會之舉，已普遍地認為是實現英國政府改革香港政制願望最妥善之辦法。至於其他辦法，雖有提出，但多數之意見，均係關於市政委員會之設置者。故本席以為本港市民，均歡迎設置市政委員會之提議，本席現時特著重設置市政委員會之詳細猷議，並確定其機能與權力。

在進行此項任務時，本席除利用已獲得之意見外，尚歡迎其他書面提議，此外本席尚希望與各提供意見者，對各待決之論點，作口頭上之討論。關於許多上項論點，已獲得之意見，極為分歧，例如對於選舉市政委員會辦法之根本問題，各種建議內有主張由商業、職業及其他代表性社團選舉之選舉制度，以及僅受居留資格限制之普及成人有被選舉權之選舉制度，但無市民個人投票選舉之規定，故欲由此甚為分歧之意見而構成一政制，實不可能。但何者為可行之辦法，厥為擬定多項特定建議，內容包括選舉市政委員辦法問題，及其他可能解決之重要問題，以為進一步研究及討論之引導，本席正循此途徑進行。以下為各項建議之大綱，請諸君加以考慮。

市政委會管轄地區

本港應設立一市政委員會，其行政區域包括香港島、九龍及新九龍。至於新界之小鎮如大埔墟、元朗及荃灣以及其他農村區域，在初期應不列入市政委員會之管區內，但應規定市政委員會之管治權，將來可伸展至上述各該區域之全區或一部分。

名額分配選民資格

市政委員會名額定四十八名，其中十六名，由中國籍選舉人依法投票選舉之，十六名由其他種族選舉人依法投票選舉之，其餘十六名由職業或其他團體提名推薦，再由政府委任之。其中半數由中國團體推舉，半數由非中國團體推舉。在任何國籍之社會中，登記時已滿二十五歲之男女，皆有選舉權，以及在其他方面具備資格之市民，亦有選舉權，選民皆須登記，但每一選民，僅可在一選區登記。中國籍委員之選舉，須分區舉行，選舉區之劃分，須依照人口比率，以期各委員所代表之人數適合比率。中國籍選民之資格，或應包括在選民登記日期以前十年內，曾在香港居留滿六年，有閱讀及書寫英文或中文之才幹，以及置有相當產業之資格，例如每年繳納差餉滿二百元，或繳納地稅滿五十元者，或具備充當法庭陪審員之義務，或依照陪審員法例第四條而應豁免充任陪審員者。至於非中國籍選民，如設總登記冊，概不劃分選區，但予各種族各國籍市民獲得代表之機會。另一辦法，則舉行各種族各國籍選民分別登記，非中國籍選民之資格與中國籍選民相同，但居留資格，在情理上，可減為在登記日期以前五年內曾在香港居留滿一年云。楊慕琦爵士對於負責推舉其餘十六名委員之中國及非中國團體未予指定，據謂：此為本人所願虛心聽取意見及建議之各種問題之一。

市政委員資格任期

關於市政委員之資格，楊慕琦爵士謂：凡具備指定之資格者，不論男女，不分種族國籍，皆可被選為市政委員，就職時不必作效忠宣誓，未滿三十歲之市民，不得充任市政委員。獲選之市政委員，須具備其在該選區之選民資格，每一選區選

出之市政委員，在其被推舉日期以前之一年內，須在該區居住，或其主要業務地點
或任職地點的確在該區內者。市政委員任期應為三年，退任委員可被重選或重委。
至於市委會三年滿任後，是否全體須辭職，抑或每年內指定任職最久之三分一委員
辭職，此問題仍在研究中。前一辦法，在實行上，似較簡單，後一辦法，則在政策
上可能給予更大之繼續性。市政委員自行選舉主席，並決定主席應領薪俸，其他委
員，將無薪俸。委員會大部分工作，將由各種小組委員會負責執行。至於市委會會
議時應否採用粵語或英語，此問題仍需考慮，但會議記錄需用英文。

市政委會組織權限

關於市委會之職權，綜合各方面意見：第一、主張應將大量權力，轉移於市
委會。第二、主張權限之移交，應採取緩進步驟。本席認為其權限似宜逐漸移交，
市委會最適當接收目前市政衛生局之職權，管理下列各項事務：公共衛生、教育、
社會福利、建築工程、及城市設計、公用事業、消防、公園、娛樂場、及運動場、
車輛牌照、及其他執照之發給。除市政衛生局所有職權及各公共娛樂場之管理責任
外，其他職權之移交，仍須縝密設計，屆時須由港政府與市委會共同商討。本席認
為該委員會應組織一個包括港政府代表及市委會代表而可能由輔政司任主席之委員
會，負責設計職權之移交。至於其他權限，該委員會得建議採用逐漸進行移交方
法；但無論如何該委員會之切實目的，是使初時已決定為市政局之政務，能於最後
移交與該局。當然，該委員會將研究如何詳細運用市委會組織法，規定關於調用政
府人員之原則。該委員會將依照各原則之規定，以研究因調用人員所發生之財政問
題。最後該委員會得研究因市委會之設置而需要修正現行法規之各項問題。本席認
為此項提議，將被認為有確實利益，希望於本席未草起最後之建議前，予之觀點能
獲各界之贊助。

財政移交市政委會

關於財政問題，餘現只能說明者即某數項收入於開始時，須由港政府移交與市
委會。至於其他稅收，及補助費之移交，將有視乎市政委會能否負責所移交之職務
而定。其目的是保證市委會能獲得所需之充分款項，及使市委會對市政財政能保有

完全之控制。但市財政須受政府之審計，及於徵收新稅時須獲取立法上之允准。市委會將為徵收差餉之當局，負估定徵收差餉及徵收他項稅收之責。現下試行原定市委會與港務當局之關係，為時尚早，但市委會及港務當局將須緊密合作，於適宜時期，港府得授權市委會發行公債，但其計劃及用途須獲"中央政府"之批准。

最後，本人希望此市委會組織大綱對計劃改變本港政制願意及可能合作之市民，能給予簡要之說明。而渠等或可接受此項大綱。雖渠等對此或未能表示贊同，但渠等根據此大綱，可繼續作有用及富有建設性之批評。

3.1b 總督楊慕琦致殖民地大臣鍾斯的信件（節錄）

〔1946 年 10 月 22 日〕

......

4. 本人的首要建議是，應設立一個覆蓋香港島、九龍及新九龍地區的市政管理機構，該機構應平等代表中國籍居民及非中國籍居民，其中三分二議員應由非官方團體提名，目前香港政府行使的部分重要職權應移交予該機構。

......

10. 本人於 1946 年 8 月 28 日就此項建議方案發表了廣播講話。

本人清楚表明，（在講話中宣佈的）此方案只是初步建議，它們只是作為討論的基礎。......

......

12. 本人下面將介紹就建議成立的市政管理機構的一些細節。

13. 本人建議設立單獨一個市政管理機構。沒有意見支持在港島及九龍半島各設立一個市政管理機構。

......

15. 如我們預料的那樣，有關不同種族在該機構中應被代表之比例，社會有一些分歧。本人起初建議，該機構應該以相同的比例代表中國籍居民及非中國籍居民。本人欣慰地看到，這一構想獲得了大多數人的認同。但有意見認為，鑒於中國籍居民佔香港人口總數的百分之九十八，他們應該在該機構中有更多席位。另一方面，亦有意見認為，非中國籍居民應該擁有多數席位。有意思的是，應該注意到，提倡這兩種做法的人士都沒有採取排外的手段，即第一種意見只要求該機構由中國籍居民構成，而第二種意見只要求由非中國籍居民構成。本人堅持起初的建議，並主張如果該機構包括三十名議員，像我在前面所建議的那樣，那麼應該有十五名議員代表中國籍居民，十五名代表非中國籍居民。

16. 至於如何挑選這些議員，爭議不大。本人建議，三分二議員應由直接選舉產生，三分一應由職業團體及其他團體提名。此建議得到了社會充分的支持……

17. 本人所諮詢的人士中大多數均就議員資格表達了意見……

（1）絕大多數意見認為三十歲以下的人士不應該擔任議員。

（2）議員是否應持有英國國籍，意見分歧相當之大……考慮到本港百分之八十的居民並無英國國籍，本人不認為女王陛下的政府會同意限制議員只能由英籍人士出任。

（3）社會普遍同意，如果不具有英國屬民身份的華人可以擔任議員，那麼他需要在本港居住一長段時期……即在任職前的十五年內有十年居住在香港……

（4）另一方面，英國屬民，無論是英國人種族，抑或是華人種族，針對其都不需再有比那些身為英國屬民的選民更長的居住時間要求。換言之，即在其年滿二十三歲之前在港居住不少於一年。

……

（6）……在香港島選區出選的候選人應該於提名時在香港島居住，或者在香港島開辦業務，在九龍區及新九龍區出選的候選人應該在此區域有同樣的聯繫。

（7）之前提及的資格中還要增加有能力聽說、閱讀、書寫英語。

18. 有意見一致認為，無論選舉或委任，議員任期應為三年，且可連選（或連委）連任……

……

22. 本人下面談及挑選議員的實際方法……本人建議三分二議員，亦即二十名，應由直接選舉產生，其餘十名議員由提名後委任產生。

……

28. ……超過四分一的反饋意見認為，委任或提名候選人的權力應交由總督，此項權力應在選舉結束及公共團體作出提名後才予以行使，目的在於彌補社會中某些界別未能獲得足夠代表而引致的不平等。本人認為這一建議並無必要，因為這樣的規定會偏離真正及直接代表的原則，如果這樣行使委任權，將是制度中的明顯瑕疵。但本人認為，如果這些公共團體在委任期限前沒能提名任何可以適合擔任議員的人士，委任權應移交總督行使。

社會亦期望，在組建市政委員會的法定條文中，應避免規定總督直接指定可提名議員人選的公共團體，而應由總督會同行政局共同挑選此等團體，總督會同行政局應被授權得不時依變動之局勢增減此等團體。

勞工階級如何得到適當代表是最難以解決的問題。我們沒有類似英國本土的全國勞工登記系統，加之勞工在港居住的非永久性以及他們中多數人屬分租房屋，這些因素結合在一起，我們不可能設計一個"家庭"的資格標準令工人在選民登記冊上登記，而同時又可以避免他們普遍用假名登記。本人因此認為工會的提名權相當重要，因為可以確保勞工階級在市政委員會中獲得代表。

......

32. 社會各界幾乎一致同意，最終應向市政委員會移交廣泛的權力，但是因為該委員會是一個從未被嘗試組建過的、沒有經驗的機構，這種移交應該逐步進行......

33. ......本人認為，應在《1886 專門委員會權力條例》下委任一委員會，著手研究並彙報可影響權力移交的必要措施......

34. 在廣播講話中，本人建議，市政委員會自設立時起，就要獲授權收取某些財政收入，隨後，根據市政委員會承擔的、從中央政府移交而來的職能，它還會享有某些財政權力以及資助款項。本人提及，市政委員會將負責應課差餉值及地租的估價，並將負責徵收某些稅項，目的是確保市政委員會有充足的財政資源履行職責。同時，在接受審計並由立法局同意開徵新稅項的條件下，市政委員會將被授予最全面的市政財政控制權。......

......

42. 最後，本人要講一下市政委員會是否應受外部制約。若干界別有意見認為，總督、或總督會同行政局、或立法局應該有權力否決市政委員會的決定，或堅持要求市政委員會採取其拒絕採取或不願採取之行動。亦有建議指出，市政委員會制訂的地方法規應由立法局予以確認。另一方面，有理由認為，在設立市政委員會之條例及隨後總督會同行政局下發命令所規定的、在中央政府向市政委員會移交職權的範圍內，總督及立法局不應保留任何可致市政委員會之權力、授權、責任有所貶損的特殊權力。

本人認為，市政委員會在其法定或獲委派的職權範圍內行使最全面的職權，並全權控制其專屬事務，極為重要。因此，本人建議，總督、或總督會同行政局不應保留否決權或核准權；市政委員會制訂的規章、規則及地方法規不必經立法局批准，或總督會同行政局的一般性權力所制約，該權力包含在《1911 釋義條例》第 40 及 41 條內。此項建議的當然後果是，組建市政委員會時，必然要禁止其從事不屬於其專屬職權範圍內的事務。

3.2 總督戴麟趾施政報告（節錄）

〔1966年2月24日〕

......

　　下面本人將快速談論一下未來這一年。我們必須考慮的一件事情是如何解決地方行政上的難題。本人已花了大量時間考慮這件事情，這是因為，為了發揮地方主動性以管理純粹屬於地方的事務，我們需要找到不至於失控的途徑，能够有效地做到這一點是任何一個國家的政府都珍而重之的一項能力，甚至幾乎是必不可少的一項能力。

　　本人希望先解釋什麼是地方政府。它是一個機構，例如現在的市政局，立法局將某些法定的權力及職責分配給它，它可以在特定的地域範圍內行使這些權力。由地方政府享有的權力僅僅來源於立法局。因而，這意味著，立法局保留了自己的責任及必要的權力，當有需要時，可以修改它所創立的這個機構行使的權力。因此，地方政府的地位與其他法定機構 —— 例如旅遊協會或是房屋委員會 —— 沒有本質不同，近年來成立了很多這樣的機構，管理社會的某類事務。這些機構以及如市政局那樣的地方政府有一個相同的特徵，即為社會人士參與管理事務提供了空間；不同之處在於，法定機構管理的事務是以職業種類不同而劃分的，地方政府則管理各個種類及區域性質的事務。

　　隨著時間的推移，地方政府的問題愈發突出。我們已經不只有兩個城市 —— 香港島及九龍，現在已經增加了一個新市鎮 —— 荃灣。不久的將來會再增加兩個 —— 屯門及沙田。其他正在發展的新市鎮包括元朗。我們要採取一些措施，為這些地區的居民提供一種可以管理純粹地區性事務的方式，這看起來是他們需要的，而且，現在也是時候重新審視市政局了。本人並不希望讓各位議員誤會，本人在暗示市政局沒能以它目前的形式有力運作；相反，它當然有力地運作。但是，在市政局目前的組成方式上，有一些特徵稍微不同尋常，它們可以被修正，以便帶來更多好處。

　　因此，本人出於興趣，研究了上述有關這些事項的方方面面。然而，很少能有共識；社會上表達出的大部分意見不僅是抽象的，還經常矛盾。當然，在如此複雜的問題上，這也是預料得到的。

　　儘管如此，本人能感受到有一種相當普遍的看法，大意是，現在是時候要反思這個問題了，以及任何要做的改變不應是倉促或過度冒險的。而且，本人已經就非常籠統的問題諮詢了行政局的意見，並且本人已經從殖民地大臣那裡得知，因為不涉及重大的憲制改革，也不涉及立法局及行政局的任何變化，他並不反對我們檢討目前的地方政府管理的各項安排。然而，這一立場只在提出具體的改革建議之前有效。

　　目前的問題是，應該提出哪些改革建議。本人已指出，現在已經有了大量的意見，而且本人不否認也有自己初步的立場，儘管不會僵化地堅持它們。因此，本人認為討論的時間必須持續更長一些，要看有沒有更接近共識的意見出現。與此同時，當局也會進一步研究這些問題，最終的目的是，如果可能的話，把任何可能表達出來的、有著堅實基礎的普遍性觀點與香港的現實情況及可操作的特點結合起來，以此為進一步的研究及討論提供條理清晰的建議。

　　在這裡本人必須強調的是，這個問題如此複雜，以至於沒有模棱兩可的空間。抽象的理念必須轉變為法律及有效的實踐。確實，能否落實是解決大多數問題的根本，關於地方政府，如果不對以下問題有正面積極的立場，那麼討論就沒有什麼價值。這些問題（沒有先後順序）包括：地方政府的構成以及挑選成員的方式；地方政府與行政局及立法局的關係；它們與各部門首長的關係；它們與現存的、自發性質的地方機構的關係，那些機構有更長的歷史；以及它們執行職能的方法 —— 就是說，是通過現有的各個部門，還是通過它們自己的成員。其他實踐性問題包括：地方政府獲得的財政自主權的程度，以及如何使用適宜的財政監管。並且，在新市鎮，如何保障新界原居民的合法利益，他們現在，或不久之後，將居住在市區。如果仔細思考這些事情，很多類似的問題都將出現。我們將在未來幾個月內儘量獲取對以上所有事項的看法及立場，並會特別關注這個社會裡大部分通常並沒有機會表達意見的群體的看法。在這個問題上，本人建議謀定後動，至於進展緩慢，本人並不失望。因為我們所做的事情，必須要做得正確；好的判斷比草率行事要重要得多。

　　……

（資料來源：香港特別行政區立法會，劉天驕譯）

3.3 市政局未來範圍及工作特設委員會報告書

〔1966 年 8 月 27 日〕

序言

多年來，市政局要求有更多機會為市民服務，並不時提出若干建議，其中多數主張伸展其管轄地區至新界方面，並擴大其權利，使包括在其他地區已由地方政府執行之職責。

吾人身居於此，對於本港各方面之成就，固然引以為榮，但亦深悉本港仍有缺點存在。吾人亦知道，在一個競爭日漸劇烈之世界中，欲求改善本港居民之生活，則待辦之事至多。如非本港居民工作辛勤，則本港不能獲有目前之成就。但本港市民是否全體均能分享其辛勤工作之成果，仍屬疑問。

香港必須爭取民眾之全力合作，才能同心協力，繼續尋求全面發展。合作絕不應是迫於需要或根據若何代價的。忠心合作之表現亦必須自動而毫無保留的。香港如果真正要成為四百萬人之永久家鄉，其居民一定要能夠在每一方面都感到他們和香港有密切的關係。

使香港居民的身份具有意義是當局的責任，因為政府將大部分權力保留，所以就要負起更大責任，建立"社會在良好秩序中發展"之條件，使全體人民之幸福獲得保障。

主權者負起教育本港人民之責任，使其能在管理當地的食物上負起更重要義務，並且逐步使其有機會，根據一般民主慣例，盡一己所能為社會服務。

吾人相信時至今日，如果還要闡述理由，證明需要使人民在公眾事務上獲得更大責任，簡直是阻撓進步，甚至可以說是否決人權。

因此，吾人並沒有設法證明這種需要，而只是指出香港政府所應採取之一個途徑。

第一章　背景

　　一、市政局於本年三月八日一致通過一項提案"由市政局設立一個特設委員會，研究該局未來範圍及工作，並就之提出建議"。

　　二、本年三月十五日，該局常務委員會委任下列議員為該特設委員會委員：

沙利士先生（主席）（委任議員）

貝納祺先生（革新會）

張有興先生（公民協會）

王澤森先生（委任議員）

　　三、由於貝納祺先生離港，由七月廿八日起由鍾愛理遜醫生（革新會）暫代。

　　四、特設委員會秘書由市政局秘書田遜先生擔任。

　　五、為使特設委員會有全權工作起見，其職權範圍除議案所述者外，並無特別規定。

　　六、特設委員會於本年三月二十九日召開首次會議後，共開會十四次，最後一次於本年八月十一日舉行，歷次會議總共用去時間二十小時二十三分。

第二章　目的及程序

　　七、吾人之目的為提出最適合本港的一種地方政府制度。吾人曾顧及本港之獨特地位，並徵求各主要政治、公民、專業，商業、工業及其他有關團體之意見及願望（見附錄一及附錄二）。吾人亦曾研究新界之特殊地位，以及總督及布政司在一九六六年預算辯論時所發表關於本港地方政府之演進之意見。

　　八、為幫助研究起見，吾人曾設法參考政治上較為發展之國家及英國屬地之經驗，以資借鏡，雖然吾人充分明了由於香港之地理政治地位特殊，吾人必須尋求適合本港環境的截然不同辦法。吾人曾研究其他英屬地區，例如安的圭、巴巴都斯、巴哈馬群島、百慕達及英屬洪都拉斯等地之憲法。此等地區之憲法雖然是專為應付各該地方之特別需要而制訂，但頗堪作為比較之用。

　　九、吾人研究大倫敦市政府，結果對於吾人地方行政之研究，證明有莫大價值，雖則吾人認為其中有若干特點尚未臻理想，蓋此等特點，只係根據歷史演變及舊傳統而形成者。

十、有人認為在政治發展方面，香港比較許多國家落後。此種論調對吾人之工作目標迨係有利。除新界之特殊地位外，吾人之研究無須因為要遷就地方行政根深蒂固之傳統而受到限制。此種傳統如果存在，就是存在於市政局本身，由於市政局是本港擁有法定權力及民選議員之唯一機構。

第三章　管轄地區

十一、市政局目前管轄之地區限於市區，即香港島、九龍及新九龍。

十二、其中有一矛盾之處，就是市政局事務署是市政局執行機構，但在新界之工作則成為一個獨立單位，完全脫離市政局管制。在另一方面，市政局之非官守議員，由於兼任香港屋宇建設委員會委員之關係，對於該會在新界屋宇之建築及管理，與及政府廉租屋宇之管理，均負有責任。此外管理徙置區之責任亦不集中，即是市政局之政策在全港施行，但在新界，則徙置事務處處長為唯一的管理當局。本港面積不大。居民時常自某一地區前往另一地區工作、讀書或遊玩。市政局卻往往遭受此種不合時宜制度之限制，無法為市民妥善服務。

十三、吾人一致認為市政局有權在全港各地執行職權。此項職權目前四分五裂，不切實際。由於新界人口增加與及各工業及居住市鎮之發展，鄉村色彩漸見消失，變為和市區一樣，需要各項服務。習俗和政治通常被人提出作為不改革政府形式之理由，但此等理由殊不充分，亦不合邏輯，尤其是長期以來多數政府部門已基於環境需要，日益增加它們在新界的工作。因此，即使要保留一種落伍的殖民地行政制度來裝飾門面，除足以妨礙當地居民與本港其他人民並肩參加處理本身之行政事務外，並無多大用處。

十四、與人民保持直接而密切接觸，實為重要。吾人認為政府和人民間目前尚欠充分接觸。事實上，市政局目前之組織，職權極為有限，無法充分代表人民利益。吾人深信本港新一代受教育之機會日見增加，青年參加政治之興趣必然提高。香港早已應該准許人民積極參加處理本身事務，因此吾人認為實施某種形式之地方政府，使本港人民得以擔當較重要角色，去處理自己事務，實為促進本港人民幸福之急不容緩的措施。許多人已以香港為家鄉，因此對於政府應如何治理這一點，亟欲自己能夠有發言權，但目前他們在政府毫無發言餘地，對於這種人，必須找尋一種辦法，以符合他們之願望。

十五、目前之政府機構未能與民眾建立應有之密切接觸，香港深受全世界政治思想和行動趨勢之影響。任何形式之政府，如果故步自封，漠視民眾態度之變動，實不足以滿足一個進步中社會之願望。

十六、因此吾人主張設立一個強有力的行政機構，可以稱為大香港市政府，或照一位議員所提議，稱為大香港市議會。此一機構之下應設立若干成為基層行政組織的區議會，此等區議會由選民直接選舉的議員組成，強而有力，使人民有機會充分而自由表達共同意志。

第四章　職權範圍

十七、關於中央地方政府間之關係，吾人認為不會有無可解決之困難。吾人建議本港行政系統大致可依下述形式建立：

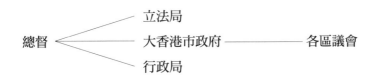

十八、吾人認為建立了上段簡述的行政系統，就可以將中央及地方政府劃分清楚，吾人看不出有若何理由不可以將有關保安問題以外之純粹內政事宜之行政責任，交給大香港政府擔負，再由市政府將宜於由地方處理之各事宜，交各區議會處理，但關於地方政府職權內一切事宜，大香港市政府應該是最終負責及調協當局。對外事宜及內部安全則由中央政府負責。

大香港市政府

十九、吾人認為大香港市政府應負責管理下述各種事務：

（一）大會堂

（二）文化服務

（三）教育

（四）選舉及選民登記

（五）娛樂 ── 在必要時，加以管理及發給執照。

（六）消防事務 —— 吾人知道消防隊是一個受過訓練而有紀律管理之機構，故此吾人雖然認為在行政上該隊應屬大香港市政府管理，但消防事務處處長並不一定需要充任大香港市政府議員，至於公共救傷車則繼續由各機關分別管理。

（七）糧食及藥物

（八）房屋 —— 吾人主張將來設立一個房屋事務處，該處處長應充任大吸納公關市政局議員。關於徙置區，屋宇建設委員會新村及政府廉價屋之日常管理，應由各區議會處理。

（九）新聞事務

（十）牌照（應由警務處處長負責除外）

（十一）醫務

（十二）公園及遊樂場（包括游泳池等）—— 公園及遊樂場之全盤計劃及發展由大香港市政府負責，但各區議會應參加日常管理。

（十三）計劃

（十四）公共諮詢

（十五）工務（以下列各項為限）

（甲）道路

（乙）屋宇建築之管制

（丙）水務

（十六）生死及婚姻註冊 —— 註冊責任須和各地方議會分擔，由各區議會負責例行註冊事宜。

（十七）科學及研究（如天文台等）

（十八）社會福利

（十九）交通及運輸 —— 吾人認為交通諮詢委員會應屬大香港市政府。吾人主張設立一個交通事務處，其責任之一是執行公路管理局之職責。果爾，則其處長應為大香港市政府議員。

（二十）度量衡

不屬地方政府範圍之職權

二〇、吾人曾考慮政府之各主要部門的職權，並認為下述各項不應劃入大香港市政府範圍內：

漁農處

核數署 —— 吾人認為任何形式地方政府仍然要受殖民地核數，所以該署應繼續屬中央政府。

民航處

工商業管理處

人民入境事務處

稅務局 —— 吾人曾將該三機關之職權作詳細研究，吾人知道英國之應納差餉價值，係由稅務局之差餉組估價，然後由地方政府決定需要徵收應納差餉價值額之若干，作為管理其轄區之費用。在英國，差餉由地方議會徵收，英國財政部只負責徵收差餉以外之其他稅項。吾人認為此三機關應繼續屬於中央政府，但吾人建議應設法由庫務司署代大香港市政府繼續徵收差餉，物業估價署應繼續估計物業之應納差餉價值，但大香港市政府應負責決定徵收此項差餉價值之若干，作為行政費用。

差餉物業估價署

庫務司署

法院

九廣鐵路局 —— 吾人贊成九廣鐵路局應由中央政府管理，但大香港市政府應派代表一人出席管理局，因為該鐵路同時亦屬地方交通系統之一部分，而且鐵路當局所管理之土地，有許多是可以作更好之公共用途。由於鬮地奇缺，所有鐵路土地未經與大香港市政府磋商，不得轉讓。

勞工處 —— 由於大香港市政府對於勞工處若干方面之工作，如青年就業及訓練計劃等，有連帶關係，所以希望市政府能派代表出席勞工諮詢委員會。

律政司署 —— 吾人認為大香港市政府可能要聘用自己之法律顧問。

海事處 —— 海事處應歸中央政府，但海港及附近水域之潔淨及水上小販之發牌等職權應由大香港市政府接管。

郵政司

政府印務局 —— 此局雖屬中央政府，但亦應替市政府及各議會服務。

公務員敍用委員會

工務司署 —— 道路、屋宇建築管制及水務除外。

香港廣播處 —— 香港廣播處應屬中央政府，但吾人認為該廣播處未能配合本港之發展，且未能對本港作充分貢獻。

註冊總署

職工會登記局

政府物料管理處 —— 此處雖屬中央政府，但亦應替市政府及各議會服務。

區議會

二一、下列為吾人認為應委託各區議會執行之職權，但大香港市政府為公共利益計，如認為應有一項一致政策及行動時，保留干涉及調協之權利。

（一）個人健康服務（產婦及兒童權利、社會衛生、精神健康等）

（二）福利

（三）兒童服務

（四）圖書館

（五）墳場及火葬場

（六）地區土地收費登記

（七）浴室及公共廁所

（八）垃圾之收集及處理

（九）有關衛生及過擠之房屋檢查

（十）蛇蟲鼠蟻及傳染病之控制

（十一）潔淨

（十二）聲音及煙霧之減滅

（十三）街道、街燈、市場及屠房

（十四）街道清潔

（十五）渠道及清糞

（十六）小販

第五章　地方政府組織芻議

二二、各種委員會、諮詢會及小組委員會須在大香港政府指導下設立，如下表：

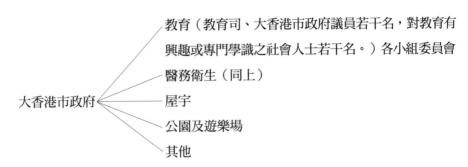

大香港市政府

- 教育（教育司、大香港市政府議員若干名，對教育有興趣或專門學識之社會人士若干名。）各小組委員會
- 醫務衛生（同上）
- 屋宇
- 公園及遊樂場
- 其他

二三、吾人考慮大香港市政府之職權時，曾將收到之本港各團體建議加以小心分析研究。其中一項建議就是市政府對公用事業應有監督權力，此項建議頗有價值，因此大香港市政府之組織法除規定上述各種委員會外，應加設一個公用事業委員會。

二四、香港地小人多，故對於應設立之區議會之數目，必須作詳細考慮。一個區議會如果管轄人數過多，將無可能對人民之需要作正確之估計。在另一方面，如果轄區太小，則變成一種衛生區域，而一個地區之區議會和另一個地區之區議會職權，無法劃分。考慮區議會之數目時，還要顧及地方政府之費用。最近成立之分區制度使市民可以直接會見議員，提出問題。吾人對此亦有顧及，故此吾人建議香港、九龍（包括新九龍在內）及新界各設區議會一個，將來則在新界各市鎮設立鎮議會，其組織系統如下：

大香港市政府

- 香港島區議會
- 九龍區議會
- 鄉議局（或鄉區議會）

二五、鄉議局在新界之地位要分開詳細考慮。吾人知道該局是一個設立以備諮詢的法定團體，由二十七個鄉事委員會之主席及副主席，新界各太平紳士，及每兩年選舉一次之二十一個特別委員組成。該二十七個鄉事委員會代表新界六百二十五條鄉村，但無法定權力。

二六、鄉議局成立於一九二六年，並於一九五九年成為法定團體，目前已樹立基礎，其職權已為新界人民熟識。

二七、在考慮新界時，有一點為吾人所不能忽視者，就是該處人民或未能感覺有任何重大憲法上改革之必要，至少在最初階段為然。他們甚至可能對進行改革之目的有所猜疑，故吾人認為不宜亦不必提出任何突然改變鄉議局地位之建議。吾人認為鄉議局目前之組織不應猝然改變，但該局首先應負起一個鄉區議會之任務，其職權與九龍及香港島之區議會相同，並派代表參加大香港政府。

二八、吾人建議政府考慮委任一個委員會研究地方政府不斷發展時，鄉議局應如何演進。將來可能需要分別成立區或市鎮議會，以配合新興市鎮。例如荃灣、青山、元朗、沙田等等之發展。

二九、吾人明白吾人所提議之行政組織，將會改變布政司署的性質，但這是最適當之組織。吾人認為它能最充分地代表當地人民的意見，同時又可以依照人民的意見，在對外事務上，繼續得到英國保護和指導。建議中之組織，一般而言，可以使香港人民能實際負起對內責任和有更多機會參加地方行政，而這是任何地方人民之自然願望。

三〇、布政司署之名稱亦可以乘此機會加以修改，以配合該屬在政府組織中之新地位。吾人提議其名稱可以改為中央政府本部或秘書長辦公室。布政司可以改稱秘書長。吾人認為這項措施實屬適宜；在政治上言之也屬正確。

第六章 組織、人員及資格

（甲）大香港市政府

三一、大香港市政府成立之初，其成員包括民選議員、委任議員及對市政府執行職權方面有必要之政府機關首長。

官方議員

三二、成立大香港市政府之目的在接管工作於本港內政有關之各政府部門之行政責任。為求達成此項目的，凡此部門之首長，自非兼任市政府議員不可。而下述各部門首長之兼任市府議員，尤為市政府有效行使職權之所必需：

> 布政司（或秘書長）
> 工務司
> 新界民政署署長
> 市政事務署署長
> 教育司

社會福利署署長

醫務處處長

三三、此外，房屋事務處成立後（參閱第十九段第八節），其處長亦應充任當然議員。

三四、對於華民政務司署在此時此地是否有繼續成為一個單獨機關之必要，吾人不無懷疑。吾人覺得此機關之許多職權，已不合時宜，因為現在絕大多數中國居民似乎已和其他政府機關直接交涉。吾人覺得目前華民政務司之職權大致可分為兩類，即福利及政治，而吾人吸納更新此等職權中，有關福利及行政責任者，可以由社會福利署接管，而政治職權則可以由布政司署或中央政府本部接管。吾人固然明白華民政務司署還有另一項明定工作，就是聯絡，但由於舊習俗在不斷改變或甚至淘汰，尤其是因為各級議會之議員人數將來增加，此種聯絡工作之需要將逐步減少。事實上，在一個絕大多數華人社會中，亦簡直無此需要，對於華民政務司之職位，吾人暫時保留意見，但以目前而言，該職位既仍然存在，吾人贊成現任之華民政務司應成為大香港市政府之議員。

民選議員

三五、吾人相信資格適合而負責之市民並不缺乏，故選舉民選代表並無困難，只要採取一項積極公民教育計劃，一定有更多香港市民肯參加公共事務，尤以地方政府基礎能夠擴大時為然。

三六、大香港市政府所需之民選議員數目曾經詳細加以討論。首先吾人要考慮由全體選民直接選出之議員人數。吾人亦曾考慮確保各區有適當代表之需要，此舉必然涉及間接選舉。吾人明知徹底直接選舉之重要性，但在目前階段，認為要使各區議會有足夠代表權。則除採用一定程度之間接選舉外，別無他途可循。

三七、其次吾人曾考慮市政府所需民選議員之數目，議員人數必須足以代表本港各區，同時在選民作此項決定時，使有效而負責之一黨統治能夠實行。吾人認為最少要有民選議員三十人才可以應付此項需要。

（甲）其中二十位應由全體選民直接選出。

（1）其中十位應由全港選民選舉。

（2）另外十位由市政局所設立之分區選出，或照將來大香港市政局依照人口比例而修改之分區選出。

（乙）其餘十位應由各區議會用間接選舉方法在各該議會之非官方議員中選出。吾人認為下列之間接選出議員數目足以保持平衡，同時顧及每一地區之人口及發展：

> 香港島區議會三人
>
> 九龍區議會五人
>
> 鄉議局或鄉區地方議會二人

三八、新界目前之人口雖較少，差餉收入亦微不足道，但吾人核定鄉議局應佔兩席時，已充分顧及新界未來之可能發展。吾人之本意就是將來如果新市鎮發展或者新的區或市鎮議會成立，代表新界之議員席應予增加，最多以再加三席為限。屆時，香港島及九龍之區議會代表人數必須重行檢討，以保持人口及差餉入息和代表人數間之一定平衡。

委任議員

三九、吾人認為委任議員頗為重要，因為它可以有若干程度的平衡作用，使總督在他認為必要時，顧及地方性或少數人的利益。吾人認為提名議員應設十席，分配如下：

（甲）五席由總督直接委任。

（乙）五席由大香港市政府民選議員以三分之二多數票向總督提名，由總督最後選擇，如果民選議員在特定期限內未能向總督提名，即由總督直接委任。

任期

四〇、吾人建議民選及委任議員之任期應照市政局目前之任期（即四年），每隔兩年舉行選舉一次，改選半數民選議員，委任議員之半數每隔兩年亦須重新委任或由新人填補，各區議會議員之任期亦應與之相同，但其改選或重新委任，則應與大香港市政府議員在不同年度輪流舉行。

競選資格

四一、吾人贊成競選大香港市政府議員之資格應如下述：

（甲）年齡至少已達二十五歲；

（乙）至少曾在本港居留五年；

（丙）具有登記為選民之資格；及

（丁）經一個由總督委任之機構認定其教育程度，使之能在大香港市政府之會議中，參與議事者。

四二、吾人知道在政治較進步國家，凡具有選民資格的人就可以參加競選。吾人認為參加競選大香港市政府議員之資格必須較嚴，但同時應使能幹而欠缺學歷之人士亦有機會充任候選人。吾人認為最重要者就是大香港市政府之議員必須以香港為家鄉。

取消資格辦法

四三、吾人建議一九五五年市政局條例第六條所規定之取消資格辦法應繼續適用，且應適用於各區議會。

對民選及委任議員之幫助

四四、吾人思疑有許多能幹人士因經濟理由而無法參加公眾事務，因此對議員應給予某種方式幫助，如定額酬金或費用津貼。大香港市政府及各區議會議員之酬金或津貼數額應由大香港市政府決定。

語言

四五、吾人主張大香港市政府成立之初，其會議應採用英語，但市政府對民眾所發出一切書信文件，應中英並用。關於此事，要視乎市政局研究能否採用中（粵）英語同時傳譯方法之結果如何，方可作進一步考慮。此一種方法如證明可行，則市政府會議應以終於兼用中（粵）英語為目的。區議會亦然，至於鄉議局則繼續採用粵語。

主席

四六、吾人建議大香港市政府之主席應稱為市長，此固為世界公認之名稱，其下應設副市長一人。市長及副市長應由市政府逐年委任。所有委員會之主席亦應由市政府委任。市長、副市長及各委員會主席均不得由市政府官方議員充任。吾人建議目前之市政局及全局常務委員會之主席應改由市政局之非官方議員充任，作為一個開端。

資歷

四七、大香港市政府議員之資歷應嚴格依照就任日期計算。此項原則同樣適用於官方議員及非官方議員，但吾人贊成布政司（或秘書長）在官方議員中應佔首席。

投票

四八、吾人同意大香港市政府應有官方議員，但認為官方議員之地位只屬諮詢性質。吾人主張不論根據法規或慣例，官方議員對於市政府所討論之任何問題，均不應參加投票。

（乙）區議會

官方議員

四九、吾人認為凡其首長充任大香港市政府議員之政府機關，均應有代表充任各區議會議員。吾人以為各機關代表由各該機關首長自行提名，但所提名代表須經大香港市政府同意，勝於由吾人指定各機關內擔任某等職位的官員代表所屬機關充任各區議會的代表。

五〇、吾人認為下列機關應各提名屬下高級人員一名出席各區議會：

工務司署

新界民政署（只派代表一人出席鄉議局，將來新界各市鎮議會成立後另派代表出席）

市政事務署

教育司署

醫務處

社會福利署

消防事務處（該處處長應出席最需要之地區之區議會。該處處長提名之代表則出席其他區議會）

徙置事務處（與消防事務處同）

五一、吾人曾建議交通諮詢委員應屬大香港市政府管轄。吾人覺得區議會亦需要有關交通問題之代表，故交通諮詢委員會應提名代表出席各區議會。

民選議員

五二、人口較多之地區，其議員人數較人口較少地區者為多，故此民選議員之數目應根據人口比例分配，每十萬人一席，計至最接近十萬為止。一九六一年戶口統計所得人數，如依此項原則計算，則香港島方面應有民選議員約九席，九龍方面（連新九龍在內）應有十八席。

五三、選舉應按照分區舉行，人口較多之大區，議員數目應多於人口較少者。以香港島方面五個市政局分區而論，包括中區及灣仔在內之一區，有人口二十五萬以上，應該擁有三席，而包括赤柱香港仔在內之一區，人口約五萬五千，只可佔一席。

委任議員

五四、吾人主張委任議員與民選議員之比例，應大於大香港市政府中兩者之比例，因為委任議會在初期需要較多委任議席來平衡民選議席。每三席民選議員應有委任議員一席由總督委任，另由大香港市政府再任命三分之一，假定香港島區議會由民選議員九席，則應有委任議員六席，其中三席由總督委任，三席由大香港市政府委任。

競選資格

五五、吾人體會到尋求足夠之區議會議員較難，所以須將資格降低，以免過於限制候選人之數目。吾人主張資格應如下述：

（甲）有資格登記為選民者。

（乙）曾在該地區居住十二個月或購有或承租房產者。

取消資格辦法

五六、（參閱第四三段）

對民選及委任地方議會議員之幫助

五七、（參閱第四四段）

語言

五八、（參閱第四五段）

鄉議局

五九、在新界方面，以鄉議局而論，無需改變，但將來市鎮議會成立後，居住條件應予適用。

第七章　選舉權

六〇、新近實施之關於選舉權之規定，對本港之普選，頗為合適。

六一、但對地區性選舉必須訂定一個居住條件。一個選民如果想在某一地區投票，必須證明在選舉以前曾在該區居住十二個月，而其名字必須列入由登記官編訂公佈之登記冊內。凡在某一個地區為差餉繳納人而未經在其他任何地區登記為同一屆選舉之選民者，亦有資格。

六二、選民不應有多重票，每個選民在大香港市政府選舉中應限投一票，在選舉區議會議員時亦限投一票。

六三、至於新界，目前適用於鄉議局之辦法應繼續適用，但新市鎮議會成立後，應照香港島及九龍兩個區議會之辦法。

第八章　地方政府財政

六四、其他國家之地方政府通常有自己之直接財政來源，即使未能應付全部需要，最低限度亦須能支付一部分。總督在一九六六年二月二十四日至預算辯論中，曾提及開闢有節制財源之有效方法，以供本地人士主動管理純屬地方性質事務之用。

六五、適用於整個香港之統籌政費辦法，由立法局一次過通過預算，既缺乏彈性亦使本地人士無法採取主動，因為這種辦法使各地方性議會之決定，全部要仰仗立法局之鼻息。

六六、以吾人之情形而論，如果要使地方政府成功，必須有某種自行籌措政費之制度。現行之稅收制度並無顧及地方政府財政。

六七、吾人曾詳細分析地方政府經費，吾人計算過差餉照目前估計辦法，只佔全部稅收百分十三點六，而新界區只有荔枝角至青山間之地區徵收差餉。吾人亦計算過牌照費應歸地方政府管理。吾人曾將此等稅收總額與世界上多數國家通常由中央政府徵收之各項稅收以外之各項稅收總額比較，若將詳細經費在本報告書列出，殊不實際，理由如下：

（甲）除入息利得稅外，其他各種稅收須加以詳細研究及談判。

（乙）新界區尚未全部作差餉估計，而該區徵收之差餉不切實際。

（丙）要考慮可以作適當增加或可以徵收，以增加稅收之各項讓步或收費等，係無可能，而且在目前階段不切實際。此事要留待大香港市政府決定。

（丁）在本報告第二三段吾人建議大香港市政府下應設公用事業委員會。各種公用事業所繳納之專利稅須經談判。預算案稅收項下其他許多項目亦然。

六八、稅收項下各項目可以有許多變化，吾人認為在目前階段只可以確定地方政府是否可以單靠通常歸中央政府徵收之稅項以外之稅源籌得所需政費。吾人研究之結果表示可以辦得到，但要經過仔細而詳細之談判。即使如此，吾人認為如要負擔大香港市政府應為市民負責之各項服務之費用，與及舉辦必需之改善，則仍須由立法局在預算中撥予款項。

六九、應收差餉額，應繳牌照費等等之款項，應由大香港市政府負責核定。各區議會所需款項亦應由大香港市政府負責撥支。

七〇、如第二〇段所述，吾人認為應作安排由庫務司署代大香港市政府徵收差餉，由差餉物業估價署代為估定差餉額。

七一、有一點吾人要說明者，就是吾人所建議應隸屬大香港市政府之各機關，如果為擴大服務範圍，以配合人口增加，或為改善一般居住條件，而需要資本投資或經常費，則此等款項必須由立法局預算撥付。無論如何，現有各項服務絕對不得因權力轉移至大香港市政府而受到財政上損失。

七二、吾人認為各政府機關每年所獲撥款，在全部預算中所佔之百分率，就將改由市政府負責之房屋、醫務、教育、市政事務等等部門而言，應視為撥予各該部門之最低限度款額。

第九章　其他事項

七三、本報告書沒有提及許多支節。如補選程序等，均屬例行而可以接納之事項。吾人不予提及之意思就是一九五五年市政局條例之現行有關條款應予適用。

七四、吾人認為對於當前任務無必要之事項，自未詳細予以討論，在適當時期如認為有更改之必要者，則必須更進一步加以研究，然後付諸實行。

七五、田遜先生擔任本委員會秘書，曾作莫大貢獻，吾人衷心感激，並致謝忱。

第十章　主要建議摘要

（1）吾人建議成立一個強而有力之行政機構，並可稱之為"大香港市政府"或"大香港市議會"。

（2）市政府所轄地區應為整個香港，並對純粹內政問題負有行政責任。吾人建議市政局應擁有之職權，已詳列於第十九段，市政局組織則見於第三十一段至第四十八段。

（3）市政府應附設三個區議會：即香港島一個，九龍（包括新九龍）一個，新界一個。但新界應由鄉議局行使區議會的職權，吾人所建議之區議會之職權詳情，見於二十一段。除新界外，各區之區議會組織均見於第四十九至第五十六段。

（4）吾人認為新實施之關於選舉權之規定對全港性質之選舉頗為適合，但對地區性選舉則須再訂定居住條件。關於此點吾人建議一個選民必須在選舉前曾在該區居住十二個月（第六十至第六十三段）。

（5）吾人建議大香港市政府主席應稱為市長，並加設副市長一人。市長、副市長及各委員會之主席應由非官方議員而不由公務員充任。吾人建議作為一個開端，市政局及全局常務委員會之主席不應由市政事務署署長或其他公務員兼任。而只應由該局非官方議員充任（第四十六段）。

（6）大香港市政府成立後將改變布政司署目前之性質，吾人建議布政司署及布政司之名稱，如未預早改編者，應趁此機會更改。吾人認為此項更改實屬適宜。在政治上言之，亦屬正確（第二十九至第三十段）。

（7）吾人建議大香港市政府應決定本港差餉率，並應管理差餉之開支，隸屬於大香港市政府之各政府機關應由立法局撥給政費，而目前預算案所撥數目應視為施行屋宇、醫藥、教育、市政等服務之最低限度經費。庫務司署應代大香港市政府徵收差餉，差餉物業估價署則繼續估訂差餉額（第六十四至第七十二段）。

沙利士（主席）

張有興

鍾愛理遜醫生

王澤森

一九六六年八月二十七日

附錄一　徇特設委員會之請而對市政局未來範圍及工作發表意見之團體一覽

專業團體

香港土木機械及電機工程師學會聯合會

香港工程學會

皇家特許測量師學會

香港華人會計師核數師公會

審定會計師公會（香港分會）

註冊秘書香港區公會（無覆函）

香港建築師公會

英國醫學會（香港分會）

香港中華醫學會

香港教師公會

結構工程師學會（無覆函）

香港律師公會

政黨

香港革新會

香港公民協會

香港工黨

香港民主自治黨（無覆函）

社團

香港聯合國協會（無覆函）

香港九龍街坊研究會（無覆函）

九龍居民聯合會

商會

九龍總商會

中華總商會

香港總商會（無覆函）

香港工業總會（無覆函）

香港中華廠商會

鄉議局

鄉議局（無覆函）

附錄二　各團體覆函

（1）香港土木機械電機工程師學會聯合會

逕啟者四月四日來函敬悉。此事經本會理事會於本年四月十二日開會考慮後，認為不屬本會範圍。謹覆。此致
市政局及市政事務署秘書

義務秘書　泰博鍾士
一九六六年四月十八日

（2）香港工程師學會

逕啟者前接四月四日來函，述及　貴局之市政局未來範圍及工作特設委員會，並請本會對於市政局未來範圍、職權，及工作發表意見。本會理事會經過考慮後，認為本會既屬專業團體，不克對此種問題發表意見，深表遺憾。此致
市政局及市政事務署秘書

義務秘書　ERIC LI
一九六六年五月十一日

（3）皇家特許測量師學會香港及中國分會

關於市政局未來範圍及工作專題委員會事

逕啟者前接本年四月四日來函，並與　台端在電話談及本學會分會理事會對此事曾加以廣泛研究，但認為來函涉及之範圍太廣，本理事會目前未能提出任何具體意見。　台端當明瞭本理事會無意過問政治，但　台端如認為本會對於任何特定問

題可以有所貢獻者，請隨時賜教。此致

市政局及市政事務署秘書

義務秘書　史甸

一九六六年八月二日

（4）香港華人會計師核數師公會

逕啟者四月四日來函敬悉，並已於上周提交本會理事會討論，茲特答覆如下：

一般而言，市政局之代表性應予擴大，以便反映民意，但如認為本會對於任何特定問題能盡綿力者，請隨時賜教。

主席　CHARLES MAR FAN

義務秘書　S. J. WONG

一九六六年四月廿九日

（5）審定會計師公會香港分會

逕啟者四月四日來函敬悉。關於市政局範圍、職權及工作問題，本會現在研究中，並以本會觀點探討各項建議對本會有何影響，與及本會對於其組織及工作有何幫助，同時本會正在徵求各會員對於此事之意見，希望能於短期內向　台端作覆。此致

市政局及市政事務署秘書

主席　CHARLES MAR FAN

一九六六年五月十二日

（6）香港建築師公會

逕啟者頃接五月二十日來函，只以未能如約於五月底以前答覆，引以為憾。

本會理事會一部分理事昨日開會並囑本人提出下列各點：

（甲）在建築師之設計需要經過批准之情形中，吾人擬具建議時並無充足資料可為根據，最後之解決辦法往往是談判，結果對類似之問題有不同答案，因此吾人亟望能夠制訂一項業務守則，使所有建築師對下列各事情有所遵從：

酒樓及廚房

貨車駛近垃圾槽之通道

霓虹招牌

領牌舞廳之內部裝飾

此項辦法可使建築師能夠依照一定標準設計,而只要符合標準,即會自動迅速得到批准。此項守則之草案最好能交本會參考,以便提出意見,或由本會派出代表參加起草小組委員會。

(乙)本會認為 貴署對於妨礙建築工程之有牌或無牌小販,並未盡力設法使之離開工地。

(丙)關於交通迂迴處之美化,兒童遊樂場之佈置、避雨亭之設計等,雖然有向建築師諮詢,但本會認為在此等事情中,建築師對於佈置之學識及形式之感覺,可以起更大之作用。

(丁)關於建築地盤不佳情形之通知書目前係寄交有關業主,但直接負責者為建造商,可否將此種通知書寄交建造商,另外以一份副本寄交有關之建築師?

上述各點僅涉及市政局及市政事務署與建築師有關之工作而已。 台端或者認為凡此均不屬來信所述之範圍,然當仍視之為不無用處也。此致

市政局及市政事務署秘書

義務秘書　CHRISTOPHER HAFFNER

一九六六年六月四日

(7) 香港報業公會

逕啟者接奉四月四日來函,本會已將該函副本傳閱,本會每一報社會員將直接向 台端答覆。拖延之處,尚希見諒。此致

市政局及市政事務署秘書田遜先生

義務秘書　C. W. CHARLES

一九六六年六月六日

(8) 英國醫學會

逕啟者本會理事會上次會議時,一致議決本會在目前階段對市政局之範圍、職權及工作無意發表任何意見。此致

市政局及市政事務署秘書田遜先生

義務秘書　PATRICK WEI

一九六六年四月二十五日

（9）香港中華醫學會

逕啟者四月四日來函奉悉。

本會理事會在最近一次會議中，曾將此事提出討論，理事會同人認為在目前階段本會不擬向專設委員會陳述任何意見。此致

市政局及市政事務署秘書田遜先生

義務秘書　EUGENE CHU

一九六六年四月十九日

（10）香港教師會

逕啟者本月四日大函，囑本會對於如何改善市政局範圍、職權及工作一事發表意見。

茲將本會意見另紙附上，敬請　詧照

李思義

一九六六年四月二十日

香港教師會提出對於改革市政局之意見

（一）應設三個一會，名稱如下：

香港島區議會

九龍區區議會

新界區議會

（二）所有議員應支薪金。

（三）所有議員應屬民選，不應設委任議員，當然議員不應有表決權。

（四）每一個區議會應設議員十一席，另設當然議員若干席，由總督委任。

（五）議會開會時可用英文或中文，會議記錄應中英文並用。

（六）所有議員應由普選選出。

（七）目前之選民應照政府提議予以增加，但政府中受紀律管制人員不得為

選民。

（八）議員應限於本港市民，最少曾連續在本港居住七年，年齡滿二十五歲，曾受相當中等教育。

（九）差餉、專利稅、博彩稅及娛樂稅總收入百分之二十五應撥歸區議會作為經常費。

（十）區議會除應擁有市政局目前職權外，並應有權管理教育、對內交通、社會福利及消防事務等。

李思義

（11）香港律師公會

逕啟者本月四日來函已於本月十五日提出本會理事會討論，茲由本會理事會指示答覆如下：

本會對於來函所述事項，無意發表任何意見，由於個別會員或擬對市政局未來範圍、職權及工作發表個人意見，來函副本將予傳閱，本會會員中有意發表意見者，將直接與閣下通訊。此致

市政局及市政事務署秘書田遜先生

秘書　SHIRLEY WOO

一九六六年四月廿二日

（12）香港革新會

逕啟者本月四日來函已於本會理事會最近一次會議中提出討論。以下為吾人對於市政局未來範圍、職權及工作討論所得之意見。

本會主張市政局應擴大為市區議會（URBAN DISTRICT COUNCIL），並應接管目前布政司署職權及工作中有關當地居民之部分，此外並應接管其他政府機構之同類工作，本會並提議在市區議會之最高管理下，在各市鎮分別設立市鎮議會（MUNICIPAL COUNCIL）例如維多利亞、九龍及新九龍、青山、元朗、沙田及新界其他市鎮。英國之現代趨勢就是使市鎮議會在市區範圍以外有伸縮餘地。香港既然是一個細小地方，吾人認為其轄區應伸展至鄰近一個市鎮議會的邊界。新界居民如欲保留鄉事委員會，則可作鄉村公所，向所屬之市鎮議會負責，市區議會之議員數目，應準備配合將來在此階層實施政黨政治，即民選議員應佔多數，最好以市鎮

議會轄區作為市區議會選舉之選區。但本會亦不反對劃分較小分區，或者照目前分區界限，但包括新界新成立之若干分區，加上一個在該區居住條件，最低限度以新界區為然。

　　本會深知政府在目前階段不擬取消委任議員，即使市政局亦然，但本會提議總督委任此種議員時，應與當選之多數黨協商，此外並須有若干當選議員，包括布政司、華民政務司、教育司及工務司在內。由於這些議員屬於當然性質而且是公務員，所以本會提議憲法應規定如果此類議員投反對票即會使多數黨失敗時，不應對多數黨投反對票（因此舉必然引致改選）。對於市鎮議會是否應直接派代表出席市區議會，本會曾加以考慮，但認為無此需要，即如布政司署及市政局目前亦無互相派代表出席，而且選舉既然按照分區制，並且在新界附帶一項居住條件，任何政黨如想當政，自必然要在新界展開活動，向新界居民尋求候選人，下列圖表為本會所提議之地方政府組織：

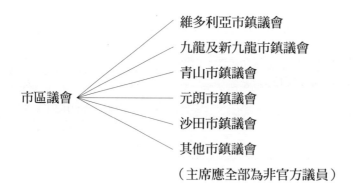

　　吾人已倡議撤銷新界民政署，由新成立之地方政府接管。理民府之職位殊屬重要，其司法權力既已消失，可以由華民政務司接管。

　　吾人建議市區議會之選民暫時應照新訂之市政局修正法案所規定之選民。另一方面，在市鎮議會選民並無加以同樣限制之必要。吾人建議選民資格應如下述：

　　（一）凡有資格參加市區議會選舉者。

　　（二）凡在香港出生而年齡超過二十一歲者。

　　（三）英籍或聯邦籍人士且在該區居住五年者。

　　（四）具有十年居住條件之其他任何人士。

　　吾人提出上述各項建議，必須重申一點，就是此項建議只是輔助而非代替成立本會之基本目標，即是爭取立法局之合理民選議席。

　　本會擬將本函向報界發表，專設委員會是否反對，尚希賜知。此致
市政局及市政事務署秘書田遜先生

執行秘書　黃伯度

一九六六年四月十九日

（13）香港公民協會

　　逕啟者本年六月十七日曾奉上一函。茲另附上七月十八日備忘錄五份，此備忘錄詳述本會對於政制改革，包括市政局未來地位在內之最新意見。

　　是以本人六月十七日隨函附上之備忘錄應由七月十八日之備忘錄代替。請將新備忘錄之副本分發市政局未來範圍及工作之專設委員會各委員為感。

義務秘書　張永賢

一九六六年七月二十三日

公民協會關於政制改革建議（一九六六年七月十八日）

　　（1）香港公民協會為香港兩個主要政黨之一，佔市政局十個民選議席之五席。

　　（2）公民協會之政治主張為自由和民主。雖然香港不能成為一個獨立國家，但本會對本港及其人民之繁榮、安定及進步充滿信心。

　　（3）實施一個有更大代表權之地方政府制度之時機已熟，此項制度在香港之含義就是對內政擔負更大責任。

　　（4）政府各局中唯一有民選議員者就是市政局，該局之二十六個議席中有十個民選議席，香港之政制顯然落後。

　　（5）政制改革應依照下列原則：

　　（甲）設立一個"香港市議會"（HONG KONG MUNICIPAL ASSEMBLY）管理香港及新界各處。

　　（乙）市議會下設香港島區議會（URBAN COUNCIL），九龍區議會及新界鄉議局。

　　（丙）現有三鄉議局目前只是一個諮詢機構，將來應具有一個市政局之地位及權力。

　　（丁）新市鎮（如荃灣）發展後應成立本身之鎮議會（TOWN COUNCIL）。

香港市議會

（6）香港市議會之議席如下：

（甲）官方議員不超過八席（照慣例不得表決）包括布政司（其名稱應改為秘書長）、教育司、醫務處處長、社會福利署署長及工務司在內。

（乙）民選議員二十二席，由三個市政選區直接選出，計香港島八席、九龍十席、新界四席。

（丙）間接選舉議員六席，即香港島及九龍兩個區議會各兩席，鄉議局兩席。另外規定新界之鎮議會每個可間接選舉代表一人參加市議會。

（丁）委任議員十席，其中四席由港督提名，四席由市議會多數黨領袖提名，兩席由反對黨領袖提名。

（7）香港市議會為一切有關地方政府及內政，包括下列部門在內之負責及調協當局：公共衛生及醫藥事宜、教育、公共屋宇、社會福利、消防事務、城市設計、娛樂、有關市政事務之公共工程、交通及公共運輸，以及公用事業之調協。

（8）關於財政，立法局每年應在預算中撥定市議會所需款項。

（9）香港市議會及各區議會以及各鎮議會之議員選舉權應該相同，但在區議會及鎮議會級選舉，應加一項居住條件。

（10）選舉權應時時重訂，並以增加選民類別之方式，予以擴大。此項選舉權將成為某種形式之香港公民權之基礎。

（11）香港市議會每年選舉議長及副議長各一人，其中任何一人均可擔任市議會會議主席，日後俟市議會取得經驗，即可考慮是否有必要選舉負行政責任之市長及副市長。

（12）現有之委員會及諮詢委員會與地方政府及內政有關者，將繼續存在，其地位主要為協商及政策諮詢性質，但均應由香港市議會聯絡策劃。

區議會及鎮議會

（13）區議會及鎮議會之議員數目一般而論應根據人口數目而決定。官方議員及委任議員之數目則可以根據每一議會之特殊環境而訂定。市議會應盡量將權力及責任分給各區議會鄉議局及鎮議會，以促進本港良好而能幹政治為原則。

（14）香港島區議會設民選議員十席，委任議員六席（其中三席由總督委任，三席由市議會委任）。各重要政府機關如市政事務署、工務司署、消防事務處、教育司署、社會福利署等，與地方政府有更直接關係，應派代表出席香港島市政局，但無表決權。此市政局主席由非官方議員擔任。

（15）九龍區議會設民選議員十二席，委任議員八席（其中四席由總督委任，四席由市議會委任），其組織與小香港島區議會相同。

出席立法行政兩局之代表

（16）市議會成立後，立法局之非官守議員中六席應由總督與市議會之執政黨及反對黨商討後根據該兩黨之意見委任，其中執政黨佔四席，反對黨應佔兩席。

（17）總督應根據市議會執政黨領袖之意見，委任兩位市議會民選議員為行政局議員。

（18）市議會代表及區議會與鎮議會議員之任期應為四年。

（19）選舉權、選區界線及政制問題通常應每隔三年或五年檢討一次。

（20）此備忘錄為關於香港政制改革之廣泛綱領，建議中之市議會應逐步擴大香港人民之內政責任。此項建議如獲英國政府接納，則市議會議員選舉可以在一九六七年下半年舉行，香港島及九龍區議會議員之選舉則最遲在一九六八年初舉行。

（14）香港勞工黨

逕啟者本月四日來函，詢及吾人對市政局範圍及職權之意見，茲特答覆如下：

（1）本黨並不建議將市政局之範圍或職權擴大，但吾人建議其他市區如荃灣及元朗應分別成立與其範圍及職權相類之市政局。

（2）吾人反對市政局若干議員擴大該局立法權力之企圖。吾人認為促進本港利益之最佳方法是擴大由一個民選議員佔多數之立法局之立法權力。

香港勞工黨義務秘書　G. S. KENNEDY-SKIPTON

一九六六年四月九日

（15）九龍居民聯合會

逕啟者承邀對市政局未來範圍、職權及工作發表意見，不勝感激，但由於市政局之專設委員會外尚有一個政府機關委員會研究同一問題，本會擬在兩個委員會發表其研究結果前，暫時保留意見。此覆

市政局及市政事務署秘書

署理義務秘書　**K. C. Tonrnton**

一九六六年六月十五日

（16）九龍總商會

逕啟者頃接來示，內開"專設委員會謹請　貴會對如何改善市政局範圍、職權及工作之問題，發表高見"。茲謹將本會特別小組委員會所提出之意見答覆如下：

（1）非官守議員

吾人提議目前之十個民選議席應增加為二十席。

（2）選民資格

吾人提議──

（甲）本港各註冊社團當屆主席應有選舉權。

（乙）凡有物業而納稅一千元或以上者應有選舉權。

（丙）目前由政府委任之十個非官守議員將來應由公務員選舉。

（3）市政局會議應中英文並用

吾人提議市政局開會時應由正式傳譯員擔任中英語傳譯，市政局所發出之一切正式函件，更應附中文譯本。

（4）新訂或修訂條例

吾人提議一個新訂或修訂條例未實施以前，當局應先向有關之行業諮商，並對各該行業提出之意見加以尊重及研究。

（5）市政局範圍、職權及工作

吾人市政局應有權監督水電供應、交通事業、消防工作、醫院之醫藥服務等。

以上為本會特別小組委員會之意見，謹呈　閣下參考。此致

市政局秘書

九龍總商會主席　謝伯昌

一九六六年四月廿七日

（17）中華總商會

逕啟者本月四日來函敬悉，謹謝。此致

市政局及市政事務署秘書

M. F. Wong
一九六六年四月十二日

（18）中華廠商會

逕啟者本年四月十六日曾奉上一函，嗣後於五月二十日再接來示，茲將吾人意見答覆如下：

（1）市政局之組織，民選議員應多於官守議員，以符合民主原則。

（2）本會認為如果公務員有選舉權，則其選票將會壓倒普通選民選票，因為普通選民之數目已經太小。如此一來，代表人民之作用將告消失。

（3）工商業中之已註冊主要團體應按照各該團體之重要性，准派代表出席市政局。

（4）市政局制訂規例以管理工商業時，應徵求已註冊主要團體之意見，方可作最後決定。

（5）市政局所有繕寫或印刷函件應中英文並用。

本會切望以上意見能獲得充分考慮及採納。謹致

市政局及市政事務署

代理會長　林根成
一九六六年六月十日

3.4 香港地方行政制度工作小組委員會報告書

〔1966 年 11 月 23 日〕

呈香港總督戴麟趾爵士報告書

敬呈者：同人等曾於本年四月二十九日奉　鈞座委命組織一工作小組委員會，以應所需，並賦予職權如下：

"對於如何方可在本港實施一項有效而便利之地方行政制度加以檢討及提供意見，並須顧及目前本港各市區面積之大小與其複雜情況，既在新界計劃興建之各新市鎮，以及各郊區不同之發展階段，下列問題尤須特別注意：

（甲）可供設立之地方當局各種類型，以及其設立時所應遵守之準則；

（乙）地方當局可如何組成，與足資考慮之各項遴選成員方法及任期之長短；

（丙）地方當局可具有之權力及任務；

（丁）其收益之各種可能來源及財政權力；

（戊）其職員問題及執行任務之法；

（己）地方當局與政府各部門間，以及各地方當局間之關係；

（庚）鑒於英皇制誥及皇室訓令之規定，中央政府對地方當局所應施行管制之程度。"

茲將報告書彙集成帙呈送

鈞覽，敬祈　察核，無任感盼。謹呈

香港總督戴麟趾爵士

一九六六年十一月二十三日

工作小組委員會主席 狄堅信

委員 歐樂明

羅能士

徐家祥

華樂庭

韋忠信

第一章　緒言

總論

　　第一段　本小組委員會之任命，業經一項政府新聞公佈予以發表，職權範圍顯示吾人之主要任務乃為提具若干項建議，以供抉擇，並以能符合地方環境之需要為原則。

　　第二段　為符合此項規定起見，吾人嘗設法確定凡與本港地方行政一廣泛問題有關之各項因素，及評估每項因素對任何新制度所發生之影響。此項評估工作乃屬本報告書第二章之主要論題，且亦提供若干指引藉以顯示吾人所研究之廣大體制，以便作出詳細之建議。此一工作程序表露若干項純屬地方性質特徵，及本小組會所認為獨特之一兩種因素，且亦使吾人不致再懷有認為應緊隨別處見聞所及之任何地方行政方式之觀念。

　　第三段　由於各委員專任職務所限，是以本報告書之方式受到牽制誠屬必不得已之舉。事實上，本小組會只可從兩種工作方式中任擇其一而進行之。第一種係設法作詳細而廣博之調查，再經充分研究進展，然後方以考慮完滿之最後方式提出每項建議。第二種則為作較概括之檢討，於提供較廣泛之大綱後方對細節加以考慮。吾人有鑒於時間上之重要性，遂不得不擇其第二種方式而行之。在此種環境下，對於所應考慮之一切奇特而足資爭論之問題方面，吾人之觀點自必未能咸趨一致，此誠顯而易見之理。職是之故，本小組會中有四名委員於簽呈本報告書時，曾聲明應保留其各該意見，該等保留意見載於本報告書第八十七至九十七頁內。鑒於此次調查係屬探討性質，故吾人認為將此等各有見地之研究觀感加以記錄在卷亦未嘗無補於事。至於報告書所載之一切意見，則純屬各委員之個人意見，而絕無反映政府方面之任何觀點，謹此一併聲明。

　　第四段　吾人於進行工作之初期曾發覺本港居民，對於地方行政之原則及最現代之施行制度大多缺乏認識。徵諸歷史上之發展過程而言，此種情況實屬顯而易見，而吾人之提及此點亦旨在闡明本報告書因何包括有等似屬多贅之報道闡釋性資料而已。

地方行政：定義

　　第五段　為符合吾人職權範圍之規定起見，所稱地方行政係指整個普遍政府機構之一部分，而該部分係負責供應各類服務或行使職權以適應個別地區內居民之集體需要，該需要則與整個香港境內全體居民之需要有別。

第六段　從上述定義吾人可作出正確之推論認為政府之工作過程可分兩階層執行。在此項前提而論，則政府組織之高層"即立法機關、政府各部門及其他中央機構"，概括言之，應負責制訂政策、執行"國家性"之職責及供應本港全面性之服務。至於政府組織之低層方面，則正如吾人所曾指出、應負責管理及執行一切特別以地方上之考慮及需求為前提之職務。

第七段　所應注意者厥為此政府組織之兩個階層或單位，雖屬分離，但相輔而行互補不足，而整個組織之工作運作是否效率完善，實須視乎該兩單位對工作任務之劃分是否合宜與及該兩階層是否均能適當執行其任務而定。各中央機構則必須接納一項委託原則，以便在認為對整個政府有利的情況下，將權力授予低層之機構，並須視"低層機構之同事"為其合作夥伴，以謀共同達成政府之目標及實施政府之決策。至於各地方行政單位本身，則與著手執行其任務時，亦必須遵循各該中央機構所保持之崇高理想與目標。

第八段　吾人並不認為雙層政府組織之概念係與本小組會職權範圍（庚）項所指之英皇制誥及皇室訓令之明文有任何抵觸，良以吾人所提具之任何答案均必須由法律制訂，誠如是，則必須經立法機關批准，並須受制於該機關所釐訂之一切規限及管制也。

申謝

第九段　鑒於本小組會之工作係屬探討性質，是以吾人對於本小組會職權範圍以內之事項認為毋需徵求非官方人士之意見。然而，本小組會於進行工作之初期深慶獲得機會與市政局之特別委員會接觸，而能對彼此均感關懷之事項作坦誠之討論。吾人對多位政府部門首長及其他許多公務員徇本小組會所請而提供之資料、批評及意見，深致謝忱。

第十段　最後，吾人對本小組會秘書羅必誠先生擔任整理每次會議記錄及循其他途徑以協助本小組會之調查工作，亦於茲記錄在卷，以表謝意；而對於莫容寶珠女士負責將本報告書及其歷次稿件全部用打字機打成亦一併致謝。

第二章　引據資料

其他國家之地方行政

　　第十一段　當從事研究各種因素以便決定何種之地方行政新制度係適合在本港施行時，如將其他國家之現行行政編制，作簡要之研究顯屬有用之舉。至於最發展完善之制度，其特點當已人所共知。概括而言，此等制度，極大部分係以代表性之參議會為其基本，所不同者，厥為此等議會所獲授之權力及其職務範圍，與乎執行任務之方法而已。在英國所施行者，實可代表此等制度之一端。考在英國境內，由民眾普選之議會不獨負有多方面之職務，同時其本身亦可經由各委員所組成之委員會執行此等職責。此外，吾人可用法國之編制方式以代表其他一端，此方式雖然未足稱為法國全部地方之典型，惟最低限度亦已實施於巴黎一地。該處之執行權力係賦給予兩名中央政府之官員，亦即地方行政長官，而市參議會之地位，則消減至徒事質詢、聽取報告及提呈建議以供考慮等之範圍。此外，介於此等制度兩端之間者，尚有其他之編制存在，例如由議會另外委出一執行委員會，或由全體選民直接委出執行人員等，而後者之編制，並包括美國之所謂"強力市長"制度在內。此外復有其他之編制，例如瑞士之全民投票選舉程序以表決政策，這亦與此有關。而在中國所獲睹之"金字塔"式編制亦頗能引起興趣，查該編制係與中央政府之選舉機構有密切之聯繫。[1] 目前在美洲約有半數之大城市係實施"城市經理"之概念。此在美國之一項編制辦法，係具有若干中特點，在乍看之下似覺與本地之需求係特別有關者。查在"城市經理"制度下，由投票選出之市議會只求定下政策及普遍監督室內之行政而已。至於依照市參議會所定之政策範圍內以作實際管理推行市內政策之責，則委諸於一城市經理執行。該經理乃唯一向市議會直接負責之官員，其職務則包括聘用職員以及組織與管理市政機構。因此，該經理之權力至為廣大，但最後只有議會方有能力罷免其職位。在表面上，此種編制與一巨大商業機構之編制甚為類似，蓋市參議會即相等於董事會，而城市經理即等於總經理，故此種編制比其他制度較為簡單易明亦更易於適應本地之環境。

1　取材自"中華人民共和國手冊"（北京外文書刊出版社——一九五七年版）

本地情況之考慮

第十二段 鑒於此等相同之點及其他各制度之種種利弊，吾人在大體上均經小心翼翼而不擬草率建議採用其他國家所施行之制度，反而苦心竭力以尋求一項完全滿足本地需求之解決方策。因此吾人當檢討多項與本小組會任務似屬有關之因素，而下開之因素即為其中之最具重要力量而剴切中肯者：

歷史因素

（甲）吾人建議，對於地方行政問題之進展史實，只宜略為涉獵。其一部分理由為此方面與吾人之調查工作似無重要關連，而主要理由則為凡欲獲悉進一步之詳情者，均有詳細之資料可供隨時參考，[1]惟在市政局前身即潔淨局之飽經煩難史實中，均有甚多先例足以為吾人所借鏡，其顯著者厥為在推行選舉政策中所獲致之有限度成就。現在必須加以提及者厥為旨在改革市政之"楊慕琦計劃"之提出及其所遭受之命運。該項計劃乃由楊慕琦爵士於一九四六年復任港督後提出，其目標係企圖在市區創立市議會，設市長一名，議員三十名，其中三份之二係由市民投票選出。至於選舉權則應普及凡屬年齡超過二十五歲之人士，並能書寫英文或中文者，惟須以其姓名（如非豁免作陪審員之服役）係有臚列於陪審員名單上，或擁有若干價值之物業者為限。此外並規定凡曾居港若干年者方有資格；該一九四六年之建議復有一項頗異於尋常之特點，此即將該二十名民選議席由華人及非華人分擔之。在建議之初，原擬定該新議會應負擔之任務範圍再於日後方加以擴展。惟此項建議在原則上似有引起若干人士之反對，是以自難獲得廣大之支持。而立法局內亦議論紛紜，深恐此建議設立之市政組織自必有許多職務係侵越本港政府之權責，故此，該項建議隨後遂正式放棄不用。

政治因素

（乙）香港情勢特殊，其主要成因係基於本身之相當部分土地乃從毗鄰之自主國家租借而來。此種情勢對於本港目前體制之任何可能進展，難免有所妨礙。

（丙）此種情勢對於地方行政之任何新制度而言，自當令政府必須顧及普遍之輿論意見以防範引起地方當局之控管問題成為具有各該外地政治思想人物之爭論中

1　參考資料，可參閱例如安德葛所著之"香港政府與民眾"（香港大學出版社 —— 一九六四年版）

心。以外與此有關而應緊記者厥為政府屬下單位之地方行政機構，在政治上並不具有相等於中央機構之重要性。除此之外，該等地方行政機構復須受立法控制。

（丁）基於上述（乙）項因素之存在，政府機構之工作進行仗賴於官方成員者至為孔殷，而此等成員中，其職位較高者，包括有一部分由海外招聘之官員。

（戊）本港之前途，誠使吾人難於忖測其內部之組織究應如何方屬最佳而能適應長遠之需求。惟此種難下斷定之情形，似亦不致成為強烈理由而足以反對給予本地居民以獲取管理地方事務經驗之機會。

行政因素

（己）本港之陸地總面積共有三百九十八又四分之一方哩，而由下列各地域合組而成：

（一）香港本島，包括鄰近之一二小島嶼：面積共二十九方哩。

（二）九龍及昂船洲：面積共三又四分之三方哩。

（三）新九龍：面積共十三方哩。

（四）新界地區，新九龍除外，但包括二百三十餘島嶼：面積共三百五十二方哩半。

由於此面積之細小，倘認為某等逼使其他較大地區施行地方分權制之主動力量亦能使本港蒙受影響者，則似屬空談而無所根據。是以政府之組織或許大部分基於此種理由，而形成高度之中央集權，尤其是擔任統籌辦理職責之機關——即布政司署——更有涉身於許多事項之趨勢，而此等事項在其他地區係或可由較低階層之機構處理者。雖然此等中央集權制度於政務輕簡而只達基本程度時或能適合，惟在戰後環境不斷變遷，本港政府雖在放任主義之傳統環境下，亦日益參與社會之事務，其結果，中央政府機構遂不得不加以擴大。其擴大之程度直至倘將任何顯著範圍之職務由政府機構之高層（即中央）移交至低層機構（即地方）亦自可獲得有利之效果。惟基於本港面積細小，此種轉變過程遂不得不予以重要之限制。良以許多在其他地方自可施以分權制之任務倘在香港則可由一單獨之當局作輕便之處理。兼且能作分權制之處理，而只須防範其成為零碎片段，以免結果造成效率低減。

（庚）現有多所法定團體係專責執行某等特別職務，而政府之中央集權性質亦由此等團體之存在而受到適當調節。此等法定團體之中，以市政局及鄉議局兩者所負之職務較為廣泛。市政局之成員包括有中央政府之官員五名（連主席在內）及最高額為二十名之非官守議員，其中十名乃屬民選性質。除因其他問題被取消投票資格之人士外，凡年逾二十一歲，並具有二十五類規定資格中之一種而在本港居住不少過三年者，均有資格登記為選民。查市政局乃執行具有重要範圍之職務，其中包括一九六零年公共衛生及市政事務條例所賦予之職權，連同若干關涉廉價屋宇問題之職責。市政局之職權範圍，雖然在實行上係包括香港本島、九龍及新九龍，惟所引以為異者厥為在法律上其範圍並無明文規定。而在另方面則選舉權遍及全港整個區域而作為供選舉用途之單一選舉區論。此機構之成員部分各皆工作良好，局內之各混合議員間亦並無困難事項發生，反而全體均熱心服務，效率良佳，及堅決獻身於工作，對於是項成果而言，非官守議員所作之貢獻，居功尤偉。

查鄉議局及其屬下機構之鄉事委員會則在新界推行工作。彼等為顧問性及諮詢性之機構，並在政府與民眾間負擔溝通訊息及互相聯絡之任務。鄉議局之組成係包括各鄉事委員會之正副主席及新界非官守太平紳士。此外復由此兩種成員再從三個行政區中，每區選出不超過七名代表參加，此種代表通常係從村代表之中選出充任。在鄉議局之職權中，尤其規定該局須執行下開任務：

（一）促進及擴展政府與新界民眾間之互相合作與了解；

（二）在社會與經濟發展方面向政府作建議，以謀求新界之繁榮與居民之幸福。

雖然此等團體之工作異常超卓，但吾人必須認識者，厥為彼等從未預料視作代表地方政府之單位，及按照該名稱通常所表露之意義而解釋之。基於其成就之程度，殊足令人鼓舞，是以吾人必須承認，如能採行民主地方行政之全面制度，自屬一項十分實際之嘗試。

財政因素

（辛）在一九六六至六七年度，政府之全部預算收入為十七億八千四百二十八萬二千元，而以全部人口計算亦即每人均攤約四百六十五元。此項收入數額，雖然似屬充實，惟基於人口不斷增加，則需要不斷擴充公共服務自不待言，而政府財政來源之負擔亦自當重大，故公帑之開支及其權衡孰先孰重之事宜均須受縝密之控制。至於中央集權制雖有某等缺點，惟最低限度在金錢與人力方面，具有節省經濟之利。在另一方面，地方分權制則難免有重複負擔經常費之虞，良以其總辦事處將由一所而增加多所。至於參議會亦作同樣增加，此外並由執行全部職務之一所機構而增加至數所執行均等職務之機構。故施行地方分權制之純粹後果頗有可能為僱用公務員人數之相當增加，而在公共服務方面，則結果只有少許改良或甚至全無之。惟應予留意者，厥為地方分權制之優點係在於提供較大範圍之伸縮性，且採用此種制度時所需之較大開支，基於接受費用較廉之服務水準而獲得相當之抵消。

社會因素

（壬）本港人口共計三百八十四萬七千一百人，其中最少有二百九十五萬六千一百零八人居住在毗連海港之各個建築物林立地區，此等地區包含香港、九龍及新九龍之市區集團在內而合成為世界大城市之一。倘欲正確透視此一綜合城市，則應注意在英國（除大倫敦外）只有伯明罕一城市之市政地方當局係具有超過一百萬之人口。[1] 尤有進者，本港人口密度，係由整個市區普遍平均每英畝五百一十人之數字，而至在某等地區每英畝高達五千人，此誠臻於世界上最高人口密度者之行列。此種高度之人口集中，與乎其結果所顯示之多種特點及新鮮需求事宜，自均難免在該等地區與本港其他地區尤其與新界邊陲地區之間，界劃鴻溝而使其互相有別。

（癸）市區之外有許多鄉鎮市集，種類浩繁，不一而足，且各該地之生活方式及發展階段又各有不同。舉例言之，大澳則頗有別於香港仔，而元朗與赤柱亦甚少有相似之處。再進一步而言，則小鄉鎮與純正鄉村地區間亦呈現有顯著之差別。

（子）在目前情況下，新界民政署對於新界大部分地區而論，似屬一有效之行政系統，而提供政府與民眾間密切融洽之關係，目前顯然並無公共意圖擬對此項現行之行政制度施展任何重大改革；同時，倘在市區採行改良之地方行政制度則或有可能充分鼓勵新界民眾要求實施同樣之改進。

（丑）惟荃灣新市鎮則與新界其他各地之情形有別，良以荃灣在現階段之發展中，可視為兼具較大市區集團之許多特點與各項問題，故該地倘經適當之調整後，照理亦可包括在較大市區集團所策劃之任何解決方案內，此項解決方案預料亦可及時作適當之引用於新界其他須予發展之新市鎮。在此期間內，此等在目前計劃階段中之新市鎮自當提出須作臨時安排之問題，此問題即指該地區由其主要計劃受到考慮時起，直至認為其明確具有資格設置一種地方當局以處理本區事務時為止之一段期間內之行政組織而言。在第三章內，吾人自當對此項臨時性需求之安排，再行考慮。

1　此係根據一九五九年之人口估計數字者。

（寅）本港人口，非屬單純性質，就中廣府人士雖佔多數，然客家、鶴佬及蜑家籍之顯著人士亦為數不少；加以來自北方、福建、潮州等地及其他籍貫之人士，亦時常可見。在此五方雜處之中，各種人士之特徵與觀念，亦五花八門而流露無遺。此外，本港人口之另一頗堪注意特點，厥為在過去五年內，入境人士之確數未能詳悉，惟單以成年人估計，為數亦最少達三十萬人，[1] 而此輩新居民諒必係在一種與本港現行者有別之生活方式熏陶下而長大者。雖然在環境認為適當時，彼等多數均有可能返回其鄉土，然吾人倘使其與政府方策之其他方面配合，並認定彼等係有可能在本港永久居留，才能確使其完全能與本港之社會一爐共冶者，實不失為深思熟慮之舉。

（卯）吾人頗覺難於確定華人對政府與民眾間之理想關係所抱之傳統觀念為何，惟根據附錄（甲）所載從權威方面所獲得之摘錄意見，吾人之結論為該項理想關係乃類似父母與子女間或牧羊人與其羊群間所存在之關係。是以彼等雙方之行動均應嚴格遵守一項道德法則之規定，而在該法則之下，凡屬統治社會且本身應為有學問、德行及才能之人士，均須確保其社會能享受和平、良好秩序與安全，而任由民眾各安所業而免受政府之不必要干預。在回應方面，民眾應完全信賴其統治者，而只可在該政體不履行提供該社會所應享有之和平、良好秩序與安全時，方有理由反對之。除此項反對外，此種傳統觀念並不預期民眾應直接參與政府之組織或工作過程。

（辰）惟任何傳統觀念是否為本港社會中某等階層人士尤其佔人口重大部分之青年人士所接受，實屬一項問題。事實上，在一九六六年三月三十一日，估計人口中有百分之五十點二五係年齡低於二十一歲者。[2] 此輩青年大部分誕生於本港，因為彼等之人生觀自必難免受香港之生活與思想方式 —— 而非任何傳統方式 —— 之所規限。尤有進者，甚多青年業已接受正式教育：蓋小學及中學學額[3] 已分別由一九六零至一九六一年度內之四十三萬七千七百四十四名及六萬七千五百三十六名增至一九六四至一九六五年度內之六十萬零六百零九名及一千二萬四千三百四十名。此輩成長中之青年，既經接受教育復經灌輸新希望與理想，故對於政府與民眾間之正確關係，彼等自必趨於擺脫傳統觀點而與更多現代思想融會貫通。

1　此係根據在該期間內所發出之身份證數字。

2　根據統計籌審司供給之估計數字。

3　根據教育司署供給之數字。

（巳）自第二次世界大戰結束以來，香港之經濟容貌不斷改變，從而使本港由轉口商埠蛻變為工業製造之重要中心，與國際間發生接觸及利益關係，且具有遍及全球之視野範圍及世界性之展望。既然此種蛻變係附帶有促進地方繁榮與改善生活水準之能力，則倘其仍未能使最低限度一部分人口之政治意見與願望，獲得若干同樣程度之發展者，殊屬令人詫異不解。

其他因素

（午）本港之官方語言，與本地法律公用之文字均為英文。惟民眾之語言則為粵語；在上次舉行戶口統計時（一九六一年），計出粵語為"市區內之主要通用語言兼港九及新九龍各地每千名居民中佔八百零六名所操之本國語"。所堪注意者，厥為在相等數目人士內，操英語者每千名中不超過十三人。[1]關於此點，吾人認為此項之資料，惟自一九六一年以還，認識英語者似覺已有普遍增加。然而，吾人認為此項增加對廣大民眾並無重要影響。此一語言鴻溝，或有可能為現時政府與民眾間缺乏緊密聯繫之其中一項主要因素；而在推廣民眾普遍參與地方行政事務時所遭遇最難清除之障礙中，此一語言鴻溝則確屬其中之一而無疑問。

（未）至於貪污行為，最低限度有若干程序係確實可在香港市民生活之許多方面得而見之。查實管理不善之機構及／或其他組織中而負責辦事人員對其本身工作缺乏信心者，則較有可能遭受貪污行為之惡劣影響。

訂正制度大略

第十三段　於考慮此等因素後，吾人遂深信任何地方行政之新制度必須履行下列六項基本條件，計開 ——

（甲）儘可能範圍內提供市民普遍參政之機會，並須銘記此項參政在中央政府之階段，係不能立即實現者，同時並應顧及與遠久將來之需求。[2]

（乙）由政府之中央機構將職務施行最高限度之地方分權制，包括財政職責之移交。而此舉對於在一個細小如香港之地區內[3]所實施之地方行政制度之正確任務

1　參閱一九六一年年報第二章。

2　參閱第十二段（乙）、（丁）、（戊）、（寅）、（卯）、（辰）、（巳）及（午）等各節。

3　參閱第十二段（己）及（庚）各節。

乃屬適當相容者。

（丙）在觀念及實施上，力求簡化並銘記應避免產生更多新行政單位，以免結果招致行政方面之過度與乎不必要之開支及效率減退。[1]

（丁）具有內在設立之各項控制系統以防止政治上及其他之各種危機，包括吾人之新奇建議中所指之固有危機。[2]

（戊）對於包括荃灣在內之各個人口稠密市區之需求，予以優先考慮。[3]

（己）在實施方面有伸縮性，並應容許作不只一項按部就班計劃以便設立各個地方行政單位，而且在此等單位間作例如權力及職務方面之小改變。[4]

第十四段　據吾人所知，在其他地區實施之行政制度，並無意中足以實現上述條件而不須作實質之修訂者。英國式之模範制度，就其能證明為一項合普遍平民參政，地方行政分權制及民主式統治等三者於一身之行政制度而言，在原則上係較諸其他制度為有利，是以吾人著手作廣泛研究時，在某等重要方面亦依照此方式為基準。因此吾人主張各個地方行政單位（以後吾人稱之為"地方當局"）均應由各該以民選委員為主力之議會所指揮及管理，而此等議會並應負責將政策訂定及執行。同時吾人亦注視若干點與英國式習慣制度背離之極重要事項，其中包括下列各點 ——

（甲）對於議會成員問題制訂特別規定事項以防止選舉制度之或有可能失敗。

（乙）使組織簡化以便提供僅有一列之地方行政當局，而個別之當局則在本質上必須符合一種共同之基本方式。

（丙）賦予地方當局以業經酌減範圍之權力及職務，而中央政府則執行比較更廣範圍之職權。

（丁）由中央政府施以更高度之監督及控制。

（戊）職員之編排事宜。

第十五段　此外尚有一項無上重要之需求，而無論設計如何精密之行政制度或組織之本身亦不能供應者 —— 此即地方人民之誠意與支持是也。既然"城市乃由市民而非建築物所構成"，則在設立地方當局之前，必須先有人數充足而具備誠意、常識及公益心之市民準備參加，而使此等組織發揮工作效力。職是之故，地方

1　參閱第十二段（己）及（辛）各節。

2　參閱第十二段（甲）、（乙）、（丙）及（未）各節。

3　參閱第十二段（壬）、（子）及（丑）各節。

4　參閱第十二段（癸）及（寅）各節。

當局之能夠辦理成功，大有賴於社會能夠廣泛接納其價值，此項說法，實屬至理名言。凡此種種之需求，必須參照目前一般人對地方行政之真正性質 —— 而非其價值 —— 因何缺乏認識之箇中原委，詳加觀察而後可。吾人認為此種愚昧無知乃係造成過往對地方行政漠不關心之現象。是以吾人建議政府應在整個社會上廣泛施行一項加強之教育與訓誨計劃，以作為奠定任何新制度之其中一部分基礎。吾人對於此一建議自當在第十章內再加推廣討論。

第三章 可設立之地方當局各種類型以及其設立時所應遵守之準則

認可之準則

第十六段　當研究本小組會之此部分職權範圍時，吾人認為應先研究在設立地方當局時所應遵守之準則，然後方考慮應採用何種類型之地方行政制度。實施上，此等準則業經 —— 作為原則 —— 而予以正確敘明。為符合吾人之目的起見，吾人可稱此等準則業經撮述於根據依舊五八年英聯合王國地方政府法例規定所發佈之規例內。該等規例係訓示地方政府委員會根據下列原則而在各適當地區內 "設立有效而合宜之地方政府"，此等原則計開 ——

（甲）社會共有之利益；

（乙）發展及預期之發展；

（丙）經濟及工業上之特性；

（丁）參照財政需求而衡量之財政資源；

（戊）地形特徵，包括適宜之疆界、交通工具、通達各行政中心及商業中心之便利狀況及社會生活；

（己）人口之多寡、分佈情形及其特徵；

（庚）有關之地方當局之施政記錄；

（辛）地方政府之區域大小及其形狀；

（壬）居民之願望。

第十七段　所應注意者厥為此等準則係按照英文字母次序而排列，此即並無指明 "孰輕孰重" 之意，同時，吾人應注意此一明細表並非唯我獨尊，蓋各委員會大可隨意之所至而將其他因素並加考慮。

第十八段　關於此等準則應如何引用之法，當然有相當不同之意見。廣泛而言之，則可分為下列三派意見，計開——

（甲）"草根派"（即簡單誠實之意），此派著重於"還政於民"之需求，此即確保地方政府成為名實俱符之地方性之謂，此學派係傾向於集中注意力於日常社會集結地區之上。

（乙）"崇尚任務派"，此派主張各地方當局之主管區應依照各該當局將來所執行之職務而先行決定之。此一概念進一步所作推論之前提，為每一個地方當局之管理界限，應以該項須有最大地域方能適宜發揮其效能之技術性服務機構所需之土地面積為依歸。

（丙）"崇尚財政派"，在另一方面，此派所持之意見，認為地方當局管區之大小應憑其財政能力而作主要之決定。其論據為：倘地方當局無力以自存，則自當不足為一有效之行政機構。

第十九段　上述三派中第一派係傾向於產生太小之管區，而該等管區係業經證明為不足以執行其行政職務，是以不克作為地方行政之適當單位，無論其在產生地方性議論團體之價值如何重大，亦復如是耳。反之，其他兩派則間或促使產生管區過於廣大之地方當局，因為不復具有地方性。

第二十段　吾人由此項見解之分歧，大可推斷在各項準則之間均有衝突之處。事實上，在大多數情形而論，吾人必須採納意中折衷辦法，而該辦法恐或完全不迎合各項經予接納之因素。

經予接受之準則之含義

新界方面

第二十一段　吾人所必須認識者，厥為香港雖然面積狹小，惟亦包括若干顯著之成員區在內。其中最易為人分辨者，乃係由香港本島、九龍與新九龍所合成之大市區集團（與新九龍相似者為較小之荃灣市區），以及外圍各鄉村地區。最顯要者厥為此兩個不同社會之行政制度基本上各有不同。關於此市區集團之行政事宜，係一部分操諸市政局之手，而此外則直接由中央政府之各機關管理。在另一方面，新界則由新界民政署執行更廣闊及更普通之任務，包括調配一切政府活動及負責與市民普遍聯絡及傳達意見。在執行此任務時，新界民政署並可獲得各鄉事委員會及鄉議局提供諮詢及意見之利,是以此等民選團體乃負起民政署與當地居民間之溝通任務。

第二十二段　吾人獲悉市民對新界現行之行政編制大體上認為滿意,並感覺倘採用地方當局之行政制度最低限度在目前亦不能獲得民眾普遍支持,既然吾人並無任何證據足以否定該項見解,是以吾人除關涉荃灣方面外,並無提出在新界設立地方當局之堅決建議。然而倘將吾人之結論記錄在案亦或有裨益。蓋吾人之結論認為倘在新界設立地方當局之時機已屆成熟時,其編制大可符合現行之行政方式,此即在目前各行政地區(南約、大埔及元朗)設立一地方當局。然而此等地方當局不應負責處理本小組會職權範圍內所特別提及之各發展地區事宜。至於有關此等地方之建議,則載於第二十九段內。

第二十三段　吾人既經結論,認定在相當期間後可根據各該行政地區之基礎,以設立地方當局,而並非在整個新界設立單獨一個地方當局,則此項結論自當使鄉議局不可能發展成為一個地方當局。惟吾人感覺鄉議局自可繼續存在,作為一個有效之諮詢組織,而與分屬本港境內重要單位之新界區更廣泛事務及發展事宜有所關涉。是項意見如獲接納,則現行之鄉事委員會制度亦應繼續施行,以供作鄉議局之選舉事務組織。

市區方面

第二十四段　無論在地方行政或其他許多方面而言,香港之最出色而感人之特徵,厥為人口之擠逼實況。在面積不足四百方哩之土地上,共有三百八十五萬人侷處於其中,而此一數字於二十年間更可能增至七百萬。尤有甚者,在目前人口中有超過三百萬人(在二十年內並可增至四百萬)係居住於目前面積僅為九方哩強之主要市區內。

第二十五段　由此觀之,香港之情勢,顯與其他地方者頗有不同。舉例言之,在英格蘭及威爾斯兩地,[1] 其中最低限度有一個行政自治市(此即最發展之一種市區地方當局)係人口不足三萬人。而在其他同類之三十一個地方當局中,各擁有人口由十萬至二十萬人不等。同樣從另一角度而觀之,則有四十八個自治城鎮係各有人口少過五千人,亦即少過九龍方面單獨一所大廈之居住人數。基於香港人口之過於集中而逼處於一範圍極形狹隘之地方內,因此必須設立一個地方行政之組織,最低

1　此係根據一九五九年之統計。

限度以應各主要市區之需。而此項行政組織就人口多寡之關係而言，係預期有更大
於別處所常見之地方當局者。事實上，除此之外，別無其他途徑可循 —— 且並無
任何制度，例如以"草根派"思想為基礎而在觀念上對於一座或兩座巨型大廈亦自
當贊成設立一個地方參議會者，係足以視為實際可行之解決方法。是以對於各主要
市區而論，倘以每約一百萬人口設立一地方當局而作考慮，則似屬適宜之舉。至於
除各主要市區以外之地區，則人口密度較低，且人口因素亦無如此超越之重要性。

特別地區

第二十六段　在香港本島上，除卻由薄扶林起伸展至柴灣之建築物林立地區
外，仍有一相當龐大地區，其中以香港仔為最大單位體，其他地點則包括有高尚住
宅區（例如淺水灣），小市鎮（例如赤柱）以及疏落湊成而仍可顯現之務農村落與
漁村。在整體上而言，此一地區並非香港市區之一主要部分，而另一反常之事乃為
昂船洲，此一小島嶼歸由軍事當局管理，因此不屬於通常民政範圍之內。

經予設計之發展

第二十七段　經予設計之主要發展旨在依照下列方式以供應人口增加及疏散密
度之需求 ——

地點		人口總數（以每年三月三十一日止截計算）					
		1961 年	1966 年	1971 年	1976 年	1981 年	1986 年
新界	新界市鎮地區						
	荃灣	61,000	212,000	492,000	670,000	800,000	900,000
	青山	18,000	24,000	110,000	220,000	410,000	655,000
	沙田	17,000	27,000	50,000	145,000	351,000	590,000
	大埔	24,000	38,000	49,000	58,000	69,000	80,000
	粉嶺／上水	23,000	50,000	62,000	75,000	87,000	100,000
	元朗	34,000	55,000	67,000	81,000	95,000	110,000
	將軍澳	5,000	9,000	14,000	140,000	170,000	200,000
	小合計（新界市鎮區）：	182,000	415,000	844,000	1,389,000	2,012,000	2,635,000
	新界其他地區	238,000	269,000	282,000	298,000	312,000	350,000

地點		人口總數 （以每年三月三十一日止截計算）					
		1961 年	1966 年	1971 年	1976 年	1981 年	1986 年
九龍及新九龍	尖沙咀	89,000	65,000	57,000	71,000	140,000	180,000
	油蔴地 / 旺角	388,000	307,000	214,000	210,000	215,000	220,000
	何文田	70,000	74,000	58,000	58,000	120,000	152,000
	紅磡 / 馬頭角	189,000	159,000	120,000	116,000	130,000	170,000
	合計（九龍）：	736,000	605,000	449,000	455,000	605,000	722,000
	荔枝角	22,000	16,000	18,000	70,000	131,000	192,000
	石硤尾 / 深水埗	493,000	489,000	502,000	463,000	456,000	436,000
	九龍塘	16,000	34,000	11,000	13,000	31,000	36,000
	黃大仙	251,000	644,000	641,000	630,000	585,000	560,000
	觀塘 / 油塘	75,000	296,000	702,000	773,000	730,000	693,000
	合計（新九龍）：	857,000	1,479,000	1,874,000	1,949,000	1,933,000	1,917,000
	九龍及新九龍	1,593,000	2,084,000	2,323,000	2,404,000	2,538,000	2,639,000
香港本島	堅尼地城	304,000	218,000	189,000	206,000	215,000	235,000
	中區	48,000	34,000	23,000	22,000	30,000	50,000
	灣仔	188,000	129,000	88,000	90,000	110,000	120,000
	跑馬地 / 半山區	141,000	125,000	86,000	90,000	100,000	110,000
	北角	152,000	141,000	111,000	112,000	130,000	170,000
	筲箕灣 / 柴灣	114,000	184,000	127,000	191,000	203,000	245,000
	香港仔 / 薄扶林	59,000	87,000	180,000	164,000	190,000	250,000
	山頂	5,000	6,000	6,000	7,000	9,000	12,000
	淺水灣 / 赤柱 / 石澳	19,000	19,000	19,000	22,000	33,000	55,000
	香港本島	1,030,000	943,000	829,000	904,000	1,020,000	1,247,000

第二十八段　上述此等數字，啟人深思，尤其特別強調下開各點 ——

（甲）下開建築物林立地區之龐大人口數字：計開香港有八十三萬一千人（薄扶林區除外），九龍有六十萬零五千人，新九龍有一百四十七萬九千人；

（乙）新九龍及其他兩個主要建築物林立地區之人口之不平衡分配；

（丙）在若干年期間內，新界區及香港本島之香港仔 / 薄扶林區可能出現具有相當龐大人口之其他社區。

第二十九段　此等發展計劃及增長率，堪作強力之辯論，以資贊成在新界各個發展中之市鎮地區於必要時訂立特別之行政編制。此等編制，可能有如下述各項——

（甲）委派一名政務官以負擔一個"發展地區"事務之全盤責任，包括該地初步主要計劃之統籌工作在內：

（乙）在實際可行之儘速期間內，由該名政務官與一諮詢委員會取得聯繫。該委員會之成員應為居於該地區或在該地區擁有若干其他真正權益之人士。且應隨該地之發展而不時加以改變；

（丙）隨後，當該地人口約達十五萬時，或在其他情況之所使然時，該項特別之工作組織（即該政務官聯同該諮詢委員會）應蛻變為一地方行政當局，並賦予一適當範圍之權力與職責；

（丁）此等臨時性之地方當局應有別於設立主要市區內之較大永久性機構，惟有等臨時性之機構最後亦可獲發展成為永久性機構。

權力與職責

第三十段　關於可授予地方當局之權力與職責問題，在第五章內加以述及，該章立論指出地方當局可適當執行之行政職責範圍係較諸較大地域之地方當局者為小。參照經予接納之準則而論，凡屬所建議性質之職務，似毋須在任何甚為遼闊之地區履行，是故在此程度範圍內，該等職務可以不視為關涉地方當局轄區大小之重要影響因素。

經予接納之準則之引用

第三十一段　對於通常可從其不同範圍之職務反映出係較大及較小之市區行政當局而論，倘吾人加以不同之名稱以資職別其不同之地位，則似屬適宜之舉。吾人認為"市議會"及"市區議會"之名稱自可迎合此種需求，此項解決辦法亦與吾人所提出認為"臨時性"及完滿發展之市區行政當局兩者間應有所區別之議[1]趨於一致；良以"臨時性"行政當局初期則或以市區議會之姿態出現，惟僅經發展至一適當階段時，自可臻於市議會之地位。至若地方行政當局設於市區範圍以外時，則採

1　參閱第二十九段（丁）節。

用 "區議會" 之名稱自屬適宜。如另行採用 "地方議會" 之名亦或未嘗不可。

第三十二段　徵諸上述各項考慮,則下開之設計編排似屬適宜:

新界(荃灣除外)目前不作改變;另一途徑或在日後,則設區議會三所;

荃灣　設市區議會一所;

九龍/新九龍　設市議會一所或兩所(備註:如需要在九龍及新九龍分散不同之地方行政當局時,則似宜調整現行之行政劃分界線,以資矯正兩區之不平衡人口數目,例如將荔枝角、石硤尾/深水埗,及九龍塘/九龍仔撥歸九龍);

香港本島　於主要市區設市議會一所。至於其餘地區,包括香港仔/薄扶林在內,則設區議會一所;另一辦法則為香港仔可另設市區議會一所;第三項可行之辦法則為香港仔與主要市區合併;

昂船洲　不包括在地方行政制度之內。

第三十三段　上述所建議之各項設計編排可用下列各圖表予以說明:

圖表一　議會之最高額數目

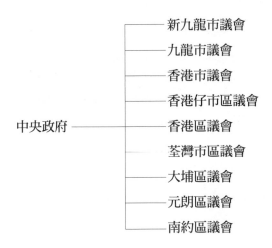

圖表二　議會之最低額數目

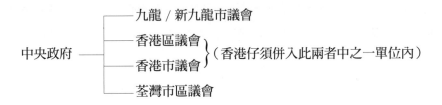

第三十四段　　上述各項之二中選一解決方法均可視作合理可行。基於是項原則，本小組會對九龍／新九龍及香港仔將來之編排雖然本身另有偏愛之取捨，惟認為徵諸職權範圍之規定，則似宜將各項建議按照原狀提出，且除認為該等建議足以代表一連串之實際可行性外，本小組會並無進一步之評論意見。

建議中之組織之增設工作單位

第三十五段　　在面積較香港為大之疆域，尤其在地方行政當局最感方便執行其職務於範疇相當廣闊之地域內，若採取次一階層之地方議會以補充第三十二段所述性質之設計編排之不足者，當屬合理之舉。該等地方議會自當負責對具有多過一所較小行政當局之地區供給一系列之專有服務。此外，為使本論題增多一項別異措施起見，亦大可令此等較大行政當局負責調協及監督其轄下各較小之成員議會所作之活動。

第三十六段　　第二章所提出關於中央與地方機構兩者間職權之劃分，實含有中央政府本身應擔任 "全港性" 施行職務之意。照此範圍內，吾人大可認為中央政府係執行該等倘在別處則由高層地方行政當局負擔之人物。似此情形，遂無增設該高層地方性組織之必要。

第三十七段　　然而，吾人亦未必能由此斷定毋須制訂規定，以便兩所或更多所地方行政當局可聯合一起以實施有等須在互相地區一同執行方最見效之職務。為適應此項屢見不鮮之需求起見，當可委出聯合常務委員會以應所需，而由委任當局授予有關該等職務之執行權力。在同樣情形下，地方行政當局似亦宜獲授權力以設立一聯合諮詢議會，其成員由各地方行政當局委派代表充任之。成立此一議會不惟可令彼等之活動較易獲致總調協，抑亦有助於促進全體地方行政當局與中央政府之良好連繫。

第三十八段　　向下發展之連繫亦屬必要，此係藉以確保全體選民均有儘量充分機會以接觸議會，而由各個別委員為其代表。此種連繫宜根據每個議會之各選舉區為基礎，並由各該選舉區之委員負聯繫傳達之責。於必要時，地方行政當局應有權酌情供應各選舉區委員以充足之設備（例如設立小辦公室等），使能履行此項任務。

第四章　地方行政當局可如何組成與乎足資考慮之各項選舉辦法及委員任期之長短

組成法

　　第三十九段　本小組會雖然同意認為新機構之一項重要目標應為儘量促進市民站於地方行政當局之階層，以作普遍參與行政之舉，惟吾人發覺頗難於將該項目標與各新議會之組成法聯繫一起而並論。此項困難之起源，在於雖然希望市民參政係必須先有積極之選民及充足之候選人，惟事實上則並無保證此兩條件均能符合。正如本小組會所曾指出，[1] 中國人傳統之觀點，係認為統治者與被統治者之間應有一明顯界限。以本港而言，此一觀點可鑒於許多華僑之視中國為其家鄉及為其政治思想與效忠對象之一點而更趨明顯。有等其他居民則全神貫注於營商或其他活動而致不願或甚至不能抽出時間從事公務。凡此種種因素，連同其他因素，確實為構成本港居民以往對地方行政之發展漠不關心之原因，以市政局最近擴大選舉權而舉行選民登記一事為例，一般居民之反應殊欠熱烈，同時該局在比較上所行使職權之狹小範圍及選舉權之複雜性質，亦似有可能促成此項結果。然而，無論在任何情形下，如只用民選議員為基本而組成新地方當局議會，則最低限度在始初開辦時而論，亦似屬不明智之舉。

　　第四十段　倘吾人完全接納民選委員以作為一項只求信實而不務實際解決之舉者，則吾人自須從委任委員制及委任委員與民選委員混合制中作出抉擇。查委任委員制之可取處當然係可消滅因市民缺乏公益興趣而致之不良後果。此種制度並無選民，不願參加競選之人士，則大可加以勸導使其接受委任。但此制度亦有其真正困難之處而足以抵消此種優點，此即甚難確保委任之委員乃真正社會大眾之代表。此缺點，結果必未能促進政府與民眾間之緊密聯繫，而此點乃吾人認為最重要者，因此完全以委任委員為基本之制度，遂不為吾人視作實際之解決辦法。

　　第四十一段　包括有委任議員及民選議員在內之混合制度乃為更有效之辦法，甚至以注重選舉原則見稱之英國，該處之主要地方當局組織亦包括有小部分之委員，名為“市參議員”而為數係相等於民選委員三分之一，且係由每個市議會委

1　參閱上文第十二段（卯）節。

任而非經投票選出者。[1] 實際上，此種市參議員通常係從民選委員中揀取，基於市參議員席係佔有榮耀崇高地位，故於選取時須兼考慮其功績及曾任民選委員之服務年資等。然而，議會係有權委任任何人士為市參議員（只屬有資格充任者即可）。每一市參議員之任期為民選委員者之兩倍，此外其權利均與民選委員大致相同。

第四十二段　在香港之環境中既然委任委員制度之其中一項主要優點係防範選舉政策之失敗，是以由負責統理整個地方行政系統之中央政府部門選取非民選委員之舉顯屬適當。惟日後一經發覺選舉政策可以日加信賴時，則此項選取權似應移交各議會本身自理，藉以確保每一議會之委員人選 ── 即直接者為民選委員而間接者為委任委員 ── 均在盡可能範圍內成為真正代表每一地方社區之代表。

第四十三段　決定民選議員與委任委員之適當比數，乃屬相當困難。在原則上如欲確保選票之價值不致在不同地區間有過度之差別起見，則民選與委任議席之比數在所有各議會間均應相同實為重要。雖然此點並非表示此等在各議會間均屬相同之比數係必須維持時常不變，惟若該比數係有所影響於整個地方當局政制之大局而應予以改變時，亦自須為之。

第四十四段　始初決定之比數應以能平衡兼顧兩項需求者為合，此兩項需求，其一則為盡量全面發揮民選原則，其二則為預備該原則萬一失敗時亦有所充分防範。吾人認為最可能達成此項平衡之解決辦法，是在每一議會之內，四分之三委員應為民選，其餘四分之一則應由提名委任之。以吾人之意見而論，此項三對一之比數已能適當著重民選政策，而同時亦能防範此政策在施行時所產生之一切通常缺點。但倘在補充民選議席時因某項理由而發生困難，則此種辦法仍未足以應付此等情形。在此種情形下，雖然吾人深悉一個議會之大部分事務係由所屬各委員會辦理，而又此等委員會係可能包括從議會外選任之委員在內，[2] 但不得不增加委任委員，俾能達成一個足以工作之全體議席。雖然吾人並非抱前途悲觀之念，惟必須承認，此種情形實屬預料可及，而尤以在成長時期為甚。如預料有此種情形時，則以五分三之民選委員及五分二之委任委員（即三對二之比數）組成之者，似屬實際可行之代替辦法。

1　指行政郡，行政自治市及自治城鎮。

2　參閱第七章。

地方議會之大小

第四十五段　委員之適宜人數，應按照各該議會之個別環境及尤其是人口之多寡等種種因素而定。大致上，每一議會之定額，包括委任委員在內，以為數約三十至四十名者似屬適宜。惟無論如何，吾人應顧及第五是一段所載有關輪流退職制度之建議。該制度之效力係限制委員之人數在三對一之比數時應為四之倍數及在三對二時則應為五之倍數。

茲將委員之比數開列如後：

三對一之比數		
委員總額	民選委員人數	委任委員人數
二十八名	二十一名	七名
三十二名	二十四名	八名
三十六名	二十七名	九名
四十名	三十名	十名

三對二之比數		
委員總額	民選委員人數	委任委員人數
三十名	十八名	十二名
三十五名	二十一名	十四名
四十名	二十四名	十六名
四十五名	二十七名	十八名

委員之資格

第四十六段　吾人認為介於每一民選及委任委員之興趣與其所屬議會之間，均必須有互趨一致之興趣利益。職是之故，吾人建議每一委員應具下列之資格：

（甲）本身具備選民之資格；

（乙）在該地方當局[1] 之管轄範圍內具有應納差餉物業之管業權或居住權。

所有委員如有以下情事發生時，應予取消資格及終止為委員：

（甲）已再無選民之規定資格；

（乙）在該地方當局之管轄範圍內已喪失應納差餉物業之業權或居住權；

（丙）未參加會議已達一段規定時間之久；

（丁）被僱用於該當局內之受薪職位或職業。

每一任期告滿後，所有委員均有蟬聯被選或再受委任之資格。至於再度被選或委任，則視乎其為何者而定。

委員之酬勞問題

第四十七段　吾人業經縝密考慮對服務於地方議會者應否給予任何形式之薪酬問題。與此論題有關而值得考慮者厥為一強烈之傳統信念，該信念認為凡屬致力群眾之服務，不論其形式如何，均不應收取金錢之報酬。而另一點則為不欲養成地方委員職業化之性質。同時另一方面，在香港之環境下，如有適當人選基於財政原因而致被拒，未能為公眾服務者，則似屬不當之舉。所謂財政原因，即指其不能甘受工作時間之損失而致損及其入息之謂。是故吾人認為考慮此種財政原因乃屬更具重要性，並深信其解決辦法是按照每次出席議會或委員會之會議而給予赴會津貼。倘對津貼之最高限額加以規定，似屬適要之舉；且每一議會可自行酌減其款額，而個別委員本身亦當可自由決定收受抑或放棄該項津貼。

第四十八段　倘按照此等方式之解決方法獲得接納時，在地方議會服務所獲得之金錢酬勞，自屬微少，同時倘因服務而有招致經濟上不利之虞者，亦屬不合理。職是之故，吾人認為目前每一市政局候選人須交按金一千元[2] 之一項規定，應予廢止，蓋除不符合原則之外，此項規定可使有意參加競選之候選人望而卻步。

關於主席之特別規定

第四十九段　除在第二十九段所述情形之外，政府官員似不宜參加作地方行政

1　此點係指應納差餉物業之業權或居住權並不視作選民之規定資格時而論，參閱第五十九段。

2　此係根據一九五五年市政局選舉（程序）規例第六款之規定。

會議之委員。因此吾人並不贊成委任政府官員為地方行政當局之主席；反之，吾人建議每一議會應自行委任出其首席委員，同時對此項選擇應有更大之裁決權力。贊成此項裁決權力之議論相當中肯，且證明每一議會均擬委出確具能幹及經驗之顯要人物擔負此一重任。因此，吾人認為對於議會之此項裁決權力，只求限制其不致委出欠具選民或委員資格之人士當此重任即可。委任後，該員之任期可延長一年，並於期滿後，應有再被委任之資格。在吾人所獲見之例證中，地方行政當局之首席委員可享有多種不同之名銜，包括市長、議長及主席等。雖然吾人認為其英文名稱並非任何重大事宜，惟吾人認為"主席"一銜在香港最為適用。

委員之任期

　　第五十段　對於地方委員任期之考慮與其他公共組織所引起之考慮並無不同。在一方面，固須確保其任期充分長久，使該委員能獲得必需之經驗，然後方可盡量發揮其有價值之貢獻。惟在另方面，其任期亦不應過於延長，以免阻礙在適當期間內灌輸"新血"。此外，川流不息之持續服務亦為重要。在謀求此等因素獲得調協一致之當中，業經達成兩項標準安排，而目前亦仍有普遍施行，且包括其他地區之地方行政當局所施行者在內。查在第一項安排下，委員係作一定期間之委任，而於期滿時則"全體"總退職；在第二項安排下，其規定任期雖然相同，惟於期滿後則分組退職，通常為每年輪次退職。

　　第五十一段　輪次退職制度對於地方行政當局係有特別寓意。第一點，設使此項輪次退職係屬每年性質，則此一制度係必須令每一議會之民選委員人數，可用每一委員之任期年數完全將其分得盡者為合。第二點，所有民選委員必須係代表個別區域——該等區域在英語稱為"選舉區"——且係構成選舉機構之一部分者。在輪次退職制度之下，每一選舉區必須有超過一個之委員。若不然，則每年一次之選舉必須只在地方當局管區內之一部分地方舉行之。例如議會如共有民選委員二十一名，其任期為三年，並須按年輪次退職者，則每年自當有七名退職。根據通常慣例，此種議會共有七個選舉區，每一選舉區共有委員三名而其中一名即為行將退職者。因此每個選舉區中只有七個區須舉行選舉而已。是以眾多委員制選舉區之利益當屬明顯，良以此種編制可使每一選民每年均可行使其選舉權，而在其他舉例之編制中，則只可每三年方行使此權利一次而已。惟若將輪次退職制度及單一委員制選舉區制度合併而行，則似可減少舉行繁複廣泛之選舉，從而可將人力財力之耗費及其他問題一概減輕。

第五十二段　以香港之環境而言，吾人認為不論是民選或委任之地方委員，其任期應為三年。至於退職辦法，雖然吾人認為苟欲確保川流不息之持續服務，則應採用逐年輪次退職辦法，惟一般認可之兩種辦法（即全體一齊退職或輪次退職）均似屬完全實際可行。倘此結論能獲接納，則吾人建議，設立可資減少選舉程序之單一委員制選舉區，較諸普通超過一名委員制之選舉區，更屬適宜辦法。從第四十五段所載之舉例而觀，則為期三年之任期與同時施行之每年輪次退職辦法，對於委任之委員而論，並非完善之解決方法，良以此舉難於確保每年有同等數目之委員退職。惟吾人認為此問題非屬重要。

選民之資格

第五十三段　現行之市政局選舉制度，在一九五五年市政局條例第四部內已有明文規定。吾人前經提示者，此種選舉權極為複雜，並認為其係一項足以妨礙選民辦理登記之因素。此種制度倘施於文明市區以外之地方，是否合乎現實，吾人亦難以確定。惟可以斷言者，此種選舉制度完全不適用於新界，且大抵亦不適用於荃灣。因此吾人曾經尋求一項較現行者更為簡單及範圍更廣之另一選舉制度。

第五十四段　目前顯有兩種制度可供抉擇。其一係以成年人選舉權為根據之制度。依照此項制度，本地全體男女居民，凡年齡超過二十一歲者，除是明顯喪失資格者外，皆有資格參加選舉。其二則為一種以應繳差餉樓宇之居住權為根據之制度。是項居住權憑樓宇之通常使用，即可賦予納差餉人及其配偶以選舉權。此外，在上述兩項制度所需資格中，可補加一項以居留期間為根據之資格，此即規定選舉人須曾在本港居留一段指定之最低限度期間，或須於一指定日期以前業經在本港居留為合。熟悉英國慣例之人士，自當認識上述各項建議係類似英國從前所施行之選舉制度，蓋在一九四五年以前，英國之地方政府選舉權，僅限賦予住戶（及其配偶）之居於土地或欠具設備之樓宇者。此項規定資格，後來更改為兩者任擇其一之條件，此任擇條件為須於某一規定日期業經在該地區內居留，或則以業主或住客之身份居於該地區內任何應納差餉之土地或樓宇，而其每年估價額係不少於十英鎊者。惟應予注意之點，則為在英國一地，僅限英籍人士方可獲得選舉權。

第五十五段　成年人選舉權當然具有簡單概念及廣大適用範圍等優點，惟此種制度並不規定選民與地方行政當局之間須有任何真實利益。另一方面，"納差餉人選舉權"之制度,則非常符合此項重要需求,蓋此制度可確保只將選舉權賦予直接或間接對地方行政當局稅收有所貢獻之人士,是以此等人士對該項稅收之支銷確屬利害攸關。廣泛而論,除耕地及差餉估價額少於二百元之產業外,在香港本島、九龍、新九龍及荃灣之全部樓宇,均須繳納差餉。現時差餉條例顯然並不適用於新界內較屬鄉村性質之地區,惟吾人在本報告書之其他部分[1]建議:如在差餉條例所適用範圍以外之地區,一經成立地方行政當局,即應徵收差餉。根據此項原則,縱使現時立刻施行"納差餉人選舉權"之制度,則於時機成熟而可設立地方議會於鄉村地區時,亦自當不致妨礙推行該種選舉制度至鄉村地區。

第五十六段 至於將選舉權應納差餉之物業作兩相連繫之舉,其最實際之利便處係可確保所有投票人均有通訊地址,而此點對於編制選舉人登記冊係頗為重要。

第五十七段 茲因本港樓宇之租住權常有一分而再分之現象,且復有許多其他不規則之情況存在(例如有等房屋,尤其是各徙置新區內之房舍,係不須繳納差餉者),故"納差餉人選舉權"一詞實有加以解釋之必要。吾人認為該詞之含義應指所有年齡逾二十一歲之男女及其配偶,而係擁有物業之業權或居住權,包括以任何方式租住之居住權,且交付該等物業之差餉或租值而該租值係包括或可當作包括差餉之成分在內者。是以上述之定則之原意係擬將選舉權賦給凡屬擁有應納差餉物業,或居住在該等物業或其他物業之一切戶主,而該其他物業係指原應繳納差餉,惟因特殊環境而按照差餉條例之規定獲准豁免繳納者。此項定則對於因未達到最低限度之規定差餉估價額而獲准免繳差餉之物業之住戶,當然不賦給以選舉權。換言之,選舉權將不推及僭建寮屋之居民及艇上住戶等。

第五十八段 吾人經已提及一種可供採用且係有關於居住期間之附帶資格。此種規定資格,實對於吾人認為每一投票人應與其地方行政當局有真正利害關係一點,實相符合。吾人認為按照市政局條例第十五甲款所規定之三年居港期間,係屬合理,且應保留該項規定。在相反方面,吾人亦覺不應只限將選舉權賦給英籍人士,蓋此舉可引起種種不便,而在選舉程序中須證明國籍身份時之繁難事宜,僅屬其中之一耳。

第五十九段 概括言之,吾人認為以成年人投票權,或第五十七段所述應納差餉物業之管業權或居住權為根據而設立之一項良好選舉制度,乃屬實際可行。然

---

1 參閱第六章。

而，吾人亦認為該第二項之根據係較能提供穩定之選民數目及可令每名投票人與其他地方議會在利益上更趨一致，故較為適合。惟無論採用該兩者中之任何一種根據，均宜附加一項關於居住期間之規定。

投票資格之取消

第六十段　任何人士，在下開任何情形下，均應予取消其成為或繼續成為投票人之資格，計開：

（甲）神經錯亂；

（乙）獲判刑期不少於六個月之監禁（或死刑）；

（丙）破產或無力對債務作適當之償還；

（丁）因觸犯有關選舉之任何法例而遭取消投票資格。

第五章　地方當局可具有之權力與任務

概論

第六十一段　吾人前經提議[1]地方當局在原則上應處理與地方環境需求有特別重要關係之職務事宜，故於執行此等職務時，如能側重於分區為其基本者，則更屬完滿有效。惟吾人亦經指出，香港地方細小，在實施此等原則時遂遭受限制，[2]因此在彼處可由地方當局處理之有等職責，[3]倘在本港由中央政府加以保留，亦為合理之舉。誠然，許多政府工作係顯然只可由一單獨之中央當局處理。例如人民入境事務與地方稅務即為此類工作之最佳例證。至於其他種類之工作，其界限情況則不甚明顯，而中央與地方當局間之職責分野亦較具伸縮性。警務工作即為此類工作之一。然而，罪案與罪犯之活動無分行政畛域。基此原因，吾人亦相信不宜分散現存之統一警察隊伍而重新編為多個較小隊伍。至於消防事務處方面，或可有略異之考慮。然而，鑒於本港地方範圍狹小及市內之火警危險到處均有存在，是以亦使消防事務有由劃一之消防事務處統籌辦理之必要。此外，城市設計係需用較廣大之土地，是

1　參閱第五及第六段。

2　參閱第十二段。

3　參閱第三十六段。

故如欲妥善完成此等計劃者，則須將整個香港作全盤之打算。至於其他有等事項，吾人必須考慮其所牽涉之財政問題，蓋此或為相當龐大之開支而只可能由政府作適當之負擔者。查此項因素在於道路、排水系統、暗溝設備、食水供應、醫療服務（尤其指醫院）、住屋及教育等方面而言，均覺相當重要。

諮詢性任務

第六十二段　在前段所述之有等職務，雖然按照吾人之意見係不適合為地方當局所執行，惟吾人深覺其對本港居民之利益關係，實深且巨，是故吾人建議，地方當局在下列事項方面，應有提出其本身意見之能力以供考慮。該等事項計開——

（甲）警察、消防、醫務、住屋（包括徙置）及教育等之現行設備編排，在地方當局轄區內是否普遍充足，以及其未來之建議如何；

（乙）城市設計之建議，包括非法定之發展計劃在內；

（丙）公共交通設備。

此項建議之用意旨在使中央政府之有關部門必須尋求地方當局對此等重要事項之意見，以便於研究各項計劃及政策時能與其他因素一併加以考慮。

行政任務

第六十三段　吾人不應推定香港因地方狹小而致不能賦給地方行政當局以充分範圍之任務，為設法決定其任務範圍究達若何程度起見，吾人嘗蒙許多機關首長之大力協助，以抵於成。蓋該等首長徇吾人之所請而將其各該目前所執行之法定及非法定職權與任務，表列清楚，連同其對於各該職務可否施行地方分權制之意見，一併回覆吾人以供研究。計共有二十二個政府機關參加此舉，並提供約近三百項個別職權與任務之詳情，惟發覺其中大部分係不適宜由地方當局所執行者。根據此等資料，吾人現經擬定一系列之職務，而將其詳載於下一段內，其內容頗稱包含廣泛而未必只係特別關涉任何一議會者，至於個別議會之任務分配情形，應在各該新議會成立之前，加以適當之研究。在此表列之任務中，若干項係註有星狀標識者，此即謂該任務屬指定性質，其意係謂任何議會如蒙賦予該等職務者，必須按照所訂標準而執行之。如不履行時，則屬有失職守。至於其餘任務，乃屬自由性質，其意即謂議會並非必須執行之。至於執行之標準問題，大可由中央政府妥作規定，任何議會如未能履行此等標準者，則有被指為失職之虞。

第六十四段　吾人所必須認識者，厥為中央政府業經在主要市區內，提供一系列保護廣泛之服務，惟在本港其餘地區，則此等服務並無如是廣泛複雜。因此吾人建議地方當局所應執掌之任務係由中央政府轉撥而來之職責，而非任何全新職務，按照此等原則，吾人建議訂定下列包含廣泛之行政任務 ——

第一類 公共衛生	*（一）清潔、清掃街道、潔淨、清糞及衛生服務；水井及防疫措施；公廁、浴室、洗衣所、洗衣店、工人營、游泳池、厭惡性行業及市場；小販、空氣調節、人口過擠及廣告、屠房、墳場及殮房等管理事宜，並在適宜時，供應該等服務。
	*（二）酒樓菜館、茶室及熟食檔之發牌及管理事宜。
	*（三）有關傳染病及防疫注射等之佈告。
	（四）留產所、產前與產後診療所及衛生訪問服務之供設及辦理。
第二類 教育	（五）中小學之設立及辦理。
	（六）成人教育與夜學之設立及辦理。
	（七）圖書館與閱讀室之設立及辦理。
第三類 福利	（八）康樂設備、青年俱樂部、社區中心、運動設備及公共游泳池。
	（九）個人服務：如老人院、託兒所、街頭露宿者之庇護所。
	（十）救濟之分配。
	（十一）娛樂事項，例如樂隊演奏、中國戲劇之演出等。
	（十二）遊樂場、兒童運動場及海灘游泳場。
第四類 發牌事宜	*（十三）酒牌之發牌事宜，以及下列各場所之發牌及管制事宜，計開 —— 理髮店、酒吧、桌球室、保齡球場、電影院、舞廳、麻雀館、貸款人、當押店、溜冰場、乒乓球室。
第五類 住居問題	*（十四）新區及政府廉價屋宇之管理事宜。

第六類 雜項	*（十五）度量衡制度。
	*（十六）街道命名。
	（十七）有關於單程路、停車區域及封閉街道以供作兒童遊樂場（逕與警方商妥者）等之公佈事宜。
	（十八）供設交通泊車管理員之服務。
	（十九）停車場之設立及管理。
	（二十）有關美化市容之建設，如公共噴泉及植樹等。
	（廿一）博物館及美術館。
	（廿二）許多其他任務，例如水費及其他費用之徵收，均可適宜由地方當局代中央政府執行之。

第六十五段　吾人認為此任務表，足以代表市區地方當局現時所可執行之最高限度職務，如發覺地方當局能勝任更多職務時，或如遇政府因擴大措施而致產生更多職務需由有等政府代理人執行時，則可添加其他職務於此表之內。是以，為地方當局本身及為優良政府之普遍發展起見，吾人認為應儘量給予地方當局以更多之職務，是為重要之舉。因此吾人建議在相當期間內，凡屬中央政府之機關，倘欲新開設地方性分支部門者，只有在該機關能證明其所負任務實非地方當局所能勝任者，方得開設之。

第六十六段　吾人所建議之教育供應事宜，實有再補充意見之必要。查目前教育之管理乃操諸教育司之手。教育司對所有學校，包括私立學校及獲得政府資助之學校在內，均有施行若干管理權力。此外，教育司署並辦理中小學校多所。是以本港各地教育之水準及其方式必須趨於一致，其理至明。職是之故，倘將教育司之管制權力移交地方當局之手，則似非適當。因此吾人並不認為地方當局應施行教育當局之權力，同時教育問題乃大多地方居民所至感興趣並深為關注。基此原因，吾人經建議，地方當局對於其各該轄區內所具有之教育設備是否充足一問題，應有受到諮詢及提供意見之必要。吾人之所以建議將中小學校之設立及辦理事宜，列入其行政任務之內者，乃係使其能興建及辦理此等教育機構。此一辦法可令該當局之地位與其他現行教育團體趨於一致，此即彼等之學校應獲得同樣資助，並與其他學校受同樣之管制。惟吾人深盼在相當期間內，教育司署對於地方當局所辦之學校，自當視為其資助制度中之主要成員，從而鼓勵其發展。在較後階段內，並應考慮將所有官立小學撥歸地方當局管理。

鄉村地方當局之附加任務

第六十七段　吾人方經建議之任務範圍，對於鄉村地區所設立任何議會之特別要求，並未加以考慮。吾人並不預期可於早期內設立該等議會，因此吾人認為其需求，實無加以詳細考慮之必要。然而彼等應清楚執行在第六十四段內所提議之大部分職務，惟其範圍應加以擴展，以便包括下列職務在內：

（甲）農業發展計劃，包括林地及魚塘等；

（乙）小徑、橋樑及其他地方性工程，並按照目前理民府及鄉事委員會所採取之方式辦理；

（丙）地方性輪渡及碼頭；

（丁）鄉村計劃；

（戊）鄉村房屋計劃；

（己）地方性食水供給及灌溉計劃。

第六章　收益之各種可能來源及財政權力

一般觀察

第六十八段　地方政府體制之基本要素，在於地方當局應享有相當程度之財政職權，包括徵稅在內。於是地方財政之控制，以及間中或須再向當地居民提出補充財政之要求，兩舉均有絕大影響作用而足以令地方委員時加自勉，以求克盡厥職而慰民望，蓋各委員復須仗賴地方居民之支持，方可蟬聯，以竟全功。除此之外，任何其他財政系統，例如通常由中央政府資助地方當局者，均有兩項嚴重缺點。第一，完全仰仗政府資助之地方當局難免日漸退化而淪為僅屬一所管理委員會而已，其間由地方人士提出之創作動議，難免胎死腹中。第二，地方委員每於工作有缺點時，則動輒推諉於中央政府而怪責其不予以充分之財政支持，從而指中央政府為敗事之魁。此種結果，不獨無助於該兩階層政府間之和諧關係，且亦不足以促進民眾對該兩階層所抱之信心。

第六十九段　在地方分權制度下之地方當局，無論如何均較中央集權行政制度需費高昂；是以從該分權制度獲益最大之各該地方當局轄區內居民，理應擔負此額外支銷之某一部分。贊成地方當局應有若干徵稅權力之另一理由，厥為行使此種權力時，最後自必確定地方當局所可能負擔之一般職責範圍。是以地方當局如具有徵稅能力，自可調節其本身施政之一般規模，並將議會之目標與建樹納入常規，從而放棄好高騖遠之計劃，並闡揚合乎現實與經濟原則之施政價值。

第七十段　惟在現代情況下，地方當局罕能完全依靠由其本身力量來源而獲得之收入，而通常均係仰仗中央政府以補助金或貸款方式加以資助。至於中央政府本身，因顧及地方當局乃係促進一般社會與經濟進展之不可或缺之組織，故亦歡迎此種財政上之仰賴，以作為控制其活動之一項利便方法。此種控制之較嚴密目的，厥為對地方當局之各項施政方案，予以統籌兼顧，並確保地方當局能全力參與政府之全盤行政與發展計劃。此種手法足以決定中央政府對地方當局而定之財政政策主要特點，此等特點有如下述：

（甲）促使地方當局所支配之財政資源獲得最佳運用及最高度之開發。

（乙）使地方當局之職責及其財政資源兩者之間，臻於均衡狀態。

（丙）為確保提供最低限度水準之最重要基本服務起見，而設法使各該地方當局間之資源獲致均衡。

（丁）在此種獲致均衡之工作過程中，將財力較弱之地方當局之服務水準，提高其達到較富裕之地方當局所提供之水準。

從上開各點觀之，自可得見中央政府所給予地方當局之資助額，每因各地方當局之需求而有所差別；此即最經濟拮据之地方當局自當接受最大宗之補助金。此種調整，係以發給所謂"均衡補助金"而進行之。其基本目的，在乎使每一地方當局之財政基礎，不致低於全港各地之平均水準。

第七十一段　地方當局實應擁有收益來源，而係足以支付各該當局之各項經常政費及其受託辦理服務之所需費用。此等資源本身應屬下列性質：

（甲）確實。此點在一方面而言，係指應制訂法例以保留某等稅項，交由地方當局作專責徵收及使用。關於此點，"專責徵收"一詞之含義，並不妨礙地方當局在中央政府所徵之某一稅項上再加徵一項地方稅或附加費。此一措施，在吾人所提出有關於徵收差餉之建議中，實有重要意義；而實際上，此措施業經在別地施行而並無困難發生。

（乙）其徵收均屬利便而經濟。

（丙）具有伸縮性及可資擴大徵收者。

（丁）對繳款人士而言，係簡單而易明瞭者。

第七十二段　根據傳統與實際措施，地方當局之收益應包括下開各項在內：

（甲）由屬於徵收差餉當局之議會向其各該轄區內之不動產物業所徵之差餉；在該議會之整個轄區內，該等差餉通常係依照劃一原則而徵收。此外，更可徵收一項"特別"差餉，以供某項指定用途或以應某一個別地區特別之需。在前述之最後一項情形下，該項"特別"差餉實應僅向該受益之地區徵收之；

（乙）直接稅。此等稅項有時可作簡單而劃一稅率之按照每人徵收；

（丙）費用及雜項稅，包括該議會所管理拍照之費用；

（丁）商業利潤，此係指適宜之情形而論；

（戊）由提供服務所收取之費用，包括地方當局之所管樓宇所收租金；

（己）補助金；

（庚）投資所獲之利益；

（辛）貸款。

差餉

第七十三段　差餉條例及其有關之附帶法例，係授權差餉物業估價署長對本港或本港任何部分地方之各類產業，評定其估價；而此項措施現經施行於下開各地區：

（甲）香港本島，連同鴨脷洲及熨波山。

（乙）九龍。

（丙）新九龍。

（丁）新界之一部分地區，即毗鄰青山道並由位於荔枝角之新九龍北面邊界線伸展至青山止。

一所產業之差餉估價額，係根據該產業每年之租賃價值額而定。除新界（即離開新九龍者）以外，差餉係按照此項差餉估價額每年百分之十七而徵收；至於某等產業，其由政府供應之水係未經隔濾者，則減收百分之一；而全無任何用水供應之產業，則又再減收百分之一。是以，繳納差餉之百分率乃按供水情形而在百分十七與百分十五之間有所差別。在新界方面，則該等數字按照上述之遞減次序而再變為百分之十一、百分之十與百分之九；在現時，耕地係毋須納差餉，而每年差餉估價額少於二百元之產業亦然。差餉須按每季在上期繳納。

第七十四段　此項差餉，每年可提供下開收入：

地區	在 1966 年 4 月 1 日計之差餉估價額總數	在 1965 / 66 年度全年所收入差餉淨收入	差餉估價額百分一之價值
維多利亞城	363,277,935 元	62,150,497 元 8 角 2 分	260 萬元
維多利亞城以外之香港其他地區	198,097,645 元	33,891,042 元 8 角 2 分	200 萬元
九龍	456,097,275 元	78,688,904 元 9 角 3 分	460 萬元
新九龍	253,109,650 元	43,668,121 元 6 角 9 分	250 萬元
新界（一部分）	50,178,615 元	5,624,280 元 9 角 3 分	50 萬元

　　所應注意者，厥為此等數字，雖然列示各區差餉收入之概況，惟未能按照差餉而明確指出各該地區之財富狀況。欲確定此數字時，須將差餉估價配額人口而計算，從而算出按照每人之差餉估價額。此種按照每人之數額，通常係作為計算均衡補助金之根據。

　　第七十五段　現行之編制，係具有兩特點，而此等特點對於擬將徵收差餉權力賦給地方當局之舉，係有特別關聯者。第一，吾人均已深悉差餉條例現僅適用於新界一部分地方，尤有進者，該條例按照其現行方式係可能並不完全適用於較屬鄉村性質之地區。是以如在此等地區設立地方當局時，則須決定該等新機構應否視差餉為其主要之收益來源，抑或應採用其他方式以籌劃收入。驟然觀之，無論在該等地區開徵差餉或其他方式之徵稅，當然產生若干問題，蓋照人類之常情觀之，該項措施可能引起若干反對。惟倘估計下開各項因素而論，則是項建議，係屬根本合理：

　　（甲）地方當局應有充分收益，而地方上之資源則應妥為納入此等收益之內。此議係有強大理由可作支持。

　　（乙）地方當局一經成立，則在該地方上凡對其財政方面有貢獻之居民，自可預料獲回比例上較大之利益，此係事實。

　　（丙）所採用以作籌劃地方性收入之系統，必須與該地區之經濟環境協調，亦即謂不應要求居民負擔任何不切實際之財政責任。關於此點，可值得注意者，厥為政府從前在某一時期，顯然擬在新界實施徵收特別差餉，觀諸該項前經廢除之差餉條例第五十一款之規定，便可得而見之。該款條文更顯示可訂立較諸該全盤條例所普遍規定者更為簡單及減省繁難之條款而並無難處。吾人茲將該款條文錄載於附錄（乙）之內，以供參考。吾人認為該款條文之內容乃係大致上適合施行鄉村地區之一項解決辦法。

（丁）實際上之地方稅，並非由日內核遙遠且不能感情用事之政府所徵收，而係由地方民眾代表徵收之，因而該種稅項之徵收，一如其支銷，係按照當地實況而決定之。

（戊）如遇任何地方居民大多數不贊同時，則並無意圖強行在該地區設立地方當局。倘大多數居民無意接受此種地方行政上之責任以及其所帶來之較大利益與特權者，則彼等自可於未設立地方當局前之查詢過程中提出反對，則設立該地方當局之議，自可於認為必要時，予以延期執行或甚至放棄之。

第七十六段　第二項特別有關之因素，乃係在事實上政府目前正在供給，並於吾人之建議一旦獲接納後仍繼續供給多種服務：例如警務、自來水供應、道路、消防事務等，而此等服務在別處則可能係由地方當局統辦者。以本港現有之財政組織而言，該等服務大可由各種在地方上徵集之稅收中，尤其係差餉中，撥出一部分支付，而無不當。吾人雖不欲過於強調此點，惟鑒於差餉之收入，則認為接納此項從差餉撥支之議，實有充足理由。蓋按照差餉估計在本財政年度為二億四千七百萬元，而於一九七〇／七一年度更可增至三億四千八百萬元左右，故大有可能遠超地方當局之總開支。至於實超數額，自當視若干項現時仍未知之數字而定，其中包括一個地方當局之行政經費，其所供給各類服務所需之費用，補助金之安排及該當局之其他收入等。是以，吾人認為其比對可有盈餘之議，乃屬推測性質，而係根據一項可作實質證明之事實而發。查該事實係指地方當局所擬執行之各項職責並不包括政府所執行而需費浩大之大部分職務在內，兼且本港之差餉制度經已高度發展，同時其收入亦根據相當高之估價額而臻於龐大。在另一方面，吾人現提及一項有趣之事實，厥為市政局及市政事務署於本財政年度內各項預算經費額之綜合[1]僅為七千一百萬元左右，而此筆款項實足以支付吾人劃入地方當局職責範圍內之許多項職務費用，而最低限度，此等職務現在係由中央政府所擔任。

第七十七段　倘差餉收入應由中央政府與地方當局共同攤分之議獲得接納，則

1　參閱預算書第七九至八二項。

必須釐訂一項程序，藉以使地方當局能在其轄區內徵收差餉及保有該項差餉收入之一部分，同時亦藉以保證將該項收入之公平部分撥歸中央政府。此項需求可依照下開方法而達成之 ——

（甲）中央政府應繼續負責對一切物業進行估價，以便徵收差餉。

（乙）地方當局應成為徵收差餉當局，並以此資格訂定其轄區之差餉率及負責徵收之。

（丙）差餉率應按照各該地方當局之預算案及中央政府之需求而每年決定之。中央政府應將其需求以徵用書方式通知地方當局，而該項徵用之數額應佔差餉收入第一項撥支。

（丁）各地方當局於考慮該項徵用額所佔差餉收入之百分率後，應獲得授權規定應另加之最高限度百分率以應付其本身之需求。

（戊）為執行其控制職務起見，中央政府應批准所徵收之差餉率，並應獲得授權於任何地方當局未履行訂定差餉率或充足之差餉率時，即行訂定之。

（己）在徵集之差餉中，應將上項徵用書所指定之款項移交給中央政府。

第七十八段　吾人應著重說明者，厥為此項程序預期政府之徵用額必須在地方與中央兩當局互相抵觸之需求獲得充分考慮後，亦即在中央政府之負責監督地方當局之機構與財政司共同協商之後，方能予以決定。循此途徑雖有困難，但卒能獲得合理之解決也。另一可行之辦法為授權差餉當局除中央政府之差餉外，另行徵收一最高限額而與其有別之差餉。一項可予印證以支持此項另行辦法之理論，乃係差餉之收入，即估計在本財政年度達二億四千七百萬元，係約佔政府估計總稅收七分之一，故差餉之重要實為"國家性"，而應由中央當局課徵及收集之。此外，此項辦法由於可與徵用額兩相脫離及免除其他紛繁之手續，故復有簡便易行之優點。然而，此項辦法亦可能招致嚴重之反對，蓋上述兩種差餉必須加諸同一物業。而事實上政府係有可能規定其徵收之百分率過高，而致個地方當局所附加之百分率將可引起容或不當之強烈批評，認為該兩種差餉共加徵收係不合理。尤其甚者，此一不利條件可令各地方當局無法肩負財政責任至吾人認為必需之程度。

地方稅收之其他來源

第七十九段　如吾人所指出，各地方當局除差餉外，通常尚享有屬於地方性之其他稅收。彼等所擔任發給按照之職務係可能產生稅收者，而彼等保有此項收入當屬合理。此外，彼等所供應之有等服務亦能產生稅收，只係在有等情形下，此項收入盈餘必須先行用於擴充及改善有關之服務而已。至於彼等代政府辦理各類服務應收取之代理費，數目雖然不大，但亦不失為一項收入。最後，彼等復可由基金之投資取得利息，並應有權接納熱心公益居民於生前或死後之捐贈。

補助金

第八十段　吾人經已述及在高度發展之現代社會中，地方當局依賴中央政府發給相當數額補助金實為普遍現象。在本質上，此一依賴性之由來，乃因地方當局按照國家政策標準而供應各類主要服務時所需之費用，係不能從地方稅收項下支付之故。然而，本港之情形則有所不同。吾人經已表示差餉一項之收入實際上可能超過地方當局各項服務所需之經費，是以政府實應分享該項稅收。隨之而來之問題則為：補助制度是否確有需要，同時倘准許各地方當局保有全部差餉收入，然後量入為出以執行職務，則豈不更為簡單合理？關於此議，現有三項反對意見可供提出討論：第一，僅以差餉為主要基礎之財政組織可產生一種極不平衡之行政體制，蓋若以按照每人計算為基準，則各地方當局在財政方面之差異將達難以處理之程度也。舉例言之，倘吾人將上文第二十七段所引述一九六六年之人口統計數字與第七十四段所開列之差餉估價額兩相聯繫計算，則吾人當發覺在九龍（人口六十萬五千名；差餉估價總額四億五千六百萬元）按照每人平均之差餉估價額為七百五十三元，而在新九龍（人口一百四十七萬九千名；差餉估價額約二億五千三百萬元）則僅為一百七十一元而已。換言之，以差餉估價額而計算，則在九龍設立之地方當局，其富有程度可達新九龍所設立者之四倍以上。第二，補助制度之事實，可給予中央政府一強有力之工具，以控制各地方當局所辦理各類獲補助之服務。第三，既然以普遍徵稅方式所徵集之公帑，係有動用於個地方當局方面，則中央政府自可對彼等之活動事宜從中作範圍廣泛之監督而無不合理之處。

第八十一段　補助金大致可分為三類如下：

（甲）均衡補助金 —— 各地方當局轄區內按照每人計算之差餉估價額，可作為此類補助金之決定因素。

（乙）普通用途補助金 —— 其目的在於給予各地方當局以充足之財政援助，以使彼等執行受委託之職務，但在發給前，當地之稅收來源亦當在考慮之列。

（丙）特別補助金 —— 其目的係旨在誘導當地採取某項措施，此舉尤以地方當局為全面性利益起計而須發展其地區內之有等服務時為然。查教育補助金雖然係根據普通之教育法規而發給，但吾人大可將之舉出以例其餘。

第八十二段　上述各項補助金均應以易於明瞭之客觀性定則為根據，並不應常予更改。各項原則及程序應包含在一項認可之法規內，該法規應確保在申請及付款時之辦法均盡予簡化，以收快捷之效。

貸款

第八十三段　上文提及之各項收入主要係與經常費有關者，除此之外，各地方當局仍或需大量資金以作基本發展之用，而該等資金必須由其他方面籌措，主要則靠借款。各地方當局雖然可用彼等之稅收作擔保，而在公開市面進行借款，惟若由中央政府供與彼等所需之大部分借款，則將有許多有利條件。首先，雖然中央政府所定之利息自必以合乎經濟為原則，但既然該借款進行之發展計劃係經其批准，故其所訂之條件自可能較公開市面所訂者為優厚。尤有進者，中央政府於允准貸款時亦自當對該借款進行之計劃給予必需之指導，以使其臻於經濟穩固、實際可行及技術完善之境。除由政府直接貸款外，另一可行途徑為創設一中央貸款機構，以供給各地方當局所需之長期及短期信用借款。

財政管理

第八十四段　吾人將在第九章內研究財政管理一問題，並討論政府與地方當局兩者間之財政管理關係。

第七章　其職員問題及執行任務之法

委員會制度

第八十五段　在研究小組會之此部分職權範圍時，鑒於地方當局之設置職員問題主要係視其推行政務之程序而定，吾人遂認為從相反次序研究所述之必需條件乃為合乎邏輯之舉。例如：倘採行美國之“城市經理”制度，在研究設置職員問題時，合理之辦法係首先以按照市政事務署之現行編制方式為起點，然後加以擴充以便接管增加之職務，其後再加以重行編組以符合各地方當局之界限範圍，從配置職員之觀點而論，此種辦法對於認為新制度之辦事人員係全屬政府公務員，且多屬永

久性及得享長俸之人員而因此引起之煩難，自可予以克服。但是吾人前已指出，在
"城市經理"之制度中，地方議會所負責者，幾只限於決定政策方面，而執行方面
則全部交由其職員辦理。是則吾人認為最重要之一項政府與社會民眾間緊密連繫，
仍未能真正獲致。而最壞者，此種情形，足以擴大官僚政治之趨勢而已。

第八十六段　倘吾人將另自獨立執行之編制予以折減，則頗難於確保一個擁
有三四十名缺乏行政經驗委員之議會，能妥善處理，包括決策以至日常工作之廣泛
職務。此外尚有一項複雜之因素，此即地方委員通常均有其全部時間之工作，而只
能撥出一部分餘暇以辦理議會事務而已。據其他地方之經驗所示，此等困難之解決
辦法有二：其一為在議會內設立綜合性委員會制度，其次則為利用議會內之辦事人
員。第一項辦法，可使議會將職務分發而由各委員會平均負擔，同時使議會本身只
保留一般性之控制工作及須直接執行之小部分重要權力。誠如是，則大部分之職責
通常均可由各委員會處理之。此等委員會可分為常務委員會或特別委員會。常務委
員會係屬長期性而須負責一定範圍之職務。特別委員會係因特別或臨時事故之需要
而特別為該事項設立之組織。而該等事項係不入常務委員會之範圍內。但吾人必須
注意一點，此即委員會之權力係由議會正式委任而來，是故除法律另有限制外，議
會有權自行決定按照地方環境所需而授權給每一委員會。因此議會可任命各委員會
為諮詢機構，主要負責研究及發展各建議事宜再交由議會決定。在另一方面，議會
亦可授權各委員會全權代表其決定一切而不須再向議會請示。此兩途徑可由議會任
擇其一。總括而言，在稠密市區內實行由議會作完全賦給權力之舉與在疏落鄉村區
域實行時實有差別，在稠密市區內，其有利條件則不甚顯著，蓋委員於參加會議
時，比較方便，而尤以規定時間所舉行之會議為然。例如：在傍晚舉行之會議，則
更能適合大眾之方便。

第八十七段　正如上段所作之暗示指出，可在法律上規定議會不得向委員會等
委授其基本重要之權力，此種規定實屬適當。訂定差餉率及決定借款事宜等即為此
項權力之良好例證。其次之舉例為制訂地方法之權力，此項地方法係議會之法律工
具，而藉以公佈及實施其對公眾有所影響之決定舉措者。此外，法律亦宜規定議會
須任命若干委員會，尤其是財政委員會，以便審核一切有關稅收或議會基金開支之
建議。除受此等法定保留權之限制外，每一議會應自行決定任命各委員會，分配各
委員會之職務及所委授之權力範圍等問題，在此種情形下，各議會間之委員會，其
體制遂各有不同，且亦並無一個可適應所有需求之通用形式。然而吾人現以圖解方

式將吾人之意見開列於附錄（丙）第一部之內，該等意見係有關於使用何種體制以處理第六十四段所規定之職務者。

第八十八段　各委員會之大小問題乃視各項因素而定，例如：委員人數及其個別之興趣，所委任之委員會數目及其職責重要性之差別等。委員會通常應予保持至最小限度且應包括有民選及委任委員在內。吾人認為須予強調者，厥為，除財政委員會外，所有其他之委員會均應獲得授權由會內委員投票推舉外間人士加入為委員，該人士係指具有該委員會所涉及問題之智識者。此等從外間推舉之委員應有固定之任期，但不能有投票權。財政委員會與其他委員會不同之處，乃為財政委員會有其本身之法律識別，其成員亦無由外推舉之委員在內。此外並有一項清楚分明之特點，厥為基於方便之故，其他各項"任務"委員會之主席均可參與此統籌之機構為委員。

語言問題

第八十九段　至此階段，吾人須考慮者厥為地方議會於進行事務時，應以何種語言為合之重要問題。下列事項係與此論題有關者，計開：

（甲）法律與中央政府所用之語言均為英文；

（乙）大多數人口之語言為中文，本地居民通曉英文者，其百分率之比數甚低；[1]

（丙）此項結果之語言障礙遂為妨礙政府與民眾間緊密連繫之其中一項因素，而任何促使市民參加政府事務之建議，亦受其嚴重阻礙。

第九十段　事實上有等機構，尤其是聯合國，對於發展同時譯述之制度，確屬成功。是故用多種語言以進行事務之舉，遂得實行。然而，此等制度必需最高度能幹之議員。彼等一旦缺席，即有嚴重之影響。另一辦法為間續翻譯，但此種辦法亦需用高度熟練之譯員，且亦極為虛耗時間。是以處此情形之下，吾人所採之解決辦法，須以能產生下列效果者為宜：

（甲）中央政府與地方當局間之所有來往通訊，須用英文。

（乙）地方當局與全體市民間之來往通訊（即公告、地方法等）須中英文兩相通用，如有紛爭者，則以英文為準。

1　參閱第十二段（午）節。

（丙）地方當局與個別市民間之來往通訊，即視其適當情形而定使用英文或中文。

（丁）議會可自行決定使用英文或中文進行內部議事程序，並包括其各該委員會議事程序在內。

吾人必須認識者，厥為此項辦法，可使地方當局職員所負擔之職務，更為繁重，蓋中英文對譯之工作，勢須歸由彼輩負責。吾人在可能範圍內應儘量減輕此類工作之負荷。凡屬中央政府之機構，如與地方當局通信，即按個別情形之需要，加插中文譯本。其他如政府頒佈之模範地方法及通令時，亦須同樣附寄中文譯本。吾人之建議似暗示一項含義，即議會與委員會之議事程序，大概用粵語進行居多，而此種情勢之發展，必使不識中文之人士難以在地方當局服務。此種後果，實屬惋惜，惟吾人仍以此舉為宜而不欲使大多數人士不能參與地方當局之政事也。

其他規定

第九十一段　地方當局應組織為法人團體，以便享有地產之綿延承繼管業權，與進行法律起訴及被訴等情事。與此等職務有關之若干文件亦必須加以簽名蓋章及由其秘書加簽，或由秘書單簽署作實。在若干情形下，例如地方法，其書面之證書文件等，係可依法執行。是以如有不遵照其規定辦理者，即屬違例。同時，地方當局負責執行起訴此等違例人士，乃屬恰當之舉。起訴時則可在普通法庭及依循普通法律程序進行。

地方當局之職員

第九十二段　通常而論，議會劣而職員優，較諸議會優而職員劣，尤為效率良好。此項重要真理強調地方當局職員之必須人員充足，資格完備及辦事能幹等，以便執行工作。每一議會之實際職員需求，乃因各項環境而異。例如地方當局之面積、特點、其所擔任之職務機器所擬供應之服務水準等。然而，關於第六十四段內所述之職務，吾人現已於附錄（丙）第二部之內指出該等似屬必要之各項職員類別。

第九十三段　關於每一地方當局之主任長官問題，似有一敘之必要。該長官之名稱，如定名為"主任政務官"似屬適宜。為確保議會內之各辦公機構能獲統一調協起見，其先決條件，則應認定該官員為議會之行政主任，管轄議會所有部門之工作。概括而言，地方當局辦事人員之資格應與其同等之中央政府官員之資格相等，並具有同等之地位。按照此準則而論，一名市議會之主任政務官，應與政府之首長級政務官相等。至於稍次議會（如市區議會及區議會）之執行主任，其資格則應與政府內經驗豐富之政務官相同。

第九十四段　在設置職員時，另一頗為重要之問題亦隨之而興。在考慮採用地方行政制度時，香港則與許多其他政府有別，良以香港本身原已設有多項範圍廣泛之地方性服務，該等服務實係足以應付世界上任何一較大城市之需，除微不足道之少數例外情形下，凡辦理此等職務之人員均為可享受長俸之政府僱員。是以倘由中央政府將若干項職務連同大部分之有關資源移交至地方當局時，諒無過度困難之處。然此輩辦事人員乃為現役之公務人員，故必須許其繼續保留為公務員，方屬公允。關於此項困難問題，目前仍未尋得完滿之解決辦法，惟下列之安排則似屬最實際可行：

（甲）現役之公務員，凡其所辦理之職務係移交作地方當局之職務者，則由專供此用途而設立之人事調配處，予以保留僱用。

（乙）負責監察地方當局之中央政府內有關機構，應針對地方當局之獲准預算表內所列職位，負責將人員從人事調配處借調往各地方當局服務。

（丙）至於若干主要職位之任用，應由該人事調配處推薦人選，以便地方當局接納。至其他之職位，則只須將安排調借事宜逐行通知地方當局。所指主要職位，係包括主任政務官、會計主任、衛生醫官、建築師及福利主任等。

（丁）如遇地方當局之預算表中有新設或增加之職位，而人事調配處並無人選充任時，則地方當局可直接招募之。

（戊）初期及日後之長時期內，新募職員之待遇條件，大致應與調借地方當局服務之中央政府職員所享者相同。

此種調借方式之供應職員辦法實有遭受若干有力反對之可能。首先，在相當長時期內，地方當局有被剝奪其直接控管本身辦公機構之權。其次，中央政府因供應職員之故，亦須被迫保留若干與其無復有關之職責。至於職員本身，則須並事二主，其結果，比致分散其忠心效勞之精神，如欲此制度得以順利施行者，則需有極大誠意，方克有成。前文業經敘及，如地方當局欲以粵語處理其內部事務者，彼等應獲授此等權力以便進行。考此項因素及其他種種理由，實足以強調在可能範圍內應以華人職員負責地方當局之服務。查此項需求，特別係與上述（丙）節所載之主要職位任用問題有關，且該獲選之官員無論在任何情形下，均應對本港有深切認識，同時亦應具備公共行政經驗。彼等在地方行政之原則與實施方面，容或仍需接受進一步之訓練，而目前政府亦業經採取步驟，以便一兩名官員能於本港以外之地區接受此等訓練。倘決定設立地方當局行政網時，則此項訓練計劃實有儘速擴展之必要。

委員與辦事人員之關係

第九十五段　一般而論，在議會享有執行權力之制度下，非官守委員與永久性之職員間，如能於工作上作密切之連繫者，咸認為不無困難之處。此項困難問題遂引起下列亮點應予接納之原則：其一，非官守委員之職責係集團性質，在議會與委員會之會議室外，其權力與普通市民無異。其二，只有議會之職員方能採取行動，但非作出此等行動之決定。由此可見，只有議會或正式組成之委員會，方能向其職員發出訓示。同時亦可見執行此等訓示者，只屬職員之職責而非委員之職責。由於此項區別之故，委員與其職員間之職責界限大可明顯加以界劃鴻溝，此即：委員輩則制訂政策，而職員則只與執行此政策有關。但是此種解決辦法亦有可能受批評之處。例如其職員之才幹與經驗所具之價值，實至巨且大。此種辦法即可剝奪議會享受其職員之創造才能之機會。由此可見，最令人滿意之工作上聯繫，並非可由明顯劃分職責界限之舉而得之。為求達到此等良好聯繫起見，非官守委員與職員間，必須以諒解及信任互相維繫，共同組成一支混合之隊伍而後可。委員除避免干涉職員之正常職權外，並須鼓勵其職員於適當時間內向議會貢獻意見與建議。職員本身則須向委員提供忠誠之事實報道及陳述公正之意見。同時亦須認識輿情與委員之關係，係比較與職員間關係更為密切。此外，轉達輿情乃委員之職責，如屬必要時，議員亦須轉達與專家相左之民意也。

第八章　地方當局與政府各部門間以及各地方當局相互間之關係

地方當局與中央政府間之關係

第九十六段　在著手研究地方當局與政府各部門之關係前，必須先行研究與整個中央政府間之關係。吾人業經在第一章內指出，中央機構與地方當局兩個政府單位乃相輔而行。中央政府除其他職權外，並負責執行若干"國家性"任務，其中以確保地方當局能辦理完善之舉為最重要之工作。因此中央政府之最顯要任務乃為確保地方當局制度並無弊端及能執行職務至最低限度標準為合，另一項有關之需求，乃為確保中央機構及地方當局間亦即高層與底層政府間獲致完全調協。是以普通而論，中央政府必須提供指導，協助及管制，其意主要在乎確保地方當局之努力能與政府政策及活動普遍統合。吾人之所以視指導為此三項責任中之首要者，乃由吾人深信在政府與地方當局間之關係中，"指導"係最重要之特點。是以地方當局應向中央政府作所需之請示，而中央當局，包括各部門在內，亦須隨時準備提供其專門知識以及從其他廣泛方面所獲得之寶貴經驗。

　　第九十七段　在較準確方面而言內，除在第十章所論及始初成立地方議會時所附帶之特別及臨時需求外，中央政府之監察當局更必須執行多項重要而繁難之責任，該等責任係詳載於附錄（丁）之內，為吾人之考慮起見，監察當局之下列各責任似屬最為重要 ——

對中央政府方面	（甲）在地方行政事務上，擔任作政府之主要顧問。
	（乙）對於地方當局及中央政府間之活動事宜，進行全面統籌兼顧之工作。為符合此項需求起見，監察當局應提倡地方當局之利益，並確保各有關中央部門關注地方當局之需求及其效用。此外並須協助解決此兩階層政府間之紛爭及煩難問題。
對地方當局方面	（丙）經常不斷檢討地方當局制度，包括疆界之調整，職務之變動及聯合組織之發展等。
	（丁）對時下問題及將來發展問題，包括日常討論事項如新法例之闡釋，以及模範地方法之制訂等廣泛事務提供指導及協助。
	（戊）監察權之行使，包括第九章所述各項性質之管制。
	（己）補助制度之管理。
	（庚）視察地方當局之活動工作及程序。
	（辛）稽核地方當局賬目。
	（壬）地方議會委任委員之選拔事宜。
	（癸）職員之訓練及重要職員之派遣。

　　第九十八段　執行此類職務之前，必須先與中央之制訂政策機構有密切之聯繫。如此等職務係賦給香港總督者，則諒必與目前行政習慣同出一轍，該總督自當將其中大部分職權委諸布政司執行，而布政司亦自必在布政司署內另設一個供此用

途之分支部門而經由此部門執行之。然而，此一辦法之缺點，乃係將一項額外之重荷加諸與身膺重任而公務繁忙之布政司身上。另一明顯解決辦法，乃係在布政司署開設另一新職以司其事。掌管此職者之官銜可稱為地方行政司，並應與財政司享有同等地位及充任行政立法兩局之議員。第三項之可行辦法為將此等職權在布政司署之外予以執行，此舉之最佳解決方法，係將華民政務司署與新界民政署合併組成一雛形之"地方政務司"，該署首長係負責地方當局制度之監察事宜。惟此等整個問題之解決辦法顯然有兩項缺點：第一，地方行政司及其屬員將非屬布政司署即官方政策制訂機構之一主要部分，此點事實可使彼此等處於不利地位。第二，該合併之機關所肩負之職務自屬極端繁多而在某種情形下且互相發生衝突。此等職務所包括之利益，當然有等係與地方當局之利益並不一致。統計而言，此等職務足使該機關首長未能撥出更多時間，以應地方當局之所需。惟在另一方面，此一建議亦堪作為一項地方分權制所應辦之重要措施。此外並可與中央政府在市區方面任用類似理民府地位之官員時，開闢途徑以協助進行。似此情形，該合併機關不獨能指導及管理地方當局，而且可使中央政府在市區繼續從事之工作能獲致更完善之調協。惟將來如在整個新界只設立一個地方當局（於荃灣）時，則贊成此項辦法之理論，或可受到相當折扣，蓋在該情形下，則地方當局之需求，並未足以構成新界民政署之一項重要責任，且亦因此致耗減一所全面統籌機構之效用。

第九十九段　吾人在提及政府成立此所管制機構所採取之方式時，實未具有自信心，良以此事乃屬於吾人職權範圍之外。惟無論其所採取之方式為何，此一管制機構必須有足夠之人員包括下開者在內：

法律助理員及經濟助理員各一

關於地方當局專有事務問題之專家數名（此等問題係地方當局所不能從任何政府機關獲得指導者）

小型之視察組

稽核組，此組可與視察組合併

所有被選擔任較高級職位之職員，必須對香港有深切實際之認識，同時對於地方行政之原則及實施方面亦有充分之工作知識方可，此實至為重要。

第一百段　吾人應注意者，厥為負責監察各地方當局之官員於執行其眾多職務時，將須與聯合諮詢議會保持密切聯絡；關於該議會之詳情，吾人經在第三十七段加以述及。至於除該聯絡機構外應否加設其他諮詢機構之一問題，自可由經驗予以決定。例如由對地方當局事務有重大關係之各該機關排除代表組成之委員會。

各地方當局與政府各機關間之關係

第一零一段　吾人前經暗示，各地方當局之設立，對於有等政府機關（例如郵政局、監獄署、稅務局、人民入境事務處等等）並無影響，良以各該機關與各地方當局將甚少往還。其他機關則可有較直接之關係，且在有等機關，其現時所執行之職務，屆時將可移交與各地方當局辦理，此舉並引致資源之移交及各該機關若干活動範圍之縮小。在其他情形之下（例如教育司署對地方當局所辦學校），有關之機構將擔負管制性之責任，至於與第六十二段所列職務有關之機關則擔負諮詢性之責任。最後，凡對各地方當局所執行職務具有興趣之政府機關，將須與每一地方當局保持密切聯絡，並向其提供所需之任何指示。此項基本需求，可能導致有關之地方機關須作略事改組之舉，俾可實施充分之聯絡工作。例如，於地方當局之組織在新界成立時，倘須此等機構與遠在香港本島之政府機關在事務上作往還者，則顯屬不適宜之舉。肯定而言，每一政府機關均須指派特別人員負責聯絡與提供指示，在有等情形下，此等人員當然可能將此等責任作為本身所肩負廣大職責之一部分而執行之。

第一零二段　至於新界民政署及市政事務署方面，則須予以特殊考慮。吾人認為，新界民政署應充任介於中央政府之管制當局與新界——包括荃灣——所設各議會間之橋樑。且新界民政署對當地深具認識及與新界居民之間亦建立有特殊關係，此兩有利條件遂成為支持採用此途徑之強大理由。開始之時，各地方當局所擔任有如"嚮導、哲學家與朋友"性質之任務，應不連帶使新界民政署增加若何重大負擔，及至地方當局之體制發展完善時，則此任務自當發展成為其本身之主要職務。

第一零三段　至於市政事務署則受另一方式之影響：該署現時所執行之職務，連同該等職務所附帶之收益資源，於各地方當局成立時，自可按部就班向其移交；倘市區各處均設有地方當局，並屆時倘鄉村地區仍無設立地方當局之可能者，則市政事務署之新界組實宜歸併新界民政署。同時，市政事務署須維持總辦事處一所，惟該辦理處之規模，應逐漸縮小，並且，該辦事處宜向第九十九段所述之管制機構負責辦理事務。似此情形，該總辦事處除執行其他職責之外，更可兼管"人事調配中心"，該中心係辦理所有公務員派往各地方當局服務之事宜。

各地方當局彼此間之關係

第一零四段　假若地方當局制度僅包含一階層之議會，則個別地方當局之間互相所應保持之關係甚為簡單：彼等通常均在各該轄區內活動工作。故在此範圍內，彼等雖然供應互相類似之服務，惟將傾向於各自為政。惟在有等情形下，各地方議會有可能欲聯合進行某項對彼此有共同利益之計劃，而此實屬適宜之舉；例如，有兩地區之議會可能認為在某一利便地點建立一座焚化爐以應該兩地去之共同需求係合乎經濟原則之舉。此種共同計劃可由有關議會之聯合委員會辦理之；如此等委員會有助於達成某項用途，則應予以鼓勵設立。此外，創立一所聯合諮詢議會，亦為應受歡迎之舉。蓋各地方當局可藉該會之助而對適當事項獲得一致之意見。此種性質之諮詢議會，對於履行第六十二段所列之諮詢性職務，可能甚為有用。而一如吾人在第一零零段所指出，此種機構，亦可成為一項與中央政府聯絡之有用途徑，俾可處理各地方當局權限以內之事宜。

第九章　鑒於英皇制誥及皇室訓令之規定，中央政府對地方當局所應施行管制之程度

中央政府所施管制之原則

第一零五段　吾人業經提及，[1] 在中央政府所負統治全港之職責中，其一部分明定之任務，厥為對各地方當局提供指導與協助，及對其工作事宜施以相當程度之管制。在有等地方，尤其是地方行政制度經已發展成熟之地方而論，此種管制不應高出其基本之最低限度，此乃一項經承認之概念。可支持此項意見之有力理由，不一而足。例如必須鼓勵當地民眾之創作性，即屬此種理由之一。惟吾人所獲之結論，[2] 認為香港係具有若干特殊情形而足以否定此一概念，且亦須要施以較為嚴格之管制。惟此一說法並非指該等管制措施應限制地方當局制度之適當發展。在訓政階段之初期，該等措施有可能極受各新成立議會之歡迎，良以議會自當蒙受其益。尤有進者，該等措施將使一般市民感覺安心。惟於新體制施行而獲得種種經驗後，或須將該等措施稍為放寬，惟仍應保留最低限度之管制，以應持續永久之需。

1　參閱第九十六段。

2　參閱第十三段（丁）節。

應施行之管制之性質

第一零六段　應施於各地方當局之管制，可分三類，即立法、行政與司法方面之管制，而以第一類尤屬無上重要。立法上之管制係由立法局根據皇室訓令所賦給之立法權力而來。在制訂與各地方當局有關之措施時，立法局係有特權以指定各該當局之形式、職務及權力，並規定彼等所必須或可執行之職責，如屬適當時，並規定其處理事務之方式。除上述各該特別規定外，立法局得授權中央政府之一個主管當局以便釐定或執行額外之管制，惟此項管制通常係屬行政性質。吾人時有所聞者，厥為地方當局本身乃"法規之工具"，除依法獲得授給之權力外，彼等本身並無權力，更須履行法律所加於彼等之職責，且僅限在彼等之法定權力範圍內進行活動。

第一零七段　較重要之行政上管制權力可在訂定設立地方當局之條例內作適當之規定，在嚴格管制之制度下，該等管制權力可分下開各項：

普通方面

（甲）查閱地方當局之一切賬簿、記錄及其他文件。

（乙）核准在若干指定活動方面所進行之計劃。

（丙）視察在建築中之工程。

（丁）地方法之核准。

（戊）就種種問題向各地方當局發出有約束作用之備忘錄，使可遵照辦理。

財政方面

（己）批准差餉率，並有權於任何地方當局未能訂定差餉率或充足之差餉率時，代其制訂之。

（庚）批准每年之財政預算數字，並有權拒絕全部或某等個別項目。

（辛）核准各類貸款。

稽核

（壬）稽核地方當局之一切賬目，並有權加處罰款。

職員

（癸）推薦人員擔任有等重要職位。

委員

（子）選拔委任委員。

制裁

（丑）命令犯有過失之議會彌補其過失。

（寅）如遇極端嚴重之情形時：

（i）將有等職務移交其他機構；

（ii）解散議會，並將其全部職務移交其他機構，移交期間之長短，則視實際需要而定。

第一零八段　上述各項權力中有大多數係毋須特別加以評論者，但稽核之權力則引起一項頗為重要之問題。該問題乃係稽核官應否獲得授權於發覺在任何支出項目之全部或一部分係未經合法或正式批准，或由於疏忽或處置失當而構成損失時，對招致該項支出或損失之人員"加處罰款"。此項加處罰款之權力無疑係引起實際困難，但如運用得宜，則亦有其真實價值。鑒於本港環境，此等權力在原則上無論由稽核官單憑其個人之判斷而行使，或由任何官員行使均不大合理。可予接納之一項折衷辦法，厥為授權各稽核官向港督會同行政局提出有關於加處罰款之建議，而由督憲會同行政局斟酌情形予以批准、駁回或更改之。

第一零九段　建議中之制裁權力亦為慎重政策下之措施，惟或可能受到反擊，包括政治性反擊，而此反擊或可能較該項應予制裁之過失，尤為嚴重。因此，該等制裁權力之運用似可視為歸屬皇室訓令第十條之範圍內，故只可由港督會同行政局予以核准，且只在徹底調查有關情況後方可核准之。至於其他方面之管制權力，則宜授予負責監察地方行政制度之認可機構首長而由其施行之。該官員於執行其管制職務時自應與中央政府之其他當局緊密聯絡，尤以財政方面應與財政司聯繫為合。

第一一零段　司法方面之管制係基於兩種因素。第一，各地方當局乃法律上之實體，故在合約上及非法行為方面可以提出控告及遭受控告，與其他法人團體實無二致。第二，各地方當局乃"法規之工具"：彼等所具有之一切權力均由有等法律所賦給，而彼等亦只能在法定權限範圍內執行職務。若逾越此範圍，則其行動可被視為越權而遭駁斥，此即謂彼等並無法定權力採取該行動，故任何人均可向法院申請頒發禁止令將該等行動制止。由地方當局訂定之地方法亦可照此情形遭受駁斥及視作無效；有時即使該地方法係不越權，但如經證明為不合理者，亦復可視作無效。同樣，遇有某一地方當局未能執行有等法定之職務時，任何人士亦可請求法院頒發命令書，著該當局履行其義務。由此觀之，法院在常受律政司因照顧受苦人利益而施用之特權所限制下，雖然只能在個別投訴人提出要求時方採取行動，但實可對各地方當局行使頗大之拘束及管制權力也。

第十章　地方當局之設立

　　第一一一段　對於設立任何地方當局新制度時所牽涉之各項問題，吾人均經加以考慮。

　　第一一二段　第一項先決條件，而係相當難於處理者，厥為消除本港居民對人士地方行政本質之普遍缺乏，進而激發彼等對此新體制之興趣及贊助。此一解釋教導之程序顯然需時頗長，並須待至第一所之地方當局實際成立後，方能見效。然而，開始之時，政府似須尋求報章及其他廣泛宣傳工具之協助，展開一項大規模之運動"使地方行政美滿實施"於本港境內。另方面，若用通俗中文及以會話方式將本報告書簡單摘要寫出，印成小冊，免費派發，則未嘗於事無補。此種"地方行政婦孺指南"當能協助政府評估各界人士對吾人建議之反應，進而推行政府所聲明之意旨，即考慮民意以便決定如實施任何新制度時應採用何種體制。

　　第一一三段　體制一經決定，則儘速成立吾人在第九十九段所述管制機構之核心組織，此舉顯屬重要。應先予注意之工作，復有多項；而政府之大綱計劃亦須發展為詳細之建議，以便擬定新條例之草案，使各地方當局可於適當期間內根據該條例之規定而成立。然而，吾人認為該條例應為"賦給權能"性質，除說明新制度之主要特徵外，復應規定個別地方當局係由港督會同行政局頒發委任狀或其他特別證書使其成立。此等證書可將各項不同之細節，例如每個議會之轄區疆界、委員、選舉區及職務等作適當之規定，以便在法定之整個體制內仍容許有相當伸縮性。另一迫切之事務將屬草擬成立各個新地方當局之初步計劃。關於此點，應緊記者厥為設立每一新議會所需之實際工作將極為繁重，故若用有限之資源進行此項工作，則應有擬定一項分期計劃之必要。為確保權能順利重新劃分起見，如有可能時，此計劃應規定所有擬在市區內設立之議會均於同一時間左右產生。然而，此一方針可能難於實行，故遇有此種情形時，可將成立第一個議會所獲得之寶貴經驗應用於較後期間成立之議會。無論如何，在現存方式之市政局未放棄其一切職務之前實有繼續存在之必要。在此過渡時期中，該局可美滿完成之最後一項公務乃係委任一特別委員會，按照其移交職務所引起之種種問題，及在各個地方當局分配資源之問題等，提供真意見。

第一一四段　此項分配可引起一項困難問題。除市政局及市政事務署現有之辦公室外，目前尚未建有任何樓宇以供地方當局使用。然而，各個新地方當局之辦公室亦必須離開一切政府樓宇，是以甚至市政局之現有辦公室，亦並非將來可使用之理想地方。吾人相信此項安排應列入現有資源之分配問題內，其費用由政府負擔並以發給基本補助金或實際供應樓宇方式解決之。無論如何，為應付各個新地方當局成立初期之經費，政府必須採取若干臨時性之財政措施。此等措施當可包括一項"創立補助金"，而此項補助金將可作供應臨時及永久性辦公室之用也。

第一一五段　至於任何地方行政新組織均應尋求民眾支持之議，吾人前經強調其重要性，而足以妨礙達到此一目的之若干項困難，復經吾人著重指出。與此有關者，吾人相信應將有關每一新議會之詳細建議，尤指第一一三段所述各項有伸縮變更性之特點，向各該地區之居民公佈，並於成立議會之任何特別證書未獲正式批准前，考慮民眾對此等建議之意見。因此，吾人認為在成立任何地方當局之前，應在當地進行調查。此項調查雖屬正式，惟可用簡單之方法進行。本質上，此項工作只需將有關於該地方當局之特別證書草案公開發表，繼而按照接獲之意見作最後制訂該證書之舉。

第十一章　結論摘要

第一一六段　至　第一六五段（略）

工作小組委員會主席　狄堅信

委員　歐樂明

* 羅能士

* 徐家祥

[*]華樂庭

[*]韋忠信

秘書 羅必誠

一九六六年十一月二十三日

注意：凡在本小組會委員之簽名上註有[*]符號者，即表示該委員於簽署本報告書時，係將後開之意見，予以保留。

保留意見

羅能士先生之保留意見

本人對本報告書之主旨及其大多數之議論及結論均表同意，惟對於所建議在香港本島、九龍及新九龍設立各地方當局時所採取之方式則未便贊同。

二、此等地區目前均歸獨一之地方當局亦即市政局所管轄，此小組會則建議將市政局之職權劃分由三數個市議會及區議會負責，並建議將來香港本島、九龍及新九龍三者之合共整個範圍內不應只有獨一之地方當局存在。本人深信將吾人城市行政作支離破碎之舉，實非所宜，抑亦無設立一個當局居間為助，實屬退化之舉。

三、在擬訂另一可行辦法時，本人對於市民信心至為重視，蓋本人相信市民信心乃係解決整個問題之主要關鍵。此項信心，既屬如此平衡穩定，則吾人實不應提出任何足以使其傾覆之議。凡有任何制度，如足招非議而議為"分化而統治"之政策。或令人產生印象指為"秘書處執政"之擴張計劃者，本人認為均應退而避之。尋求改革與進步，雖然事在必行，惟本人深悉市民超過一切之最高願望，乃係期待政府應緊握穩定航線按海圖所示之水域，破浪前進，直趨其所預知之目的地，而並非冀望吾人航入無知之境以招觸礁之禍。

四、本人性好進取，惟在地方行政方面仍認為亟須贊同所謂確知尤勝於未知之說，以及寧可改良吾人現有之事物而毋作重新建立制度之嘗試。由於時間無多，本人深信在今日採取若干進一步之適當步驟，尤勝於異日策劃作某等冒險之舉。蓋至要者，為更須有一種政治手腕，使有識之士與吾人共同在互相信賴及自信之情緒下工作。

五、本人現欲一談人力資源問題，任何政制如缺乏人力資源，則永不能成功。吾人現極缺少該種具有充分之興趣，與資格及經驗之男女以辦理香港本島、九龍及新九龍之地方行政事宜。此種情形無論在公務員及非官方人士方面均然。該項工作既屬如此龐大與複雜，是以吾人必須利用過往十五年間在市政局及市政事務署方面所建立之忠耿精神、傳統、經驗、工作程序及接觸市民之關係。此外，吾人並須獲得熱心公益人士之善意支持，此等人士係指過去及現在與市政局、兩主要政治團體及有關社團發生關係者。本人深信所有各種城市行政制度如非充分獲得此等人士之接納並能保證其參加工作者，則未得稱為實際可行。本人深信欲達成此目的之最佳方法，乃係在於香港本島、九龍及新九龍之未來地方行政方面利用市政局之若干力量以資進行。

六、本人現欲一談者，乃係設立地方當局之最適當標準之問題。首先本人認為吾人不應受別處地方當局之任何狹隘定義所限制。在一方面，吾人可設立獨一地方當局以掌管香港本島、九龍及新九龍全部之地方行政而與負責全港事務之中央政府有別。在另一方面，吾人可設立一地方當局以負責一個例如尖沙咀或赤柱等之個別地區事務，倘吾人向有代表性之選民團體徵詢意見時，相信彼等之主要願望係能有一個效率良好之政府。且彼等對於地方當局，只有在該當局成為效率良好之政府所必需之基礎時，方覺具有興趣。

七、本人在香港政府服務之大部分時間係致力於城市內部事務，而在過去四年間，則在市政局及市政事務署工作。根據該種經驗，本人相信關於香港本島、九龍及新九龍之地方行政若無一個獨一之地方當局在整個此等地區內執行管制者，則殊難收效。此外，在於區之階層方面，亦或須設立輔助性之地方當局，惟若不設立一個制訂政策及統籌兼顧之獨一當局於其上層者，則彼等實難以提供有效之地方行政。本人深信其他國家，尤其是英國及法國等之現行趨勢均足以支持此一見解。

八、鑒於吾人在能力範圍內必須從速實施一項制度及應設有一個效率良好政府之必要，本人建議首先應將市政局擴大成為一個專為香港本島、九龍及新九龍整體而設之市議會，並按照階段逐步賦予本工作小組委員會報告書第五章所述之權力及職務，同時並應考慮按照階段逐步賦予住屋及其他方面之額外任務，而此等任務乃範圍如此龐大之地方當局所能勝任者。本人認為關於市議會委員之選舉事宜，若能首先採用一種有限制之選舉權制度，則當與目前實際情形及知識分子之願望互相吻合。

九、本人並進一步建議，將市政局之現行選區制度加以擴展，以推行市議會之簡單誠實民主制度。本人贊同在實行時應採用一種方法，使區內所有公民團體以及熱心公益分子，包括街坊會、宗親會及同鄉會等能集合一致。雖然此點並非輕易可行，惟本人相信必能達致成功。開始之目的，應為樹立一個基本而非法定性之諮詢小組，以與市議會之選區委員聯絡，於必要時市議會並應向彼等諮商。此等諮詢小組最後自然發展為組織適當之區議會，或法令制訂之區議會，在市議會管轄下執行地方當局之職權。

十、在區之階層而言，本人認為倘採用一項針對此等方針之實用辦法，非但可以增進政府與民眾間之聯絡，並較直行設立選舉性地方當局，更為符合民意。

十一、本人認為本港之中央政府必須為香港本島、九龍及新九龍共同設立一個獨一而強力之地方當局。

徐家祥、華樂庭及韋忠信諸位先生之保留意見

徐家祥、華樂庭及韋忠信諸位先生認為本報告書所建議之地方行政制度在於市民參政與地方事務管理方面均能提供一健全基礎，以利進行。惟欲達致成功則必須獲得市民之深切了解及誠意支持然後可。

二、此項建議採用之制度係以代表民意之原則為基本，並在廣闊選舉權之制度下利用投票甄選舉方式而決定人選，惟無論如何，吾等三人深信此制度並不為大多數香港人士所充分認識，是以似難獲得民眾之信任及支持。

三、在大多數西方民主國家中，選拔民眾代表之認可方法，乃係從各政黨所提名之候選人中選出，以多數票取決為原則；候選人通常均無懼於競選之得失及面子問題，是以並無畏縮而不參加競選之舉。民眾對選舉原則，如能普遍接納，則制度縱有流弊亦自然而然獲得矯正，此種情形在香港則完全有天壤之別。是以代表民意之制度目前能否妥善選出有高深資歷而最受大眾歡迎之人物出而參加地方行政工作，實屬疑問。在事實上而言，一種以代表民意之制度為根據及以投票甄選舉方式而決定人選之制度，誠屬一項冒險，而可遭受無恥之徒或舞弊之輩從中操縱之虞。

四、吾人試觀出而參加市政局選舉之選民人數，如此微少，而民眾對最近擴闊選舉權結果所舉行選民登記之反應，亦如此冷淡，即足以證明此選舉制度實欠缺民眾之支持，同時亦顯示民眾對此制度缺乏了解而不予信任。惟無論如何，此點並非係低估市政局現屆及歷屆民選議員汗馬功勞之寶貴價值。吾人並深信此輩熱心公益人士對官府政治產生堅強之刺激作用。然而在香港市民中，彼等各人仍未足稱享有廣大民眾之支持。

五、本報告書在許多方面係參照英國之地方政府制度而來，在採用其中所建議之地方行政制度時，尚有一項因素係有重要關係者，此即在英聯合王國境內，獨一之地方政府系統，通常係認為未如人意。該事現仍在皇家調查委員會進行調查中，同時英國地方政府官員聯合會在呈交該委員會之意見書中提議將所有州、自治城市、市議會及鄉議會廢除而代之以地區性之議會及地區性之當局專司制訂政策之責，此外並在政策實施方面賦予行政人員以更大之職權及力量。誠然，此乃一般公務員之意見而已。惟無論如何，此一意見經已指出，在本港施行類似該種之行政制度時應慎重辦理，因該種制度現經證明為差強人意，並且係由一個在政治、經濟、社會、文化及歷史背景方面均完全有別之社區所演變而來。

六、此外，吾人亦須銘記於心者，厥為每當提及華人社會對政府及行政方面事宜所抱之印象時，其最耳熟能詳之印象，為一種由深受嚴明道德觀念所規限之學者所控制之強力官僚政治。

七、吾等三人之意見，認為在本報告書所建議之地方行政制度，予以實施之前，應採取一項臨時措施，使本港市民能先作準備，以配合民主性之地方行政制度。

八、此等臨時辦法之一般目的有如下述：

（i）使該等堪作寶貴後備人才而目前係活躍於香港社會上之才德兼備及熱心公益市民與社團首長，與本港之內部行政發生聯繫；

（ii）以區域或地區為本位而將政府機關作若干改組，使各政府機關所供應之服務，更能緊密配合市民之需要；

（iii）使勞績昭著及勇於服務之市民獲得更多機會出而參加其所居地區之事務及全港之一般事務，從而培養一批具有為群眾服務經驗之後備人員，以便服務於純屬民選之自治議會及日後更服務於政府之較高級議會；

（iv）培養市民按照選舉原則選派代表參政之慾望；

（v）促進政府與民眾間之互相了解；

（vi）作臨時性改組時，應以能提供本報告書所期待之民主地方行政制度之基幹組織為合。

九、本段對上開各項臨時建議之目的，加以更詳盡之評述。

（i）利用現有之領袖人才

香港之社會習慣於將其本身組成眾多之團體，而此等團體並非根據某一地區民眾利益之共同性而設立，而係根據傳統上認可之慈善目標、語言、籍貫、職業、商務、專業等等而設立者。在個別市民方面，大多數均在根據此等共同理想與利益而設立之團體內從事社會工作。此等團體之成員，通常均選擇彼等本身所熟稔之人士，且認為係精明能幹、足智多謀而積極進取者，以便充任彼等之領袖。

此等團體之劃分，相當複雜，故難以提供本報告書所建議地區性地方行政之實際組織基礎。惟吾人感覺，在社會人士對民眾投票之選舉制度尚未獲得信心之前，必須促使該等受人敬重、能幹而熱心公益之社團首長參與本港地方階層與中央階層之行政工作。

（ii）地區性之行政

吾人認為，本報告書建議移交各地方當局之職務，大部分應先由各政府機關，按照地區性之本位加以執行，並使用機關性之分權方法完成之。如此則可確保在整個過渡時期內持續不斷提供有效率之服務。

同時，吾人認為在一地方之範圍內，政府之工作任務必須由一名"地區行政官"予以有效之協調及管制，而該名官員之工作方式應與新界民政署之各理民府大致相同。此等官員一方面將己身視作該等地區之各該"當局"，而在另一方面，則賴彼等之各該非官守諮詢議會之助而確保政府之全部努力獲得指導，俾能在當地民眾意向與全港市民利益之間提供最佳之折衷辦法。

該名地區行政官應有法定義務就該未來地方當局所理應採行之各項措施，向地區議會提出諮詢；該名官員並在非屬法定之安排下，俾一切有關市民之事宜向議會徵求意見，惟有關防務、外交事務及其他另行保留之事項，則不在此限。各地區議會擬提交政府組織之意見，將經由各該地區行政官直接轉達在其轄區內工作之政府機關，或由彼直接轉達中央政府。

（iii）處理公共事務之經驗

對於此從極狹小範圍內挑選人員任命為非官守議員以出席政府高級議會之舉，相信頗有非議而未經宣之於口，惟有志之士而具備充分時間、經驗、廉潔及在履行任務時所必須具有之英文學識者，誠屬難求而無可置疑。惟吾人深信，如設立地區議會，則可供參與地方及中央政府政務之非官守議員，其選拔範圍，自當極為擴大。

參加地區議會工作，可獲得機會在未來之地方當局並或在政府之高級議會從事服務。

（iv）民選代表權

吾人建議，在開始時，地區議會內之委任委員與民選委員之比例，應為二比一或三比二。各民選委員可分在各該選舉區由選民選出。選民係指業經登記之戶主而業經在該選舉區內居住歷十二個月或十二個月以上者。議員之任期將為三年。

（v）改善公共關係

吾人認為，居住於市區內之民眾頗覺彼等與當局之間，過於脫節，而缺乏充分之接觸，故難以確保彼等之意見，獲得當局充分之考慮。查現時在市民心目中仍存有不少嚴重錯誤之觀念，例如不少人誤信現時政府所收之全部或最低限度屬大部分之稅款係流往英聯合王國者。不少市民亦懷疑華人之意見在政府各議會內，是否獲得適當之下情上達，彼等並對一連串之公共服務提出改善之要求，惟對於改善之方法，則從未嘗考慮如何方可實踐之。

在一個如香港之屬地而論，其中許多高級公務員係從海外聘用之人士且政府與法庭所用語言亦並非大部分居民所熟諳者，是故上述觀感之產生，殊不稀奇。其結果遂致香港政府與英國政府間在財政上與行政上之互相分隔實況，殊不為一般人所深加認識。惟即使在其他國家而論，縱使其民選代表權制度，係由來已久之傳統，且全國亦單用同一語言者，則此等觀感，亦未必毫無存在。惟無論如何，基於香港之情勢與政府地位而產生之困難，較別地者實有過之而無不及，故需要更大努力始可克服該等困難。況且，在香港由現時社會環境所形成之政治形勢下，危險之產生，與其謂來自該制度之實際缺點，無寧謂來自民眾所誤信其為該等缺點之情事。職是之故，關於一般平民對政府之態度，無論如何不合理、厭煩或不公平，惟吾人頗覺本身所持之意見仍有陳述之必要。

吾人相信，在尚未實施民主地方行政之前，政府可從事之訓政工作極多使民眾對該種制度之施行有所準備，並協助消除上述之一般市民觀感，尤以認為政府與民眾之願望及需要有所脫節者為然。

顯而易見者，厥為民眾現時向政府所表現之不良態度，一部分係基於誤解，而另一部分則肇因於政制上真正不適當之處。因此，如欲獲致較為滿意之情況，則促進良好公共關係之工作必須與政制改革之工作並肩相輔而行。

在此所提出關於地區議會之各項臨時建議，對於改善政府與民眾間之了解，定將大有裨益。各該建議亦自應有助於補救時弊，蓋此等弊漏每肇因於政府機關內部工作之缺乏協調與乎公務員雖為公眾服務而不願徵詢民眾之意見；惟公務員在其他方面則可算克盡厥職。

（vi）為建立未來地方當局基礎而設之臨時安排

各地區議會之行政分界線，如不與本報告書所指定之各地方當局轄區互相吻合者殊屬欠解。惟徐家祥先生認為較小之地區議會可能收效更宏，此乃有鑒於人口之多寡與及各項問題之複雜而發。查現時在新界之鄉事委員會與鄉議局均足資借鏡，是以吾人僉覺倘有關於地區議會之建議得蒙接納，則應研究另設分區議會之實際可行性。

十、總括而言，徐家祥先生、華樂庭先生及韋忠信先生深覺為使市民對本報告書所建議施行之民主地方行政制度有所準備起見，應採取臨時措施使民眾對民選代表權之原則與實施方面，均能建立信心，並向市民提供機會使可改變及參與公共事務之進行，如無該等準備措施，則民主地方行政之成功可大受妨害。似此情形，吾等三人建議早日在各市區內施行地區行政制度，而此種制度係與地區議會發生法定之聯繫者。該等議會將由委任委員及民選委員組成，而民選委員則係按照戶主選擇權之原則而選出。在開始時，該等議會僅屬諮詢性質，並在種類繁多之公共事務上應受法定之諮詢而提供意見。此項制度之推行倘達良好效率時 —— 吾人希望其不須超過六年時間 —— 即應考慮增加議會內之民選委員人數，並擴大選舉權，及賦予該等議會以行政權力，以資提供眾多種類之地方性服務。地區議會制度將嚴密仿照建議中之地方當局形式，並將向地方當局提供組織上之體制與人力。

十一、吾人認為，市政局之地位可與上述各項辦法互相調和。該局將可憑其現有形式繼續工作，直至各地區議會能準備擔負行政職責時為止。在市政局與地區議會之間，當有發生抵觸之可能，惟此等抵觸似乎並不足以構成不可克服之困難。

十二、依吾人所見，荃灣方面可提供施行上述建議辦法之唯一機會，良以荃灣係具有設置一所地區行政機構之基礎，而該機構與代表各界利益之社團領袖將有密切聯繫，是以應可正式訂定該等辦法俾成立一所地區議會，並儘早在該議會內實現民選代表權之要素。

附錄（甲）

關於政府與民眾間之關係問題，從經典摘錄之片段中所反映出之華人傳統觀念。

（甲）孟子

"……庖有肥肉。厩有肥馬。民有飢色。野有餓殍。此率獸而食人也。獸相食。且人惡之。為民父母行政。不免於率獸而食人。惡在其為民父母也。"（孟子）

"保民而王。莫之能御也……"（孟子）

"……故推恩足以保四海。不推恩無以保妻子……"（孟子）

"……無恆產而有恆心者。惟士為能。若民則無恆產。因無恆心。苟無恆心。放辟邪侈。無不為己。及限於罪。然後從而刑之。是罔民也。焉有仁人在位。罔民可為也。是故明君制民之產。必使仰足以事父母。俯足以畜妻子。樂歲終身飽。凶年免於死亡。然後驅而之善。故民之從之也輕……五畝之宅。樹之以桑。五十者可以衣帛矣。雞豚狗彘之畜。無失其時。七十者。可以食肉矣。百畝之田。勿奪其時。八口之家。可以無飢矣。謹庠序之教。申之以孝悌之義。頒白者。不負載於道路矣。老者衣帛食肉。黎民不飢不寒。然而不王者，未之有也。"（孟子）

"善政不如善教之得民也。善政。民畏之。善教。民愛之。"（孟子）

（乙）孔子

"道千乘之國。敬事而信。節用而愛人。使民以時。"（論語）

"舉直錯諸枉。則民服。舉枉錯諸直。則民不服。"（論語）

"民可使由之。不可使知之。"（論語）

"君子之德風。小人之德草。草上之風。必偃。"（論語）

"政者正也。子帥以正。孰敢不正。"（論語）

"其身正。不令而行。其身不正。雖令不從。"（論語）

"子貢問政。子曰。足食足兵。民信之矣。子貢曰。必不得已而去。於斯三者。何先。曰。去兵。子貢曰。必不得已而去。於斯二者。何先。曰。去食。自古皆有死。民無信不立。"（論語）

（丙）孔子對理想社會制度之概念

"大道之行也。天下為公。選賢與能。講信修睦。故人不獨親其親。不獨子其子。使老有所終。壯有所用。幼有所長。鰥寡孤獨廢疾者皆有所養。男有分。女有歸。貨惡其棄於地也。不必藏於己。力惡其不出於身也。不必為己。是故謀閉而不興。盜竊亂賊而不作。故外戶而不閉。是謂大同。"（禮記）

（丁）墨子對政府制度之辯明

"古者民始生。未有刑政之時。蓋其語人異義。是以一人則一義。二人則二義。十人則十義。其人茲眾。其所謂義者亦茲眾。是以人是其義。以非人之義。故交相非也。是以內者父子兄弟作怨惡。離散不能相和合。天下之百姓。皆以水火毒藥相虧害。至有餘力。不能以相勞。腐朽餘材。不以相分。隱匿良道。不以相教。天下之亂。若禽獸然。夫明虖天下之所以亂者。生於無政長。是故選天下之賢可者。立以為天子。天子立。以其力為未足。又選擇天下之賢可者。置立之以為三公。天子三公既以立。以天下為博大。遠國異土之民。是非利害之辯。不可一二而明知。故畫分萬國。立諸侯國君。諸侯國君既已立。以其力為未足。又選擇其國之賢可者。置立之以為正長。正長既已具。天子發政於天下之百姓。言曰。聞善而不善。皆以告其上。上之所是。必皆是之。所非。必皆非之。"（墨子）

附錄（乙）

差餉條例（即香港法例第一百一十六章）第五十一款

（注意：本款業經由一九五四年條例第三十號公佈取消）

在新界地方（新九龍除外）之修正事宜

第五十一款　本條例之規定，在引用於除新九龍以外之新界地方時，須以遵照下列各項修正為限。

（甲）署長（差餉物業估價署）及庫務司之權力與職務，須由新界民政署署長行使及執行之。

（乙）（一）所有差餉之評定及徵收，須只限於樓宇及總督會同行政局所宣佈成為市區之區域。在第十五款第二及第六行內所稱"鄉村區"及"區"須易為"市區"字樣。

（二）各該市區，須在總督會同行政局所批准之圖則上劃線為記，並存放於新界民政署備查。

（丙）（一）應納差餉樓宇須分作下列之等級：

特等：經評估員評定價值超過四千元之樓宇；

一等：經評估員評定價值超過二千元惟不超過四千元之樓宇；

二等：經評估員評定價值超過七百五十元惟不超過二千元之樓宇；

三等：經評估員評定價值超過二百元惟不超過七百五十元之樓宇。

（二）任何樓宇，經評估員認定其價值係二百元或二百元以下者，不須徵收差餉。

（三）評估員於發覺樓宇有非由政府水務局供給用水者，則須於每一評價清冊上註明之。

（四）本條例所提"產業"一詞，係指依照本款規定須徵差餉之樓宇，而第十六款第（一）段（甲）節及（丙）節與及第二十八款第（一）段所載之"差餉估價額"一詞，應視為代以"真實價值"等字而閱讀之。

（丁）（一）所有除新九龍以外之新界樓宇，既經評價及在評價清冊上分別等級註明價值，並於第十六款或第二十八款規定之上訴時效屆滿後，每年應於四月一日起繳納差餉。如屬臨時估價，則於估價後翌月一日起或於總督會同行政局頒令指定之日起繳納此項差餉，依照下表所列或所確定之數目徵收之：

樓宇等級	每年差餉額
三等：評價清冊上註明非由政府水務局供給用水者	二元
三等：無上述註明者	四元
二等：評價清冊上註明非由政府水務局供給用水者	六元
二等：無上述註明者	十二元
一等：評價清冊上註明非由政府水務局供給用水者	八元
一等：無上述註明者	十六元
特等：評價清冊上註明非由政府水務局供給用水者	按照估價額每千元繳二元
特等：無上述註明者	按照估價額每千元繳二元

（二）本段第（一）節所規定之每年差餉額，得由立法局以決議案通過變更之。

（三）在本條例中並無任何規定係足以視為廢除或影響水務條例或新界條例之規定。

（戊）（一）上述之差餉額須於每季第一個月內在各該地區之理民府署作上期繳納。指定之繳納日期，不在政府憲報發表，而由理民府在其轄區內之每一市區公佈。任何未依期清繳之差餉，即以欠繳論。

（二）關於任何欠繳之差餉，理民府得權宜飭令將欠繳之數目加徵不超過百分之五款項，與差餉一併追繳之。

（己）如有任何人欠繳差餉者，民政署長在新界條例所制訂之規例之規定下，得享相等於地稅徵收官之同樣權力，而此等規例（其必要之修改在進行中）得予適用以追繳該差餉。凡依（戊）段規定因欠繳差餉而加徵之款項應予追繳，一若該款為欠繳之差餉辦理。

（庚）民政署署長得依照第三十四至第三十九款所列之條件、章程及上訴權而發還差餉。但遇同一樓宇租與住客不只一人，而有一層或多層樓宇在一季之內有全一個月或全若干月空租者，民政署署長得依法對各該空置樓宇發還差餉，發還額係以不逾該季應繳差餉之百分二十為準。

（辛）民政署署長於必要時，可採用及修改所規定之表格。

附錄（丙） 一所較大之市區當局之組織

第一部：委員會編制

編號	常務委員會	職務
1	財務及普通事務	普通政策，核准一切有關稅收及開支之建議，包括擬具每年度預算，核准標投事宜；及所有其他未經另行編配之職務。
2	公共衛生	所有公共衛生事務，即在第六十四段第（一）至第（四）節內所指定之職務，但不包括小販管理及廣告管理在內。
3	教育與福利	第六十四段第（五）至第（十二）節及第（二十）至第（二十一）節內所開列之職務。
4	商業性管制	小販管理及廣告管理；第六十四段第（十三）節及第（十五）節內所開列之職務。
5	交通	第六十四段第（十六）至第（十九）節內所開列之職務。
6	住屋	第六十四段（十四）節內所開列之職務。

第二部：辦事處編制

編號	部門	部門首長及主要官員	職員之主要類別	執行之職務
1	行政處	主任政務官 政務助理	事務主任 牌照辦事人員 秘書處辦事人員	協調地方當局之各項職務及普通政策；對議會與委員會供應服務；人事；牌照事務。
2	財務	財務主任或會計主任 助理財務主任 內部稽核主任	簿記員 出納員 差餉徵收員 租務文員 稽核文員 秘書處辦事人員	預算及財政管理 收取稅款 支付 標投事宜 內部稽核
3	公共衛生	衛生醫官 衛生總督察 政務助理	屬下衛生辦事人員 種痘員 秘書處辦事人員	與第一部第二編號欄內所開列者相同
4	社會福利	福利總主任 校監 校長 康樂主任 大會堂經理 博物館及美術館主任	事務主任 助理員，教師 植物科助理員 園藝科助理員 園丁 公園管理員 海灘管理員 秘書處辦事人員	與第一部第三編號欄內所開列者相同
5	商業性管制	總督察 督察	督察 隊長 隊目 隊員 秘書處辦事人員	與第一部第四編號欄內所開列者相同
6	交通	泊車管理主任	泊車管理員 停車場看守員 秘書處辦事人員	與第一部第五編號欄內所開列者相同
7	住屋	屋宇事務經理	總經理 行紀人 秘書處辦事人員	與第一部第六編號欄內所開列者相同

編號	部門	部門首長及主要官員	職員之主要類別	執行之職務
8	工務	城市建築師 建築師	工務書記 工務管工 繪圖員 木匠，泥水匠及 電器匠 秘書處辦事人員	一切建築物等之設計監管地方當局工程之建築及保養事宜。

注意：此係假定所有車輛及其他裝備等係由外間代理人保養，但由當局支付費用。

附錄（丁）負責監察地方當局之中央政府機構所可執行之職責

（注意：本附錄取材自聯合國亞洲暨遠東經濟委員會於一九六四年二月二十四日所發表之地方當局享有中央服務問題研究會議報告書）

（甲）制訂政策

（一）供作中央政府之主要顧問。凡一切有關於地方當局之事務，組織上及職務上之制訂政策事宜等，均須向其諮詢。

（二）經由委員會及調查委員會以作廣泛研究及調查地方當局之職務機器工作情形，或協助其制訂普通政策。

（三）依照政府之政策採取一切措施以發展地方政府，並包括研究、草擬及促進各項計劃以便將地方政府制度推及全境及使地方政府能於經濟及社會發展上負擔有效之任務。

（乙）立法、行政及監察

（一）定明地方當局之組織、權力、職務及其他基本等點，以及草擬供作此項用途之必需法例。

（二）定明及劃分地方當局之區域、管轄權限及分界線。

（三）劃定選舉區界限及監督地方機構選舉之進行。

（四）規定行政，發展及訓練之準則，以便地方當局有所遵循。

（五）草擬規則及標準地方法，為地方政府事務提供立法之建議。

（六）提供法律指示，確保司法及其他機構之充足程度以便實施地方條例，及防止地方當局及其官員濫用職權。

（七）視察及監督地方當局之工作情形。

（八）仲裁各地方當局相互間之糾紛。

（九）協助地方當局組織會社及設立學院以進行研究及訓練工作。

（十）採取一切儘可能之方法，以改善地方當局之行政水準，並儘量給予支持。

（丙）訓練及人事管理

（一）培養地方當局辦事人員之職業發展，使成為一項終生之業務。

（二）草擬規則以便劃一規定地方當局人員之待遇條件。

（三）鼓勵地方當局發展在職訓練或其他訓練，而以導師或其他方法進行之。

（四）舉辦進修班及討論會等，以訓練受僱於地方當局之主要人員，安排有為之年青人員接受更高級之教育，派送有經驗之人員到外國受訓，組織職員發展計劃，為地方當局之民選委員舉辦方針訓練班。

（丁）財政政策及財政協助

（一）針對有關於地方當局之財政政策，向政府提供建議。

（二）提供改善地方稅收來源之辦法；協助稅務行政及提供稅務建議，並包括制訂有關於估稅及收稅之規則及規例。

（三）利用規則，以建立及保持有關財政預算、會計及其他財務行政等各方面之標準；以及監督財政及稽核。

（四）利用輔助金或津貼及貸款，以確保地方當局能有適當之資金運用。

（戊）編訂計劃，統籌協助及協助服務

（一）將地方工程及地方當局之發展活動連同國家之計劃加以統籌兼顧之協調。

（二）評估各計劃之有效價值及向地方當局提供改善方法。

（三）作為各地方當局間之資料交換所，同時按照中央各部門之計劃對各當局

有否幫助或影響之問題，供給詳確資料。

（四）將地方當局向技術部門所作之要求加緊支援進行，並協助彼等解決互相間之歧見。

（五）協助草擬城鎮及郊區計劃。倘其他部門未進行鄉村計劃及測量者，則亦須將其包括在內。

（六）協助獲取材料與配備。

（七）必要時，協助設計或進行較大之地方計劃，例如：水務工程、暗溝工事及電力裝置等。

（八）研究工作、資料及統計，包括有關於地方政府事務之各項刊印發表等是也。

3.5　市政局地方政制改革報告書

〔1969 年 3 月〕

一、由特設委員會提出之市政局未來範圍及工作報告書，於一九六六年十月四日市政局會議時，已獲採納。

二、特設委員會主席沙利士於提出該報告書時，謂此係作為研究用之綱領，將來於適當時需作更深入研究，始能將報告書內容付諸實施。此問題由市政局全局常務委員會於一九六六年十一月八日開會時予以考慮，結果同意成立若干個小組委員會，以詳細研究市政局來日之範圍、財政、分區及組織。……

……

三、市政局全局常務會議於一九六七年三月十四日開會時，同意原由沙利士（主席）、貝納祺、張有興及黃宜平組成之特設委員會應改組為事務委員會，且易名為地方政制委員會其職責如下——

"檢討及考慮所有關於改革地方政制之方案，提供市政局在此方面之見解，及作為市政局之公眾關係委員會"

四、（略）

五、（略）

六、地方政制委員會之主要目標為綜合各小組委員會之結論而置頂一項分期擴大市政局範圍之計劃。在是項工作中，必須考慮市政局所存之狄堅信修訂報告中所舉薦之事項與各民選議員於一九六八年十月八日常務委員會會議中所發表之見解。

階段之劃分

七、以下之分階段方案，反映該四個小組委員會研究之結果，亦顧及其他方面所表達而為政制委員會所接納之見解。閱讀及研究本報告時，必須參閱特設委員會原訂之報告。

第一階段

名稱

八、市政局現用之名稱需要更改，藉以更為反映一個行政議會之地位與職權。茲建議將市政局現時名稱改為"香港市議會"。

與中央政府之關係

九、市議會開始時應直接向本港總督或副總督負責。（指屆時已設有副總督而言。因已有另一建議，主張設立副總督，以負責地方政制及其他職務。）

選舉範圍

十、現時之選民資格，在第一階段內應繼續維持，選舉應以全港範圍為基礎。

組織

十一、在第一階段內，市議會之組織如下 ——

官守議員

市政事務署署長

工務司

社會福利署署長

民政司

屋宇事務署署長（參閱本報告第十四段甲節第一項）

交通事務處處長（參閱本報告第十四段丁節）

教育司（參閱本報告第十四段乙節）

醫務衛生處處長

民選議員

根據現制，共有民選議員十名。在第一階段時，民選議員名額應增加十名，使總數達二十名，以應付新議會之加添職責。

委任議員

仍為十名，由港督委任。

主席

十二、議會對於主席人選，應可以完全自由決定。在開始時，市政事務署署長可能被選為主席。但在一年或最多兩年內（無論如何在第二階段開始前）。議會應選舉非官守議員擔任主席，且可在階段內，考慮將主席名稱改為"市長"。

補助

十三、非官守議員應獲得若干補助，以彌補可能需要支付之秘書服務費、文具費及車費。

職權

十四、（甲）現有職權均予保留，並作以下之擴充 ——

（i）公眾住屋事務 —— 政府為解決公眾人士居住問題而興建之各類房屋，應撥歸市議會轄下之機關統一管理。此機關之首長應為市議會議員之一。（屋宇事務委員會之工作將撥入新設之屋宇事務署，故該委員會毋須繼續存在。）

（ii）發牌事務 —— 市政局現時之職權將予擴充，使包括下列營業之發牌事務：理髮店、酒業、桌球室、保齡球室、電影院、舞院、蔴雀店、貸款業、當押業、雪屐業、兵乓球室等。

（iii）路燈 —— 議會現時已處於諮詢地位。茲建議應擔負全部職責，如是則具有法定權限，不只諮詢而已。

（乙）教育 —— 在此階段，市區內政府小學及中學之辦理，應由議會管轄，而以教育司為議會議員之一，俾能答覆與教育政策與計劃有關之問題。議會對教育委員會，應有權遣派代表出席，且應委出議員兩名充任該委員會之委員。

（丙）社會福利 —— 在此階段，社會福利署在市區之各方面管理工作均由議會管轄，而以社會福利署署長為議會議員之一。

（丁）交通與運輸 —— 在此階段，凡與多層停車場及露天停車場有關之政策、計劃及管理工作，應由議會管轄。議會對交通諮詢委員會或為應付道路、交通、運輸而設之其他機構，應有權遣派代表出席，且應委出議員兩名充任交通諮詢委員會之委員。

（戊）醫務 —— 茲建議在第一階段內，議會應完全負責衛生教育，而以醫務衛生處處長為議會議員之一。議會對醫務發展計劃常務委員會及醫務諮詢委員會，應有權遣派代表出席，且應委出議員兩名充任每一委員會之委員。

（己）城市設計委員會 —— 議會對於城市設計委員會應有權遣派代表出席，且應委出議員兩名充任該委員會之委員。

（庚）新聞處 —— 議會應自設新聞處。

（申）法律工作 —— 議會將設有法律修訂事務委員會。雖然不需借用法律人員，但於需要時應能向法律人員請求援助。

財政

十五、茲認為第一階段之一部分計劃，應包括必須使議會能自理收支。初步建議為議會可獲得差餉稅收之一部分，作為支付執行日常職務所需之經費。議會同時亦從牌費、租費等方面獲得稅收。至於開辦費，則由立法局批准撥付。

職員

十六、在較初之階段，議會職員可從中央政府借用。所借用者如係高級人員，則在人選方面，應事先與議會磋商。政府所提出之任何人員，議會有權拒絕。議會對於借用人員之費用，須向政府償還。

語言

十七、在初期，議會會議應繼續用英語，但政府應訓練一批即時翻譯人才，以期在議會會議中能及早推行粵語英語即時互譯制度。無論如何，是項制度須在第二階段開始以前實現。

第二階段

選舉範圍

十八、需訂定新選民範圍，以備進行全港性及分區性之選擇。

組織

十九、議會之組織應作以下之變更：

官守議員

第二階段開始時，議會已無官守議員。彼等既不成為議會議員，故無表決權。但議會轄下或與議會共同工作之政府機關首長或高級職員於需要時，可以顧問或選任委員身份出席議會轄下之委員會會議。

民選議員

民選議員人數應增加十名，使總數達三十名，在分區選舉之範圍內當選。

委任議員

仍與第一階段同。

職權

二十、香港市議會之範圍作以下之擴充 ——

（甲）醫務 —— 茲建議在此階段醫務顧問委員會之職權應予以變更，使該委員會能採取主動而非聽候事情轉到始能辦理。

（乙）計劃 —— 包括市區發展計劃，建築物之設計、位置與高度，道路系統等。

（丙）度、量、衡標準之釐訂。

財政

廿一、議會之差餉分配比率因職權之增加，亦隨而加添。

職員

廿二、在第二階段，所有借與議會之職員，如果同意，可成為議會之長久僱員。議會以後即負責自行僱請所有職員。

語言

廿三、在此階段，議會應已建立有效率之即時互譯制度。法律應予修改，使說粵語之公眾人士亦可被委任或選舉為議會議員。議會所用語言，英語或粵語均可。

第三階段

區議會

廿四、第三階段開始時，應考慮成立區議會，其成員如下：

官守議員

應無官守議員。彼等既非區議會議員，故無表決權，但市議會轄下或與市議會共同工作之政府高級人員於需要時，可以顧問或選任委員身份出席區議會轄下委員之會議。

民選議員

席數之決定，將按照區內每十萬名居民獲一席位之比率，同時需立法以准許分區選舉制度。

將根據市政局未來範圍及工作特設委員會所列出之辦法而擬訂適用於分區選舉之選民資格。

委任議員

區議會內委任議員之席次比率為每三名民選議員即應有委任議員兩名，其一為港督委任，另一為香港市議會委任。區議會內民選議員之人數如不能以三除盡者（例如十四或十三），應採用以下規則 ——

（甲）若係十四名而致有兩名逾額時，對於逾額之兩名，議會只委任議員一名。

（乙）若係十三名而致有一名逾額時，對於逾額之一名，議會將不委任議員。

香港市議會之組織

廿五、市議會之組織如下 ——

民選議員

在此階段，議會將有民選議員三十名，其中二十名來自全港選舉，十名則來自分區選舉。區議會如果建立，則從全港範圍選出之議員，將讓出十席給予間接由區議會選出之議員十名。區議會如不建立，則從全港範圍選出之議員，將讓出十席給予由分區選舉選出之議員，使基於全港範圍而選出之議員人數為十名，基於分區選舉而選出之議員人數則為二十名。

委任議員

五名由港督直接委任，五名由香港市議會民選議員三分之二以上向港督推薦。

香港市議會之職權

廿六、議會之職權應予增加，其中包括教育之多方面問題。

區議會之職權

廿七、區議會之職權應包括 ——

一、若干福利工作

二、浴室及公廁

三、視察樓宇以執行衛生法例

四、防治蟲鼠

五、衛生事務

六、消弭喧囂及妨礙別人安寧事物

七、街名及路燈

八、小販及街市

九、清潔街道

廿八、區議會成立後，生死及婚姻註冊一類較輕事務，將依照特設委員會之原議，由市議會接管，而由各區議會辦理日常工作。

財政

廿九、差餉將由香港市議會釐訂，惟須經港督批准。區議會如設立，則市議會將負責配給經費。

語言

三十、區議會將採用粵語及或英語。

期限

卅一、為逐漸實施以上方案起見，茲建議考慮下列期限 ——

階 段	實 施 期 限 （ 自 四 月 一 日 開 始 ）
一	一九六九至七〇至七一
二	一九七一至七二或一九七三至七四
三	一九七七至七八

卅二、在任何時候如果認為議會擴展活動之任何方面業已有足夠之進步時，則自當考慮將次一階段所擬訂之措施，提早實行。

致謝

（略）

市政局

一九六九年三月

3.6 市政局將來之組織、工作及財政白皮書

〔1971 年 8 月〕

第一章 引言

　　一、市政局的職掌，過去未有全部明確規定，故曾引起許多問題，包括是否可能擴大市政局職責的問題等等。但是，迄今未能對這些問題有所決定。本白皮書臚述關於市政局未來組織及財政的各種建議，俾眾周知。這些建議，不但劃分清楚市政局的職責範圍，且將之略為擴大，並在本港憲章容許的範圍內，給予市政局很大程度的財政自主權。這是市政局前此從未得過的權力。

　　二、由一九六六年至一九七〇年期內，不時都有個人或團體就市政局的前途提出意見，議論紛紜，莫衷一是：一方面有人認為以香港的環境，毋須設立市政局一類組織；另一方面，則有人提議應擴大市政局的權力，把現時由中央政府執行的許多工作，亦交給市政局處理。

　　三、近年來，已有三份關於市政局的組織和工作的報告書發表。一份是由市政局的專門委員會在一九六六年提出的，另一份是由政府委派的地方政制工作小組在一九六六年十一月提出並於一九六七年二月刊印發表，第三份就是市政局在一九六九年三月提出的地方政府改革報告書。這三份報告書中有一個共通特點，就是它們的主要目的，都把市政局的未來發展，跟實行代議制地方政府的其他可能形式，一併予以討論。不過，循此方向而提出的建議，是否就能夠提高市區行政效率，或改善對市民的服務，實成疑問。而且，一直並無有利證據。顯示市民重視這類制度的實施。惟無論如何，政府深知在這方面，除顧及行政效率之外，並須鼓勵發揚社區精神和培養歸屬感。但政府亦認為把行政權力授予當地代議機構的地方政府制度，並非達成上述目標的唯一途徑。本港市民業已經由各種各樣的諮詢機構，廣泛參與管理公共事務。這些數目眾多且組織完善的諮詢機構，是本港施政的一大特點。它們的組織形式不一，包括鄉議局、鄉事委員會、勞工顧問委員會、工商諮詢委員會、聯誼團體及其他許多機構。其中鄉議局和鄉事委員會是新界民政署長及各區理民官經常就商的機構，聯誼團體是市區民政主任時常徵詢意見的組織，勞工顧問委員會及類似的委員會則是全港性的諮詢機構。除其他考慮之外，不成立新的

地方性團體的原因之一，是由於政府部門，可隨時參照有市民擔任委員的諮詢機構的建議，舉辦一切適應特殊需要的種種服務。如果真的要有新途徑，以便地方人士更廣泛地參與政府事務，順理成章的辦法是容許甚至鼓勵諮詢機構發展起來，使他們所產生的作用，能夠普及全香港，而不是把更多權力授予地區議會或市政局本身。

市政局

四、市政局在公共衛生、潔淨、環境衛生、小販及市場、屠場管理、酒樓執照、墳場及火葬場管理及康樂文化建設等方面，均擁有廣泛的法定職權（上述各項，只不過是市政局全部法定職權的一部分，其全部職權詳載附錄）。而且，尚有一點應注意的，就是在新界方面的許多同類工作，是由市政局現時的執行部門市政事務署負責的。

第二章　應考慮的背景

五、在討論市政局今後前途的問題時，下述各要點亦須兼行考慮：

（a）市政局議員的席位，使各民選及委任議員都有機會獲得管理公眾事務的經驗。

（b）市政局現時已負責擔當不少重要任務，對市區居民的衛生及一般福利有莫大關係。

（c）市政局於一九六九年三月提出的報告書中，曾要求將該局的職權範圍大事擴大，以及對該局的組合、程序及財政問題進行若干更改。

（d）關於市政局分屬的職權範圍，應有較明確的規定，以便作為執行工作的根據。依照現行制度，市政局有法定責任去推行某等工作，但有時該局所公開討論的問題，設計的範圍遠為廣泛，因此引致市民對市政局的法定職權及其與中央政府的關係，感到混亂及模糊不清。

（e）市政局過去執行職責，在有些工作上表現良好，尤以康樂設施及過程中能夠提供文化服務為然；但亦有其他工作因為在執行過程遭遇到較大困難，以致表現較差。

（f）在目前的制度下，市政局的經濟開支，完全受中央政府所節制，它本身在財政方面的權力甚少或全無權力。政府現時認為市政局應有相當的財政自主權，一方面使它在執行工作方面有較大自由，另一方面鼓勵它在擴展服務時，能依照實際環境自行作出限制。

（g）新界方面，已有鄉議局及各區鄉事委員會設立。

第三章　對市政局今後前途的建議

六、在此情形之下，現建議關於市政局今後前途問題，依照下列各節所述的原則處理。

市政局的職權

七、市政局的職權，將立例加以詳確規定。各項職權劃分如下：

（a）公共環境衞生（包括清潔、衞生、簽發食品及食物場所牌照、街市的建設及管理、小販管理及小販市場的興建）。

（b）康樂及市容（包括公園、遊樂場、海浴場、公共泳池及運動場的管理及監督。此外，並將繼續管理多層停車場及露天停車場）。

（c）提供若干文化服務（包括大會堂及日後可能興建的類似性質建築物，以及公共圖書館、藝術館及博物館的管理）。

（d）公共屋宇：市政局以往跟公共屋宇事務有緊密關係，這種情況將繼續保留，直至有新的決策以統籌辦理關於公共屋宇的工作為止。事實上，新訂法例是將市政局現時執行的各項職權歸納於同一法例之內，並加添下一節所提及的其他職權。正如目前一樣，有部分職權市政局是由法律授權執行的。但亦有部分職權僅是由政府交辦的。市政局對後一種職權，能負擔至何種程度，由市政局決定。

新的發牌工作

八、正如市政局在它的一九六六年報告書中所要求那樣，市政局的發牌工作將告增加。若干和環境問題有關的執照，今後將由市政局發出。這些執照中有一項是酒牌，不過警方仍保留批准暫時延長售酒時間的權力。其他執照則係關於電影院、保齡球場、溜冰場、桌球室、理髮店及乒乓球室等。至於舞廳、麻雀館及押店等場所，因為必須小心監察，以免淪為歹徒所控制，故仍應由警方保留簽發執照的權力。

名稱

九、在未有其他可以代替的適當名稱之前，現建議沿用"市政局"的名稱。

財政

十、在財政方面，政府將把市政局本身的差餉交給該局，而且授權該局自行在公開市場籌措資本金。本白皮書第廿一至廿五節，對此將有更詳盡的討論。為達到此目的，市政局勢須成為註冊機構。

市政局主席

十一、市政局將自行選舉主席。主席可能是非官守議員或遴選的官守議員，甚至是一位並非議員的社會賢達。

使用廣州話

十二、有關市政局的法例和該局的議事規程，將有適當條文，以便該局開會時得使用廣州話及英語。至於如何進一步推廣中英語並用，將根據"公事上使用中文問題研究委員會"第一份報告書內所載的方針辦理。該份報告書原則上已由政府接納。

官守議員

十三、所有官守議員將退出市政局。目前，市政局官守議員除主席之外，計有醫務衛生處副處長、民政司、工務司、社會福利署長及徙置事務處長。主席是由港督委任的，傳統上即為市政事務署長。醫務衛生處副處長則為法定副主席。官守議員退出之後，能夠使到留下來的議員，自由作出任何決定，而不會受官守議員的干涉，及對市政局的一切行動，負其全責。新訂的法例亦將授權市政局必要時得遴選市政事務署的署長及其他職員、徙置事務處長或其代表，以及得布政司批准的其他政府機關官員，參加市政局屬下的委員會。

非官守議員

十四、現建議留下來的民選議員及委任議員，各由十名增至十二名，即共有議員廿四名。

市政局與布政司署公事來往

十五、市政局與政府公事來往的正常途徑，市政局一方是它的主席或秘書，而政府一方則為布政司。

市政局議事規程

十六、現建議市政局的議事規程，應得立法局批准。過去，市政局有權自由決定其議事規程，但如果實行本白皮書的建議之後，繼續這種辦法則頗不適宜。

官方委員會成員

十七、為公共利益而需委任市政局議員參加官方各種委員會時，通常該議員只是以私人身份而非市政局代表身份接受委任。

選舉權

十八、目前，有資格投票選舉市政局議員的人士，除其他多類市民外，還包括大部分繳納差餉者、全體納稅人及所有中學與大專畢業生，總數約有成年人二十五萬至三十萬名。現時無意把選舉權再擴大及於其他人士，亦不擬施行選民自動登記辦法。不過，對有資格投票人士的分類項目，將隨時重加審議。新界居民而屬於任何一類有資格投票人士者，將保留這種權利。但是褫奪服刑囚犯投票權的期限，似應稍為修訂，以便將該年限延長至比較他的實際刑期為長。政府將對此問題再詳為考慮。

候選人

十九、競選市政局議員席位的候選人，將不致因為他是新界居民而被禁止參加競選。現行的辦法，儘量令選民有選擇投票對象的機會，亦承認在新界居住的人士，也可能和市區有密切關係。而且，如果只限市區居民始能參加競選，但對委任議員卻無此種限制，殊欠公允。實際上，如果在選擇有資格人士委任市政局議員時要受這種限制，也看不出有什麼好處。

職員

二十、市政局將繼續由它目前的執行部門，即市政事務署來推展工作，而市政事務署人員亦繼續向市政事務署長負責。不過，對該署最高級人員的委派，政府應與市政局磋商然後決定。此種辦法稍後可推廣及於較次級人員。政府委派人員與市政局，以執行該局的工作，其全部費用包括薪金、長俸、醫藥服務、旅費等，市政局應如數付還與中央政府。

財政

廿一、目前，市政局及市政事務署每年要把詳細預算提交布政司署審查，手續和審查其他政府機關的預算一樣。政府現時有意授予市政局很大的財政自主權，另立市政局差餉或稅捐，全部收入交給市政局自行處理，而在現行的“普通”差餉中，初期將扣減同等數目。此外，又授權市政局自行在公開市場借取資本開支所需資金，必要時政府可給予保證。惟市政局向外借貸，須得立法局批准。至於市政局的差餉，初期是按實行新措施對上一年的預算純開支額計算。

廿二、市政局當然尚有其他入息來源。初期的差餉額一經決定之後，假定市政局無其他辦法，例如提高該局各種服務的收費來增加收入，以擴充各種服務或彌補費用上漲的話，它在獲得立法局批准之後，將可自行決定把市政局差餉額提高。至於市政局負責的法定工作，如有特別增加或新添工作項目，或當政府要求它負擔新的或增多並非法定的工作時，其所需增加的費用，政府將考慮每年給予補助，或給予資本性質的津貼，以資彌補。

廿三、市政局每年必須把它的周年預算案及建築工程計劃，連同適當的解釋備忘錄，提交布政司署。當布政司署認為所提議的開支，確實在市政局責任範圍之內，則將預算案提請立法局批准。在每一財政年度結束後，市政局須在六個月內將該年度的報告，連同已經審核的賬目，提交立法局。該賬目必須符合庫務司認可的格式，及附有核數署長所發的證明書及核數署長認為適當的任何報告。

廿四、倘若立法局財政委員會批准，政府有意一次過給予市政局一筆初期津貼，任由市政局用作資本開支或經常費。此筆津貼，與市政局從該局差餉中所得的數目並無關係。

廿五、市政局如要增大經常收入，在提高收費亦無法應付開支的情形下，惟有增加該局的差餉額。這樣規定可令到市政局直接要向市民負責交代。這是本計劃的一大特點。而現時之所以建議給予市政局很大程度的財政自主權，實亦基於此點。至於規定市政局必須在市場籌募資金而不是由政府歲入總賬中給予補助，以應付資本性的開支，原因是惟有這樣，才可避免政府對市政局的一切計劃加以詳細審查。

工務計劃

廿六、倘若市政局願意，可由工務司署在雙方同意的一個日期之前，負責完成所有列於工務計劃"甲"組，"丁"組及"戊"組內的市政局建築工程，費用由政府負擔（按：列於"甲"組的項目，表示這項目已批准列入工程財政預算中，可以開始繪製工程圖則及招票承建。"丁"組的項目是一切預算成本不超過二十萬元及可以在適當時機進行的工程。"戊"組的項目，表示這些工程是急需的，預算成本也不超過二十萬元）。現時假定，市政局是會在適當時間內自行成立建築事務組的。不過，如果市政局願意的話，工務司署可繼續負責建築屠房、垃圾焚化廠、火葬場及其他高度技術性的設備，費用亦由政府負責，但以雙方同意的必需工程為限。否則，將來政府部門為市政局服務或供給物資，市政局均需繳交費用。

土地所有權

廿七、市政局所使用的一切土地物業，其所有權仍歸政府。政府撥給市政局使用的土地，一旦不再充當政府所指定的用途時，該土地則免費歸還政府。

市政局與公共屋宇的關係

廿八、在公共屋宇事務上，市政局非官守議員目前負有雙重任務。以市政局議員身份，他們是負責市區徙置樓房的管理。同時，他們亦是屋宇建設委員會的當然委員，負責廉租樓宇的建設和管理。此外，屋宇建設委員會又照成本代政府管理政府廉租屋宇，更負責管理為本地政府僱員而舉辦的新的建屋計劃，但向住戶收取費用。市政局一九六九年三月提出的報告書建議，所有不同形式的公共屋宇均應由一個部門負責，而此部門則應由市政局節制。該部門首長亦應為市政局的一員。但是，鑒於居住問題龐大複雜，而且影響重大及於全港，似宜於把市政局與屋宇事務分開，而不宜將兩者之間的關係加深。換句話說，市政局議員如對居住問題有何意見，將來應在屋宇建設委員會而不是市政局發揮。公共屋宇事務將來如何統籌及管理，仍須及早決定。在目前，實無可能考慮增加市政局在這方面的責任。

廿九、為保持屋宇建設委員會的現狀，以待作出統籌公共屋宇事務的決定，勢須修訂香港法例第二八三章，即房屋條例，以便所有現時以市政局議員身份而成為屋宇建設委員會委員的官方人員，在退出市政局之後，仍可繼續出任該委員會的委員。

地域界限

三十、現建議市政局的工作地域界限，應照目前疆界。

實施日期

卅一、實施本白皮書的各項建議，須先進行繁重的立法手續及擬訂新的財政安排，故大概最早亦要到一九七三年四月一日始能實施。

結論

卅二、上述各項建議，雖然未有如若干人士所提出的急進，但已超過其他人士所認為適當的程度。對於一項如此難於處理及容易引起爭論的問題，各方面有不同的見解，是毫不為奇的。

卅三、雖則如此，這些建議將使市政局在本質上有極大的改變，而此種改變將會帶來相當長遠的影響。新計劃的目的，是要澄清目前市政局對中央政府糾纏不清的關係，而且在憲制容許的範圍內，賦予該局明確規定的權力，以及清楚規定該局本身的職責，尤以在財政方面為然。此舉應使該局有相當大的自由，依照本身所認為最佳的辦法，自行制訂各項政策及予以實施。

卅四、一俟市政局按照新的基礎穩固建立之後，則可對它未來的發展，進一步加以考慮，可能包括將若干適當的額外權力移交該局。因此實施本白皮書的建議，並不等於說市政局要永遠局限於現時所建議的形式。

卅五、況且，大家必須了解，即使是將目前的建議全部實施，也牽制到許多複雜的細節問題需要解決，並要作必須的調整，而這些調整亦非一蹴可就的。因此，顯然只能按部就班，審慎進行。

建議撮要

卅六、上述各項建議，可簡述如下：

（a）市政局的發牌工作將予增加。詳情載於第八段；

（b）市政局與公共屋宇事務方面的關係，將一仍舊貫，以待當局決定統籌公共屋宇事務的最佳辦法（第七段（d）節及第廿八段）；

（c）市政局將來的工作（仍分為法定的及政府交辦的兩類）將由法律明文規定，但可大別為下述數項：

（i）環境方面的公共衛生事宜，包括潔淨及衛生；

（ii）康樂及市容，包括市政局所舉辦的娛樂活動；

（iii）舉辦若干文化服務（第七段）；

（d）市政局的名稱不變（第九段）；

（e）市政局將獲得很大程度的財政自主權，及有權提高市政局本身的差餉。（第十及第廿一至廿五段）；

（f）倘立法局財政委員會批准，政府將一次過撥給市政局一筆津貼（第廿四段）；

（g）如果市政局願意，工務司署將負責完成現時列於工務計劃"甲"組、"丁"組及"戊"組內的各項工程，經費由政府負擔（廿六段）；

（h）工務司署將繼續負責興建屠房、火葬場、垃圾焚化爐及其他高度技術性的設備，費用亦由政府負擔，但這些工程，以雙方同意認為必須者為限。（第廿六段）；

（i）市政局將繼續經由市政事務署推展工作，並負責該署所需職員的經費。（第二十段）；

（j）市政局可自由選舉局內或局外人擔任主席職位（第十一段）；

（k）官方人員將不再充任為市政局議員（第十三段）；

（l）市政局除保留現有非官守議員的議席外，並將增加四個議席，其中民選及委任各二席。全局將共有廿四席（第十四段）；

（m）將來，市政局的議事規程，必須得立法局批准（第十六段）；

（n）市政局議員奉委為官方委員會時通常是以私人身份擔任這種職務（第十七

段）；

 （o）市政局選舉權大致仍以現時和資格人士為限（第十八段）；

 （p）新制度應於一九七三年四月一日起實行（第卅一段）。

附錄　市政局目前的法定工作及政府交辦工作

（一）　目前的法定工作

權力來源	法定工作範圍
公共屋宇	
徙置條例（港例第三〇四章第四及五部）	為管理失去內徙置新區，徙置平房區及徙置工廠大廈之合法權力機關。
環境公共衛生（包括衛生及潔淨）	
公共衛生及市政服務條例（港例第一三二章）第五十六節	發牌及管制酒樓、冰室、咖啡室、食品工廠、熟食檔、雪糕廠、牛奶、烘製麵包廠、肉食公司及燒味鹵味店。
同例第卅五、四十九、四十及四十二節	發牌及管制商業浴室、厭惡性行業（包括宣佈某行業為厭惡性行業）、洗衣店、游泳池（不包括公共泳池及不公開的私人泳池即不屬於會所的泳池）及洗衣場（不需執照）。
同例第四十一節	制訂工作人員守則。
同例第八十八節	管制將地窖作人類居住之用、管制住宅、酒店及公寓過度擠迫及保障住客健康。
同例第五十五節	管制食品加色、奶粉、食品摻雜（金屬性污染）、食品成分及說明、食品含礦物油類及食品防腐劑。
同例第八十八節	人類住所、工場、商店及辦事處的空氣流通或光線（取締妨礙空氣流通或阻礙光線）。
同例第九十二節	規定附表所列場所，即酒家、舞場、劇院及電影院等，必須裝置通風系統。
同例第廿四節	禁止或管制利用泉水、井水、池水等。管制水的存貯。

權力來源	法定工作範圍
同例第一百四十九節	採取一切行動，以消除蚊患及預防瘧疾發生。
同例第十二節	管制散播塵埃、廢氣及惡臭氣味。
同例第四十六節	受權移去感染蟲害物件及清洗房舍。
同例第十五節	清理垃圾，洗掃公共街道及防止騷擾。
同例第十五及十六節	洗掃後巷。
同例第十五及十六節	清糞。
同例第三十五節	管理公共廁所，及有權著令任何場所設立廁所及保持廁所整潔完善。
同例第一百一十五、一百一十六及一百一十七節	管理及管制墳場。
同例第一百一十八節	禁止未經許可埋葬或發掘屍首。
火葬條例（港例第一三三章）第七節	管理政府火葬場。
同例第四款丁段	發出私人火葬場許可證。
同例第七節	登記及封閉私人火葬場。
同例第七節	管理國殤紀念花園。
公共衛生及市政服務條例（港例第一三二章）第一二三節	殯儀館（殮房）之管制及發牌。
同例第七十七節	管理及經營屠房。
同例第七十九及八十節	管理及管制公共市場。
同例第八十三節	小販之發牌、分類、限制、禁制及管理。

權　力　來　源	法　定　工　作　範　圍
康　樂　及　市　容	
公共衛生及市政服務條例（港例第一三二章）第一百〇七節至一百〇九節	管理及管制公園及遊樂場地等，並負責設立遊樂及運動場地。
同例第一百〇七節至一百〇九節	管理及管制海浴場。
同例第四十二至四十五節	管理及管制公共游泳池。
香港大球場條例（港例第二七〇章）	管理及管制香港大球場。
公共衛生及市政服務條例（港例第一三二章）第一百〇四節	取締及管理妨礙市容、環境美觀及公路視線等的廣告、招牌及裝飾。
道路交通（行車及等候（規則）港例第二〇二章）	管理港督指定市政局負責的多層或露天停車場。
文　化　服　務	
大會堂條例（港例第三二八章）	管理大會堂。
圖書館條例（港例第一四五章）	管理公立圖書館。
一九七一年博物館條例	美術館。
依舊七一年博物館條例	博物館。

（二）　目前的政府交辦工作

衛生教育	就市政局法定工作或政府交辦工作，推動衛生教育計劃。
康樂活動	為市民舉辦娛樂活動及戶外活動，及建設運動場地及設備。
街道名稱	為街道命名。

3.7 綠皮書：香港地方行政的模式

〔1980 年 6 月〕

第一章　引言

1. 本港市區和新界都先後成立了多種不同類型的地方組織。這些組織，提供途徑給當地居民參與、支持和批評各類服務和設施，對地方施政和社區發展，都有極大的貢獻。這些組織類型複雜，包括官方和非官方的團體，其中有些具有行政權力，有些只是諮詢性質。非官方團體中，有些是政府委任的，有些是民選的，還有一些是在各成員同意下組成的，而新界和市區又各有不同類型的地方組織，使情況更為複雜，況且在市區方面還有市政局，地位相當特殊。詳情見附錄一。

2. 香港情況特殊，需要一個穩定局面；行政立法兩局 —— 政府的中央機關，過去和將來都要按照環境的需要而演變。香港地狹人稠，在這樣的一個社會中，預算政策、公共服務和主要社會經濟計劃的管理，都不宜分散，而應繼續由中央統籌。但對於這些服務和政策起了什麼作用，是否足夠和效果怎樣等問題，個別地區的居民，亦應有更多發表意見的機會。此外，還要有較妥善和劃一的途徑，使他們的意見得以向政府反映。

3. 上述團體成員的表現，和近年來對各種運動的響應，足以顯示本港許多居民，不論老幼，都願意和渴望獻出自己的時間和經驗，去促進所住地區內的福利和改善當地的施政。本綠皮書旨在建議怎樣使他們在這方面作出更多貢獻，和怎樣在政府方面作出調整，令其事半功倍。

4. 本綠皮書各項建議的主要目的，在使各地區的施政有更佳的協調和對居民的需要有更迅速的反應，並使區內居民更多參與當地事務。因此，這些建議雖然與市政局有關，但對該局工作範圍並無抵觸。市政局在市區內各地區有明確的施政範圍，責任重大，但並非掌管市區內所有地區性的事務。該局在這方面的工作饒有價值，多年來已得到充分證明，所以政府絕對無意更改該局的地位。然而，由於本綠皮書對有關新界和市區地方組織所提建議會對市政局有所影響，因此相應提出涉及市政局的建議，雖然這些建議並非本綠皮書的最主要部分。相信這些建議會使市政局與市民之間的關係更為密切，從而為該局議員提供更多服務的機會。

第二章

　　5. 戰後香港的發展，深受人口不斷湧入的影響。由於突增的人口陸續擠進原已狹小的市區，政府自不能坐視：首先在市區邊緣興建新屋邨，繼而在荃灣建設整個新市鎮，近年更把新市鎮計劃推廣到屯門、沙田和大埔。要把大量來自不同地區的人口送往新市鎮聚居，同時又要組成團結安定的社區，難免遇到特殊困難。

　　6. 由於人口湧入造成不斷的壓力，政府統籌的各種計劃只能著重於迅速發展各項基本建設，以適應居民在就業、房屋、治安、交通、教育、衛生、福利和康樂等方面的需求。這些工作初時僅在市區進行，因為市區人口的增加最為急劇，但較近期也在新界展開。上述措施，必然有其弱點；對各種計劃在個別地區內的效果和協調無法做充分的和均衡的監察，而區內居民亦難有充分表達意見的機會。各區的建設十分迅速，當局往往來不及設立適當的機構，去管理日益繁複、分佈日廣的社會，或鼓勵區內居民建立團結的社區。

　　7. 政府在香港和九龍較舊的市區內設立民政主任制度，目的是為區內居民提供一個他們容易接觸的政府代表，協助他們解決困難，同時也使政府更清楚了解居民的需要和願望。自從這個制度實施以來，各區團體在民政處協助下已開闢各種不同的途徑，使市民得以參與社區事務。"清潔香港"和"撲滅罪行"兩項運動的成功，多半得力於街坊福利會等傳統組織的合作，和民政區委會的設立。各民政區委會的非官守委員積極工作，通過以地域為單位的分區委員會和以樓宇為單位的互助委員會，取得成功所必需的合作、了解和協調。從推進這些運動中，民政區委員會，在不同程度上，成為區內居民接觸和廣泛討論該區事務的媒介。本年年初觀塘成立地區管理委員會後，這項發展更獲得進一步推進。這個區管會是由與該區施政有密切關係的各政府部門人員所組成。區管會的成立是一種試驗，藉以觀察在市區內一個地區，設置一組核心官員來協調和檢討政府各種計劃的推行，能否向新界新市鎮的地區行政一樣地有效展開。政府認為這項試驗計劃相當成功，如有足夠人手，並打算在市區內其他地區設立同樣的機構。

　　8. 新界的情況頗為不同，因為新界政務大多經由各理民府推行。各理民府通過村代表及鄉事委員會，新界民政署總辦事處則通過鄉議局和許多其他社團，與居民保持密切聯繫。當新界的傳統生活和社會，由於新市鎮的建設而開始徹底改變時，這種地方施政的一貫傳統提供了良好的發展基礎。在每一個市鎮裡，龐大的工程及其對社會的廣泛影響，都需要多個政府部門密切合作和協調。由有關部門人員組成的管理委員會，就是為達到這個目的而設。同時，由於當地原有社區急劇變遷，以及新居民大量遷入定居，所以當局要特別加以關注，並提供途徑，使舊居民和新居民在清拆和建設的喧擾中，都能表達他們的意見，而對新社區應如何成長，也有發言權。因此，從一九七七年起，地區諮詢委員會先後在新界各區成立。這些委員會的成員包括管理委員會的主要政府人員、當地鄉事委員會的選任主席，和由政府委任代表新市鎮社區的非官守委員。

9. 地區諮詢委員會的職責，是研究中央政府計劃中與本市鎮或本區有關的部分，並以討論和提出意見的方式，透過地方行政上的各種措施，鼓勵和引導政府部門人員。由於政府撥出一些款項由區諮會直接管理，所以該會得以主動進行小規模工程和舉辦文娛活動，從而輔助區內政府計劃的推行。目前，新界各區都已設有地區諮詢委員會。這些委員會成立時日雖短，但已發揮良好作用，顯然滿足了一項存在已久的需要。政府現擬進一步加以發展，使能成為當地居民提供意見和參與地區施政的基礎。

10. 偶然的因素，使本港各地區在施政和協商方面，出現不同的模式。但舊市區內外各社區的迅速發展、與日俱增的繁榮、更良好的教育和隨之而來居民更高的期望，都有力地證明政府有重新檢討地區施政和協商機構的必要。此外，建立團結的社區也是一項迫切的需要。政府有見及此，特別提出下章所載建議，旨在建立更有系統和更緊密的架構，使市區和新界各社區有更多機會，與負責管理和發展該等地區的政府部門進行接觸、討論、互相激勵和交換意見。

第三章

11. 正如第二章所述，在地區施政上，居民參與的演變過程並不均衡，港九舊市區與新界新市鎮之間有頗大的差異，雖然兩地的施政目的並無不同。這些差異，將在下面提出的改革建議中反映出來。同時，由於市區和新界各有不同機構，故須分別加以研究。

新界
12. 新市鎮雖然首當其衝，承受了發展帶來的影響，但官民之間的接觸點卻穩固地建立起來，而協調各政府部門工作的機構亦已成立，而且順利展開工作。目前人口繼續向新市鎮遷移，因此提供辦法，使當地居民得以參與市鎮管理工作，實是當務之急。選舉制度在舊市區某些城市服務的管理方面可發揮作用，但在新市鎮卻無此種制度。當然，新市鎮中很多居民都有資格在市政局選舉中投票，但該局的工作和他們的日常生活卻無多大關係。將來每一市鎮或地區都有本身的文娛康樂設施時，情形尤其如此。這種情況顯然並不正常。地區諮詢委員會的職權範圍雖然廣泛，但目前需要的是更明確地承認現有社區代表的貢獻，以及使他們的意見更具影響力。

13. 政府本來已有意發展地區諮詢委員會，現建議採用選舉辦法選出成員，當有助於這個制度的推行。為達到這個目的，本綠皮書並建議將選舉權賦予所有年齡超過二十一歲，已在本港居住最少三年的新界居民。

14. 各地區諮詢委員會成員的確實人數，視乎各地區的情況而定，但大致來說，區諮會在組織上應保持均衡，成員包括下列人士：經由直接選舉選出的委員（每人代表某一地區或市鎮內一個選區）、循現行程序選出的各鄉事委員會主席、政府委任的委員，以及政府人員，而由市鎮專員或理民府擔任主席。在目前階段，政府不擬建議改變區諮會的職權及其主要屬於諮詢性的地位，但由於區諮會已有一些行政職責，故現將其英文名稱中 Advisory 一字刪除，其中文名稱亦改為區議會。然而，可預料的是，區議會由於要向公眾交代而受到很大的激勵，所以工作變得更有分量，更能引起區內居民的興趣。另方面，區議會所擔任的角色也將隨著新市鎮人口的漸趨穩定而有所改變和更顯重要。

15. 至於鄉議局、各鄉事委員會和村代表的任務，政府不擬建議更改。他們不但在鄉村地區繼續擔任傳統和重要的任務，而且代表居住在新界較為發展地區內的鄉民，就他們的切身問題，例如土地、鄉村房屋、鄉村傳統等，與政府商議。由於新市鎮及新界各區鄉事委員會的主席將出任有關區議會的當然委員，此舉當可確保當局在求取進步時仍然會尊重傳統。

市區

16. 在觀塘進行的實驗計劃，已顯示政府在個別地區提供的服務大有改善的餘地。因此政府準備把這項計劃推廣到港九其他地區。至於下一步驟，政府建議一俟市區內每一地區成立地區管理委員會後，即行委出區議會，以加強地區管理委員會的工作。這些區議會的組織和新界的區議會相似，由民政專員擔任主席，成員包括有關政府部門人員，及政府從該區居民中委出的非官守委員，例如分區委員會、互助委員會、街坊福利會及其他活動團體的代表等。至於職權範圍，則略小於新界的同類組織，以免與市政局的職權有所抵觸。此外，與新界組織不同的地方，是成員全部由政府委任而非由居民選出，藉以避免選舉制度的重複。要區議會成為一個有效的組織，則區議會與地區管理委員會之間可能需要加強聯繫。由於此項建議要大量增加人手，因此必須在未來兩年內分期實施。

第四章　市政局

17. 如果新界的區議會的民選議員由新界各地區或市鎮的成年居民直接投票選出，那麼同樣規定市政局選民必須為市區居民，似乎相當合理。同時，將選舉權賦給成年的市區居民似乎比現行稍為混亂的選舉權規定，更合情理。

18. 然而，還要考慮的，是採用下述新辦法能否更明顯地突出市區內的地方行政制度，以及能否擴大市政局議員的工作範圍：——

（甲）每一民選議員由每個不同地域的選區選出；

（乙）如果（甲）項辦法獲得同意，則市區內各地區可重新劃定，共分七個大區和一個小區，大區人口約為五十萬，小區人口約為這數目的一半。七個大區每區內有兩個選區，而小區內則只有一個選區，每個選區選出一名市政局議員；

（丙）每個大區的區議會保留兩個席位（小區則保留一個席位），給該區所選出的市政局議員，以便他們可隨意參與該區議會的工作；

（丁）此外，區議會也同樣為市政局委任議員保留席位，以便他們可隨意參加該會的工作；

（戊）雖然候選人最好能與其選區有關聯，但政府不擬建議該等人士必須為所代表選區的居民；

（己）委任議員的人數將增為十五人，民選議員與委任議員的現行比例將予維持。

第五章

19. 以上各章所載的建議，可作為市民討論的基礎。各界人士如有任何意見，請於一九八〇年八月三十一日前，用書面提交香港下亞厘畢道布政司署行政管理處處長。如果各項建議獲得市民同意，則政府將在本年底發表一份白皮書，提出切實的建議，並在一九八一年初制訂必要的法例。

20. 其後，編制市區及新界的修訂選民名冊，預料需時九個月，因此新制度下的首次選舉，可在一九八二年三月舉行。凡是在這日期前任期屆滿的市政局議員，政府都會作出臨時安排，延長他們的任期。

21. 至於新市鎮現有的市鎮管理委員會和區議會（原稱地區諮詢委員會），則在組織方面將予加強。此外，市區內其他地區也會仿照觀塘的辦法，成立地區管理委員會，並將民政區委員會改組為區議會，從而奠定順利改制的基礎。

22. 最後必須強調的，是本綠皮書所提出的建議並非不能改變的。政府之所以提出這些建議，是因為政府相信在地區的日常管理工作方面仍大有改進的餘地，而激勵居民參與施政是達成這個目標的最佳方法。

附錄一

茲簡略介紹現有地方施政機構的組織及職責如下：——

I 新界方面
（甲）鄉議局
（乙）地區諮詢委員會
（丙）市鎮管理委員會

II 市區方面
（甲）民政區委員會
（乙）地區管理委員會
（丙）市政局

I（甲）鄉議局

鄉議局於一九二六年成立，一九六〇年成為法定團體。該局的職責為：就影響新界居民福利的事宜，向新界政務司提出意見；在新界地區內促進官民間的合作和了解，及維持良好的傳統、習慣和風俗。

該局的全體成員下：

主席
副主席二名
二十七個鄉事委員會的主席及副主席
新界各非官守太平紳士
二十一名特別議員

　　　由全體議員選出

選舉程序由鄉村開始，所有成年男性村民均可參加投票，選出一名或多名村代表，村代表人數視乎該村人口而定。村民分屬二十七個鄉事委員會，每一鄉事委員會設有執行委員會，其成員通常每兩年由村代表以不記名投票方式選出。鄉事委員會的主席和副主席由各委員選出，並為鄉議局的當然議員。

I（乙）地區諮詢委員會

第一個地區諮詢委員會於一九七七年在荃灣成立。現時有這類委員會八個，即新界每區一個，職權如下：

（甲）對影響本區居民福利的事宜，提出意見；

（乙）對本區公共設施的提供及使用，提出意見，特別是：

（i）本區公共工程計劃是否足夠，和優先次序；

（ii）從鄉村小工程撥款所獲的款項，在本區應如何運用；

（丙）利用所得的撥款，進行下列事項：

（i）本區小型環境改善工程；

（ii）在本區提倡文娛康樂活動。

地區諮詢委員會的組織及成員人數，因個別地區而有所不同，這實在也反映了當地社區的不同結構。但一般來說，這些委員會在組織上保持均衡，其成員包括：從當地社區委出的非官守代表、每區鄉事委員會的主席（當然委員）和該區的高級政府人員，並由理民府擔任主席。區諮會管理供作小型改善環境工程及文娛活動的款項。在一九八〇至八一財政年度內，這些款項的總數為六百一十四萬八千元。

I（丙）市鎮管理委員會

　　新界每一新市鎮都設有市鎮管理委員會，該委員會的任務就是就社區設施和服務的管理，向新界政務司提出意見，並協助提倡文娛康樂活動。市鎮管理委員會是新市鎮內協調政府服務的機構，必須特別留意鎮內居民對現有及計劃中的設施是否足夠所表示的意見。市鎮管理委員會由市鎮專員或區域專員擔任主席，其他成員通常包括理民府、該區的首席政府工程師，和警務處、市政事務署及房屋署的代表。

II（甲）民政區委員會

　　民政區委員會於一九七二年在市區內十個地區成立，以協助推行在本港全面展開的清潔香港運動和撲滅罪行運動。其後民政區委員會的職權範圍擴大，並包括下列各類工作：

　　（甲）作為本區的領導機構；

　　（乙）促進各分區委員會與各政府部門間的聯繫，例如：醫務處、房屋署、市政事務署、消防事務處、社會福利署及教育司署等；

　　（丙）協調各分區委員會的工作；必要時並確保各分區委員會為達成相同的目標而努力。

　　民政區委員會通常由民政主任擔任主席，其他成員包括區內所有分區委員會的主席、多名由政府委任的區代表、分局警司或其代表、房屋署、消防事務處、市政事務署、社會福利署、教育司署及康樂體育事務處的代表各一名。民政區委員會本身並無財源，但可就符合地區性小型工程撥款資格的計劃，和各種運動撥款的開支方面，向民政主任提出意見。官守委員並另行召開會議，討論有關區內各部門所提供服務的協調問題。

　　上文提及的分區委員會主席由政府委任，每一民政區屬下的分區，如人口達到大約五萬人的，就設立一個分區委員會。分區委員會與民政區委員會同時成立，以便進行組織各種運動的工作。分區委員會的職權如下：

　　（甲）協助推行撲滅罪行運動，特別著重加強樓宇內的保安措施；

　　（乙）協助推行清潔香港運動，特別著重促進樓宇清潔的工作；

　　（丙）配合（甲）及（乙）兩項，協助推行一項成立更多及更完善的大廈管理委員會的持續計劃。

委員人數由十五人至二十五人不等，每年委任一次，包括以樓宇為單位的組織 —— 例如互助委員會及業主立案法團的主席、區內商人、教師和社會工作者。分區委員會對政府的撥款雖無直接支配權，但可要求有關民政處提供活動經費，通常更在區內籌款以補助開支。

互助委員會和業主立案法團，都是以樓宇為單位，在各成員同意下成立的組織。政府大力鼓勵居民和業主成立這些組織，作為推行加強樓宇管理和保安措施的兩項主要運動的一部分。目前港九和新界約有三千個互助委員會。

II（乙）地區管理委員會

到現在為止，只有觀塘成立了一個地區管理委員會。市區內其他地區將來也會成立這種委員會，職權方面也和觀塘的地區管理委員會相同，即：——

一般職權

通過委員會內各部門的代表，向政府部門首長就增進區內居民利益及改善區內情況所應採取的措施，提出意見；並在規定範圍內率先採取直接行動，以達成這些目標。

特別職權

（甲）認清本區的需要，並確保通過各項政府計劃為本區提供充足的服務和設施；

（乙）在本區計劃中，確定本區各項需要的先後次序；

（丙）向政府部門提出意見，以確保其計劃符合本區的需求；

（丁）確保各政府部門在區內進行的工作得到適當的協調；

（戊）對撥給本區作地區性小工程和社區活動用途的款項應如何運用，提出意見；

（己）對未決定用途的土地暫時應如何利用，提出意見；

（庚）在鑒別本區的需要和制訂本區計劃的過程中，及就區內居民共同關注的問題，向本區居民和其他社會人士諮詢。

地區管理委員會由民政專員擔任主席，委員分別來自民政署、警務處、工務司署、房屋署、市政事務署、社會福利署、運輸署、教育司署、勞工處、消防事務處、醫務衛生處，及康樂體育事務處。

II（丙）市政局

一九七三年，市政局根據市政局條例改組。該局由十二名民選議員及十二名由總督委任的議員所組成。各議員的任期均為四年，但選舉和委任編排在不同的時間進行，故每年均有六名議員任期屆滿。民選議員是在一個限制選舉權的制度下投票選出，雖然該局的權力只及於市區，但港島、九龍及新界則合為一個選區。目前，該局議員負責推行一項有限度的接見市民制度。該局的主要職責分為以下三類：

（甲）環境公眾衛生；

（乙）康樂及市容；

（丙）文化服務。

此外，該局並負責酒牌及公共娛樂場所牌照的發給事宜。市政局財政獨立，其主要收入來自市區部分差餉。

3.8　香港地方行政白皮書

〔1981 年 1 月〕

第一章　緒言

"香港地方行政的模式" 綠皮書

1. 一九八〇年六月六日，政府發表一份名為 "香港地方行政的模式" 的綠皮書，其中載有多項建議，歡迎各界人士提供意見。綠皮書各項建議的主要目的，在使地區施政有更佳的協調和對居民的需要有更迅速的反應，並使區內居民更多參與當地事務。茲將各項主要建議摘述如下：——

（甲）在每一地區設立管理委員會，由政府人員組成，負責協調及在適當情形下監察區內各政府部門的工作，並確保各政府部門在實際可行情況下對區內居民的需要和願望作出反應。這種委員會已在新界大部分地區設立，至於市區方面，則只有觀塘及黃大仙兩地區設有管理委員會。

（乙）在每區委出代表，與管理委員會主要成員，共同組織區議會，就施政事宜提出意見。這些區議會將由市區的民政區委員會及新界現有的地區諮詢委員會發展而成。

（丙）區議會的部分成員由選舉選出。

（丁）在新界方面，每區的民選議員人數，視乎該區的情況而定。至於市區，則分為七個大區和一個小區，大區有選區兩個，小區則一個，每一選區的人口約為二十五萬。此外，區議會亦提供若干議席給該區所選出的市政局民選議員（見下文辛段）及市政局的委任委員。

（戊）在上述選舉中，凡年齡超過二十一歲及在本港居住滿三年的居民均有權投票。

（己）每一候選人只能代表一個選區。

（庚）候選人毋須為選區的居民，但最好能與其選區有關聯。

（辛）市政局委任議員人數將增至十五名，藉以保持民選與委任議員人數的現行比例。

2. 綠皮書並簡略介紹現有地方行政機構的組織及職責。市區方面，這些機構計有分區委員會、互助委員會、民政區委員會、地區管理委員會及市政局；新界方面，則有地區諮詢委員會、市鎮管理委員會、分區委員會、互助委員會、鄉事委員會及鄉議局。本白皮書下文將會談及這些機構。為方便參考，茲將綠皮書有關各段轉載於附錄甲至己。

綠皮書的基本論據

3. 綠皮書各項建議的主要目的，在使地區施政發揮更大的效力，和鼓勵更多居民積極參與當地事務。在綠皮書內，當局舉出多個理由，說明當時因何以該種形式提出建議。其中一個重要的因素是本港人口不斷遷移。由於越來越多人遷往新市鎮定居，當局必須為這些居民提供參與市鎮管理的途徑，同時必須及早確立行政組織的形式，以應日益增加人口的需要。另一因素是本港的施政，特別是地區施政，日趨複雜，要對各區的需要作出積極反應，極其困難。到目前為止，各項政府計劃都由中央統籌，以確保房屋、治安、交通、教育、衛生、福利和康樂方面均有迅速的發展。當局認為現時應對上述計劃在個別地區的效果和協調作進一步的監察，並給予區內居民更多機會發表意見和參與社區的發展。

4. 對於新界各地區諮詢委員會的設立（詳情見附錄丁），市民一般反應良好。由此可見，設立此類機構是當地居民的願望，故當局建議以這些委員會為基礎，開設更多途徑，使當地居民能發表意見和參與當地事務。在市區方面，第一個地區管理委員會（由有關政府部門人員組成，詳情見附錄乙）已於觀塘成立。該委員會在成立後一段短時間的工作表現，已足支持在市區內各區成立這類委員會的論據。當然，如果希望該委員會在短短數個月內能發揮很大的作用，未免不符實際；可是經過該委員會不斷努力，觀塘區在提高地方行政效率方面，已開始略見成績。

5. 政府認為毋須改變的行政機構是行政立法兩局，其中理由綠皮書已有論及。香港環境特殊，需要一個穩定的局面，因此這兩個機構，一如以往，應按照環境的需要而演變。此外，本港地狹人稠，在這樣的一個社會中，預算政策、公共服務和主要社會經濟計劃的管理，均應繼續由中央統籌。市政局的一般職責範圍，以及民選與委任議員人數的現行比例，亦應維持不變；至於鄉議局，則繼續執行其傳統的職責。

市民的意見

6. 政府在廣徵民意的過程中，曾經收集及記錄各界人士就綠皮書建議所發表的意見。除了收到意見書一百五十餘份外，並經由各民政處及理民府署向居民諮詢，派出人員參加會議和公開討論，進行非正式的民意調查，仔細分析經由各種傳播媒介發表的輿論。事實上，市民提出評議的踴躍情形，令人鼓舞，其中直接參與地區事務的人士和團體所提出的意見，尤具建設性。市政局議員亦有提出批評，有些議員發表個人觀感，至於民選議員，則以全體名義提具意見。此外，政府並考慮立法局於一九八〇年十月二十二日至二十三日舉行辯論時，各非官守議員所發表的意見。

7. 市民的反應是大力支持一項原則，這就是加強地區行政，促使更多居民參與其事，以及委派資深及具有威望的政府人員執行工作，俾對當地居民的需要和願望作出有效的反應。一般批評大都與綠皮書建議區議會增設民選議席有關。雖然市民發表的意見未能全部接納，但政府在本白皮書提出建議之前，經已詳細考慮這些意見。

白皮書

8. 白皮書說明政府在地方行政方面所擬採用的新模式。其中有些建議，特別是與成立區議會及舉行區議會選舉有關的建議，必須經過立法程序才能實施。由於有關法例的制訂不能倉卒完成，以及政府亦希望市民有更多時間對建議發表意見，綠皮書所建議的制訂法例及舉行選舉的日期將須予以延遲。有關實施日期的詳情在以後各章敘明。

第二章 成立地區管理委員會

9. 各項建議的主要目的，正如綠皮書所述，是使各地區的施政有更佳的協調，和對居民的需要有更迅速的反應。要達到這個目的，首先是在全港每一地區，成立地區管理委員會，由政府人員擔任委員。他們的職責，是協調各政府部門的工作，並在適當的情況下進行監察，以確保各政府部門在可行範圍內，對區內居民的需要和願望，作出迅速的反應。綠皮書曾暗示，港島的灣仔和中西兩區，將合併為一個新地區，而九龍旺角及油蔴地兩區，亦將合為一區。這項建議的原意，是把市區內的分區從十個減為八個，使政府資源能就各區人口分佈，分配得更為平均。

10. 市民對在市區內減少分區的建議，發表了不少意見，特別是當地的社團領袖，他們明確表示，希望維持現有分區。此外，為配合人口增長和移動的趨勢，日後可能再須增減分區數目。有見及此，政府將暫時保留市區及新界現有分區，詳情如下：

市　區	新　界
港島： 中西區 東區 南區 灣仔區 九龍及新九龍： 九龍城區 觀塘區 旺角區 深水埗區 黃大仙區 油蔴地區	離島區 北區 西貢區 沙田區 大埔區 荃灣區 屯門區 元朗區

11. 市民對地區管理委員會這個觀念，熱烈支持，政府大為鼓舞，並將依照綠皮書所述辦法，繼續成立這種委員會。事實上，觀塘和黃大仙已有地區管理委員會的設立，至於市區內其餘各區，則將於一九八一年年底前，相繼成立這種委員會。粉嶺、沙田、大埔、荃灣和屯門各區現有的市鎮管理委員會，亦將改稱為地區管理委員會。此外，政府將於一九八一年四月前，在新界其餘各區，成立新的地區管理委員會。

12. 正如上文所述，地區管理委員會將由多個政府部門的人員組成。這些部門的主要工作是在各區提供服務和解決有關問題。地區管理委員會的主要功能，是提供機會，讓各政府部門的工作人員，共聚協商，取得協調，以確保更有效地供應區內的需要，和解決區內的問題。因此，政府將確保出席地區管理委員會的政府部門代表，其職級與工作相稱，使他們有足夠的權力發言，同時在可能的情況下，處理其所屬部門在該區內的一切事宜。市區內的地區管理委員會，由民政專員擔任主席，至於新界各區，則由副新界政務司、市鎮專員或理民府擔任主席，確實人選視乎該區大小而定。

第三章　成立區議會

13. 本章說明區議會的組織和職責，以及區議會與地區管理委員會的關係。

14. 綠皮書的一項主要建議，是各區居民應透過代表，進一步參與地區施政。因此，政府建議各區應成立區議會，使當地居民更易於提供意見和參與地區施政。區議會將由市區的民政區委員會及新界的地區諮詢委員會蛻變而成。區議會成員將包括代表當地居民的非官守議員，及該區地區管理委員會的主要官守委員。一般人對這些建議甚表贊同。政府現打算在各區設立區議會。

設立區議會的計劃

15. 當局現已編訂在各區設立區議會的計劃，目的是待個別地區成立的地區管理委員會能發揮功效時，便在該區成立區議會。在新界，地區諮詢委員會早已成立，將來改稱為區議會。在市區，各區的區議會將於一九八二年三月前成立。

區議會初期的成員

16. 在區議會成立初期，即在一九八二年三月進行選舉以前，區議會的成員將包括由政府委任的非官守議員、市政局議員或鄉事委員會主席（按該區情況而定），以及該區地區管理委員會的主要官守委員。在市區，由政府委任的議員將包括該區各分區委員會的主席，以及政府從市民中選出數目大致相等的其他人士；此外，市政局議員在區議會亦將佔有席位。由於市政局在一九八三年三月始實行新選舉制度，在這日期之前的市政局議員並未能代表個別選區，因此，在過渡期間，市政局的民選及委任議員須自行決定出席哪一個區議會。在新界，各鄉事委員會的主席將是區議會的委任議員，加上從市民中委出數目大致相等的其他議員，便組成了區議會內的非官守成員。各區區議會的非官守議員將佔大多數，但在一九八二年以前，仍沒有由選區推選的民選議員（見第 18 段）。

區議會的選舉

17. 綠皮書建議在可行的情況下，應儘快在區議會設立民選席位。市區方面，綠皮書建議區議會應提供席位給有關選區選出的市政局議員，使他們能參與區議會的工作；至於新界方面，則由區內居民選出區議會的若干成員。一般人對這些建議均表贊同，但有部分評論指出市區的區議會並無直接選舉的制度，並且就這一點力爭，認為各個地區應具同等機會，參與地區行政。持這論據的人並認為：雖然市政局民選議員可出席市區的區議會，但仍有不足之處，目前建議未能確保市民有充分的代表權，況且以區議會的規模而言，市政局議員在區議會的影響力，將較新界區議會由居民直接選出的成員所具的影響力為小，因為後者的人數較多。政府接受這些論點，因此打算在區議會設立由選舉直接選出的席位，以代表其區內的選區；在市區的區議會，除市政局民選議員的席位外，更加設這類席位。

舉行選舉的日期

18. 每一地區的區議會依上文第 16 段所述的成員結構組成及選舉安排就緒後，將儘快舉行區議會選舉。在新界，由於地區諮詢委員會（將改稱為區議會）成立有時，因此可在一九八二年三月便舉行首次選舉；至於市區方面，則於一九八二年九月間舉行，屆時市區各區議會最少亦已成立達半年。通常區議會民選議員的任期為三年，但一九八二年九月在市區選出的區議會民選議員任期將為兩年半，以便各區能在一九八五年三月同時進行下次選舉。

區議會的最終成員結構

19. 加上民選議員後，區議會的成員比例如下：——

（甲）委任議員（官守）

與管理區內事務有密切關係的政府部門代表。例如：民政專員、市鎮專員或理民府，以及工務司署、市政總署、運輸署、房屋署、社會福利署及民政科康樂文化組代表；

（乙）鄉事委員會主席

在新界，每一區議會將提供席位給當地鄉事委員會應屆主席；

（丙）委任議員（非官守）

政府將挑選及委任個別市民為區議會議員；

（丁）民選議員（非官守）

由各區每一選區直接選出；及

（戊）市政局議員

在市區，每一區議會將提供席位給當地選區選出的市政局民選議員及數目相等的市政局委任議員。

各類成員的比例將依照個別地區情況而定，各區不同，但所有區議會的非官守成員將佔大多數。每一區議會的成員總數約為二十五至三十人。

區議會主席人選

20. 綠皮書建議由指定的政府人員，即民政專員、市鎮專員或理民府出任區議會當然主席，但市民中認為應由非官守議員出任主席的，為數相當多。當局認為為了建立區議會與地區管理委員會之間的工作程序及關係，區議會主席一職，初期應由政府人員擔任，但其後在可行情形下，儘快由區議會成員自行選出其中一位官守或非官守議員，出任主席。

區議會職權範圍

21. 正如綠皮書所建議，區議會的作用。仍著重諮詢，其職權範圍如下：

（甲）就影響區內居民福利及在該區工作人士利益的問題，提供意見；

（乙）就區內公共設施及服務的供應及使用事宜，提供意見；

（丙）就區內政府計劃是否足夠和優先次序等事項，提供意見；

（丁）就運用政府撥款進行區內小工程及舉辦社區活動，提供意見；

（戊）倘獲撥款，負責在區內進行小規模的環境改善計劃；及

（己）倘獲撥款，負責在區內促進康樂文娛活動。

區議會利用撥款進行各項工作時，應以政府的政策為依據，在市區並須顧及市政局的職責。

22. 倘有需要，區議會可委任小組委員會，專門負責特別事項，例如：交通、

環境問題、社會服務、文化活動、康樂及體育事務等；取得區議會同意後，這些小組委員會可推選其他人士為成員。

與地區管理委員會的關係

23. 上文說過，每個區議會將會就其職權範圍以內的事項，向該區的地區管理委員會提供意見。倘區議會認為地區管理委員會對其所提出的意見反應欠佳，則可採取適當行動，訴諸有關部門的首長、民政署署長、民政司或新界政務司。

24. 像地區管理委員會的情形一樣，擔任區議會成員的政府部門代表的人選，十分重要。因此，政府必須委派具適當經驗及威望的人員，出任區議會成員，以便他們有充分權力發言，並能就各政府部門在區內的職責問題，採取有效行動。

第四章　選舉權

25. 綠皮書建議設立一個較現行市政局選舉基礎更廣闊的選舉制度，藉以增加市民參加地區行政的機會。各界對這項建議的反應甚為良好。

選民年齡

26. 綠皮書提議所有年齡超過二十一歲，已在香港居住最少三年的居民，均有權登記為選民，理由有二：第一、根據法例釋義及通則條例（香港法例第一章），一個人年齡達二十一歲，即屆成年，根據法律，有權簽訂須予履行的合約、訂立有效遺囑、擁有土地的法定業權、擔任陪審員，以及毋須經父母同意結婚等；第二、根據現行市政局條例（香港法例第一〇一章），市政局選民的年齡須屆二十一歲。

27. 大致上，一般人都贊成選民最低年齡應為二十一歲的建議，雖然有人提議將年齡的規定降低至十八歲或提高至二十五歲，甚至三十歲。絕大多數人贊成年齡規定應為二十一歲。政府亦同意這一點，並將擬訂法例，規定年齡最少達二十一歲，始有資格登記為選民。

居留的規定

28. 綠皮書建議依照市政局有關選舉的現行規定，選民應最少在香港住滿三年。

29. 大部分評論者認為三年的時間太短。有人提議必須住滿五年、七年或甚至十年，始具選民資格。反對將居留規定為三年的主要論據是：在香港居住僅三年，不能充分認識本港情況或了解候選人的背景。

30. 另一個反對理由是：這個居留三年的規定與政府在其他方面所實行的措施不一致；例如，根據人民入境條例（香港法例第一一五章），若干類人士必須在本港住滿七年，始能獲得入境權（即有權在香港永久居留）。同時，房屋委員會所訂有關申請公共房屋其中一項資格，就是須在香港住滿七年。

31. 這些理由強而有力，政府亦深表贊同，因此將建議：凡在選民登記截止日期前，已通常在香港居住達七年或以上的人士，均有資格登記為選民。此外，以下各類人士亦應享有選舉權：——

（甲）雖然在選民登記截止日期前，居港未滿七年，但已取得人民入境條例（香港法例第一一五章）所指“香港本土人士”身份的人；及

（乙）雖未能符合居港滿七年的新規定，但已登記為一九八一年市政局普通選舉選民的人士。政府認為：整體而言，不應剝奪現時已登記為市政局選民的人士的選舉權。但是，新界居民難免要放棄這種權利，因為市政局選舉只限市區居民參加。因此，在市區居住的現有選民可參加市區區議會及市政局的選舉，而在新界居住的現有選民只可參加新界區議會的選舉。

選民資格

32. 政府曾考慮應否附加一項條件，對登記為選民的人士的教育程度有所規定。政府察覺到：雖然現行市政局選舉的二十三項選民登記規定其中一項與具某些學歷有關，但始終並未對教育程度作任何正式規定。本港教育制度近年始大事擴展，倘正式規定某種教育程度，可能使未有這種學歷的年長人士被拒於選舉大門之外。政府認為這項會剝奪諸多年長市民選舉權的規定，並不恰當。

33. 有人建議除規定年齡最少二十一歲及居港滿七年外，亦應規定居港的外國公民無權選舉，只有英籍人士或在港出生的香港居民才可登記為選民。這項建議所根據的理由是：儘管外國公民在香港居住多年，但仍非本土人士，讓他們參加區議會及市政局的選舉，並不恰當。

34. 政府認為符合年齡及居港年期規定的外國公民，不應被剝奪登記為選民的權利，理由是：第一、剝奪他們的權利是一項倒退的做法，因為現行市政局的選舉並沒有禁止他們享有選舉權；第二、香港是一個極為開放的社會，外國公民過去對

香港的福利和發展，貢獻甚大，相信將來也是一樣，政府認為這一點甚為重要。

35. 因此，當局建議規定：凡通常居港達七年以上的人士，不論國籍，均可享有選舉權。

有關無選民資格的規定

36. 根據市政局條例（香港法例第一〇一章）第一附表第四及第五段，下列人士無資格登記為選民，參加市政局選舉：——

（甲）曾在英聯邦國家被判死刑或被判徒刑超過六個月，惟並未服刑（或並未能接受代替的刑罰）或未獲赦免的人士；

（乙）根據香港現行法例，被認定或公佈為精神不健全或被判定為神經錯亂的人；

（丙）英國正規部隊的成員（本港招聘的人員除外）；及

（丁）過去七年內，曾因犯有舞弊及非法行為條例（香港法例第二八八章）所指的舞弊或非法行為，或因觸犯現已廢除的防止貪污條例第三或第四條，或因觸犯防止賄賂條例（香港法例第二〇一章）第二部而被定罪的人。

37. 政府認為上述沒有市政局選民資格的規定，均屬合理，故大致上將會使同樣規定適用於區議會選民。但是，任何人如曾在英聯邦國家被判死刑或徒刑被取消選民資格的規定，則須予以加強，以便對任何曾在本港或其他地方被判死刑或徒刑的人士，亦屬適用。

第五章　有關候選人是否符合資格的規定

38. 綠皮書雖未有討論成為候選人應具備的資格，然而卻認為：正式規定候選人須在所代表的選區居住固無必要，但該候選人應與該選區有關聯。

39. 在討論綠皮書的建議時，許多人曾談及候選人的資格應否與選民相同，或較選民為高；若屬較高，則又應如何？有人認為，候選人應在選區居住；另亦有人建議，候選人資格應高於選民。

40. 在考慮這些問題時，政府曾研究市政局現行有關候選人是否符合資格的規定。

市政局現行選舉規則

41. 現行法例 —— 市政局條例（香港法例第一〇一章）規定：——

（甲）任何人士，不論男女，只要有資格成為選民，並已登記為選民，均可成為候選人；

（乙）沒有資格成為候選人的人士：——

（i）政府或市政局的僱員；

（ii）曾在英聯邦國家被判死刑，或被判徒刑超過十二個月，惟未服刑（或並未接受代替的刑罰）或未獲赦免的人士；

（iii）為法庭判決犯有叛國罪的人士；

（iv）任何法例規定沒有被選舉權的人士；

（v）身為外國國會議員，或外國政府僱員的人士；

（vi）未解除債務的破產人。

候選人的資格

42. 正如上文所述，部分輿論認為，候選人所須具備的資格應高於選民。然而，就社會的利益而言，只有最適當的候選人才應獲選。政府認為選民根據自己意願投票，大致上應可達到這個目的。規定候選人應具備的資格多於選民，可能令若干有才幹人士不願參加競選。此外，亦可能引致委任議員的選擇受到限制。這些委任議員的選拔，將繼續以其個人品德才幹為根據。然而，鑒於輿論大多認為候選人的資格應多於選民，政府認為規定候選人的居留期應較普通選民為長，實屬合理；另有若干類人士則不得參加競選。

43. 因此，在草擬有關法例時，政府擬規定：任何通常在本港居住十年或十年以上的已登記選民，都可成為候選人。但上文第 41 段（乙）節有關沒有資格成為候選人的規定，在本白皮書內所述的選舉辦法中，將予保留。此外，下文第 48 段所論及的若干類人士，則不得參加競選。選擇十年居留期，是根據市民大眾的意見而決定的。候選人將須向選舉主任簽署一份聲明書，聲明符合十年居留期的規定。候選人倘作失實的聲明，則會受到檢控，按金充公（見下文第 50 段）；若已當選，則選舉宣佈無效。

44. 把候選人的資格與登記選民的資格聯繫起來的一個意義是：沒有資格登記為選民的人士（見第四章第 36 段），也就沒有資格參加競選。另一意義是：選民不論國籍，不分性別，都可參加競選。此外，並無教育程度或語言限制。

區議會選舉候選人

45. 雖然選民毋須登記兩次（見第六章第 55 段），但政府仍建議設置兩本選民登記冊，一本是與區議會選舉有關，另一本則專為市政局選舉而設。區議會登記冊將記錄全港所有已登記選民，而上文第 43 段所述並加修訂的原則 —— 即任何已登記選民都可成為候選人，若予實施，則任何在本港居住十年或十年以上的已登記選民，都有資格參加任何區議會的競選。法例將不會硬性規定候選人必須在競選地區居住。除上文第 42 段所列舉的理由外，政府並認為，極可能有人在一區居住但在別區工作，或在其他方面與別區有聯繫，能夠對該區的行政作出有價值的貢獻。這種人不應不給予機會參加競選。為了確保候選人在其競選加入的區議會內充分履行其職責，以及符合候選人只能在一個選區獲得有效提名的英國現行慣例，政府擬在法例中規定：在任何一次的區議會選舉中，候選人不得同時在一個以上的選區競選；而無論何人均不得在任何時間在同一區議會內擁有一個以上的議席。在委任非官守議員時，政府亦將依循這個原則。

市政局選舉候選人

46. 綠皮書曾建議，市政局選民應限於市區的居民。這項建議獲得曾予評論人士的支持。為此，當局會作出安排，使市政局登局冊內的登記選民全是區議會登記冊內在市區居住的登記選民。此舉將使市區居民 —— 而非新界居民，能在市政局選舉中投票。然而根據上文第 42 和第 45 兩段所述理由，政府無意把市政局候選人局限於市區的居民。因此，政府將建議立法規定：任何人士，其名字不論是列入區議會登記冊或市政局登記冊，都可成為候選人參加市政局競選。

對現為區議會議員或市政局議員的候選人所作的安排

47. 正如第三章第 19 段（戊）節所述，政府認為，市區的區議會應提供席位給市政局的委任和民選議員。因此，政府亦須確保：市政局選舉的候選人，在任何選舉中，均不得同時在一個以上的選區競選。基於類似理由，現任區議會議員固然可以參加市政局競選，但一旦獲選，必須辭去區議會席位，才能出任市政局議員。當然，由於獲選為市政局議員，其選區所在地區的區議會亦將會為其提供議席（見第三章第 19 段）。此項規定亦將適用於擬參加另一區議會競選的現任區議會議員。同樣，現任市政局議員可參加任何區議會的競選，但一旦獲選，必須辭去市政局的席位，才能出任新獲選的區議會席位。當然，任何現任區議會或市政局民選議員，仍可分別競選連任所屬區議會議員或所屬市政局選區議員。

若干類人士不得成為候選人

48. 一如上文所述，候選人的一項基本資格，就是必須為已登記選民，並通常已在本港居住十年或十年以上。同時，候選人必須不屬於第四章第 36 段及上文第 41 段（乙）節所述的人士。為符合一般人的願望，政府並建議下列各類人士亦無資格成為候選人：——

（甲）在過去十年，不論因何種罪行曾遭本港或其他地方法庭判罪，並判處徒刑不少於三個月，且不得以罰款代刑的人士；

（乙）在過去十年，曾被法庭判決犯有現已廢除的防止貪污條例第三或第四條所指的罪行，或防止賄賂條例（香港法例第二〇一章）第二部所指的任何罪行，或舞弊及非法行為條例（香港法例第二八八章）所指的舞弊或非法行為人士；

（丙）政府或市政局的僱員，以及司法人員敘用委員會條例（香港法例第九十二章）所指的全職司法人員。

對於曾因專業方面行為不端而被所屬專業團體自登記冊除名的執業專業人士，政府曾考慮不准其參加競選。此舉雖屬適當，但在下定義方面，則有困難。關於此點，當局在草擬所需法例時，將再作考慮。

49. 政府亦將規定候選人須簽署一份聲明書予選舉主任，聲明其不屬於上文第 41 段（乙）節或第 48 段所列舉人士，因而並非沒有資格參加競選，且若作失實聲明，甘願受到檢控，按金則予充公（見下文第 50 段），倘若當選，則選舉宣佈無效。

禁止無誠意的人參加競選

50. 禁止無誠意的人參加競選，是一般選舉慣例，藉以確保只有真正有誠意和有希望獲得相當選票的人才獲提名競選。市政局選舉有關這方面的現行安排如下：——

（甲）候選人必須獲十位選民提名，包括一位提名人和一位和議人；

（乙）被提名人以書面表示同意，並已繳交按金一千元，提名方屬有效；

（丙）候選人如落選，且所得選票少於選民所投票數八分之一，其所繳按金一千元將予充公。

上述安排，既簡單而又行之有效，故政府打算在將來的市政局和區議會選舉中繼續採用。該十名選民（見（甲）項）必須為候選人競選地區的選民。

候選人的提名

51. 政府深知，候選人提名程序本身雖然應是一件簡單的事，但仍須小心制訂有關手續，以免有提名無效指控事件發生。需要規定的程序包括：選舉主任接受提名的時間和地點、提名方式、提名人的數目、提名人的鑒定、候選人資格的鑒定、按金的繳交、候選人所須作的聲明，以及選舉主任須在憲報刊登有關提名的公告等。政府曾研究市政局選舉（程序）規例（香港法例第一〇一章）內所載有關市政局選舉的現行規則，結果認為經已足夠，不必再加補充。因此，政府會建議，將來的市政局選舉和區議會選舉都採用類似的規則。

第六章　區議會和市政局選舉程序

52. 本章討論的是區議會和市政局選民登記與選舉程序。

選民與候選人

53. 綠皮書指出，如果政府在區議會選舉中把選舉權賦予更多居民，市政局繼續沿用現行限制選舉權的制度，實在不合情理。因此，綠皮書建議仿照區議會的新選舉權制度，把市政局選舉權賦予更多居民。市民對這項建議表示支持。因此，政府將制訂法例，規定區議會和市政局選舉。一律採用第四章所載有關選舉權、規定選民資格的制度。同樣，政府將立例規定，區議會和市政局選舉，均採用第五章所述有關規定候選人資格的制度。

54. 綠皮書沒有提及選民登記的程序，本擬留待稍後階段，才予討論。然而，市民曾就這方面提出意見，認為選舉程序應儘量簡化。既然市民提供了意見，政府現擬在本白皮書內，討論處理選民登記的辦法。

55. 市民提出的其中一項意見，是政府應儘量鼓勵更多市民登記為區議會和市政局選民，政府對這項建議深表歡迎。市政局現時採用的選民登記制度，是用郵寄方法進行申請，申請表格貼有回郵郵票，投寄人無需另付郵費。申請表格用中文或英文填寫均可。除其他資料外，申請人必須填寫姓名、香港身份證號碼和住址。同時，申請人須在表格上聲明符合年齡和居留期兩項規定。這種自願申請登記的制度，相信不會引起太多流弊，縱然或有，亦可加以糾正。當臨時選民登記冊發表後，任何人士均有權對名冊內任何一名登記選民的選舉資格，提出質疑。此外，選民名冊修正主任有權判定該項登記無效。若干市民建議，在居民前往投票站投票時，即行辦理選民登記手續。但由於各種實際因素，而且為了防止重複投票情事發生起見，這項建議雖然聽來不錯，事實上卻行不通。因此，政府擬採用現行選民登記制度，作為區議會和市政局選舉的基礎。政府不擬強迫所有合乎資格的居民辦理選民登記。

劃分選區的選舉制度

56. 綠皮書建議區議會和市政局舉行選舉，均應以選區為單位。這項建議的目的，是使民選議員的意見，更直接代表區內民意，同時突出並加強民選議員和當地居民的關係，藉此提高區議會和市政局議員整體上對市民的責任感。

57. 大部分市民同意這項建議，理由一如上述。但有部分市民——市政局民選議員為其中表表者，則提出一項採用雙層式選舉制度的反建議。這種制度雖然同樣將選舉權賦予更多居民，然而一旦採用，市政局現行把港九新界合併為一個選區的制度，將會繼續保留，該局現任民選議員即由這種制度選出，而區議會的選舉，則另行劃分選區舉行，得票最多者將在市政局獲一席位。支持這項反建議的主要論點，是市政局負責整個市區的市政事務，如果劃分選區舉行選舉，勢使民選議員所關注的事物各自不同，亦可能使他們為爭取優先處理所屬地區的事務，產生不必要的競爭，從而減低市政局的整體效率。然而，這些論點忽略了下列幾項重要的因素：——

（甲）市政局現行的選舉制度，把港九新界合併為一個選區。此項安排實欠妥善，因為市政局並不負責新界事務；

（乙）實施地方行政新模式的目的，是使每一地區的管理工作、諮詢活動與居民參與，都以本區為重心。劃分選區的選舉制度，實比其他方法更能達到這項目的。

（丙）雙層式的選舉制度將產生兩種不同"階級"的民選議員，實非必要，而且，無論在選舉期間，或在議員執行職務時，均可能產生混亂。

58. 基於上述原因，政府建議制訂法例，規定區議會和市政局的選舉，均按照綠皮書所載的方法，採取劃分選區的制度。凡具選舉資格的人士，將按照其在申請表格上所填報的住址所在地區，登記為該選區的選民。如果申請人有兩個或以上住址，則須選擇一個選區。

區議會選區

59. 綠皮書建議，在舉行區議會選舉時，選區和民選議員的數目，應視乎每個地區的特殊情況而定。由於地區與地區之間，無論在人口數目、發展程度及地方特色方面，都各有不同，此舉實有必要。政府於仔細考察情況後，擬將每個地區劃分為若干個選區，大致上每個選區將選出一名區議會議員。每個地區內選區的數目和大小，則根據有關地區的特色而定。但在市區內，大致而言，政府將根據十個民政區內現有的分區委員會界限，劃分選區，總共約八十個選區。新界方面，在劃定每個選區的大小和地理界限時，須考慮多種不同的因素，因此，這些選區在組織上會有相當大的差距。主要考慮的因素，包括新市鎮和鄉區人口分佈不平均、新市鎮繼續迅速發展，以及每個地區在地理、社會和政治方面有顯著不同的特色等。目前，新界約可劃分為五十個選區，合共選出六十多名區議會議員。雖然大部分選區將選出一名民選議員，但新界若干選區，在一九八二年三月首次舉行選舉時，將各選出兩名民選議員，原因是由於人口移動的緣故，目前殊難把這些選區一分為二。關於這些選區的界限，當局將不時予以檢討，以應轉變環境的需要。區議會的分區界限詳情，將於日後另行公佈，以供市民參考和提出意見。

市政局選區

60. 至於市政局的選舉，綠皮書建議把市區劃分為八個地區，其中七個每個有兩個選區，每個選區約有人口二十五萬，第八個地區內則只有一個選區。每個選區選出一名民選議員，如此一來，市政局將有十五名民選議員，比目前十二人的數目，多出三人。同時，為了維持民選議員與委任議員的現行比例，綠皮書建議把委任議員的人數，從十二人增至十五人。

61. 政府考慮過市民對這幾點的意見後，擬將市政局的成員人數，從目前的十二名民選議員和十二名委任議員，增為十五名民選議員和十五名委任議員。民選議員各由一個以地理劃分的選區選出，每個選區約有人口二十五萬。若以人口計算，市區內現有十個民政區劃分得相當平均，其中五個各有人口約五十萬（即東區、九龍城、觀塘、深水埗和黃大仙），其餘五個則各有人口約二十五萬（即中西區、南區、灣仔、旺角和油蔴地）。因此，較大的地區每區有兩個選區，較小的地區每區只有一個選區，全部選區合共選出十五名市政局議員。

新制度下的市政局選舉日期

62. 正如本白皮書所解釋，政府改善地方行政的計劃，不會改變市政局的現行安排，影響只在於選舉制度方面。政府希望保存市政局的特色和職責。市政局的選舉和區議會的選舉，將分別在不同的日期舉行。為了達到這個目的，政府擬立法規定上述新制度下的市政局首次選舉，在一九八三年三月舉行，當選的議員任期將為三年。

選舉辦法

63. 政府建議實行的選舉辦法，是最簡單的"票數領先者取勝"的制度，即無論在選舉一名代表或兩名代表（例如新界若干區議會選區就是）的選區，都以得票最多者當選。在這種制度下，得票最多的候選人即行當選。在選舉兩名代表的選區內，投票者每人將有兩票，得票最多的兩名候選人即行當選。政府不會強迫所有選民都前往投票。投票者應前往所屬選區內的指定投票站投票。

第七章　有關立法的建議

有關一九八一年三月市政局普通選舉的過渡性措施

64. 現行市政局條例（香港法例第一〇一章）規定市政局民選議員的任期為四年，此外，並規定每兩年舉行普通選舉一次，以遞補現有十二個民選議席中的六個空缺。上次舉行普通選舉的日期是一九七九年三月。因此，根據法例，下次普通選舉應於一九八一年三月舉行。屆時將有六個任期為四年的議席出缺。

65. 綠皮書曾建議，由於新制度下的市政局選舉應於一九八二年三月舉行，故現行制度下的普通選舉不應於一九八一年三月舉行，而屆時任滿的六位民選議員的任期則應予延長。政府認為，無論何時，市政局均不宜有兩組由不同制度選出的民選議員。比較合理的安排是：在擬議的新選舉制度實施時，所有民選議席應同時出缺。綠皮書的建議，其目的即在於此。

66. 政府現仍認為：全部十五個民選議席，應在白皮書所建議的新制度下同時選人填充。然而，市政局新選舉制度實施日期既已改為一九八三年三月，政府因此認為，一九八一年三月到期舉行的普通選舉，應按市政局條例現行辦法舉行，但獲選人士任期僅為兩年。是次選舉的選民登記工作經已完竣，而永久選民登記冊亦已於一九八〇年十二月三十日發表。在一九八一年一月二十一日至三十一日的法定期間，選舉主任一旦公佈一九八一年三月選舉的確實日期，市政局選民登記即告開始。當局因此必須在法例中制訂過渡性條款，規定在一九八一年三月選舉中獲選議員的任期僅為兩年。有關法例現已草擬完竣，並將於一九八一年二月十六日候選人提名截止日期前，提交立法局通過。

區議會法案

67. 當局必須制訂法例，規定區議會為法定組織，以及訂定區議會議員直接選舉的辦法。法例將按照本白皮書的建議，規定區議會的組織和職責。此外，並規定區議會的各項程序。至於本白皮書有關選民登記和選舉程序、規定選民和候選人資格等建議，均將列入主要法案內。有關選民登記、候選人提名和選舉進行等的細節，大部分會沿用市政局現行選舉辦法，並將在附屬規例中訂明。舞弊及非法行為條例（香港法例第二八八章）現行有關防止選舉舞弊和非法行為的規定，早已適用於市政局的選舉，將來亦會適用於區議會的選舉。

68. 根據第六章的建議，區議會的選舉，將分兩個階段進行，一次在一九八二年三月，另一次則在同年九月。當局並將設置一本區議會選舉選民登記總冊。為使第一次區議會選舉（即新界各區議會的選舉）能於原定的一九八二年三月內舉行，擬議中的區議會法案必須於一九八一年六月初通過實施，以便有關的選民登記工作能於該時開始進行。在本白皮書撰寫期間，有關法案的準備工作亦已進行多時，政府現會立即進行草擬詳細的法案和有關的附屬規例，以便儘快提交立法局通過成為法律。

市政局（修訂）法案

69. 現行市政局條例（香港法例第一〇一章）將須修訂，以便本白皮書有關增加市政局議席、修訂議員任期、更改候選人規則、擴大選舉權，以及實施分區選舉制度等的建議，能夠正式施行。這些修訂事項均與區議會法案所建議事項有關，故有必要使這兩個法案同於一九八一年六月初通過實施。

第八章　經費及人手方面的建議

區議會的撥款

70. 正如本白皮書第三章第 21 段所述，區議會其中一項職責，是就政府撥給該區進行地區性小工程計劃及舉辦社區活動的款項應如何運用一事，提供意見。此外，如有任何撥款，區議會可利用該筆款項，進行改善區內環境的小規模工程及提倡文娛康樂活動。這些款項均直接撥交民政署署長或新界政務司管理。他們除了確保這些款項用於指定用途，及按照區議會所建議的方式運用外，並確保利用該款項舉辦的活動與政府整體政策相符。至於撥款額，則由立法局決定。

政府部門所須增添的人員

71. 地區管理委員會及區議會分別依照第二章及第三章所述辦法成立後，民政署及新界民政署均須增加人手，協助兩者進行工作。

72. 其他政府部門亦須增加經費及人手，以應需要。最初是派出適當職階的人員參加地區管理委員會及區議會，其後是處理部門本身因地區管理委員會及區議會的成立而增加的工作。各部門所需的額外經費及人手，目前仍在計算中。

選民登記及選舉辦事處

73. 根據第三及第六章所訂的選舉時間表，政府須成立一個永久性的選民登記及選舉辦事處，處理一九八二年及以後舉行定期選舉的籌備工作。當局現已委出一個小組進行有關的工作，如有需要，將會加強該小組的人手。

第九章　摘要

74. 茲將政府實施地方行政新模式的目的及有關立法建議摘述如下：

中央政府及地方行政

（a）地方行政的目的，是給予區內居民更多機會發表意見和參與地方行政（見第 3 段）。中央政府的組織毋須改變，而鄉議局的組織，以及市政局的權利和職責亦無改變。政府的主要計劃仍由中央統籌（見第 5 段）；

地區管理委員會

（b）市區和新界的現有分區數目均將予以保留（見第 10 段）。每個地區都設立一個管理委員會，由政府人員擔任委員，目的是提供機會，讓各政府部門的工作人員，能就地方行政的問題，共聚協商，取得協調（見第 11 至 12 段）；

（c）地區管理委員會的主席，將由民政署或新界民政署人員擔任（見第 12 段）；

區議會

（d）各區將成立區議會，其成員包括官守及非官守的委任議員、市政局議員或鄉事委員會主席（見第 14 段）；

（e）在可行的情況下，區議會應增設民選席位，儘早舉行選舉（見第 17 段）。區議會首次選舉將於一九八二年三月及九月間進行。民選議員任期為三年，唯一九八二年九月選出者，任期將為兩年半（見第 18 段）；

（f）區議會主席一職，初時將由民政署或新界民政署人員出任，惟在可行的情形下，將儘快由區議會自行推舉一名成員擔任（見第 20 段）；

（g）區議會雖屬諮詢性質，但對區內事務極具影響力（見第 21 段）；

（h）區議會可委任小組委員會及推選其他人士出任小組委員會成員（見第 22 段）；

（i）倘區議會不滿意有關地區管理委員會的反應，可訴諸政府部門首長、民政署署長、民政司或新界政務司（見第 23 段）；

選舉權

（j）選民最低年齡為二十一歲（見第 27 段）；

（k）通常在香港居住至少滿七年的人士，始有資格登記為選民（見第 31 段）；

（l）身為"香港本土人士"者，或現已登記為市政局選民的人士，即使沒有上文（k）項資格，亦享有選舉權（見第 31 段）；

（m）上文（j）至（i）項的規定，對區議會及市政局的選舉均屬適用（見第 53 段）。有關市政局選民資格的現行規定，亦將適用於區議會的選民（見第 37 段）；

候選人

（n）除下文（o）項另有規定外，任何通常在本港居住十年或十年以上的已登記選民，都可成為區議會或市政局選舉的候選人（見第 43 及第 46 段）。候選人毋須在選區居住（見第 45 段）；

（o）現行有關無資格成為市政局候選人的規定，亦將適用於區議會的候選人（見第 43 段）。此外，下述人士亦不得成為候選人：在過去十年曾被法庭判處不少於三個月徒刑的人士；在過去十年曾被法庭判決犯有貪污或賄賂罪，或舞弊或非法行為罪的人士，政府或市政局僱員，以及全職司法人員（見第 48 段）；

（p）在任何一次選舉中，候選人只可在一個選區獲得有效提名；而在任何時候，候選人只能獲選有效代表一個選區（見第 45 及第 47 段）；

（q）上文（n）至（p）各項，將適用於區議會和市政局的選舉（見第 53 段）。現行有關不准無誠意人士提名為候選人的規定，以及市政局選舉有關候選人提名的安排，亦將適用於區議會的選舉（見第 50 及 51 段）；

選民登記和選舉程序

（r）市政局選舉的現行選民登記制度，將作為區議會和市政局選民登記程序的基礎（見第 55 段）。政府將設立永久的選民登記及辦事處，處理一切有關選民登記和選舉的工作（見第 73 段）；

（s）區議會和市政局的選舉，均將採用劃分選區的制度（見第 58 段）。凡具選舉資格的人士，將按照其所填報的住址所在地區登記為該選區的選民（見第 58 段）。新界居民不會在市政局選舉中投票（見第 31 段）；

（t）區議會選區共約有一百三十個，其中大部分每區選出一名區議會議員，新界若干選區則各選出兩名區議會議員（見第 59 段）；

（u）區議會和市政局選舉所採用的選舉辦法，都是簡單的“以票數領先者取勝”的制度（見第 63 段）；

市政局選舉

（v）市政局選區共有十五個，全部選區都是每區選出一名市政局議員，合共選出十五名民選議員。委任議員的數目亦將增為十五人（見第 61 段）；

（w）採用擴大選舉權制度和劃分選區進行的市政局選舉，將於一九八三年三月舉行。當選的市政局議員，任期將為三年（見第 62 段）；

立法方面

（x）一九八一年三月的市政局普通選舉，將如期舉行，但獲選議員的任期僅為兩年。當局會儘快制訂有關縮短任期的過渡性法例條款（見第 66 段）；

（y）當局會儘快立法，規定區議會為法定組織，以及修訂市政局條例（香港法例第一〇一章），使擬議中的各項選舉改革得以正式實施（見第 68 及第 69 段）；及

經費及人手

（z）凡根據區議會意見運用的撥款，其數額須由立法局決定（見第 70 段），至於人手方面，當局將調派足夠人員，進行工作（見第 71 段）。

附錄甲　民政區委員會及分區委員會

民政區委員會於一九七二年在市區內十個地區成立，以協助推行在本港全面展開的清潔香港運動和撲滅罪行運動。其後民政區委員會的職權範圍擴大，並包括下列各類工作：

（甲）作為本區的領導機構；

（乙）促進各分區委員會與各政府部門間的聯繫，例如：警務處、房屋署、市政總署、消防事務處、社會福利署及教育署等；

（丙）協調各分區委員會的工作；必要時並確保各分區委員會為達成相同的目

標而努力。

民政區委員會通常由民政主任擔任主席，其他成員包括區內所有分區委員會的主席、多各由政府委任的區代表、分局警司或其代表、房屋署、消防事務處、市政總署、社會福利署、教育署及康樂體育事務處的代表各一名。民政區委員會本身並無財源，但可就符合地區性小型工程撥款資格的計劃，和各種運動撥款的開支方面，向民政主任提出意見。官守委員並另行召開會議，討論有關區內各部門所提供服務的協調問題。

上文提及的分區委員會主席由政府委任，每一民政區屬下的分區，如人口達到大約五萬人的，就設立一個分區委員會。分區委員會與民政區委員會同時成立，以便進行組織各種運動的工作。分區委員會的職權如下：

（甲）協助推行撲減罪行運動，特別著重加強樓宇內的保安措施；

（乙）協助推行清潔香港運動，特別著重促進樓宇清潔的工作；

（丙）配合（甲）及（乙）兩項，協助推行一項成立更多及更完善的大廈管理委員會的持續計劃。

委員人數由十五人至二十五人不等，每年委任一次，包括以樓宇為單位的組織——例如互助委員會及業主立案法團的主席、區內商人、教師和社會工作者。分區委員會對政府的撥款雖無直接支配權，但可要求有關民政處提供活動經費，通常更在區內籌款以補助開支。

互助委員會和業主立案法團，都是以樓宇為單位，在各成員同意下成立的組織。政府大力鼓勵居民和業主成立這些組織，作為推行加強樓宇管理和保安措施的兩項主要運動的一部分。目前港九和新界約有三千個互助委員會。

附錄乙　地區管理委員會

到現在為止，只有觀塘及黃大仙成立了地區管理委員會。市區內其他地區將來也會成立這種委員會，職權方面也和觀塘及黃大仙的地區管理委員會相同，即：——

一般職權

通過委員會內各部門的代表，向政府部門首長就增進區內居民利益及改善區內情況所應採取的措施，提出意見；並在規定範圍內率先採取直接行動，以達成這些目標；

特別職權

（甲）認清本區的需要，並確保通過各項政府計劃為本區提供充足的服務和設施；

（乙）在本區計劃中，確定本區各項需要的先後次序；

（丙）向政府部門提出意見，以確保其計劃符合本區的需要；

（丁）確保各政府部門在區內進行的工作得到適當的協調；

（戊）對撥給本區作地區性小工程和社區活動用途的款項應如何運用，提出意見；

（己）對未決定用途的土地暫時應如何利用，提出意見；

（庚）在鑑別本區的需要和制訂本區計劃的過程中，及就區內居民共同關注的問題，向本區居民和其他社會人士諮詢。

地區管理委員會由民政專員擔任主席，委員分別來自民政署、警務處、工務司署、房屋署、市政總署、社會福利署、運輸署、教育署、勞工處、消防事務處、醫務衛生處，及康樂體育事務處。

附錄丙　市政局

一九七三年，市政局根據市政局條例改組。該局由十二名民選議員及十二名由總督委任的議員所組成。各議員的任期均為四年，但選舉和委任編排在不同的時間進行，故每年均有六名議員任期屆滿。民選議員是在一個限制選舉權的制度下投票選出，雖然該局的權力只及於市區，但港島、九龍及新界則合為一個選區。目前，該局議員負責推行一項有限度的接見市民制度。該局的主要職責分為以下三類：

（甲）環境公眾衛生；

（乙）康樂及市容；

（丙）文化服務。

此外，該局並負責酒牌及公共娛樂場所牌照的發給事宜。市政局財政獨立，其主要收入來自市區部分差餉。

附錄丁　地區諮詢委員會

第一個地區諮詢委員會於一九七七年在荃灣成立。現時有這類委員會八個，即新界每區一個，職權如下：

（甲）對影響本區居民福利的事宜，提出意見；

（乙）對本區公共設施的提供及使用，提出意見，特別是：

（i）本區公共工程計劃是否足夠，和優先次序；

（ii）從鄉村小工程撥款所獲的款項，在本區應如何運用；

（丙）利用所得的撥款，進行下列事項：

（i）本區小型環境改善工程；

（ii）在本區提倡文娛康樂活動。

地區諮詢委員會的組織及成員人數，因個別地區而有所不同，這實在也反映了當地社區的不同結構。但一般來說，這些委員會在組織上保持均衡，其成員包括：從當地社區委出的非官守代表、每區鄉事委員會的主席（當然委員）和該區的高級政府人員，並由理民府擔任主席。區諮會管理供作小型改善環境工程及文娛活動的款項。在一九八〇至八一財政年度內，這些款項的總數為六百一十四萬八千元。

附錄戊　市鎮管理委員會

新界每一新市鎮都設有市鎮管理委員會，該委員會的任務是就社區設施和服務的管理，向新界政務司提出意見，並協助提倡文娛康樂活動。市鎮管理委員會是新市鎮內協調政府服務的機關，必須特別留意鎮內居民對現有及計劃中的設施是否足夠所表示的意見。市鎮管理委員會由市鎮專員或區域專員擔任主席，其他成員通常包括理民府、該區的首席政府工程師，和警務處、市政總署及房屋署的代表。

附錄己　鄉議局及鄉事委員會

鄉議局於一九二六年成立，一九六〇年成為法定團體。該局的職責為：就影響新界居民福利的事宜，向新界政務司提出意見；在新界地區內促進官民間的合作和了解，及維持良好的傳統、習慣和風俗。

該局的全體成員如下：

主席
副主席二名 ——————— 由全體議員選出
二十七個鄉事委員會的主席及副主席
新界各非官守太平紳士
二十一名特別議員

　　選舉程序由鄉村開始，所有成年男性村民均可參加投票，選出一名或多名村代表，村代表人數視乎該村人口而定。村民分屬二十七個鄉事委員會，每一鄉事委員會設有執行委員會，其成員通常每兩年由村代表以不記名投票方式選出。鄉事委員會的主席和副主席由各委員選出，並為鄉議局的當然議員。

3.9 布政司夏鼎基聲明：進一步發展地方行政的建議

〔1984 年 2 月 15 日〕

布政司：

督憲閣下，一九八〇年六月發表的《綠皮書：香港地方行政的模式》已詳述需要對當時地方行政組織作出若干改變及改善的原因。《綠皮書》特別提及當時在香港不同地區發展的各種行政體系，與日俱增的繁榮，當時已大為改善的受教育機會，以及政府要回應的市民更高的呼聲——即建立具有凝聚力的社會。一九八一年一月發表的《香港地方行政白皮書》專門建議設立一個更符合邏輯的地方行政架構。基於白皮書的建議，有選舉元素的區議會遂於一九八二年在港九新界各區成立。

在成立後短短的期間內，區議會已證明其價值——如《白皮書》所述——即，使市區與新界各社區有更多機會與負責管理及發展該等地區的政府部門進行接觸、討論、互相激勵及交換意見。

督憲閣下在本局今年會期首次會議上發表施政報告時說，我們必須確保地方行政制度"能夠配合本港正在改變的需求及環境"，閣下亦補充說，已要求研究"地方行政的現行安排，以及政府部門在落實市政局決定及區議會建議時的組織流程"。

在檢討過程中，各區議會在一系列會議中有機會就進一步發展地方行政事宜表達它們的意見及設想。

根據這些檢討的結果，政府現已得出多項結論。下一次區議會選舉將於一九八五年三月舉行，而政府第一項結論是應增設更多民選議席來加強區議會的代表地位。在那些人口水平相對穩定的地區，當局建議由一九八五年起，民選議員的數量應是委任議員的兩倍。但在那些人口仍在增長中的地區（例如沙田新市鎮），最好能隨人口的增長於日後逐漸達成這個比例。同時，在若干地區，若民選議員兩倍於委任議員，只會帶來一個過於龐大且難以有效運作的區議會。在這種情形下，此類區議會議員的整體數量將會縮減，但仍維持民選議員與委任議員數目二比一的比例。

第二項結論是，由於某些地區（如荃灣）為廣闊及複雜之衛星市鎮，理想的做法是，在此等地區設立多個區議會以服務較細小的地域。但這項結論的影響，顯然仍需更細緻的考慮。

第三項結論是，由於區議會已經影響了對人口稠密的市區的管理，現在需要考慮是否它的市區管理職能應予以擴大。此外，除專門性的設施之外，區議會尚可以幫助管理及推廣使用區內為居民福利而設的設施。以上這些及其他由區議會提出的設想，包括加強區議會同地區管理委員會之間的聯繫，會被詳盡研究。

第四項結論是，應成立另一個或被稱為"區域"市政局的機構，負責目前並非由市政局管轄的地區。為與市政局保持一致，這個新的"區域"市政局會有數目相同的民選議員及委任議員。到一九九一年，九龍以北的人口會比九龍多。人口向新市鎮轉移，顯示有需要設立此一個額外的"區域"市政局，讓市民大眾參與，以管理那些目前由新界市政署統籌管理的事務。認為有需要成立新的"區域"市政局的另一個理由是，目前在市政服務提供方面的異常做法，即在市區，市政總署根據市政局的指示，為市民提供廣泛的服務；但在新界，卻由新界市政署根據中央政府的指示，提供類似的服務。市政局系統在市區多年來運作良好，所以政府認為應該設立一個類似的系統負責香港的其餘地方。目前已有相當大部分人口在這些地方居住，以後還會陸續增加。

換言之，就環境衛生及公共健康而言，新"區域"市政局的職責擬與市政局的職責類似。就康樂文化服務而言，市政局及新"區域"市政局的職能包括提供現時由康樂文化署提供的大部分服務。我們的目的是務求以最有效率及效能的方式提供這些服務。

本人要指出，鄉議局是一個特別委任的法定機構，負責就有關新界事務提供意見。鄉議局的任務及責任不擬有所改變。還有，為承認鄉議局的傳統地位，現建議該局若干新任成員，應成為新設立之"區域"市政局的當然議員。

督憲閣下，本人要清楚表明，政府認為不宜，亦不建議，將市政局的權力擴展及於香港其餘地區。這是因為現時的制度所限，同時亦因為此舉將令市政局過於龐大且難以有效運作。本人另要補充，政府深明市政局在其現時權限內的熱心而有效能的表現，並不欲令該局未來在市區繼續擔任的角色有所損失。

至於一旦政府建議得以落實，兩個市政局行使職責的地域劃界問題，要考慮的是，例如，將軍澳正在建立的新市鎮（其實際是新九龍的延伸）是否應該被劃分到市政局的轄區內。同樣，香港島南部及西部的離島及香港島一起管理，是否要比它們及新界北一起管理更加便利。然而，因為地域劃界問題觸及了鄉議局的傳統職責的範圍，政府清楚有必要小心研究。

督憲閣下，今日發表的這段聲明，旨在解釋政府在發展本地行政制度方面的構思。本人希望，這些建議的目標是不證自明的：就是要為整個香港作出更均衡的安排，從而在治理這個日漸複雜的社會時，帶來市民更大程度的直接參與。本人相信，對於以上提供給熱衷參與地區性及區域性社會服務之人士的機會，社會將會有積極正面的反應。

督憲閣下，最後，本人僅強調政府歡迎各界人士就此等建議提出意見，同時會進一步徵詢各區議會、鄉議局及市政局的意見。倘此等建議獲得支持，政府擬在一九八五年選舉時改變區議會組成，並在一九八六年舉行"區域"市政局的選舉。然而，一個全部由委任議員組成的臨時區域市政局將在一九八五年成立。

目前，有關這些建議的組織、行政、法律及財政事宜的初步工作，已著手籌備，若此等建議獲得支持，便可依照建議預計的時間表予以落實。

（資料來源：香港特別行政區立法會）

3.10　民政司黎敦義聲明：政府進一步發展地方行政制度的計劃

〔1984 年 5 月 16 日〕

民政司：

督憲閣下，布政司於二月十五日曾在本局發表聲明，就進一步發展本港地方行政制度，提出下列四項建議：

首先，增加區議會的民選議席，以增強區議會的代議性質；

其次，在一些龐大複雜的地區，例如荃灣，有必要針對更小的地域成立更多區議會；

再次，考慮擴大區議會的市區管理職責；及

最後，應新設一區域市政局，管理不屬市政局管轄範圍的地區，並趁此機會，重新劃分區域的邊界；同時，目前由康樂文化署提供的部分服務，應改由該兩局管理。

一般來說，社會歡迎這些建議，並且已經進行了若干討論及提出很多細節要點。唯一的爭議集中在設立區域市政局的建議上，因此本人先從第四點建議入手。

有關由一個機構負責監管新界地區市政服務的提議，並沒有引起任何爭論。布政司在聲明中提出一個建議是，除市政局外，應增設一個與之平行的區域市政局。而市政局則提出了另一個無懈可擊的建議，即應由一個機構單獨掌管全港的市政服務。

市政局的論點是，由一個機構單獨統籌所有的工作，更符合經濟原則，而且可避免政策互相矛盾所造成的混亂，亦可避免對資源的惡性競爭，並更能配合當局消除區域差異的政策。有些人士認為這樣的機構規模過於龐大，難以有效運作。但市政局則表示這個論點不能成立，因為該局的大部分工作均交由其轄下的小組委員會負責執行。

鄉議局及新界各區議會均強烈反對單一機構的設想。鄉議局已習慣代表散居新界各處的原居民的利益。新界各區議會則認為，如果一個機構專長於處理新市鎮及鄉事問題，以照顧新界各區居民的利益，將會比由單一機構監管全港市政服務更好。

市區十個區議會中的六個，其非官守議員已經表示支持另設一個機構，或認為應由相關地區之居民決定。一個區議會表示無意見，其他區議會的意見則含糊或分裂。

財政及行政上的爭論很容易調和，但由於有關地區人士對於設立新機構極表歡迎，希望新機構能為他們提供服務，因此政府決定成立區域市政局。

市政局對這些建議提出的意見，很多都值得重視。必須尋求一些方法，令兩個市政局可以相互支持各自管轄範圍內的活動，例如，市政局既可以資助伊利沙伯體育館的訓練項目，也可以資助銀禧體育中心的訓練項目，而區域市政局亦不會被禁止在香港體育館舉行賽事。本人確信，市政局的經驗對我們起草詳細規劃會有莫大的幫助。

政府的意見是，區域市政局由下列四類議員組成：

十二名從各選區的直接選出的民選議員；

九名由新界區議會議員互選出來的代表，現在只有八名，我稍後會解釋這一點；

三名來自鄉議局的當然議員，他們是鄉議局的主席及兩位副主席；及

十二名委任議員，至少在初期，三名議員應來自鄉議局，特別是要代表鄉議局的三個選區。

因此總計三十六名議員。

政府擬於一九八五年成立一個委任議員組成的臨時區域市政局，希望在區域市政局於一九八六年四月正式成立前，能夠累積一些實際工作經驗。但成立臨時區域市政局的確切日期未有決定。

十二名民選議員的選舉，將於一九八六年三月市政局舉行選舉時一同進行。當選者的任期將由一九八六年四月一日開始，屆時區域市政局將正式成立。

在地圖上看，非常有必要為市政局重新劃分管轄邊界。所有港島南及港島西的離島與香港島的溝通及與新界北區的溝通相比均更便捷及直接。將軍澳的發展亦令其與觀塘連接得更加緊密，而非清水灣半島及西貢。區議會在這個問題上的立場再次是毫不含糊的，即，不應有任何改變。市政局也未施壓要求進行調整。因此目前的劃界將予以保留。

有關康樂文化署的部分服務應轉交兩個市政局負責的建議廣受好評。地區服務可容易地移交給兩個市政局。中央統籌的工作，例如與業餘體育協會的聯絡，將

保持分開處理。香港康體發展局及演藝發展局仍繼續就其職權範圍內的事宜提供建議,供全港參考。

　　為向市政局及新成立的區域市政局提供必需的行政支援,目前的市政事務署及康樂文化署將會組建兩個新部門,它們各自的署長亦會擔任市政府及區域市政局的行政總裁。此外更會增設一名司級官員——大概會稱為文康市政司——負責環境衛生及康樂文化方面的決策工作,並且擔當協調角色,促使兩個部門與兩個市政局忠誠合作,政策融貫及優化資源。該位司級官員將會是中央政府及兩個市政局之間的聯絡人。另一方面,部分司級官員的編制及職權會隨之調整,政府正進行詳細的財政及人員編制修訂工作,並將儘快提交財經事務委員會。

　　設立臨時區域市政局及區域市政局的法例會相繼制訂,政府將依照慣常程序提交有關法案,以便在本局進行辯論。

　　本人接下來談一談三項爭議較少的建議。

　　增加區議會民選議員的建議受到歡迎,不過亦沒有意見要求我們減少或取消委任議員。恰恰相反,民選議員、市民大眾及政府當局,均一致認為委任議員經驗豐富,對區議會的工作貢獻良多。

　　我們的目標是,在一九八五年三月選舉後,民選議員與委任議員的人數達到二比一。實際施行時,這個比例會彈性適用,以顧及某些地區的特殊情況。至於區議會民選議員的人數,則按下列指引釐訂:

　　在港九各區,每二萬五千至三萬人即有一個民選議席;

　　在新界各區,由於人口分佈不均,且持續增加,上述每二萬五千人至三萬人即有一個民選議席的比例要靈活運用,以兼顧各區地理、社會及政治等方面的差異;

　　如果民選議員的數量兩倍於委任議員,會使某一區議會過於龐大,難以有效運作,則該區議會的議員總數將略予削減,但民選議員及委任議員二對一的比例仍然保持不變。

　　本港現時只有一百三十二名民選區議員,如果實施上述指引,那麼到一九八五年三月,區議會的民選議員將達二百三十五名。委任議員的人數則略有減少,由一百三十五名減至一百三十名。屆時,非官守區議員總數將為三百六十七名。

　　第二項建議是考慮是否分拆一些較大的地區。

　　在港九市區中,有五個區——觀塘、黃大仙、九龍城、深水埗,及東區——各自的人口均為其他五區——旺角、油麻地、中西區、灣仔及南區——人口的兩倍。按人口多寡而將較大區再行分區的做法，似乎亦屬恰當。但是，現行的分區方法自一九六八年實施民政主任計劃以來一直沿用至今，而各區亦自有其不可分割之理由。未有任何一個區議會希望被分拆。一九八〇年最初成立市區區議會的時候，分拆建議亦同樣受到反對。當時有意見認為，較小的地區應該予以合併，如旺角與油蘇地合併、灣仔與中西區合併。鑒於反對意見，市區現有的十個區議會不擬做任何改變。

荃灣的情形則不同。目前，此區的人口已超過觀塘，成為各區之冠。該區不但包括荃灣舊市區，亦包括與荃灣一山之隔的葵涌以及青衣。將它們劃為一區，由一位政務專員統轄，在行政上是合理的。但荃灣區議會已同意，將來應分設兩個區議會，一個服務荃灣舊市區，另一個則服務葵涌及青衣。至於新界其他各區，則不建議作任何其他變更。

第三項建議是，區議會應更多參與地方行政的管理工作。這個辦法如在遙遙相隔的新市鎮施行，當然合乎情理，但在港九各區實施，則因環境互異而情況有所不同。這一設想受社會歡迎，並已有建議舉措談及如何落實。當局並無建議全面改革，而是詳細考慮用何種實際可行的方法適當安排區議員參加各種工作。在未來數月中，我們將會徵詢各有關方面的意見，以便更深入加以研究。

督憲閣下，既然我們現在已擬定在區域及地區層面推行改革的辦法，便可以進一步研究如何去推行一個更具代議性質的中央政府。

這個階段的工作必須先行處理。事實證明，區議會是商討區內事務及全港性重大議題的極佳場所。民選議員的表現亦證明本港這個前所未有的制度確有價值，他們將發揮更大的影響力。新界缺少一個區域性的機構管理市政服務也將成為歷史。

布政司在上次立法局會議席上答覆質詢時表示：當局正為下一階段的舉措制訂建議。這項工作完成後，將發表綠皮書，詳列各項建議，以便市民提供意見。

（資料來源：香港特別行政區立法會）

第
四
章

代議政制改革

　　1984 年 7 月，即《中英聯合聲明》草簽之前不久，港英當局發表《代議政制綠皮書》，正式啟動了香港的 "代議政制改革"。**文件 4.1** 收錄了綠皮書全文，詳列了改革的原因、目標、路向及具體舉措。**文件 4.2** 是時任總督尤德（Edward Youde，香港第二十六任總督）於立法局對綠皮書所做的説明，詳細解釋了綠皮書出台的考慮，其中拒絕採納直接選舉的理由值得讀者注意並思考。同年 11 月，港英政府在綠皮書諮詢基礎上，公佈了《代議政制發展白皮書》，正式提出 1985 年立法局選舉的具體方式，其中包括經由選舉團及功能組別選舉立法局部分議員，**文件 4.3** 收錄了白皮書全文。

　　為配合 1988 年選舉，港英政府於 1987 年 5 月再次發表一份綠皮書，對未來如何進一步發展代議政制進行檢討。**文件 4.4** 收錄了此份綠皮書全文。值得注意的是，在這份綠皮書中，港英政府不僅提及了 1988 年立法局選舉制度的問題，還以大量篇幅詳細回顧、介紹香港地方行政制度的發展，這是一個重大的變化，有別於過去或是只談中央層面的改革（例如，增加立法局委任議員的數量、考慮其與官守議員的比例、不同族裔之議員比例等）而不觸及地方行政改革，如本書第二章收錄文獻所示；或是只關注地方行政改革，而凍結中央層面的改革，如本書第三章收錄文獻所示。1988 年 2 月，港英當局公佈白皮書，確定了 1988 年立法局選舉的具體安排，為了與正在起草中的《基本法》相衡接，1988 年選舉未有採納直接選舉的方式產生立法局議員。**文件 4.5** 全文收錄了這份白皮書。

　　文件 4.6 是時任布政司霍德（David Robert Ford）在立法局所作的聲明，用以闡述港英當局對 1991 年立法局選舉的安排。1991 年選舉是在《基本法》通過之後進行的第一次香港立法局選舉，這次選舉的具體安排是中英兩國為與《基本法》相衡接、經過談判得來的共識，讀者可以從第五章**文件 5.4** 收錄的中英兩國外交部長的七封通信看到這一點。

4.1 代議政制綠皮書：代議政制在香港的進一步發展

〔1984 年 7 月〕

第一章 引言

1. 一九八〇年六月，本港發表了一份名為"香港地方行政的模式"的綠皮書，引言中有下述一段話："香港環境特殊，需要一個穩定的局面；行政立法兩局 —— 政府的中央機關，過去和將來都要按照環境的需要而演變。"本綠皮書就是從這段話引申出來的。

2. 過去數年來，當局已採取若干步驟，在區域及地區層面推展代議政制。一九七三年，市政局改組，成為一個財政獨立的機構，取消官守議員席位，非官守議員人數則增至二十四名，其中半數由選民直接選出，不過，選民的資格則有所規限。一九八二年本港首次舉行直接的區議會選舉，選民資格甚寬。一九八三年，市政局議員人數進一步增至三十名，其中半數現時由各個以地區劃分的選區選出；選民資格甚寬，與區議會選舉的選民資格相同。

3. 多年以來，港督均有委任市政局議員為立法局議員，最近，更有區議會民選議員獲得委任為立法局議員。這種委任議員的方法，今後仍會繼續。

4. 本年五月，當局宣佈計劃加強區議會的代表性，準備在一九八五年使區議會民選議員的人數增加一倍，並且打算在一九八六年成立一個新的區域議局，議員中有相當大的數目為民選議員，為目前市政局職權範圍以外的區域服務。

5. 同時，在處理公共事務時，諮詢民意的重要和作用，日益受到重視。在特殊和重要的問題上，以至政府一般政策及施政計劃的原則，市民都希望政府能夠徵詢民意。政府亦鼓勵這種諮詢程序，因此引致個別市民和不同的關注團體紛紛呈遞意見書，要求在各區域及各地區，以至中央階層，推展代議政制。在中央階層推行代議政制，對本港前途具有重大意義。

6. 本綠皮書的目地，就是建議怎樣使香港政府的中央組織更具代表性，使政府更能直接向香港人民負責；同時邀請市民就本綠皮書所提出的建議，進行討論和提供意見。

7. 本綠皮書各項建議的主要目標如下：

（一）逐步建立一個政制，使其權力穩固地立根於香港，有充分權威代表香港人的意見，同時更能較直接向港人負責；

（二）在本港現行運作良好的體制上，建立這個政制，並且儘可能保留現行體制的優點，包括保留實行已久根據民意去制訂方針的施政辦法；及

（三）倘市民確有此意願，可把這政制進一步發展。

第二章　現行的政制

8. 根據制定現行本港政體的文件，香港的政制，以港督、行政局及立法局三個法體為基礎。

9. 港督是由英女皇任命，亦是英女皇在香港的代表，具有領導香港政府的最高權力。港督主持行政局的會議，同時身兼立法局主席。

10. 行政局有四位當然官守議員，即布政司、英軍司令、財政司及律政司，此外，更有港督根據英國外交及聯邦事務大臣訓示而委任的其他議員。目前，行政局的委任議員共十二名，其中十名為非官守議員、兩名為官守議員。行政局負責就各項政策上的重要事項，向港督提供意見。因此，行政局必須研究各項重要政策。所有重要的法例在提交立法局之前，須先由行政局加以考慮。若干條例的附屬法例亦須由行政局訂定。根據某些律例而提出的上訴、請願或反對的個案，亦交由行政局考慮。

11. 立法局由港督出任主席，其他成員包括三位當然官守議員，即布政司、財政司及律政司，以及現時的二十九位非官守議員和十五位官守議員，由港督取得英國外交及聯邦事務大臣的批准後予以委任。立法局的首要職責是制訂法例，其中包括撥用公帑的法例。立法局亦就市民關心的事項，向政府提出質詢，並且就政策問題進行辯論。此外，立法局更透過該局的財務委員會監管公帑的運用。財務委員會的主席為布政司，其他成員有財政司和另外一位立法局官守議員（慣例上為地政工務司），以及立法局全體非官守議員。

12. 港督是本港行政首長，其下有三位首席顧問，即布政司、財政司和律政司。布政司除其他職責外，是政府機關的主管，也是港督的副手；在財政預算、財經和金融政策上，財政司是港督的顧問；律政司則是港督的法律顧問。上述三位官

員均為行政及立法兩局的當然議員，他們都可以直接面見港督。在這三位首席顧問的指導下，政府透過布政司署屬下十四科及本港五十九個行政部門推行政務。

13. 除港督、行政及立法兩局三個法體，以及政府行政機關外，本港更設有市政局、十八個區議會和涉及多種事務的各類委員會。

14. 市政局是一個財政獨立的法定機構，負責在港九市區提供市政服務和文娛康樂設施。該局有議員三十名，其中十五名由港督委任，其餘十五名分別由各選區直接選出。市政局主席由該局成員互選出任。市政局民選議員在自己選區所屬的市區區議會內，自動有其議席，而市政局的委任議員亦在區議會獲得分派議席。

15. 一九八二年，當局根據地理分區，在全港成立十八個區議會。各區議會的全體議員中，約三分之一為官守議員、三分之一為委任非官守議員，其餘則為直接民選非官守議員，目前民選議員人數為一百三十二名。這種實行由市民普選的代議政制概念，在區議會中體現得最廣。區議會是徵詢民意的一個機構，也是各區市民參政的一種途徑。區議會的主要地位，是諮詢性質，對地區事務具重大影響力。區議會亦獲得撥款，在區內舉辦文娛康樂活動及進行小規模的環境改善工程。

16. 市政局議員和區議會議員，都是由已經登記於選民名冊內的選民選出。凡二十一歲以上的本港居民，在港住滿七年，便有資格登記為選民。本港可能具有選民資格的人士，估計有二百七十萬，目前已登記為選民的市民，約九十萬人。當局將於短期內推行一次大規模的運動，鼓勵有資格成為選民的人士，登記為選民。

17. 政府最近已經宣佈，準備在一九八五年，將區議會民選議員的席位增加一倍，並且在一九八六年設立一個新的區域議局，其成員部分將為民選議員，為市政局職權範圍以外的區域服務。新區域議局將有十二名直接民選議員、九名從新界各區議會議員中選出的代表、來自鄉議局的當然代表三名及委任議員十二名。一九八五年初，將會成立一個臨時區域議局，其成員結構，除該十二名直接由市民選出的議員外，將與上述所列者相同。市政局現時正研究新區域議局的成員比例，對市政局的結構及成員比例的影響。

18. 本港有三百七十一個委員會，組成了龐大的諮詢網，是港府實行諮詢制度的一項重要特色。這些委員會的成員數以百計，都是本港市民，大部分是委任的，也有若干成員是民選的。這些委員會半數由非官守人士出任主席，有些屬法定組織，有些則是非法定的，這些委員會的職責各異，有些負責就重要的政策向政府或部門首長提供意見，有些則負起行政或類似司法的任務。這些委員會是培養人才的理想地方，當局亦可從中物色人選，委任為較高層委員會的成員。

第三章　現行政制的發展

19. 本港現行政制最重要的特色，是徵詢民意和以民意大致所歸，作為施政的基礎；而不是一個以政黨、派別和反對派系構成的政制。本港政府綜合廣大市民所贊成的意見，以務實的方針去解決問題。在許多重要的事項上，政府充分與社會人士坦誠磋商，得知民意大致所歸後，始作決定。這個制度最可貴之處，就是能夠使香港長期以來，經濟得以繁榮，社會得以安定。在計劃於本港推行代議政制政府的時候，我們不應忘記現行政制的優點，或隨便將之摒棄。

20. 廣徵民意和尋求民意大致所歸的制度得以成長，就是循著兩個不同的途徑，去尋求最能夠代表本港市民的辦法。根據過去經驗，我們發現有兩大類情況，能促使市民共同關注一些問題。第一類是由居住地區相近所引起的，而第二類則是由工作性質相似而產生的。這樣的劃分可以稱為 "選民組別"，亦即按地區劃分的選民組別和按社會功能劃分的選民組別。

21. 按地區劃分的選民組別，是以市政局、鄉議局、鄉事委員會及近期設立的區議會等組織為基礎。

22. 按社會功能劃分的選民組別，則以各類社會人士共同關心的不同事項為根據，例如工商界、法律界、醫學界、財經界、教育界、工會等，其中多個組別在本港已有悠久的歷史。

23. 這樣劃分選民組別，可謂別具特色，因為本港地狹人稠，間接助長了這種發展。

24. 政府在傳統上，一向都從這些按地區和社會功能劃分的選民組別中，挑選非官方人士，加入政府各類組織，尤其是行政及立法兩局。選任這些非官方人士，目的在使他們能夠把社會人士的意見和最關心的問題向政府反映，同時，向政府提供他們的專門學問和見識。再者，上述制度已逐步蛻變，以配合本港不斷演變的環境：例如，在過去十年來，立法局非官守議員的人數已增加了一倍，多年來均有市政局民選議員獲委為立法局議員，而近期更有兩名區議會民選議員獲委為立法局議員。

25. 目前的制度，是港督從這些按地區及社會功能劃分的選民組別中，甄選及委任立法局全部非官守議員。現在的建議，是把這制度加以發展，使立法局有相當數目的非官守議員，是由上述選民組別自行推選出來。

26. 關於按地區劃分的選民組別，本綠皮書建議設立一個由市政局、區域議局及區議會全體民選及委任非官守議員組成的選舉團，這選舉團將選出一個指定數目的立法局議員。至於按社會功能劃分的選民組別，則須先行明確規定，應邀請什麼組別推舉代表為立法局議員，並且訂出適當辦法去進行這種選舉。

27. 有人建議立法局現時應實行直接選舉，全港市民都應具有選舉權，從各選區選出議員或只從一份候選人名單中選出議員。許多國家都採納或實行直接選舉，作為其政體必有的內涵；而經驗證明，這種直接選舉的政體，對其本國社會情況最為適合。可是，直接選舉並不是一種放諸四海而皆準的辦法，足以確保能夠選出一個穩定的代議制政府。有些時候，人民在政治意識上對直接選舉未有充分的準備；有些時候，則由於社會風俗習慣不同，這種選舉方式未能深為人民所接受。結果，直接選舉無法長久推行，或未能贏得廣大民眾的充分支持。以香港的情況而言，經港人長期的努力，社會民生安定，市民和洽共處，我們必須維持這個局面；今時今日，我們更須如此。我們必須顧及本港的特殊政治環境，財經界及專業階層對建立本港前途的信心和繁榮至為重要，他們必須獲得充分的代表權。推行直接選舉，可能使本港迅速陷入一個有反對派系參政的局面，以致在這關鍵時刻，加上一種不穩定的因素。香港政府的中央組織，過去都並非是以直接或間接選舉產生；而以選區為基礎，在區域及地區層面進行選舉，只是本港政壇上較近期才出現的新情況。

28. 更有人建議，分期每次把若干名直接民選議員加入立法局。由於不能在代表權的問題上對本港各地區厚此薄彼，因此立法局議員只可根據一份候選人名單選出，或由全港的選區分別選出。以後者來說，如果初期只選舉數名直接民選議員的話，選區的範圍便會因此而須訂得極為龐大。時機未熟而過早推行直接選舉，不但是一件冒險的事，而且由於選區範圍太大，所選出的議員是否能夠真正代表其選區，亦會成為一項嚴重的問題。

29. 因此，在這時候直接選舉議員加入立法局，是不合時宜的。但是，隨著香港政治情況及政體的蛻變，倘若更多市民支持這種構思的話，日後仍可進一步研究直接選舉是否可行。

30. 即使是透過選舉團或按社會功能劃分的選民組別，間接選出相當數目的非官守議員，已是本港政制上的一項重大改革。社會人士實在需要時間，去了解和<u>熟</u>

習這個新制度，以及從這制度中汲取經驗。基於上述理由，故建議逐步推行此一新制度。

31. 鑒於本港情況特殊，現時建議的制度，應可符合上文第七段所述的目標，使政府權力穩固地立根於香港，為香港市民開闢一個新途徑，有充分權威代表民意，並且使政府能夠更直接向本港人民負責。

第四章　主要的考慮事項

32. 主要的考慮事項，可歸納於下列三大範圍：

（一）立法局

在這個範圍內需要考慮的事項，包括立法局的角色和職權是否需要作任何修訂；立法局的成員比例是否需要改變，如果需要的話，新比例應是怎樣；立法局議員應如何甄選；立法局官守議員的角色應是什麼；以及考慮這些問題後所決定的任何改變，應何時實施。

這些事項將在第五章詳細討論。

（二）行政局

在這個範圍內，亦有與上述相同的事項需要考慮，包括行政局的角色和職權是否需要修訂；行政局的成員比例應否更改，又如認為有此需要，應如何更改；行政局議員應如何甄選；行政立法兩局之間的關係應該是怎樣；行政局非官守議員在政府中應擔任什麼角色；以及考慮這些事項後所決定的任何改變，應何時實施。

這些問題將在第六章詳細討論。

（三）香港總督

行政立法兩局的角色、職權或成員比例如有任何改變，自然便會牽起若干與港督的地位有關的問題，特別是有關港督委任行政立法兩局議員的權力；其在立法局的地位；其與行政局的關係；以及將來甄選和委任港督時可能採取的辦法。這些問題將在第七章討論。

第五章　立法局

33. 毫無疑問，立法局應繼續負責制訂法例的工作，並透過財務委員會和政府賬目委員會，繼續控制和監管公帑的運用。立法局亦應保留就市民關心的事務向政府提出質詢及辯論政策問題的權力。目前立法局的各項職權，毋須作重大修改，因為此等職權可使該局能夠充分執行其任務。例如，目前雖然並無明文規定，但行政及立法兩局非官守議員卻分別組成各類工作小組，對一些政策上的問題和重要法例作專題研究，而此種方法，立法局亦可仿效而加以利用，多設小組委員會；而立法局亦可使更多其屬下的委員會，舉行公開會議。

34. 目前立法局由港督出任主席，其他成員計有三名當然官守議員，即布政司、財政司及律政司，二十九名非官守議員，和十五名官守議員。包括港督在內，總人數為四十八名。該二十九名非官守議員，與多個按社會功能劃分的選民組別有關聯（包括工商界、醫學界、法律界、工程／建築界、教育界、社會工作界、財經界、會計界、工會、工人及宗教團體等），也與按地區劃分的選民組別有關聯（包括市政局、區議會及鄉議局）。不過，港督是根據他們個人的才幹和聲望，甄選他們出任議員，而非特別甄選他們為這些不同選民組別的代表。所以，有時所委任的人士，是與多個選民組別有聯繫的。

35. 與立法局有關的主要問題，是該局的成員比例，以及甄選和委任其議員所採取的方法。上文曾經指出，目前由港督甄選和委任該局全部非官守議員的制度，應予逐步發展，使該局擁有相當數目的民選議員：而這些民選議員，是間接由下列方面選出：

（一）由市政局、新的區域議局及區議會議員組成的選舉團；

（二）按社會功能劃分的各類組別，即"選民組別"。

同時，立法局亦應暫時保留一些委任非官守議員的議席，以維持工作上的連貫性和穩定；以及繼續保留若干名官守議員，作為立法局與政府間的聯繫，不過官守議員的人數，將會逐漸減少。

36. 至於按地區劃分的選民組別，本綠皮書建議在新制度開始實施的時候，由各區議會、市政局及新的區域議局的所有民選議員及全部委任議員組成一個選舉團，成員人數因此應約為四百三十名。選舉團負責選出一個指定數目的代表，出任立法局議員。選舉團可以推選任何符合某些規定資格的人士為代表，例如任何在香

港居住至少十年的登記選民（這與出任市政局和區議會候選人的基本資格相同），
而不一定須由他們互選出來。這種推選辦法將會逐步施行，直至由選舉團選出的立
法局議員人數，在一九八八年達到十二名為止。

37. 至於按社會功能劃分的選民組別，多年來，立法局議員都是從多個這類組
別中甄選出來的，而這個不成文的方法，是立法局獲得大量專門知識和專家寶貴意
見的途徑。本綠皮書建議實行適當的措施，使按社會功能劃分的每個選民組別，都
能推選出一個或多個代表，出任立法局議員，因而使目前這個並無明文規定的甄選
方法，發展成一個更正式及更可提高議員代表性的方法。例如法律界的代表，可由
大律師公會和香港律師會的會員聯合選出；而目前推選僱員代表出任勞工顧問委員
會委員的方法，亦可用來推選勞工團體的代表。工商界的代表，則可由各主要總商
會及工業團體選出。不過，任何在這類選民組別中有權投票的人士，通常必須首先
成為選民總名冊上的登記選民。這些措施將會逐步施行，直至由這類選民組別選出
的立法局議員人數，在一九八八年達到十二名為止。

38. 目前立法局議員所來自的各種按社會功能劃分的選民組別，例如工商界、
醫學界、法律界、教育團體、金融界、勞工團體等，均應有代表出任立法局議員。
可能還有其他這類的選民組別，也應有代表出任立法局議員，不過，這些組別必須
足以代表社會上某些人數相當多而重要的團體或階層，例如一些傳統性組織和其他
主要行業等，便可選出代表，出任立法局議員，每個這類選民組別所選出的代表數
目，則視乎其人數多寡及重要性而定。

39. 本綠皮書建議，這種間接由上述兩類選民組別推選代表為立法局非官守議
員的新措施，在開始的時候，應分兩個階段在一九八五年及一九八八年實行。選擇
這兩個年份，是假定所有立法局非官守議員的任期均為三年。因為區議會選舉也在
這兩年舉行，而選舉團的成員，大部分將是區議會的民選議員。如果等待下一屆市
政局和新的區域議局在一九八六年進行選舉後，才開始實行此一新措施，便會將實
踐全部建議的日期延遲一年，再者，雖然這樣可以給予一九八五年新選出的區議員
有更多時間去熟習其工作，但對參加競選連任的立法局議員來說，他們每三年便要
面對為期十八個月不明朗的個人政治前途。然而，倘若立法局的選舉是在區議會選
舉的年度內的七月份舉行，則這段個人政治前途不明朗的期間，只為四個月而已。
因此，較為理想的安排，將會是區議會和立法局在同一年度進行選舉，這樣可使議
員在下一次區議會選舉前，有一段為期兩年半明朗的個人政治前途。

40. 同時，由於由選舉團及按社會功能劃分的選民組別選出立法局非官守議員的選舉辦法，將分期實行，故本綠皮書建議逐漸減少委任非官守議員的數目，到一九八八年減至十六名。

41. 至於立法局官守議員方面，本綠皮書建議由政府主要行政官員，即布政司、財政司及律政司繼續出任為立法局當然官守議員，作為立法局與政府之間的聯繫。同時亦有需要照目前一樣，由若干名政府官員出任立法局議員，負責將與他們職權範圍有關的新法例，正式提交立法局；並在草擬法例經行政局批准後，與由非官守議員組成負責詳細研究該項法例的專責小組，進行討論；同時，亦須就經行政局通過而與他們職權範圍有關的政策，答覆議員的質詢，以及負責為政府執行這些政策。不過，官守議員的數目。毋須如以往的多，因此將逐漸減少，到一九八八年減至十名。

42. 全部建議一旦實施後，一九八八年立法局議員的總人數將為五十名。

43. 下表概述以上各項建議：

立法局議員人數　　　　　　　　年份	現在	一九八五年	一九八八年
（一）由選舉團選出	0	6	12
（二）由按社會功能劃分的選民組別選出	0	6	12
（三）由港督委任	29	23	16
（四）官守議員	18	13	10
總人數	47	48	50

44. 本綠皮書建議，在實施各項有關立法局成員比例和甄選議員辦法的初步改革後，應於一九八九年，即一九八八年選舉之後，對當時情況進行檢討，以便決定進一步的發展方針。進行檢討時，須特別考慮兩點：委任非官守議員在將來所處的地位；由選舉團選出的議員人數，與由按社會功能劃分的選民組別選出的議員人數，兩者之間的比例，可否有其他變化。舉例來說，兩者所選出的非官守議員人數，在一九九一年可各增至十四名，委任非官守議員的人數則減至十二名，而官守議員人數仍然是十名；或者選舉團和按社會功能劃分的選民組別，在一九九一年所選出的非官守議員人數分別增至二十名，委任非官守議員的議席則全部取消，而官

守議員的人數仍然是十名。

　　45. 下表說明第四十四段所載的兩個選擇：

年份 立法局議員人數	一九九一年	
	選擇一	選擇二
（一）由選舉團選出	14	20
（二）由按社會功能劃分的選民組別選出	14	20
（三）由港督委任	12	0
（四）官守議員	10	10
總人數	50	50

　　46. 其他選舉辦法，包括按選區或根據一份全港候選人名單進行直接選舉的可能性等，亦可在一九八九年檢討當時情況時，加以考慮。

　　47. 至於港督與立法局之間的關係，將在第七章討論。

第六章　行政局

　　48. 行政局的主要職責，是在政策問題上向港督提供意見。近年來港督從來沒有不接納行政局的建議，而行政局議員亦主動提出討論事項，及要求政府提交文件，給他們研究。因此，就其職權範圍內的事項而言，行政局實際上已成為一個集體決策的機關。行政局次要的工作，是制訂附屬法例，以及根據不同律例，考慮上訴和請願個案。目前行政局的角色和職責，似無作重大更改的需要。

　　49. 目前行政局有四位當然官守議員，即布政司、英軍司令、財政司和律政司，及十二位委任議員。委任議員當中，有兩位是以個人身份獲委任的官守議員，其餘十位則是非官守議員。行政局的一切會議，均由港督主持。

　　50. 行政局的四位當然官守議員之中，有三位（即布政司、財政司和律政司）是立法局的當然官守議員，而行政局有五名非官守議員和上述兩名以個人身份獲委任的官守議員，目前亦是立法局議員。雖然英皇制誥和皇室訓令對議員同時兼任行政立法兩局議員一事，並無明文規定，但委任數名資深（或前任）立法局議員為行政局議員的傳統習慣,由來已久,這樣可以維持兩局的密切關係。

51. 為使行政局議員毋須全部由港督直接委任和使民選議員能夠加入行政局起見,本綠皮書建議至一九九一年時,行政局的非官守議員中,最少應有八名是由立法局非官守議員互選出來。這樣可達到兩個目標——第一是使民選代表能夠從現有的各個組織,由下至上,直達行政局階層,成為行政局議員;第二是在行政立法兩局之間,建立一個更為直接的關係。

52. 由於行政局負有制訂政策的職責,因此行政局議員應包括社會各主要階層、行業、不同地區及年齡組別的人士,使能具有各方面的經驗和專業知識,這是十分重要的。鑒於由立法局推選行政局議員的措施,未必能夠達成此一目標,因此本綠皮書建議,港督應有權委任兩名行政局議員,以確保行政局具有所需的種種經驗和專業知識。這兩名議員,可從立法局的非官守議員中選出,或甄選其他市民出任,也可以是政府官員,最終的選擇全由港督決定。

53. 目前香港政府的三位主要官員,即布政司、財政司和律政司,是港督根據英國外交及聯邦事務大臣的訓示而委任的。本綠皮書亦建議他們應繼續出任為當然官守議員,作為行政局與政府之間的聯繫;而英軍司令目前仍須繼續出任為行政局當然官守議員。

54. 使行政局成員更具代表性的安排,亦準備與立法局的一樣,逐步施行。又假定行政立法兩局民選議員的任期均為三年,以配合區議會及區域議局的選舉周期,而根據這個假定,本綠皮書建議,首先在一九八八年立法局選舉之後,由立法局選出四名非官守議員加入行政局,另外四名非官守議員,則可能在一九九一年選出。在一九八五年當立法局的成員比例作第一階段的改變時,行政局的成員比例不宜同時有任何變動,好讓新選出的立法局議員在參與行政局議員選舉之前,有時間熟習立法局和政府的工作。

55. 下表概述以上各項建議:

行政局議員人數 ＼ 年份	現在	一九八八年	一九九一年
(一)由立法局選出	0	4	8
(二)由港督委任	12	8	2
(三)當然官守議員	4	4	4
總人數	16	16	14

56. 然而，有關一九九一年行政局成員比例的建議，可能須根據檢討立法局情況的結果而有所修改，而該項檢討，本綠皮書在上文建議在一九八九年進行。

57. 港督與行政局之間的關係，將在第七章討論。

58. 不時有人建議，行政立法兩局非官守議員應更多參與政府事務，在政府中實際擔任一些行政工作，類似一些其他國家，由民選代表擔任部長的職位。這種制度是否適合香港的特殊環境，現在姑且不談。不過，基於若干理由，目前不擬向這方面發展。現時最重要的，就是保持香港社會的安定與和諧，這點已在上文第二十七段有所解釋。有關如何甄選成員加入政府首要組織的建議，本身已是一項重大的改革，必須先為社會人士了解和接受之後，始可考慮進行政府內部結構的改革。將來的發展，可在日後再作研究，但目前建議甄選議員的新辦法，必須先行實施，才有時間讓此制度建立穩固的基礎。

第七章　香港總督

59. 目前，港督候任人由英國外交及聯邦事務大臣選定，然後由英女皇任命。港督的四項重要職責如下：

（一）港督為領導香港政府的最高負責人；

（二）港督委任行政及立法兩局全體議員；

（三）港督為立法局主席；及

（四）港督主持行政局會議。

60. 直至一九九七年為止，港督仍正式由英女皇任命。

61. 不過，建議中的立法局非官守議員的間接選舉制度，一旦付諸實行，則港督不再保留委任該局所有非官守議員的權力。同樣，倘大多數行政局非官守議員由立法局議員選出，則港督委任行政局議員的權力，只限於委任兩名。

62. 至於由港督出任立法局主席一職，現在的建議就是，將來在適當的時候，應由立法局非官守議員自行互選一人，出任議長，以取代目前港督為立法局主席的地位。這項改革可分兩個階段逐步進行。例如，第一位立法局議長可由港督與立法局非官守議員磋商後委出；此後，每隔三年由立法局議員自行選出議長。

63. 即使港督不再出任立法局主席，預料港督仍會以最高行政首長身份，出席立法局每年復會時舉行的首次會議，向該局發表一年一度的施政報告。在立法局的會議常規中，仍然保留條文規定，使港督可在其認為適當或有需要的時候，出席立法局任何會議，或在立法局會議上發表報告。

64. 至於行政局方面，港督仍繼續以香港政府最高行政首長身份，主持行政局一切會議。不過，在關乎行政及立法兩局的安排全面實行之後，有一點要考慮的，就是港督目前在行政局議事程序方面所擁有的權力，是否須要重新檢討。例如，目前港督有權決定何種問題應提交行政局討論，也有權作出與行政局意見相違的決定 —— 雖然港督一向絕少運用這項權利 —— 但這些由港督擁有而與行政局職權有關的權力，是否應予撤銷，將來便須要作出決定。

65. 將來甄選港督候任人的方式，也須要加以考慮。在本綠皮書所建議的各項程序完成後，一個可能辦法就是，作為政府行政首長的港督這個人選，可按照選舉程序選出；舉例而言，可由一個行政及立法兩局全體非官守議員所組成的選舉團，經過一段時間互相磋商後，選出港督。

66. 港督權力的修訂（見上文第六十四段），及港督候任人甄選方式的改革（見上文第六十五段），對香港政府的影響、對香港與英國之間的關係，及對香港前途可能產生的影響，以及應在什麼時候進行這些改革等事項，都須要慎重加以考慮，才可作出任何決定。因此本綠皮書對這個問題並未作出確實的建議。

第八章　結論

67. 本綠皮書第五、第六及第七章所述的各項建議可撮要如下：

立法局（第五章）

（一）應作出安排，使立法局有相當數目的非官守議員，得由下列方面間接選出：

（i）一個由市政局、新的區域議局及各區議會所有議員組成的選舉團，及

（ii）按社會功能劃分的選民組別。

（二）立法局目前暫時仍須保留若干名委任非官守議員。

（三）立法局官守議員人數應逐步減少。

（四）開始時，這些安排應分兩個階段推行，即在一九八五年及一九八八年，隨著各區議會在這兩年舉行選舉後實行。

（五）到一九八八年時，立法局的成員比例應為：

（i）十二名由選舉團選出的非官守議員，

（ii）十二名由按社會功能劃分的選民組別選出的非官守議員，

（iii）十六名委任非官守議員，及

（iv）十名官守議員。

（六）在一九八八年選出議員加入立法局後，在一九八九年即應進行檢討，目的在決定如何作進一步的發展。

行政局（第六章）

（七）大多數行政局的委任非官守議員，應逐步由立法局非官守議員自行互選出來的人選所取代，但一小部分議員仍須由港督委任，此外，四位當然官守議員仍須留任為行政局議員。

（八）這些安排應分兩個階段實施，即在一九八八年及一九九一年，隨著在這兩年選出議員加入立法局後而實行。

（九）到一九九一年時，行政局的成員比例應為：

（i）最少八名由立法局非官守議員互選出來的議員，

（ii）兩名由港督委任的議員，及

（iii）四名當然官守議員。

這些議員數目，可以在一九八九年檢討立法局當時的情況後，另行修訂。

香港總督（第七章）

（十）將來在適當的時候，應由立法局非官守議員自行互選一人為議長，以取代目前由港督出任的立法局主席的職位。這項改革可分兩個階段進行。

（十一）本綠皮書並未就港督在行政局議事程序方面所擁有的權力，或就將來甄選港督候任人的方式，提出建議。這些事項須稍後再作研究。

68. 要實施各項改革，就必須修訂有關制訂本港政體的文件，即英皇制誥及皇室訓令。

69. 本綠皮書內所載的各項構思、提議及建議，並非定論。現將其公開發表，供全港市民討論研究。市民可就本綠皮書內容發表意見，及就將來進一步發展香港代議政制問題提出建議。

70. 在未來兩個月內，政府對市民就本綠皮書內各項建議所提的觀點和意見，將詳加考慮，然後提交行政局再作研究。

71. 此後，政府將發表一份白皮書，就進一步發展香港代議政制的問題，作出明確的決定。

4.2 總督尤德致辭 —— 綠皮書：代議政制在香港的進一步發展（節錄）

〔1984 年 7 月 18 日〕

引言

諸位尊貴的議員，今日下午，本人在本局召開特別會議，要向諸位闡述一個對本地未來發展至關重要的議題，這就是代議政制在香港的進一步發展。政府今日發表的綠皮書，闡述了當局的建議，邀請公眾展開討論。

綠皮書建議將多年來我們在新市鎮進行的嘗試上升至中央政府層面。於荃灣最先成立的地區諮詢委員會，發展成為香港每區都會設立的區議會制度。政府於 1980 年發表題為《綠皮書：香港地方行政的模式》，隨後，區議會於 1982 年選舉中開始了部分議席由直接選舉產生的辦法。1983 年，基於區議會選舉同樣範圍的普選權，市政局選舉中開始採用以地區劃分為基礎的直接選舉。此前多年來，市政局一直採用更為有限的普選權選舉部分議員。

為了可以繼續在地方層面加強代議政制，明年區議會中的民選議員數量將會增加一倍。同時，臨時區域市政局將會成立，管轄那些尚未由市政局管理的地區。之後，在 1986 年，民選議員在區域市政局中將佔多數。

從現在起至 1986 年間的這些改變，將會形成地區及區域兩級政府的架構，而提供服務及管理地方事務的責任將牢牢地掌握在地方代議組織的手中。

基於廣泛享有普選權的選舉將是香港向前發展的實質性一步。它使得民選代表能夠針對政府在地區層面的政策、項目及表現表達意見。雖然區議會成立為時尚短，但它們已經為港人的日常生活做出顯著的貢獻。區議會與市政局之間有緊密的聯繫，同樣的情況亦將出現在區議會與新成立的區域市政局之間。多年來，市政局一直有議員被委任為更高層面的立法局議員，最近，區議會議員也被委任為立法局議員。我們現在需要採取的步驟，是不僅考慮立法局及行政局的組成成分，還要考慮挑選立法行政兩局議員的方法。

這就是政府發表綠皮書的目的。綠皮書中包含的建議之目標如下：

第一、建立一個政制，使其權力穩固地立根於香港，有充分權威代表香港人的意見，同時更能較直接向港人負責；

第二、在本港現行的體制上，基於我們已經成功建立起來的共識政治的實踐，逐步建立這個政制；及

第三、根據實施這些建議方案得來的經驗，我們會檢測這些方案的有效性。為了達到這一目的，政府建議於 1989 年檢討建議方案的實施情況，之後決定進一步發展這一制度的方向及時機。

香港現行政制的發展

香港現行的政制，是徵詢民意及以民意大致所歸，作為施政的基礎。這種獨特的制度以兩種方式代表本地社會的諸多意見而得以發展：一方面，代表區域及地區的利益，以市政局、鄉議局及區議會等機構為基礎；另一方面，代表職業利益，例如工商界、法律界、教育界、醫療界及社會服務界，這些界別都在我們的社會及經濟生活中扮演著重要的角色。

這兩條平行的代表方式為香港政制的發展以及政府政策帶來了強有力的影響。因為它為討論及異議提供了時間與空間，綜合這些不同地區及不同功能界別的意見通常耗時耗力：但最後還是總能得出全社會都可接受的政策。

傳統上，立法行政兩局獲委任的非官守議員就是來自這些地區界別及功能界別。政府現在建議，在這基礎上，發展一套選舉制度，選舉產生相當數目的兩局非官守議員。但政府同時建議，至少在目前，保留若干委任非官守議員，因為我們需要兩局運作的延續性及過往的經驗得到保留。

直接選舉

有意見指出，基於普選權的直接選舉應該儘快在立法局選舉中採用。這樣的安排是許多民主政體的標準特徵，但它並不能總是保證可以帶來穩定的的代議制政府。

很明顯，在香港保持穩定是重中之重。並且，我們必須顧及本港面對的特殊的政治環境：我們要實施的代議政制必須全面重視香港作為一個國際工業、商業及金融中心的地位，因為這是香港未來繁榮發展的根本。這些考慮都有力地表明，改變

應是漸進的，應適合香港獨特的社會與環境，並且應建立在已經得到充分驗證的、對本港確實有利的制度之上。

如果我們現在就在立法局選舉中採用直接選舉的方法，將會承擔風險，即迅速引入對抗性政治，這會為目前的關鍵時刻帶來不穩定因素。目前，直接選舉的時機未到。

在適當的時候，當香港的政治及憲制環境允許，並且如果公眾普遍支持直接選舉，政府將會進一步考慮實施直接選舉的可行性。但在香港歷史上的關鍵時期，審慎及對穩定壓倒一切的需要，意味著我們要採取循序漸進的方式。

......

結論

尊貴的議員們，本綠皮書建議的目標是為進一步建立一個權力源自香港共同體的制度：為了這個目的以使得香港市民更直接地參與選擇他們的政府。我們的建議認可作為香港成功基礎的複雜利益平衡。認可這個平衡通過遵守穩定及共識的逐項原則而得以保持。它們是先進的，但也是逐步的：它們追求保持使香港在過去成功的制度特點。同時，建議書認可香港的政治現實。在擬定建議時，我們考量香港特殊的處境以及與大陸保持良好關係的需要。我們盡最大努力設計這些建議來確保實施的制度在 1997 年前後的一致性。

這些建議對於現在的香港是機會也是挑戰。機會是要參與的，我迫切希望所有人有資格在下一年的選舉中及時投票登記。挑戰是要確保香港的政治進程應維繫穩定及對香港事務的集中。機會的運作將需要高度的責任感，以及基於候選人及選民之間穩定的審慎考量。

我不懷疑政府的建議將被謹慎及明智地加以討論，正如以往在港類似的事務一樣。行政部門將歡迎公眾的討論及有建設性的評論，並對其詳加考慮。我們打算為該討論留予兩個月的時間。在考量公眾的意見後，我們將在今年的晚些時候出版一份白皮書，它將記述達成的結論，並在本局引進必要的法律。尊敬的議員們，謝謝大家。

（資料來源：香港特別行政區立法會，劉天驕譯）

4.3 代議政制白皮書：代議政制在香港的進一步發展

〔1984 年 11 月〕

第一章　引言

代議政制綠皮書

1. 一九八四年七月十八日，政府發表了一份名為"代議政制在香港的進一步發展"的綠皮書，並邀請市民就綠皮書的建議提出意見。

2. 綠皮書各項建議的目標如下：

（一）逐步建立一個政制，使其權力穩固地立根於香港，有充分權威代表香港人的意見，同時更能直接向港人負責；

（二）在本港現行運作良好的體制上，建立這個政制，並且儘可能保留現行體制的優點，包括保留實行已久根據民意去制訂方針的施政辦法；及

（三）倘市民確有此意願，可把這政制進一步發展。

市民對綠皮書的反應

3. 當局以兩個月的時間徵詢民意，籲請市民就綠皮書的各項建議發表意見。在這段期間，政府接獲及記錄了來自各方面的意見，各個組織、團體和個別人士，向布政司署呈遞的意見書，超過三百六十份，而當局亦透過政務處，在各區廣泛徵詢民意。政府官員出席了多個座談會和公開論壇；有關方面還進行了數次民意調查。對於傳播媒介廣泛報道的意見，當局均仔細加以審核。此外，不少區議員、分區委員會和互助委員會的成員，亦向當局提出意見；而市政局議員也在本年九月四日和六日舉行公開辯論，表達了他們對綠皮書的觀感，其後於本年九月二十七日，市政局的全局常務委員會更通過一項有關綠皮書的決議案。立法局非官守議員亦於本年八月二日在立法局會議席上，抒發他們對綠皮書的意見。

4. 本港市民普遍贊同綠皮書的目標，而且大致贊成以循序漸進的方式實施綠皮書的建議。至於不宜在倉卒間進行太多政制上的改革，以免影響香港的繁榮和安定的觀點，亦獲得大部分市民的支持。很多人贊成綠皮書的建議，認為這些建議可以

建立一個切合實況的可行架構，使本港在未來數年內，能夠在政府的中央階層推展代議政制。

代議政制白皮書

5. 本白皮書的目的是參照市民的反應，為下一階段的代議政制在香港政府中央階層推行，而訂明政府在一九八五年的各項意向。綠皮書載有直至一九九一年的建議，而本白皮書有關一九八五年的各項修訂計劃，已把若干原定於一九八八年才實行的立法局成員比例的建議都包括在內。

6. 政府在編訂本白皮書時，已留意到必須顧及香港前途協議草案的條文，因此所有計劃都根據這個需要而適當地擬訂。

第二章　立法局

選舉團

7. 綠皮書建議：

（一）在新制度開始實施時，由市政局、新的區域議局及各區議會的所有民選議員和全部委任議員組成一個選舉團；

（二）選舉團可以推選任何在香港居住至少十年，並且已在選民總名冊上登記為選民的人士出席立法局，而不一定要由選舉團成員互選出來；及

（三）這種推選辦法應逐步施行，以期在一九八五年根據這辦法選出立法局非官守議員六名，一九八八年則選出十二名。

8. 市民對上述建議提出不少意見。其中一項提議，認為可以訂定一份單一的候選人名單，從而推選立法局議員；另外有人提議當局應訂出辦法，確保由選舉團推選出來的議員能夠相當平均地來自各個地區，而要辦到這點，大可將選舉團成員按地區分組，數個地區成一組，每組推選一名立法局議員；選舉團中來自市政局和區域議局的成員則各成一組，各自推選一人為議員。

9. 關於選舉團推選出來的議員應該相當平均地來自各個地區的提議，政府深表贊同。因此，在一九八五年，選舉團中來自區議會的成員，將會按地區分成十組，以兩個或三個地區為一組，每組分別代表大約五十萬人，而來自市政局和區域議局的成員則會成為兩個特別組。這樣，在一九八五年的選舉中，選舉團便會選出十二

名立法局非官守議員，而非綠皮書原本建議的六名非官守議員。

10. 為方便選舉團進行選舉，當局將公佈市政局、區域議局和各區議會全部議員名單，作為選舉團的成員名冊。可以由選舉團推選入立法局的候選人，其資格將與選舉規定條例所載市政局和區議會選舉的候選人資格相同，換言之，候選人必須在香港居住至少十年，並且已在選民總名冊上登記為選民。

11. 上述建議，在附錄甲有進一步的詳細闡述。

按社會功能劃分的選民組別

12. 鑒於本港財經界及專業人士對維繫香港前途的信心和繁榮，關係重大，故綠皮書強調這些人士應有充分的代表權。根據現行辦法，立法局非官守議員是從按社會功能劃分的組別中甄選出來，而這個甄選辦法是無明文規定的。綠皮書建議將這個甄選辦法發展成一個正式的代議制度，以便從每個按社會功能劃分的選民組別中選出一名或多名代表，出任立法局議員。綠皮書又建議應逐步施行這些措施，使這類選民組別所選出的立法局非官守議員人數，由一九八五年的六名增至一九八八年的十二名。

13. 對於有關建議，當局會再作詳細研究，以確定應該包括哪些按社會功能劃分的選民組別，目標是使在社會、經濟和職業等背景上有共通利益的各個主要社會階層，都能有代表出席立法局。當局的結論是，初步來說，最佳的辦法是由九個選民組別推選十二名立法局議員。這九個選民組別是：商界、工業界、金融界、勞工界、社會服務界、教育界、法律界、醫學界、工程師及有關專業。

14. 在決定這類按社會功能劃分的選民組別的組合成分，以及其成員的投票資格時，主要採用了下列幾項準則：

（一）與經濟和社會有關的選民組別，將會以全港性而為各界承認的主要組織、社團和機構為基礎。這些組織內有投票權的成員名單，將會用作這類選民組別的選民名冊；如這些組織的成員以法團為單位，則這些法團可提名代表為投票人。

（二）至於由專業人士組成的選民組別，則以某些職業的從業員資格為根據；這些職業應具有悠久而為當局承認的專業地位。這類選民組別的選民名冊，將會根據各主要專業團體及機構的會員名單，或這類專業人員的法定名冊來編訂。

15. 上文所確定的各個按社會功能劃分的選民組別成分，以及其將來所獲分配的議席數目，在附錄乙內有更詳細的闡述。

16. 選民名冊首先將以臨時名冊形式，循通常途徑公佈，然後才成為確定的或最後正式的選民名冊。當局將會作出規定，凡屬按社會功能劃分的選民組別團體，其成員名單如有任何增刪，必須通知選民登記主任，以便將選民名冊作每年一度的修訂；但獲提名為法團的代表的名單，則可隨時以書面通知選民登記主任而予以更改。此外並會規定以法令頒佈這類選民組別中每一組別的定義，及所獲分配的議席數目。其他方面的建議是，舉凡涉及候選人提名、提名文件的呈交、投票手續和選舉辦法、處理就選舉而提出的質詢以及其他有關事宜的各項規定，應與現行的選舉規定條例和有關市政局及區議會選舉的法例所載規定相同。

17. 與選舉團內各組的情形一樣，任何人如要獲得提名為按社會功能劃分的選民組別的立法局候選人，必須首先在選民總名冊上登記為選民，並須在緊接其獲得提名的日期前，已在香港居住十年。此外，獲提名者尚須事先登記為所屬組別的選民。而要在按社會功能劃分的選民組別投票，亦須首先成為選民總名冊上的登記選民。

18. 當局將會與有關組織和專業團體進行磋商，為一九八五年的選舉作出詳細安排。這些組織和團體，將來會構成按社會功能劃分的選民組別。

委任非官守議員

19. 綠皮書建議將委任非官守議員人數逐步減少，在一九八五年減至二十三名，而一九八八年則減至十六名；輿論對這項建議有很大的分歧。有人贊成無限期保留委任非官守議員，也有人提議儘早把立法局的這類議席完全取消。

20. 若要維持立法局工作上的連貫性，則在現階段把委任議員人數明顯或過急地消減，實屬不智，因為委任議員的立法局工作經驗十分寶貴，不容失去。如果立法局議員目前人數維持不變，將來加入二十四名推選出來的議員的話，委任非官守議員人數勢須大幅消減。因此，當局現決定在一九八五年將立法局全體議員人數增至五十六名，而委任非官守議員人數則減至二十二名。廣大市民均支持立法局整體議席的增加，認為立法局應予擴大，以應今日香港各方面不同的需要。

官守議員

21. 綠皮書建議，立法局的三名當然官守議員，即布政司、財政司和律政司，應繼續留任立法局議員，但官守議員的總人數則應逐步減少，在一九八五年減至十三名而在一九八八年則減至十名。

22. 雖然一般意見都贊成這項建議,但由於推選出來的議員人數有所增加。為配合這種發展,當局預算在一九八五年便實行將官守議員人數減至十名的建議。這樣一來,在這階段立法局仍會留有相當數目的官守議員協助執行局內事務。

立法局的成員比例

23. 有關立法局在一九八五年和一九八八年的成員比例,綠皮書建議如下:

	一九八五年	一九八八年
(一)由選舉團選出	6	12
(二)由按社會功能劃分的選民組別選出	6	12
(三)由港督委任	23	16
(四)官守議員	13	10
總人數	48	50

24. 由於原訂的建議有所更改,立法局在一九八五年的成員比例茲列明如下。因為推選出來的議員的議席需要增加,故委任及官守議席須稍為減少:

	一九八五年
(一)由選舉團選出	12
(二)由按社會功能劃分的選民組別選出	12
(三)由港督委任	22
(四)官守議員	10
總人數	56

直接選舉

25. 市民對直接選舉和間接選舉的相對優點甚為關注，而且提出不少意見。不過從市民對綠皮書所提出的意見來看，支持在一九八五年便實行直接選舉的輿論未見顯著。除了少數例外，各界人士大都認為應該慎重行事，在一九八八年逐步開始，先直接選出很小部分的議員，然後按次遞增，至一九九七年便應有相當多的議員通過直接選舉選出。只有少數人提議由直接選舉選出立法局全體非官守議員。不少市民擔心太急促實行直接選舉會危及香港未來的安定和繁榮。總括來說，雖然大多數人贊成直接選舉，但極少人希望在短期內便實行。

檢討

26. 綠皮書建議在一九八九年，即立法局在一九八八年舉行第二次選舉之後，檢討當時情況，以便決定有關問題，特別是委任非官守議員將來的地位，以及由選舉團選出的議員人數，與由按社會功能劃分的選民組別選出的議員人數，兩者之間的比例可否更改而且怎樣更改。綠皮書並指出，其他選舉辦法，包括直接選舉，也可以在檢討時加以考慮。

27. 市民對於進行檢討的建議，大表贊同，而且認為應在一九八九年之前進行。他們主張檢討應在一九八八年的選舉之前，也即是在第二階段發展之前進行。這樣一來，當局可以有機會就政制將來的發展，包括實行直接選舉等問題，進一步徵詢各方面意見。

28. 鑒於綠皮書中若干項有關一九八八年立法局成員比例的建議提前於一九八五年實行，有人認為應該先讓各項新安排穩定下來，故建議在一九八八年之後才進行檢討；另一方面，許多市民認為應該提早進行檢討，況且有些問題如直接選舉、綠皮書和公開辯論中曾提到的其他事項等，仍待探討，因此，經過縝密的考慮後，政府決定提前於一九八七年進行檢討。

第三章　行政局

29. 綠皮書建議行政局大部分的委任非官守議員，應逐步由立法局非官守議員選出的人選所取代，但當然官守議員人數應仍為四人。

30. 市民對有關行政局的建議所提出的意見，遠較對有關立法局的建議所提出的為少。有人更提議由將來的行政首長自行挑選其行政局成員。

31. 當局不打算在一九八五年對行政局進行任何改革。這個問題有待市民作進一步討論和研究。

由兩局議員擔任政府要職的制度

32. 對於這問題，市民紛紛就綠皮書的建議發表意見，他們認為當局將來應推行類似部長式的制度，使行政局非官守議員在控制和監察政府政策和政府部門工作方面，擁有更大的權力和權責。

33. 這個問題像港督地位問題一樣，涉及一些與本港政體有關的重要事項。不過，這既不是一項必須短期內解決的問題，也不是達到上述目標的唯一途徑，故整件事可在日後提出討論。

第四章　香港總督

34. 至於港督的職位，綠皮書只提出一項建議，就是將來在適當的時候，由立法局非官守議員自行互選一人為議長，代替港督出任立法局主席的職位。

35. 雖然由立法局選出一名議長，以代替港督出任立法局主席一職的建議，大致來說，頗獲市民的贊同，但一般的意見顯然都認為在未來數年內，港督的職位不應有任何重大的改變。輿論似乎都主張短期內一切都應審慎行事。

36. 基於上述原因，港督出任立法局主席的問題，應在一九八七年進行檢討時，再重新考慮。

37. 對於港督的一般地位問題，綠皮書說明直至一九九七年為止，港督仍會正式由英女皇任命，而市民對此極表贊同。自綠皮書發表後，有關香港前途的協議草案已在北京草簽，因此任何使港督的地位及其擔任的角色有所改變的建議，必須顧及聯合聲明的條文，而這些重要事項將於日後再作考慮。

第五章　其他有關事項

公民教育

38. 很多組織和個別社會人士，都大力主張當局應該更有效和更全面地推行有關政治和政體方面的教育，使香港人對本港政制發展各項建議的影響和複雜性，更為了解。

39. 多年來，教育署透過社會和經濟及公共事務這些科目，向學生灌輸公民教育。現時更準備進一步發展這些科目，設計一個新課程綱要，將政府及公共事務科包括在內。公民教育將會透過學校的正式課程和課外活動進行，例如在學校成立時事討論會、辯論社，以及安排高年級學生參觀區議會、市政局、行政立法兩局非官守議員辦事處、各政府部門及立法局等。

40. 另一方面，成年人亦必須有機會接受更多的公民教育，當局將會鼓勵其他院校及教育團體，為一般市民開辦更多有關政體和公共事務的課程。

立法局非官守議員的酬金

41. 有些建議認為立法局非官守議員應該獲得酬金，數額足以使他們能夠將充分時間和精力用在立法局的工作上。這樣又可確保本來有志於競選立法局議員的人士，不致因為經濟理由而卻步。

42. 根據現行措施，立法局非官守議員的某些開支，可以向政府申請發還。現在建議訂定非官守議員酬金及開支津貼的標準額，數目還在考慮之中，並預算在第一批推選出來的非官守議員加入立法局時，開始實施這項措施。

第六章　立法事宜

43. 有關更改行政立法兩局的成員比例和推選議員的各項建議，若要付諸實行，就必須修訂用以制訂本港政體的兩份主要文件，即英皇制誥和皇室訓令。當局打算按情況需要而逐步進行這些修訂。

44. 此外，本港亦須制訂法例，以便選舉團和按社會功能劃分的選民組別能夠進行立法局議員的選舉，並且訂明這些選舉的投票人資格。這方面的法例正在草擬之中，明年初便會發表，由立法局辯論。由於市民對市政局和區議會選舉的法例都已頗為熟識，為免引起混淆和誤會起見，立法局選舉的法例會大致依隨那些市民熟識的選舉條例。

45. 為著可以有充分時間來訂定這項複雜的法例和為舉行而作出必需的行政安排，當局現擬在一九八五年九月舉行第一次選舉團和按社會功能劃分的選民組別的立法局議員選舉，而不依照綠皮書原來的建議在七月舉行。

第七章　摘要

46. 有關香港在政府中央階層進一步推行代議政制的發展，政府的意向和立法建議可撮要如下：

主要目標（第一章）

（一）推行各項改革的主要目標，是要在政府中央階層逐步建立一個能更直接向港人負責而又穩固地立根於香港的代議政制；而這個政制會儘量以本港現行的政治體制為基礎，使其優點得以保留，日後並且能夠進一步發展。本白皮書所載各項目標，只涉及本港代議政制下一階段的發展。至於以後的發展，日後將會根據累積的經驗再作研究。

立法局（第二章）

（二）在一九八五年，立法局將會有二十四名非官守議員由下列方面選出：

（i）由市政局、新的區域議局及區議會所有議員組成的選舉團選出，及

（ii）由政府指定的按社會功能劃分的選民組別選出。

（三）選舉團中來自區議會的成員，將按地區劃分為十組，來自市政局和區域議局的成員則會組成兩個特別組；因此，在一九八五年，由選舉團推選出來的立法局非官守議員人數為十二名。

（四）在一九八五年，按社會功能劃分的九個選民組別，將會根據本白皮書第14段所載的準則，選出十二名立法局議員。

（五）在一九八五年，立法局委任非官守議員的人數將減至二十二名。

（六）在一九八五年，立法局官守議員的人數將減至十名。

（七）在一九八五年，立法局議員總人數將為五十六名，其成員比例如下：

（i）十二名由選舉團選出的非官守議員，

（ii）十二名由按社會功能劃分的選民組別選出的非官守議員，

（iii）二十二名由港督直接委任的非官守議員，

（iv）十名官守議員（包括三名當然官守議員）。

（八）當局將於一九八七年進行檢討，對代議政制發展的進度作出評價，並且根據檢討的實況，進一步考慮直接選舉的問題。

行政局（第三章）

（九）至於行政局的發展，以及推行部長式制度等問題，本白皮書並未作出結論。這些事項將於日後再行研究。

香港總督（第四章）

（十）有關港督出任立法局主席一職的問題，將於一九八七年進行檢討時再作考慮。港督的一般地位，日後亦需要再行討論。

其他有關事項（第五章）

（十一）本港學校的政府及公共事務科課程將會繼續發展，當局並且會鼓勵其他院校及教育團體為市民大眾開辦更多公民教育和課程。

（十二）立法局非官守議員為社會服務，將會獲得適當的酬金和開支津貼。

立法事宜（第六章）

（十三）第一次立法局選舉將由一九八五年七月押後至九月舉行，以便有足夠時間訂定必須的法例和作出必需的行政安排。

附錄甲　選舉團

選舉團由區議會、市政局和新的區域議局全體成員組成，並將在一九八五年九月選出十二名立法局非官守議員。

2. 為使推選出來的議員能夠較平均和充分地代表各地區，來自區議會的成員將按地區分為十組，每組代表大約五十萬人。

3. 來自市政局和區域議局的成員則成為兩個特別組，推選餘下的兩名議員。鄉議局的利益則由區域議局代表。

4. 選舉團所分成的十二組，詳情表列如下：

組別	人口	所包括的地區	人口
（一）港島東	696,000	東區	481,000
		灣仔區	215,000
（二）港島西	507,000	中西區	272,000
		南區	235,000
（三）觀塘	663,000	觀塘區	663,000
（四）黃大仙	452,000	黃大仙區	452,000
（五）九龍城	441,000	九龍城區	441,000
（六）深水埗	435,000	深水埗區	435,000
（七）九龍南	389,000	旺角區	215,000
		油蔴地區	174,000
（八）新界東	524,000	北區	134,000
		大埔區	109,000
		沙田區	281,000
（九）新界西	459,000	元朗區	238,000
		屯門區	221,000
（十）新界南	726,000	荃灣區（包括青衣）	654,000
		離島區	37,000
		西貢區	35,000
（十一）市政局			
（十二）區域議局			

附錄乙　按社會功能劃分的選民組別

　　在預算於一九八五年進行的選舉中，九個按社會功能劃分的選民組別將會總共選出十二名立法局非官守議員。

　　2. 商業、工業及勞工組別將各自推選兩名立法局非官守議員。其餘六個組別各自選出一名非官守議員。

　　3. 九個按社會功能劃分的選民組別詳情表列如下：

組別	代表團體	議席數目	議席總數
（一）商界	香港總商會	1	2
	香港中華總商會	1	
（二）工業界	香港工業總會	1	2
	香港中華廠商聯合會	1	
（三）金融界	香港銀行公會	1	1
（四）勞工界	所有註冊職工會	2	2
（五）社會服務界	香港社會服務聯會	1	1
（六）醫學界	香港醫學會	1	1
（七）教育界	選民名冊按以下名單編訂：法定名單以及各機構和有關主要團體的成員名單／職員名單	1	1
（八）法律界		1	1
（九）工程師及有關專業		1	1
總數			12

4.4 綠皮書：一九八七年代議政制發展檢討

〔1987 年 5 月〕

第一章 引言

一九八四年十一月，政府發表一份名為"代議政制在香港的進一步發展"的白皮書。該白皮書的目的，是就一九八五年在政府中央階層推行下一階段的代議政制的問題，訂明政府的的各項意向。白皮書所載的結論中，提及應在一九八七年進一步檢討代議政制發展的進度。

一九八七年檢討的方式和範圍

2. 一九八七年檢討的目的，是考慮應否在一九八八年進一步發展香港的代議政制，以及如要進一步發展，應採用何種方式。該項檢討將在香港現有憲制架構的範圍內進行，亦會充分顧及中英兩國政府關於香港問題的聯合聲明的有關規定。根據聯合聲明，香港將自一九九七年七月一日起成為中華人民共和國的特別行政區。

3. 本綠皮書的發表，表明一九八七年檢討的第一階段經已展開。綠皮書的內容包括：

（甲）綜合檢討地區、區域和政府中央各階層的政制發展情況；

（乙）評估自一九八四年代議政制白皮書發表以來的發展情況，和市民對這些發展的反應；以及

（丙）考慮一九八八年可能進一步發展的各種可供選擇的方法。

4. 本綠皮書並不就任何選擇的取捨提出建議，但簡略列出贊成和反對各項可供選擇方法的論點，目的是鼓勵市民儘量提出意見。

5. 在以後幾章內考慮的主要事項包括：

（甲）區議會和兩個市政局（即市政局和區域市政局）的成員組織和職責，以及改善兩者之間的聯繫的辦法（第三章）；

（乙）立法局的成員組織和甄選立法局議員的辦法（第四章）；

（丙）總督應否繼續出任立法局主席的問題（第五章）；以及

（丁）有關進行區議會、兩個市政局和立法局選舉的實務問題，包括選舉的次

序和時間、投票年齡，以及現行的投票和選舉辦法是否完善等（第六章）。

6. 政府將在綠皮書發表後諮詢市民的意見，諮詢期直至一九八七年九月三十日為止。政府籲請市民在這段期間內將意見以書面向民意匯集處提出。設立民意匯集處的目的，是蒐集和記錄市民對一九八七年檢討的意見。民意匯集處及負責監察該處工作的獨立監察委員的職權範圍，載於附錄甲。

7. 在諮詢期結束後，民意匯集處將就市民對綠皮書所提出的意見編訂報告，提交總督會同行政局。該報告並將提交立法局省覽，以及公開發表。其後，政府將編訂和發表白皮書，列出政府在進一步發展代議政制方面的建議。

第二章　歷史背景

8. 香港代議政制採循序漸進的方式發展。在每一個階段，政府都審慎諮詢公眾意見，以確保所定政策儘可能獲得廣大支持。

9. 一九七〇年以前，一個透過村代表、鄉事委員會和鄉議局推行的正式諮詢制度早已於新界存在。至於市區方面，政府就提供主要市政服務問題諮詢由民選議員、委任議員及政府人員組成的市政局。政府又透過多方面的諮詢委員會及與街坊和其他類似組織的緊密接觸，聽取個別社會人士的意見。

10. 下文第 11 至 27 段概述目前的代議政制結構在近年的主要發展過程。

七十年代的發展

11. 七十年代初葉，政府開始著重鼓勵本港市民直接參與鄰里及地區事務。政府展開清潔香港和撲滅罪行運動，以應付該等迫切的社會問題；又成立互助委員會和業主立案法團，致力改善多層大廈的管理和治安。由社會賢達和有關政府部門代表組成的民政區委員會亦在港九各區成立，協助統籌有關工作。這些委員會由當地的分區委員會從旁協助，後者成員包括社會各階層人士。

12. 這些主動安排加強了政府和各區居民的溝通。後來，政府更鼓勵民政區委員會負起更廣泛的任務，促使它們激發居民對所屬地區的歸屬感，和協助確保各政府部門的工作有適當統籌，以切合社區成員的需求和意願。

13. 在新界方面，大量居民從市區較舊地區遷往發展中的新市鎮居住的情況，促使政府考慮增強諮詢途徑的方法，以配合新界各區的新居民和原居民的需要。

一九七七年,第一個地區諮詢委員會於荃灣成立,任務和職責與市區的民政區委員會相似,成員包括當地居民、鄉事委員會主席和區內政府人員。到一九七九年,同類委員會遍設於新界各區。

14. 在七十年代內,政府又採取步驟,使區域和政府中央階層更具代議特色。一九七三年,市政局成為第一個有民選議員而獲得賦予法定行政職責和財政自主權的政府組織。市政局中六個政府人員議席被撤銷,而非政府人員的議席則由二十個增至二十四個,其中十二位議員由總督委任,另十二位則由符合規定的選民直接選出。

15. 同期內,立法局議員人數亦有所增加。一九七〇年,該局除主席外共有二十五名議員,至一九八〇年已增至四十四名,而官守議員所佔比率亦逐漸下降。到七十年代末期,非政府人員議席已佔了明顯的多數(百分之五十五),而議員的社會和專業背景也較以前更為廣闊。

七十年代以後的發展

地方行政

16. 政府於一九八一年發表"香港地方行政"白皮書,第一次正式表明政府的政策是要鼓勵香港人更積極參與地區事務。白皮書發表後,政府在當時分佈於香港島、九龍和新界的十八個行政地區內設立區議會。區議會的職權範圍很廣,主要就與在該區居住和工作的人士福祉攸關的事宜,向政府提供意見。同時,地區管理委員會也在各區成立,成員包括負責管理地方事務的政府部門人員,分別聽取各區議會的意見,和參照所得意見行事。

17. 初期,區議會議員都是委任的。他們包括市政局議員、鄉事委員會主席、區內的分區委員會主席以及地區管理委員會的主要委員。區議會首次選舉在一九八二年舉行,以區內選區為基礎,二十一歲及以上並在香港住滿七年的居民都可以成為選民。至一九八五年,包括主席在內的全體官守成員退出區議會,而民選議員的人數則增加一倍。

18. 目前全港共有十九個區議會,議員人數達四百二十六名:其中二百三十七名為民選議員,一百三十二名為委任議員,另五十七名為當然議員。

區域階層的發展

19. 繼一九八一年地方行政白皮書發表後，政府擴展了市政局的選民範圍，使其與區議會的選民範圍相同。為加強市政局和社區的關係，市政局選舉不再以全港選舉方式進行，改由十五個區域選民組別進行的選舉代替；而市政局每一位民選議員，均成為市區內一個區議會的當然議員。

20. 一九八四年，政府宣佈計劃成立第二個市政局，負責在新界執行類似市政局在港九兩地所執行的職責。一九八五年四月，臨時區域議局宣告成立。一年後，區域市政局正式成立，並獲賦予充分的法定權力。

21. 區域市政局在一九八六年四月正式成立時，代議制度早已透過鄉事委員會、鄉議局和區議會在新界確立。因此，決定區域市政局的成員組織、結構和工作安排時，充分考慮到與這些組織維持密切聯繫的需要。所以，區域市政局成員除有委任和直接議員之外，更包括由新界區議會間接選出的議員，並由鄉議局主席及兩名副主席出任當然議員。

政府中央階層的發展

22. 如上文第 15 段所述，八十年代內，香港繼續循序發展更具代議特色的立法機關。一九八四年初，立法局議員除主席外共有四十七人，其中二十九位議員，即百分之六十二，都不是政府人員。不過，鑒於地區和區域方面的發展，市民日益要求進一步發展中央階層的代議政制。

23. 在考慮達致上述目標的最佳辦法時，一九八四年代議政制綠皮書所依循的原則是著重在已有的諮詢制度的基礎上繼續發展。綠皮書並指出兩個主要辦法：其一是以居住地區為推選代表的基礎（例如分區委員會、區議會和鄉議局等），其二是以職業或專業為推選代表的基礎（例如律師、醫生、教師、工業家等）。

24. 經過諮詢民意之後，一九八四年代議政制白皮書達成的結論是應該更改立法局的成員組織和比例。白皮書建議立法局官守議席應予消減，及除委任來自不同地區或行業的人士為立法局議員外，應正式成立按地區或社會功能劃分的選民組別，以選出數目相當的議員。

25. 立法局議員首次選舉於一九八五年九月舉行。有十二名立法局議員由九個"按社會功能劃分的選民組別"選出。這些功能組別的成員分別來自代表商界、工業界、金融界、勞工界、社會服務界、醫學界、教育界、法律界和工程及有關專業界的全港性組織和專業團體。

26. 另有十二名代表"按地區劃分的選民組別"的立法局議員,是由所有區議會及市政局和區域市政局議員組成的選舉團選出。為確保各地區代表人數比例均衡,選舉團分為十二個組別 —— 十個由區議員組成,另外兩個則分別由市政局及區域市政局的成員組成。

27. 一九八四年白皮書的主要結果是增設了新的甄選立法局議員的方法,即由符合規定的選民選出部分議員。一九八四年,政府徵詢民意的事項並包括應否由類似區議會、市政局和區域市政局選舉的選區直接選出立法局議員。白皮書的結論是應在一九八七年檢討時再行考慮這個問題。

第三章　區域會和兩個市政局

28. 第二章概述香港代議政制的發展過程。雖然政府也會就一些對普羅大眾可能有重大影響的全港性事務徵詢它們的意見,但區議會基本上是地方性的諮詢組織。市政局和區域市政局則在區域層面上負責提供保障公眾衛生和一般改善民生的基本服務。立法局負責制訂法律,管制公共開支,並在制訂政府政策方面擔當日益重要的諮詢角色。區議會和兩個市政局有若干共同成員的制度,以及由選舉團選出立法局議員的辦法,均有助於加強各代議組織之間的密切聯繫。

29. 由此可見,現時由三個不同但互有關聯的層次組成的架構是明確的。這個架構在附錄乙以表方式顯示出來。但是曾經有人評論,以香港這樣一個細小和密集的地方來說,三層架構實在是不必要的。有人特別指出區議會和兩個市政局在一些地區事務上看來負有相似的任務,而為繁多的委員會和諮詢組織提供行政和輔助人員所費不菲。有些人提議廢除區議會或兩個市政局,並把它們的職責合併,或將該兩層組織合併為四個或五個同時擔負行政和諮詢任務的區域組織。

30. 另一方面,有若干強而有力的論點支持應該保留現有三層架構的看法。這個架構鼓勵市民參與政府各階層的事務,並有助政府聽取越來越多方面的市民的意見。目前有關當局為市民提供了有效率和物有所值的基本市政服務,而各項行政安排也可確保政府能按照兩大區域的整體性先後次序,提供服務和進行發展計劃。

31. 目前,香港的一項主要目標是要致力維持現有代議政制的穩定和使它更趨鞏固。在這段時間廢除地區或區域階層的代議組織,或將它們合併後再行設立若干個市政委員會，將會在代議政制的架構和運作方面造成極大的混亂。這兩個做法必然涉及把各政府部門在地區和區域層次所提供的輔助服務全面地重新組織起來，並且可能會引致效率下降，或因爭取資源出現不必要的競爭。

32. 因此，這次檢討並不建議考慮一些將會嚴重擾亂已確立的政制發展模式或損害現有法定代議組織的運作及其行政安排的選擇。不過，亦有人提出其他的建議，目的在於改變區議會和兩個市政局的成員組織和職責，以及兩者之間的關係，而這些建議並不涉及對現有架構作出任何重大的改變。這些建議將會在本章稍後各節加以討論。

區議會

33. 在地區管理方面，全港十九個區議會現時在多方面就影響區內市民的問題向政府提供意見。各區區議會均已設立多個委員會，以便就交通和運輸、環境改善、社區建設和社會服務等事務提供更詳盡的意見。

34. 政府亦就若干主要的全港性事務諮詢各區議會。區議員成為重要溝通途徑：市民可透過他們表達對政府各項政策的意見，就具體事項提出投訴，並就各政府部門的工作提出建議。區議員與市民之間的接觸日益廣泛，足以反映他們在諮詢過程中所負起的任務。

35. 直至今日為止，政府仍未有就區議會在政府體制中所發揮的作用有系統地蒐集市民的意見。已進行的民意調查都是規模有限的，但發表意見的市民大部分均認為區議會是擔任著一個積極的角色，並有效地改善各區的生活環境、公共交通服務和社區設施，以及把市民的投訴轉達有關政府部門。一九八五年三月區議會舉行第二輪選舉時，投票人數顯著增加，共有 476,000 人，而一九八三年的投票人數，則只有 336,000 人。這亦顯示區議會所擔任的角色，已越來越得到市民的確認。

36. 一九八七年初，政府曾就地方行政計劃的有效程度徵詢區議員的意見。提出的問題包括：諮詢區議會的現有安排是否足夠；區議會在地區管理方面所負起的任務；進一步改變區議會的成員組織是否可取；以及區議會和兩個市政局及立法局之間的關係等。此外，又檢討各區議會的運作程序。其後，當局根據所得意見作出多項改善。

區議會的任務

37. 該次檢討的結果顯示，大多數區議員均認為區議會的任務應繼續以諮詢為主。但他們認為雖然政府著意就適當的事務諮詢區議會，但各政府部門採納區議會所提意見的程度卻未如理想。很多區議員認為，區議會和地區管理委員會之間倘能有較密切的聯繫，將有助於改善這種情況，因為這方面的聯繫使區議員可以更有效地監察所提意見對地區事務的管理起到什麼作用。（在現時的安排下，地區管理委員會全部由政府人員組成，負責確保各政府部門的服務和活動得以有效地協調，以配合各區的特有需要。）

38. 大多數區議員認為區議會除了擔任諮詢的角色外，應可就有關地區的若干事務作出決策。他們表示區議會應負起管理一些地區內的社區設施的任務，不過也認識到各區議會的權力範圍將須清楚界定。

39. 就改變區議會職務而提出可供選擇的方法如下：

（i）對區議會的現有職務不作任何改變，但確保區議會的意見在可能情況下均獲接納，並迅速實行；

（ii）授權區議會就特別與所屬地區有關的某些事務作出決策和指示政府部門採取行動；

（iii）賦予區議會管理某些地區設施的職務。

40. 就選擇（i）而言，政府同意除非區議會所提意見與中央或區域當局訂定的政策或先後次序有所抵觸，否則區議會應可預期他們的意見獲得接納。當局已採取步驟，確保在可能範圍內採納區議會的意見，而在不能採納某些意見時，則提出詳盡的解釋。

41. 選擇（ii）和（iii）提出擴大區議會任務的辦法，條件是必須能夠確定可以在地區層面上作出決策的事務範圍。不過，必須考慮這些發展對於區域和政府中央的政策，以及管理和籌措公帑方面的影響。尤其重要的是必須清楚劃分區議會和兩個市政局的權力範圍。

區議會的成員組織

42. 各區議員考慮到的另一個重要問題是：區議會的成員，除民選議員外，應否繼續包括委任和當然議員。現時的區議會由民選和委任議員組成，比例約為二比一。此外，市政局議員和各鄉事委員會主席都分別是市區和新界區議會的當然議員。

43. 大多數區議員都贊成保留委任議員，使區議會得以保持連續性，和具有在多方面熟悉地方事務和經驗豐富的成員。但有些區議員認為應該減低委任議員所佔的比率。同時，各新界區議會的成員極力支持鄉事委員會主席繼續出任新界區議會的當然議員，以確保區議會可以充分代表新界鄉村居民的利益。另一方面，市區區議會的大多數成員卻不贊成市政局議員繼續出任區議會當然議員。他們提出的理由將在下文第 59 及 60 段詳細討論。

44. 基於上文所述各點，在改變一九八八年區議會成員組織方面似乎有以下幾種方法可供選擇：

（i）委任和民選議員的現有比例維持不變；

（ii）減低委任議員所佔的比率；

（iii）取消市政局議員在市區區議會內的當然議席。

45. 就選擇（i）和（ii）而言，民選和委任區議員的現有比例是在一九八四年檢討地方行政計劃之後採用的。一九八五年對區議會成員組織所作出的改變，是撤銷包括主席在內的所有官守議員，和把民選議員席位增加一倍。當時有些人認為鑒於區議會成立日子尚淺，實行改變未免操之過急。這個想法或會構成反對在一九八八年進一步改變區議會民選和委任議員比例的論據。

46. 選擇（iii）引出了一個更廣泛的問題，就是市政局和市區區議會之間的關係。這個問題在下文第 59 至 65 段中會有更詳細的討論。

市政局和區域市政局

47. 兩個市政局都是法定組織，負責提供下列三類主要服務：

（甲）公眾衛生服務：清潔街道和收集垃圾；管理食物衛生，包括簽發牌照和視察食肆；防止蟲鼠；管理小販、街市、屠場、墳場和火葬場。

（乙）文化服務：建築和管理各演藝中心、公共圖書館和博物館。

（丙）康樂服務：建築和管理公園、游泳池、花園和露天康樂用地；管理公眾海灘和多類室內與室外體育設施。

48. 兩個市政局都有財政自主權，收入主要來自業主所繳交差餉的一部分，也有部分來自牌照費用和出租各類設施的收費。這些收入主要用來支付市政總署和區域市政總署的營運開支。這兩個部門分別是市政局和區域市政局的執行機構。而在市政局方面，部分收入更用作進行龐大基本建設工程計劃的經費。

49. 雖然兩個市政局的職責大致相同，但它們的成員組織和運作方式卻頗有分別。這一方面反映出它們有不同的歷史背景，另一方面也反映出它們所服務的區域有不同的特性。

市政局

50. 市政局為港島到九龍的三百六十萬居民提供服務。該局由三十位議員組成，其中十五位由總督委任，另十五位由各個選區直接選出。市政局主席由各議員互選產生。市政局透過其全局常務委員會及十三個專責委員會行使其行政權力。這些委員會分別負責行政、建設工程、文化、地區關係、娛樂、環境衛生、財務、食物衛生、圖書館、酒牌局、街市及販商事務、博物館和康樂等事宜。一九八七至八八年度由市政局支配的經常性開支達二十二億五千萬元左右，該局並監督市政總署屬下超過 17,000 名員工的工作。

51. 近年來，市政局一直負起重要任務，致力發展一個高效率的市政服務網，以創造一個更清潔、更健康和更具吸引力的都市環境。同時，在發展文化、康樂和消閒設施方面，也有顯著的貢獻，使香港人的生活更加充實。

區域市政局

52. 區域市政局為約二百萬名新界居民提供服務。該局由三十六位議員組成，包括十二位委任議員，十二位由按地區劃分的選民組別直接選出的議員，九位由新界區議會間接選出的議員和三位當然議員（即鄉議局主席和兩位副主席）。區域市政局主席由各議員互選產生。

53. 區域市政局有三個事務委員會，分別負責財務及行政、環境衛生和康樂文化事務。另有九個地區委員會，負責執行各種任務，減輕全局委員會處理眾多繁瑣事務的負擔。每個地區委員會由八名區域市政局議員、四名區議員和三名來自該區其他地方組織的成員組成。這些委員會由經區議會推選加入區域市政局的區議員出任主席。一九八七至八八年度由區域市政局支配的財政預算為十億元，該局並監督區域市政總署屬下約 9,000 名員工的工作。

設立兩個市政局的需要

54. 在創立區域市政局之前，有人認為創立第二個法定的市政局，倒不如把市政局的權力範圍擴充至新界各區。不過，政府則認為只有一個規模龐大的市政局，可能會缺乏靈活性，而且在運作方面也不一定比兩個較小的市政局更有效率和更節省資源。

55. 區域市政局成立之後，仍有人主張兩個市政局應該合併，以簡化行政程序和節省資源。不過，普遍的意見，顯然都認為鑒於新界不同的地理環境和社會特色，設立第二個市政局的決定是對的。新界大部分的地區仍有鄉村的特色，有不少未經規劃的臨時房屋和工廠建築，使當局在提供基本的衛生和清潔服務時，遭遇困難。（至於區域內已經城市化的部分，即各新市鎮，一般都具備必需的現代公共服務基本建設，和完善的社區設施。）

56. 另一方面，市政局負責的區域，大部分都是已經完全發展和人煙稠密的地區。在其中很多較舊的市區內，有需要改善居民的生活環境和為他們提供較完善的設施，如街市、圖書館、文娛中心和體育及康樂設施等。若完全由一個市政局制訂和推行政策，以適用於需求和特色都各有不同的地區，顯然是有困難的。

近期有關可進行改變的意見

區域市政局

57. 現在要全面地評估區域市政局的效能實在言之過早。但至目前為止，經驗顯示區域市政局在提供新界市政服務方面，發揮良好效率，而且能夠善用資源。由於有區議員被推選擔任區域市政局議員，加上地區委員會的設立，使區域市政局在規劃和提供服務及設施時，有機會顧及當地地區代表的意見，因此沒有跡象顯示有需要改變區域市政局的成員組織、結構或運作安排。

市政局

58. 至於市政局方面，則有人建議其成員組織、結構和工作安排都應參照區域市政局的模式而加以改變，以改善該局與市區區議會之間的關係。

與市區區議會的關係

59. 按照目前的安排，市政局的所有民選議員都是區議會的當然議員，而委任議員也可由該局提名出任區議員。這些安排是一九八二年開始推行全面性的地方行政計劃時採用的,目的在使地方上有更多居民參與公眾事務和提供意見,及更注重以地區為本的規劃,並藉此加強市政局和市區居民之間的關係。

60. 這個使市政局和市區區議會有若干共同成員的制度,受到很多區議員的非議。他們認為大部分市政局議員對地區事務未有深切關注,以致未能在市政局中充分代表區議員的意見和利益,也未能為地區和區域政府層次之間提供有效的聯繫。大部分區議員都認為,市政局議員繼續出任區議員是沒有多大作用的。

61. 市政局在反駁這種意見時指出,除有市政局議員出任區議員外,市政局亦經常就該局工作全面情況知會區議會。該局並指出,特別在策劃和組織地區文娛康樂節目,以及決定基本建設工程項目的緩急次序等方面,區議會都有密切參與該局的工作。整體來說,市政局認為目前區議會和該局之間的關係相當理想,與其作出結構上的改變,倒不如致力改善溝通途徑和區議員與市政局議員的日常工作關係。不過,也有若干市政局議員承認,兼任市政局議員和區議員這種雙重身份,有時也會使他們感到為難。這是由於在提供服務時,為了顧及區域的整體性先後次序,而使個別地區的利益不得不退居其次。

62. 如果按照上文第 60 段所載的批評意見,認為市政局議員不應繼續出任區議會當然議員,便須另行設法為區議會和市政局提供聯繫。各界建議的可供選擇方法如下:

(i)用間接選舉制度,從區議員中選出市政局議員,以代替目前以直接選舉方法選出市政局議員的制度;

(ii)使區議員有更多機會直接參與市政局及其屬下各專責委員會的工作;

(iii)增加市政局議席,以容許:

(甲)每個市區區議會在其成員當中選出一位代表,出任市政局議員(即區域市政局所用制度);或

(乙)每個市區區議會的主席出任市政局的當然議員。

63. 贊成選擇(i)的人認為這個方法可促進區議會和市政局之間的溝通,並可使區議員有機會汲取有關區域政府層次的多方面經驗。不過,特別考慮到市政局多年來已設有民選議席,很多人都會認為不再用直接選舉方式選出市政局議員是倒退的做法。這項改變更會導致剛成立不久的區域市政局的成員組織受到爭議。

64. 要達成選擇(ii)的目標有幾種方法:

（甲）各區議會主席或他們所提名的代表可以列席市政局專責委員會會議，甚或市政局全局常務委員會會議。雖然列席的區議員不會有投票權，但他們可以有更多機會直接就所關注的事務，代表所屬地區表達意見。

（乙）現行政策規定市區區議員當選為市政局議員之後，必須放棄區議會議席。這項規定應可放寬。現時當選為區域市政局議員的區議員無須放棄其區議會議席。

如果贊成採用上述兩項措施或其中一項，就必須考慮這些措施是用以補充目前使區議會及市政局有共同成員的安排，抑或取而代之。不過，這兩個做法都不一定可以解答區議員的批評。

65. 大多數區議員都認為選擇（iii）較合適。這項選擇可使市區區議會直接參與市政局的決策過程，正如新界區議會參與區域市政局的工作一樣。這也有助於確保各區居民的意見能夠全面地向市政局反映。不過，市政局議員認為，如果來自同一地區的議員，既有由直接選舉選出的，也有由間接選舉選出的，便會產生有關兩類議員的代表地位的疑問。儘管區域市政局至今為止似乎尚未遇到上述問題，市政局議員仍然有所顧慮。

市政局的議員人數

66. 如果實施上文所述的選擇（iii）的話，市政局將會增加十個議席，而委任和民選議員之間的人數比例亦會改變。不過，另外已經有人建議擴大市政局，理由是市政局所服務的人口比區域市政局為多，但目前市政局議員人數（30 名）則比區域市政局（36 名）為少。

67. 增設市政局議席的建議本身可能是可取的。如果實行擴大市政局的話，由區議會代表出任市政局議員是個可供選擇的方法（參看上文第 62 至 65 段）。其他可供選擇的方法是：

（i）增設同等數目的委任和直選議席；

（ii）只增設直選議席。

上述兩個選擇都可使市政局繁重的工作由更多議員共同分擔。這樣亦可以酌量減少市政局選區的人數。目前市政局選區人數平均為 230,000 人，而區域市政局選區的人數則由西貢選區的 45,000 人至荃灣選區的 240,000 人不等。

市政局結構

68. 亦有人建議為促進市政局和區議會之間的聯繫，可在市政局之下設立地區委員會，以履行類似區域市政局轄下的地區委員會的職責。理論上，無論區議會代表是否出任市政局議員，成立這些委員會都是可行的。

69. 曾經對這項建議作出評論的人士，特別是市政局議員，都認為設立地區委員會以管理市區市政服務是不切實際的。原因是市區內各地區面積較小，有限的土地資源必須地盡其用，因此在規劃服務和設施方面務須顧及整個區域的需要。特別重要的是，如要避免超額提供服務，便不能在每個地區都設置所有各類型的設施。

70. 有些人士雖然承認有實際理由反對採納以地區為本的辦法管理香港島及九龍的市政服務，但仍然認為設立委員會負責數個地區或一個分區域的事務，可以輔助專責委員會的工作，並可加強各地區與市政局之間的合作。

71. 考慮上述因素之後，可供選擇的方法應有下列幾個：

（i）市政局的委員會結構維持不變；

（ii）設立負責超過一區事務的分區域委員會：

（甲）以輔助市政局現有的專責委員會；或

（乙）以代替部分現有的專責委員會執行職責。

72. 選擇（i）獲得市政局贊同。該局認為改變已確立的委員會結構及執行管理制度並無好處。

73. 選擇（ii）或可促進市政局和市區區議會之間的工作關係，但在提供市政服務方面，卻可能導致效率下降和物非所值的情況出現。尤其是選擇（ii）（甲），更可能導致分區域委員會和專責委員會的工作重疊。選擇（ii）（乙）則可減少分區域委員會和專責委員會職責重疊的可能，但必須仔細考慮那些市政服務按分區域管理，那些應集中管理，才能收到最高成效。

第四章　立法局

立法局的職責

74. 立法局的主要職責是制訂法例，包括徵稅和撥用公帑的法例。有十名政府人員負責向立法局提出政府事務和立法事宜。立法局其他議員並非政府人員，他們可就政府負責的公共事務向政府提出質詢，並且就政策問題進行辯論。他們亦透過出任諮詢委員會及專責小組成員和研究法例草案及政策文件等方式，在制訂政府政策的過程中，作出建議。

75. 立法局設有兩個常務委員會，即財務委員會和政府賬目委員會。財務委員會審查所有公共開支和批准新政策及計劃的財政負擔。該委員會轄下有兩個小組委員會，分別負責公務員編制及公共計劃事項。政府賬目委員會負責審查核數署署長就政府每年賬目所作出的報告，再就此向政府提交報告。

76. 自一九八五年至八六年度會期開始時起，立法局議員人數由四十五位增至五十六位，工作量也大增。立法局會議次數已由每兩周一次增為每周一次。該局更成立各特別委員會、眾多專案小組和常務小組，以推展其在審查法例及協助制訂政府政策方面日益廣泛的任務。各議員經常會見社會各界人士，藉以密切注視民意。他們亦曾不時到海外各地進行考察。此外，立法局經常就社會人士關注的事項進行辯論或提出質詢，更顯明該局負有監察政府工作情況的任務。

立法局的成員組織

77. 除主席外，立法局現由下列議員組成：

（甲）十名官守議員：包括三名當然官守議員（即布政司、財政司及律政司），及另外七名由總督委任的官守議員。

（乙）二十二名委任議員：由總督委任。

（丙）二十四名民選議員：十二名由九個按社會功能劃分的選民組別選出，另有十二名由選舉團選出。有關功能組別和選舉團的詳情分別載於附錄丙及附錄丁。

78. 下文第 79 至 96 段分別按上述的議員類別檢討自一九八四年代議政制白皮書發表以來的發展，並討論一九八八年可能作出改變的可供選擇的方法。考慮這些選擇時，有需要顧及立法局整體的成員人數和比例。這個問題將在本章第 111 至 115 段作進一步討論。

官守議員

79. 在一九八四年代議政制白皮書獲得通過後，負責上文第 74 段所述任務的官守議員人數由十八位減為十位。至今經驗所得，如要維持立法局處理公共事務的效率，以及確保政府在立法局內有足夠代表能就各項主要事務作出令人滿意的交代，這已是最低限度的人數。如果一如所料，立法局的工作負擔繼續增加，再減少官守議員的人數，便會嚴重影響政府在立法局內履行職責的能力。一九八八年可供選擇的辦法只有兩個，就是維持官守議員的人數，或把人數略增。

委任議員

80. 一九八四年代議政制白皮書認為若要保持立法局工作的連續性，實在不宜大量或過急地裁減委任議員的人數。

81. 自白皮書發表以來，幾乎無人建議要在短期內停止委任人選加入立法局為議員的這個慣常做法。由總督委任若干議員的制度在日後必須作出改變，以符合聯合聲明的規定。不過，在短期內仍然保留委任議員，可以繼續讓一些來自多個與香港社會福祉攸關的行業，及對該等行業有經驗和認識的有能之士，在立法局中作出貢獻，並配合其他議員不同的經驗和抱負，以收相得益彰之效。

82. 根據一九八四年和其後對這個問題的討論結果，在委任議員方面，一九八八年似乎有以下兩種方法可供選擇：

（i）維持目前的人數；

（ii）把人數略為減少。

功能組別選出的議員

83. 以前總督循一個非正式的制度，從範圍廣闊的專業和行業組別中委任人選出任議員，使他們能夠把寶貴的專業知識貢獻給立法局。一九八四年綠皮書認為，正式成立功能組別，正是這方面進一步的發展。

84. 有人批評功能組別這個構思流於精英主義，對所代表的組別過分有利。不過，大體來說，一般人對這種制度都有好評，更有人主張增加席位，把社會上其他重要類別的人士也包括在內。

85. 社會上某些界別曾抱怨他們在立法局內沒有席位。關於這點，當局在一九八五年已清楚表示會繼續透過委任制度照顧他們的利益。不過，自從一九八四年白皮書發表以來，仍有若干專業團體和機構（詳見附錄戊）要求正式獲得承認為功能組別。其中一些團體（例如會計師）爭取成為新的功能組別，而其他（例如牙醫）則爭取被列入現有的功能組別內。於此同時，最少在兩個由兩類或以上的專業人士構成的組別裡面，一些人數較少的專業團體（例如在工程師及有關專業組別內的建築師）認為由於他們在人數上遠遠不及其他有關的專業團體，因此他們的利益未能獲得充分照顧。

86. 一九八五年選舉的投票辦法也受到一些批評。一些社會工作者和工會成員，對於自己所屬的功能組別的投票權由社會福利團體和工會行使，而不是由個別成員行使，表示不滿。這種做法是因為這兩個功能組別的個人成員資格難以界定而採取的。此外，在選舉中採用的按選擇次序點票制度也受到批評，因而需要再加審議。這個問題在下文第 141 至 145 段將有討論。

87. 大部分意見仍然主張保留功能組別作為遴選立法局議員的一個方法。功能組別的範圍將按照市民對綠皮書的反應，予以考慮，以便研究社會其他界別人士應否有代表加入立法局。

一九八八年可供選擇的方法

88. 因此，一九八八年可供選擇的方法似乎是：

（i）沿用目前的辦法，由九個功能組別選出十二名代表，加入立法局為議員；

（ii）維持目前功能組別的數目，但擴大若干組別的範圍，並增撥或不增撥一個立法局議席予該等組別；

（iii）加入新的功能組別，讓他們在立法局內有自己的席位。

89. 由於已有多個團體要求獲得承認為功能組別，所以選擇（i）肯定會使很多人不滿。選擇（ii）可使一些現有的功能組別有更廣泛的代表性。不過，例如一個功能組別裡包括了太多不同的專業或利益小組，也會產生問題。假如有關功能組別可以得到超過一個席位，則問題可以略為減少。選擇（iii）會受到那些要求被承認為功能組別的界別所歡迎。在考慮可否把一個或多個額外的團體包羅在內時，下列準則可供考慮：

（甲）功能組別應該是有分量和在社會上有重要性的組別；

（乙）任何新的功能組別都應清楚界定，以避免在決定何人有資格被包括在內和怎樣規定選民資格時出現困難；

（丙）功能組別不應以思想、教條或宗教為根據；

（丁）任何組織或團體都不應在超過一個功能組別內有代表。

選舉團選出的議員

90. 選舉團制度的主要目的，是根據一個相當平均地按地區分配席位的辦法，選出一些立法局議員。雖然選舉團的成員只限於區議會、市政局和區域市政局的成員，但選舉團可提名及選舉總名冊內的任何已登記為選民，並在提名當日之前在香港最少住滿十年的人士。在一九八五年的選舉中，所有獲提名的候選人都是區議會、市政局或區域市政局的應屆成員。

91. 在一九八五年的選舉之前，雖然有人說選舉團的成員不應有權代表市民大眾去決定誰人適合在立法局中佔一席位，但選舉團這個概念，普遍還是得到贊同。

92. 一九八五年的選舉安排曾引起社會人士就選舉團的十個區議會組別提出批評。有人認為把數個地區合成一個選舉團選區的方法，曾產生了把幾個相互關係很少的地區連結起來的情況。這些人列舉了由荃灣、離島和西貢三區組成的新界南選區，以及把較小的灣仔區併入比較大得多的東區而成的港島東選區作為具體的例子。

93. 一九八五年選舉的投票制度也受到批評。有人認為，重複投票制度使個別的區議會內產生派系，同時也造成同一個選區內不同的區議會之間的競爭。投票的安排在下文第 146 至 148 段加以檢討。

94. 不過，選舉團制度無疑加強了政府各階層之間的聯繫，也把一些熟悉地區事務的成員帶進了立法局。

一九八八年可供選擇的方法

95. 一九八八年可供選擇的方法看來會如下列：

（i）保留現時的十二個選舉團組別，每個組別選舉一人進入立法局；

（ii）維持現有組別數目，但重組部分按地區劃分的選民組別，以便地區的組合可以比較恰當，並在一些特別大或性質較多樣化的選民組別內多設一個席位；或

（iii）增加按地區劃分的選民組別數目，使每一個區議會均可推選一名代表進入立法局。

96. 選擇（i）仍然未能就上文第 92 段所述的批評意見提供答案。選擇（ii）可在無須大量增設選舉團議席的情況下，在若干程度上消解市民提出的批評。選擇（iii）可消除區議會之間的競爭，但須在立法局增設九個席位，這樣，選舉團便共佔二十一個席位。這個選擇也會導致一種情況，就是像觀塘這個人口多達 678,000 的地區，在立法局內只有和像西貢這個人口不過 45,000 的小地區相同的代表數目。如果要使代表數目更為均衡，例如每一個有 250,000 人口的選區便有一名選舉

團代表，立法局就須再增設更多席位。這樣相應也可能使立法局的成員結構產生不平衡，而且可能再度招致社會人士批評，認為區議會和市政局及區域市政局的議員在立法局內有過大的影響力。

有關新選舉方式的意見

97. 在進一步發展更具代議特色的立法機關的過程中，首先要考慮究竟在依靠維持或發展現行制度，以及增設其他甄選代表的制度兩者之間，那一個才是較佳的做法。

98. 在這個問題上，應注意到現時已有多種途徑使社會人士能夠把他們的意見和關注事項向政府表達。除了代議政制的各個主要機構，即各區區議會、市政局、區域市政局及立法局之外，還有由多個各類委員會組成的龐大諮詢網。這些委員會的成員數以百計，他們就廣泛的地區性及全港性事務，包括最重要的決策，向政府提供意見。政府有意維持和繼續發展這些途徑。

99. 另一方面，聯合聲明附件一第一節規定的事項包括"香港特別行政區立法機關由選舉產生"。根據聯合聲明第三（十二）段，這項條文將在由中華人民共和國全國人民代表大會通過的基本法裡作明文規定。現正在草擬中的基本法可能亦會規定一九九七年後用以產生香港特別行政區立法機關的選舉方法。

100. 聯合聲明所載的這項條文，顯然對將來的立法機關成員組織有影響，特別是和現有的官守及委任議員將來的地位有關係。在談及代議政制發展及在討論基本起草工作的兩個過程中，都曾有人提出意見，表示應考慮採用一些新的方式去選舉立法局機關成員，以補足現行的功能組別和選舉團制度，或作為進一步發展現行制度的方法。

直接選舉

101. 有一項建議是立法機關部分成員應由全民投票直接選出。一九八四年發表綠皮書已討論過類似的建議。一九八四年白皮書的結論是把這個問題留待一九八七年檢討時再作考慮。

102. 自從一九八四年白皮書發表以來，對於推行直接選舉，繼續有人贊成，也有人反對。但社會上仍有很多人士沒有對此問題公開發表意見。

103. 贊成立法局應有一些由直接選舉選出的議員的人士相信，這樣可以選出能夠直接替香港人說話的議員，因而更能確保政府在作出重要決策時，會顧及香港人的意見和利益。他們認為直接選舉是建立一個真正有代表性和負責任的政府的最佳辦法，而這樣的政府可以在大多數市民支持下推行它的政策。

104. 不過，有些人卻相信直接選舉可能會被一些人數不多而別有用心的團體操縱，以圖選出一些並不普遍代表社會大眾的人。這種情形尤以在選民投票率低時更易發生。一些人指出，直接選舉可能導致對抗式政治，也可能引致政黨出現。他們認為這樣的發展足以破壞本港社會的穩定和海外人士對香港前途的信心，因而危害到香港的經濟繁榮。

105. 實行時間。有些人認為由於現行的立法局選舉制度只實行了不到兩年，所以，即使日後要作出改變，也不宜現在就過早地考慮加入另一個選舉方式。亦有人認為在基本法澄清了一九九七年以後所採用的選舉制度之前，不應作出任何改變。另外有些人卻認為，如果要繼續發展一個穩定的代議政制，又如果要使發展動力持續不衰，立法局在一九八八年就應該有小部分由直接選舉選出的議員。只有很少數人士認為當局應盡快採取行動，使立法局有相當大比例的議員由直接選舉產生。事實上，大多數人士都同意保持三思而後行的方針至為重要。

106. 選舉方法。社會人士亦曾討論：假使要實行直接選舉，是否應透過一個全港性選區、抑或數個範圍廣大的地區性選民組別、或為數較多而範圍較小的地區性選民組別進行。如果採用全港性選區的辦法，候選人便需要具備充裕的經濟能力和完善的助選組織，才可接觸到所有選民。另一方面，如果由地區性選民組別進行直接選舉，便形同在現行的選舉團制度之外，同時再推行另一個按地區推舉代表的制度。雖然有人可以提出另一論點，表示不同的選舉方式可能產生不同類別的候選人，但這個方法可能使社會人士對直接選舉產生的議員和選舉團選出的議員的代表地位加以比較，以及懷疑這兩類議員應否同時存在。

一九八八年可供選擇的方法

107. 按照上述考慮因素，對於立法局應否部分議員由直接選舉產生的問題，可能有幾個不同的結論，就是：

（i）採用直接選舉選出立法局議員的做法並不可取；

（ii）採用直接選舉選出一部分議員的做法，在原則上是可取的，但不應在一九八八年推行；

（iii）一九八八年除現有議員類別外，應由一個全港性選區，或若干按地區劃分的選民組別以直接選舉方式選出部分議員；

（iv）在一九八八年應以上述選擇（iii）所述方法直接選出部分議員，但這些議員應取替由按地區劃分的選舉團組別所選出的議員。

新選舉團

108. 在討論基本法起草工作的過程中，有人曾提出一項構想，表示較長遠來說，可以由一個有多方面代表參與的新選舉團選出立法機關的部分成員。他們建議新選舉團可以由數百名來自立法機關、兩個市政局和區議會、法定和非法定組織，以及社會其他界別的人士組成。

109. 贊成這項構想的人士認為這樣的一個組織有廣泛代表性，因而更可確保繼續有代表多方面利益和具備各種才能和經驗的人士參與立法機關的工作。他們又認為新選舉團有助於減少出現對抗式政治的危機。不過，另一些人則對這樣一個組織的代表性提出質疑，他們提出的理由是許多建議中的新選舉團成員本身都可能不是由選舉產生的。也有人對挑選列入選舉團的組織及界別，以及決定每一組織或界別的代表數目時所用的準則，提出質疑。

110. 在就這一個辦法是否可取的問題作出結論以前，必須先進一步研究有關新選舉團的構想。對於選舉團的具體成員組織和人數、由選舉團選出的立法機關的成員比率，以及提名和推選候選人的程序等事項，仍須詳加考慮和討論。因此，現時提出這個有多方面代表參與的新選舉團的構想，只是作為較長遠的討論數目，而不是作為一九八八年可供選擇的方法來考慮。

立法局的議員人數和比例

111. 本章已討論過一九八八年改變立法局成員組織的各項可供選擇的方法。社會人士可以分別對每一選擇的優點和缺點作出評審，但不應忽視用不同的方式把數項選擇組合起來，會對立法局的整體人數和比例產生不同的影響。

112. 假如採取不同的選擇方式組合，那麼有一些組合將不會導致立法局總人數大量增加，但其他的組合則會產生這個後果。一九八五年，立法局成員人數除主席外由四十五名增至五十六名。增添更多議員當然有助於分擔日益增加的工作量，但同時也帶來新的工作量，因為有更多議員要在立法局辯論時發言，對立法事項提出意見及對政府提出質詢。

113. 當局應該尋求一個合理的成員比例，一方面使所有成員都可以各盡所能，為立法局事務作出貢獻，另一方面也使立法局工作得以有效率地進行。把立法局現時五十六名的成員人數略增，將不會對立法局處事方式造成重大影響。反過來說，在短期內大量增加成員人數，便很可能需要改變籌劃和管理立法局事務的方式了。

114. 有些選擇或選擇的組合比另一些選擇或組合對立法局成員的比例將會有更大的影響。在一九八四年綠皮書發表時，立法局的全體議員都是由總督委任的；雖然非官守議員佔了多數，但官守議員仍佔約百分之三十八。一九八五年九月，在實施了白皮書的建議後，官守議員的比率減少至百分之十八，而委任議員的比率亦由百分之六十二減至百分之三十九。

115. 從一九八五年對立法局成員比例作出重大改變的經驗所得，對於任何導致一九八八年再有重大改變的選擇所產生的後果，都必須審慎衡量。社會人士期望他們在立法局中的代表憑著經驗和魄力，能夠繼續充分反映他們各方面的利益，並且能避免出現對抗式政治，而以務實的方針去處理問題。最重要的是政府必須能夠繼續有效地推行公眾事務，並且就政府職責向立法局作出交代。

第五章　立法局主席的職位

116. 目前香港總督同時出任立法局主席，並分別以總督和立法局主席的身份行使與立法局有關的權力。

117. 他以*總督身份*擁有的權力包括：

（甲）批准或不批准立法局通過的法律；

（乙）指定立法局每個會期開始及結束的日期；

（丙）當然地在每個會期的第一次會議上致辭；

（丁）決定應否在正常會期以外的時間召開會議；

（戊）建議或拒絕建議立法局接受有關稅項或動用政府收入等方面的請求或動議；

（己）有關作證人士出席以及由該等人士向立法局或其轄下的委員會提供證據的權力；

（庚）解散立法局。

118. 他以立法局主席身份擁有的權力包括：

（甲）確保與會者在會議過程中遵守會議秩序及辯論規則；

（乙）控制議程；

（丙）提名委員會委員；

（丁）為進行有關急切公眾事務的辯論而接受休會動議；

（戊）延長會議時間至下午六時以後；

（己）憑"聲音"決定表決結果，或主持正式表決程序。

119. 一九八四年代議政制綠皮書探討過一項建議，即由別人取代總督出任立法局主席。後來白皮書說明，雖然該項建議大致上頗獲市民接受，但一般的意見顯然認為在未來數年內，總督的職位不應有任何重大的改變，因此這問題應在一九八七年重新考慮。

120. 市民對一九八四年代議政制綠皮書的反應顯示，他們一般認為出任立法機關主席是總督的政府首長地位的一個重要的部分。許多人都認為總督不再參與立法機關是一項重大的決定，必須經過審慎考慮和在適當時間才可以採取。

121. 總督在立法程序中擔任一項十分重要的任務。香港的法律，是由總督經徵詢立法局的意見和經該局同意後而制訂的。總督出席立法局，成為該局地位的象徵，並使立法局議事程序更具尊嚴。總督身兼行政立法兩局主席，最少可以為兩局提供一種象徵性的聯繫。此外，總督可以親身聽取議員對當前問題所表示的意見，並觀察議員意見的發展過程和表達方式，是很有價值的。

122. 不過，有人提出一項疑問，即總督既然掌管主要行政權力，又是行政局的主席，是否適宜繼續擔任必須保持不偏不倚的立法機關主席職位。有人覺得這種雙重任務可能導致利益衝突。

123. 假如大家都認為這是個可取的做法，可以由立法局以外的一位人士或立法局另一名成員取代總督出任立法局主席。這種做法不會影響他以總督身份擁有的有關立法局的權力（參看上文第 117 段）。要考慮的是，新的主席應否行使目前主席所擁有的所有權力（參看上文第 118 段）。出任主席的人必須在公眾人士和立法局議員眼中具有相當崇高的地位，而且顯然應當具備處理立法局事務的經驗。

124. 如果結論是總督仍應繼續擔任立法局主席，便須考慮由於總督任務繁重，以及其他實際理由，是否可以由他委任另一人不時代替他主持會議。人選可以是布政司，但也可以是另一位立法局議員或立法局以外的人士。

125. 可供選擇的方法是：

（甲）維持不變；

（乙）總督可委任另一人（布政司、或立法局另一位議員、或立法局以外的人士）在他不能出席時主持某些會議或會議的部分；

（丙）總督應由某一個時候起不再出任立法局主席，而由立法局議員或其他人士代替。

第六章　選舉的實務問題

126. 本章的內容，是關於籌備和進行區議會、兩個市政局和立法局選舉的實務問題。本章討論應否對下列事項作出修改：

（甲）選舉的先後次序和時間編排；

（乙）民選議員的任期；

（丙）選民的年齡規定；

（丁）候選人的年齡規定；

（戊）在選舉中採用的投票制度；及

（己）若干其他選舉安排。

選舉的先後次序和時間編排

127. 上一次區議會的選舉在一九八五年三月舉行，立法局的選舉在一九八五年九月舉行，而兩個市政局的選舉則在一九八六年三月舉行。由於在立法局的選舉中，有部分議員是有區議會和兩個市政局組成的選舉團選出的，因此，安排立法局的選舉在其他選舉完成後舉行，可能更合情理。這個做法也可兼顧到下列兩點：

（甲）讓區議會和兩個市政局的議員能夠並肩工作若干時間，然後才由他們選出立法局的成員，是比較合適的；

（乙）按此次序編排選舉，可使有意參選的人士和現任議員能更周詳地計劃在各政府階層選舉中參選的事務。

不過，上述的考慮對未來的選舉是否繼續適用，須視乎現行組成立法局的方法和使區議會和兩個市政局有共同成員的安排是否有所改變。

128. 如果同意選舉的次序應予改變，則其中一項或多項選舉的時間最少有一次要作出調整，但對選舉時間所能做出的調整會受以下的因素限制：

（甲）基於立法局現行的休會時間，在八月或九月舉行立法局選舉是最適當的；

（乙）由於兩個市政局的運作均配合政府的財政年度，即由每年的四月一日至翌年的三月三十一日，兩個市政局本身自然希望該兩局議員的選舉如現時一樣，在三月舉行；

（丙）因為要借用學校場地作為投票站，所以選舉須在學校假期或公眾假期舉行；

（丁）在立法局的選舉中，對選民和選舉權都另有規定，所以不能把三種選舉合併。合併區議會和市政局的選舉，在技術上是可行的，但選民對於要同時了解兩組候選人的競選資料可能會感到混淆。部分區域市政局和新界區議會候選人對於要同時爭取兩個機構議席的選票，或要決定應否放棄角逐其中一個機構的議席，可能會提出異議。

129. 無論選舉的基本次序會否改變，值得考慮的另一點是，可否用 "交錯" 的辦法編排各立法局議員的任期。即是說，議員分為若干組，各組議員任期長短一樣，但在不同時間屆滿。鑒於立法局工作量不斷增加，且日趨繁複，這項安排可能有利於增強連貫性。如果決定採用這項辦法，可以安排功能組別選舉和選舉團選舉在不同年度舉行，而這兩項選舉都是不會涉及一般選民的。此外，如果認為可取的話，也可依照以往的做法 "交錯" 編排各委任議員的任期。

一九八八年可供選擇的方法

130. 在選舉次序和時間編排方面，一九八八年應有下列方法可供選擇：

（i）不作改變；

（ii）更改選舉的基本次序，即繼區議會和兩個市政局的選舉之後才舉行立法局選舉；此外

（甲）不作其他改變；或

（乙）在不同年度由功能組別和選舉團選出立法局議員，使各立法局議員的任期 "交錯"。

131. 鑒於上文第 128 及 129 段提出的考慮因素，如果普遍意見贊成採用（ii）（乙）項選擇的話，實行辦法之一是在下一次舉行各項選舉時，採用下列次序：

（甲）一九八八年三月舉行區議會選舉；

（乙）一九八八年八月或九月舉行立法局選舉（由功能組別選出十二位議員，或由選舉團中的區議會組別選出十位議員）；

（丙）一九八九年三月舉行兩個市政局的選舉；

（丁）一九八九年八月或九月舉行立法局選舉（由選舉團中的市政局及區域市政局組別選出兩位議員，另外由選舉團中的區議會組別選出十位議員，或由功能組別選出十二位議員）。

如果決定立法局應該有部分議員由直接選舉產生，便須考慮舉行這些選舉的適當時間。

任期

132. 現行選舉模式中值得研究的另一問題是三年任期是否最為恰當。世界各地的立法機關和同類機關的任期規定，由二年至五年或以上不等。決定任期時應要考慮下列因素：

（甲）較長的任期有利於立法局工作保持穩定及有連貫性，因為獲選人士有更多時間熟習新任務，並可積累更多經驗；

（乙）較長的任期可以減少選舉次數，避免選民因選舉太頻密而生厭（一九八五年至八六年度十二個月之內，本港共進行三次選舉，雖然其中只有兩次是全部選民可以參加投票，但也招致少數市民批評）；

（丙）較長的任期亦可讓選民有更多機會評估民選代表的表現，以及考慮在這些代表再度參選時應否支持他們；

（丁）另一方面，任期太長可能使一些有意參選的人士裹足不前，亦可能減少選民撤換表現欠佳的議員的機會。

133. 區議會、兩個市政局及立法局議員的任期應否保持為三年或作出改變，例如改為四年等，有待考慮。除了為要改變選舉次序而可能作出的一次過調整外（見上文第 128 段），各機構的議員任期都必須相同，否則時日一久，各項選舉的時間便不能互相配合。

選民的年齡規定

134. 香港現時規定有權投票的年齡為二十一歲。鑒於最近法律改革委員會在"年青人年齡在民事法中的法律效力問題"報告書中建議把具有完全行為能力的年齡普遍降至十八歲，曾經有人討論投票年齡是否也應降低。

135. 該委員會雖然聲明沒有理由認為在選舉方面要作例外處理，但認為如果降低有權投票的年齡，會產生政治上及憲制上的影響，所以宜作更廣層面的研究。

136. 贊成降低投票年齡的人認為，如果十八至二十歲的人士在其他方面都被視為成年人，那就沒有任何理由剝奪他們的投票權利。他們認為讓這些年青人參加投票，可以提高他們對社會的責任感，並可使公民教育更具意義。另一些人則認為一般來說，十八至二十歲之間的年青人思想未完全成熟，而且政治意識不足，因而未必能明智地運用投票權。又有些人認為首先應該加強公民教育。（公眾人士對於將法定年齡普遍降為十八歲的建議反應紛紜，大多數不滿意者都是針對降低最低結婚年齡的建議。最低結婚年齡是指無須徵得父母同意即可自行結婚的年齡。）

137. 一九八八年可供選擇的方法是把投票年齡維持為二十一歲或降至十八歲。在考慮採取何種選擇時應參考下列因素：

（甲）估計本港十八至二十歲之間的人士共有 290,000 人，佔總人口的百分之五。如果投票年齡改為十八歲，在減去平均百分之十五不符合居港年期規定的人數後，有資格登記為選民的人士將達 250,000 人左右。至於會實際辦理登記手續及參加投票的人數則難以估計；

（乙）根據現行選舉制度，降低投票年齡會使區議會、市政局及區域市政局的選民人數增加；

（丙）十八至二十歲之間的青年人，可能是剛完成學業，投身社會；或即將完成職業訓練；或正在修讀預科或大專院校課程；

（丁）大多數國家訂定投票年齡時都以法定年齡為準。但香港在現階段不一定應據此而降低投票年齡。香港必須按照本身情況決定合適做法。

候選人的年齡規定

138. 各界討論投票年齡時，也提及參選年齡的問題。普遍意見都同意，不論前者是否降低，後者仍應保持為二十一歲。競選議席的人必須思想成熟，足以在當選後履行有關的責任，這是合理的要求。況且，在居港年期方面，現時對候選人的要求（十年）已比對選民的要求（七年）為高。

投票制度

區議會和兩個市政局

139. 一九八五年區議會選舉和一九八六年兩個市政局的直選議員選舉時，採用"先達終點"的投票制度，由獲得票數最多的一名候選人當選（在有超過一個議席的選區內，則當選者不止一名）。這個制度運作良好，並未有人提議作出改變。

立法局

140. 根據候選人和公眾方面所作的反應，加上政府進行檢討所得，現在有需要考慮應否修改在立法局間接選舉中所用的投票制度。

功能組別

141. 一九八五年功能組別選舉採用按選擇次序"合計"選票的制度。根據這個制度，投票人須在選票上標明選擇次序。獲得超過百分之五十的第一選擇票數的候選人即告當選。假如無人獲得這個比數的選票，便進行第二次點票，把第一次點票時所得的第一選擇選票的總數加上第二選擇選票的數目。得第一和第二選擇合計票數最高的候選人便當選，但這個合計數目必須超過基本投票人數的百分之五十。如無人獲得所需數目的選票，便再進行第三次點票，把第三次選擇票數計算在內，如此類推，直至有人當選為止。

142. 有部分社會人士批評，使用合計第一選擇和較次選擇票數的辦法，在理論上可能產生所得第一選擇票數最少的候選人當選的結果，即如下述舉例一樣（假設有一百名投票人）：

	候選人		
	甲	乙	丙
第一選擇	45	45	10
第二選擇	15	20	65
第一和第二選擇合計	60	65	75
（第三選擇）	（40）	（35）	（25）
（合計票數）	（100）	（100）	（100）

候選人丙所得第一選擇票數最少，仍可當選，主要是因為這個方法使第一、第二和較次選擇佔相同比重。有人認為，這種方法除不公平外，更使人有機可乘，即候選人可以指示支持者在選票上只填寫第一選擇，而使其他候選人難以獲得更多的合計票數。有人建議採用世界其他地方較廣泛施行的按選擇次序 "淘汰" 制度來取代現行制度。

143. 按選擇次序 "淘汰" 制度亦規定投票人標明選擇次序，但與按選擇次序 "合計" 選票制度不同之處是對選擇的先後次序賦予不同的比重。在第一次點票後，獲得最少第一選擇選票的候選人即遭淘汰，而其選票則按票上所填第二選擇撥予餘下的候選人。這些第二選擇選票併入餘下各候選人先前所獲的第一選擇選票合計，如領先的候選人取得超過百分之五十選票，即告當選。如果仍未有候選人獲得所需票數，合計票數最少的候選人即遭淘汰，而其選票則按票上所填第三選擇再撥予餘下的候選人，如此類推，直至領先的候選人取得超過百分之五十選票為止。以上文第 142 段所載的例子而言，獲最少第一選擇選票的候選人丙在第一次點票後即遭淘汰，而以他為第一選擇的十張選票則按票上所填第二選擇撥予候選人甲和乙。假設其中有六張選票以候選人甲為第二選擇，則由候選人甲當選。

144. 有人提出，這個 "淘汰" 制度比 "合計" 選票制度更為可取，理由如下：

（甲）使較優先的選擇次序佔較高比重，因而減少在甄選過程中的 "折衷" 成分；和

（乙）不會誘使候選人鼓勵其支持者只填寫第一選擇（參看上文第 142 段）。這可減少有人乘機操縱選舉的情況，並可減少沒有候選人取得超過總投票額百分之五十選票的可能性。

145. 雖然在一九八五年功能組別選舉中實際採用按選擇次序 "合計" 選票制度時，並無出現特別問題，但顯然值得考慮是否應該改用按選擇次序 "淘汰" 制或其他制度。

選舉團

146. 一九八五年選舉團選舉立法局議員時，採用重複投票制度。根據這個制度，如果在第一次點票時沒有候選人取得超過百分之五十選票，得票最少的候選人即遭淘汰，而投票人隨即進行另一輪投票。投票一再重複，直至有一個候選人贏得其選區中大多數投票人的支持為止。

147. 這個制度遭受非議之處主要有二。其一是有很多名候選人競選的選區須費很長的時間才能得出結果，例如港島東選區便曾歷時七小時和經過五次投票才得出結果。其二是候選人大致可以洞察每次投票的情形，知悉投票人支持那一位候選人。這曾產生尷尬情況，有時更使候選人之間積怨難消。

148. 特別在有兩個或更多的派系爭奪一個議席的情況下，重複投票制度看來並不是最合適的制度。因此應該考慮改善方法。兩個可供選擇的方法是：

（i）修訂重複投票制度，採用更嚴格的淘汰準則。在第一輪投票時，如沒有候選人取得絕對大多數投票，只有首兩名票數領先的候選人可以進入第二輪投票。因此在正常情況下，只需要兩輪投票便可得出結果；或

（ii）採用上文第 143 段所述的按選擇次序"淘汰"制度。

其他選舉安排

149. 一九八六年五月，政府宣佈將另行全面檢討各項選舉安排，並邀請社會人士對這些安排提出書面意見。結果一共收到十四份有關各選舉事項的意見書。

150. 經檢討後，當局找出若干可以改善現有安排的辦法。下文第 151 至 156 段將闡述這些辦法。至於其他方面，例如各類選舉候選人和選民的居港年期規定、候選人所需提名人的數目、投票時間和選票格式等，則無須作重大的改變。

減少輕率參選情況的措施

151. *區議會及兩個市政局選舉的參選保證金*：現行一千元的保證金額是在一九五五年訂定的。進行檢討後，當局建議把區議會選舉的參選保證金額提高至兩千元，及把兩個市政局選舉的參選保證金額提高至三千元。如候選人所得選票少於有效選票總額八分之一，其保證金才會被沒收。

152. *立法局選舉的參選保證金*：如此類推，立法局選舉的保證金額可以由二千元提高至四千元。

選舉程序

153. *擅用他人名義*：在上次選舉中，曾出現一些競選資料內容與事實不符的情形，因而備受公眾批評。雖然舞弊與非法行為條例（香港法例第二八八章）第十六條第（3）款規定，受害者可向法庭申請暫時性或永久性的禁制令，但這種行動可

能甚為費時。當局在檢討後建議特別為針對擅用他人名義的做法而在條例中增設一項條文，規定候選人在選舉活動中使用任何其他人士或組織的名義之前，必須先徵求及獲得有關人士書面同意，並訂明若違反這項規定即屬違法。

154. *選舉開支*：現時的選舉開支限額，區議會為二萬元，兩個市政局為三萬五千元，而立法局的選舉團和功能組別選舉，則分別為一萬元和三萬元。有人申訴兩個市政局選舉的開支限額過低。根據對選舉開支申報表所作分析，上一次兩個市政局舉行選舉時，每名候選人的平均選舉活動開支為二萬八千五百元。由於有些情況難以確定，如選舉的競爭程度、可供使用的競選經費數額，以及選民在各區分佈情形等，所以很難清楚確定開支的數額和選民人數多寡兩者之間的關係。儘管如此，兩個市政局選舉的開支限額應否提高，仍是需要考慮的問題。

155. *選舉開支申報表*：當局又建議要求候選人更詳盡地說明他們的選舉開支，以方便審核和在必要時進行調查，並建議以實物提供的服務（例如免費印刷競選資料）亦應包括在申報表內。

156. *發給候選人的最後選民名冊副本*：公眾人士對於候選人可知悉選民的身份證號碼，曾表示頗強烈的異議。雖然這項資料是附載於最後的選民名冊內，但對候選人並無實際用途。因此建議發給候選人的最後選民名冊不列明選民的身份證號碼。此外，為郵遞用途而製備的地址標籤亦不應載有身份證號碼。

第七章　摘要

157. 政府籲請市民就本綠皮書所討論的主要事項提供意見。這些事項概述如下。

區議會和兩個市政局（第三章）

158. 關於區議會的任務，上文第 39 至 41 段討論的可供選擇方法為：

（i）對區議會的現有職務不作任何改變；

（ii）授權區議會就特別與所屬地區有關的某些事務作出決策和指示政府部門採取行動；

（iii）賦予區議會管理某些地區設施的職務。

159. 關於區議會的成員組織，上文第 44 至 46 段和第 62 至 65 段討論的可供選擇方法為：

（ⅰ）委任和民選議員的現有比例維持不變；

（ⅱ）減低委任議員所佔的比率；

（ⅲ）取消市政局議員在市區區議會內的當然議席。

160. 關於市政局和市區區議會的關係，上文第 62 至 65 段討論的可供選擇方法為：

（ⅰ）用間接選舉制度，從區議員中選出市政局議員，以代替目前以直接選舉方式選出市政局議員的制度；

（ⅱ）使區議會有更多機會直接參與市政局及其屬下各專責委員會的工作；

（ⅲ）增加市政局議席，以容許：

（甲）每個市區區議會在其成員當中選出一位代表，出任市政局議員；或

（乙）每個市區區議會的主席出任市政局的當然議員。

161. 關於市政局的議員人數，上文第 67 段討論的可供選擇方法為：

（ⅰ）由區議會代表出任市政局議員；

（ⅱ）增設同等數目的委任和直選議席；

（ⅲ）只增設直選議席。

162. 關於市政局的委員會結構，上文第 71 至 73 段討論的可供選擇方法為：

（ⅰ）市政局的委員會結構維持不變；

（ⅱ）設立負責超過一區事務的分區域委員會：

（甲）以輔助市政局現有的專責委員會；或

（乙）以代替部分現有的專責委員會執行職責。

立法局（第四章）

163. 關於立法局的成員組織，第四章討論的可供選擇方法為：

（ⅰ）官守、委任和民選議員人數和比例維持不變；

（ⅱ）作出結論，認為採用直接選舉選出立法局議員的做法並不可取；

（ⅲ）作出結論，認為採用直接選舉選出一部分議員的做法，在原則上是可取的，但不應在一九八八年推行；

（ⅳ）如認為在一九八八年改變立法局成員組織是可取的做法，則可作出以下其中一種或若干種選擇：

（甲）略增官守議員的人數；

（乙）減少委任議員的人數；

（丙）增加由功能組別選出的議員人數；

（丁）增加由選舉團選出的議員人數；

（戊）在現行的選舉制度之外，另外以全港性選舉或以選民組別選舉方式直接
選出部分議員；

（己）以直接選舉制度代替由按地區劃分的選舉團組別進行的間接選舉。

164. 有關由一個有多方面代表參與的新選舉團選出部分立法局議員的構想，已
在第 108—110 段中提出，作為較長遠的討論項目。

立法局主席的職位（第五章）

165. 關於總督應否繼續出任立法局主席職位的問題，上文第 119 至 125 段討論
的可供選擇方法為：

（i）維持不變；

（ii）總督可委任另一人（布政司、或立法局另一位議員、或立法局以外的人士）
在他不能出席時主持某些會議或會議的部分；

（iii）總督應由某一個時候起不再出任立法局主席，而由立法局議員或其他人
士代替。

選舉的實務問題（第六章）

166. 關於選舉的先後次序和時間編排，第 127 至 131 段討論的可供選擇方
法為：

（i）不作改變；

（ii）更改選舉的基本次序，即繼區議會和兩個市政局選舉之後才舉行立法局選
舉；此外

（甲）不作其他改變；或

（乙）在不同年度由功能組別和選舉團選出立法局議員，使各立法局議員的任
期"交錯"。

167. 現需考慮目前區議會、兩個市政局和立法局議員為時三年的任期應否改
變。這問題在第 132 和 133 段中已作討論。

168. 現時亦需考慮有權投票的年齡應否由二十一歲降至十八歲。第 134 至 137 段已對這問題作出討論。

169. 關於目前由功能組別和選舉團選出立法局議員時所用的投票制度，在第 141—148 段中討論的可供選擇方法為：

（i）在功能組別選舉方面，用按選擇次序"淘汰"制度或其他制度代替現行的按選擇次序"合計"選票制度；

（ii）在選舉團選舉方面，用下列其中一種方法代替目前的重複投票制度：

（甲）修訂重複投票制度，採用更嚴格的淘汰準則；或

（乙）採用第 143 段所述的按選擇次序"淘汰"制度。

170. 現需考慮目前市政局選舉的選舉開支限額三萬五千元應否提高。這問題已在第 154 段加以討論。

附錄甲

民意匯集處

政府已設立一個獨立的民意匯集處以收集市民對"一九八七年代議政制發展檢討"綠皮書所作出的反應，並提交報告。

2. 民意匯集處的職權範圍如下：

（甲）儘量邀請廣大市民對"一九八七年代議政制發展檢討"綠皮書內所討論各問題作出反應，並收取和記錄所有在一九八七年九月三十日或之前以書面發表的意見，包括直接向該處提交的、或間接經由現存各諮詢途徑向該處提交的意見書；和

（乙）在一九八七年十月三十一日或之前，就根據以下指示而蒐集和列出的所有這些意見向總督會同行政局提交一份公正確實的報告：

（一）設法鼓勵市民作出反應：

民意匯集處應邀請團體、社團、法定和非法定組織，以及個別人士對綠皮書內所討論的各問題加以考慮，並將意見以書面向民意匯集處提出；同時儘可能採用適當步驟去鼓勵廣大市民作出反應。

（二）調查市民意見：

民意匯集處可委託其他機構進行民意調查；匯集處應留意其他調查及對這些調

查作出評論。

（三）保密：

倘提供意見人士要求對所提文件保密，則所交文件必須予以保密，並在白皮書公佈後，儘速將之毀滅。

（四）傳播媒介報道：

民意匯集處將留意傳播媒介所報道的意見，務使能透過這些報道補足匯集處已收到的意見書而不致重複同樣來源的意見。

（五）簽名運動及同類文件：

民意匯集處須評論這類文件的來源及彙編方法，特別留意有否任何重複。

（六）報告：

民意匯集處的報告書須包括下述各種方式發表的意見的確實概要：

（i）區議會、市政局、區域市政局及立法局的辯論、會議記錄及意見書。

（ii）其他法定和非法定組織的書面意見及有關其成員、工作、目標，以及擬成意見書所循的種種程序的註釋。

（iii）各團體及社團的書面意見，及有關其成員、工作、目標，以及擬成意見書所循的種種程序的註釋。

（iv）並無要求保密的個別人士的書面意見。

（v）要求保密的個別人士的書面意見。

監察委員

3. 李福逑先生及蘇國榮先生已委任為獨立的監察委員監察民意匯集處的工作。監察委員的職權範圍如下：

"監察委員須觀察民意匯集處各方面的工作，並向總督提交獨立報告，說明他們對民意匯集處能夠妥當、準確和公正地執行任務及依照職權範圍所定程序行事是否滿意。"

附錄乙　一九八七年五月代議政制的結構

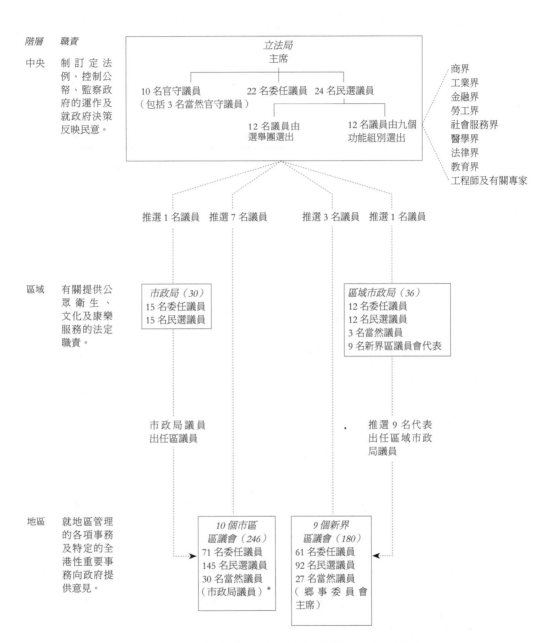

階層　職責

中央　制訂定法
　　　例、控制公
　　　帑、監察政
　　　府的運作及
　　　就政府決策
　　　反映民意。

立法局
主席

10 名官守議員　22 名委任議員　24 名民選議員
（包括 3 名當然官守議員）

12 名議員由
選舉團選出

12 名議員由九個
功能組別選出

商界
工業界
金融界
勞工界
社會服務界
醫學界
法律界
教育界
工程師及有關專家

推選 1 名議員　推選 7 名議員　　推選 3 名議員　推選 1 名議員

區域　有關提供公
　　　眾衛生、
　　　文化及康樂
　　　服務的法定
　　　職責。

市政局（30）
15 名委任議員
15 名民選議員

區域市政局（36）
12 名委任議員
12 名民選議員
3 名當然議員
9 名新界區議員會代表

市政局議員
出任區議員

推選 9 名代表
出任區域市政
局議員

地區　就地區管理
　　　的各項事務
　　　及特定的全
　　　港性重要事
　　　務向政府提
　　　供意見。

*10 個市區
區議會（246）*
71 名委任議員
145 名民選議員
30 名當然議員
（市政局議員）*

*9 個新界
區議會（180）*
61 名委任議員
92 名民選議員
27 名當然議員
（鄉事委員會
主席）

* 市政局議員有權在選舉區的市政局組別選舉中投票，但不能在按地區劃分的選民組別選舉中投票。

附錄丙　按社會功能劃分的選民組別

於一九八五年進行的選舉中，九個按社會功能劃分的選民組別總共選出十二名立法局議員。

2. 商業、工業及勞工組別各自推選兩名立法局議員。其餘六個組別各自選出一名議員。

3. 九個按社會功能劃分的選民組別詳情表列如下：

組別	代表團體	議席數目	議席總數
（一）商界	香港總商會	1	
	香港中華總商會	1	2
（二）工業界	香港工業總會	1	
	香港中華廠商聯合會	1	2
（三）金融界	香港銀行公會	1	1
（四）勞工界	所有註冊職工會	2	2
（五）社會服務界	香港社會服務聯會	1	1
（六）醫學界	香港醫學界	1	1
（七）教育界	選民名冊按以下名單編訂：法定名單以及各機構和有關主要團體的成員名單／職員名單	1	1
（八）法律界		1	1
（九）工程師及有關專業		1	1
總數			12

附錄丁　選舉團

選舉團由區議會、市政局和區域市政局全體成員組成，並在一九八五年九月選出十二名立法局議員。

2. 為使推選出來的議員能夠較平均和充分地代表各地區，來自區議會的成員按地區分為十組，每組大約代表五十萬人。

3. 來自市政局和區域市政局的成員則成為兩個特別組，選出餘下的兩名議員。鄉議局的利益則由區域市政局代表。

4. 選舉團所分成的十二組，詳情表列如下：

組別	一九八四年人口	所包括的地區	一九八四年人口
（一）港島東	696,000	東區 灣仔區	481,000 215,000
（二）港島西	507,000	中西區 南區	272,000 235,000
（三）觀塘	663,000	觀塘區	663,000
（四）黃大仙	452,000	黃大仙區	452,000
（五）九龍城	441,000	九龍城區	441,000
（六）深水埗	435,000	深水埗區	435,000
（七）九龍南	389,000	旺角區 油蔴地區	215,000 174,000
（八）新界東	524,000	北區 大埔區 沙田區	134,000 109,000 281,000
（九）新界西	459,000	元朗區 屯門區	238,000 221,000
（十）新界南	726,000	荃灣區（包括青衣） 離島區 西貢區	654,000 37,000 35,000

組別	一九八四年人口	所包括的地區	一九八四年人口
（十一）市政局			
（十二）區域議局			

附錄戊　自一九八四年代議政制白皮書發表以來要求被正式列為功能組別的專業團體及機構

（1）香港機電工程承建商協會

（2）香港會計師公會

（3）皇家造船工程師學會及船舶工程師學會香港聯合分會

（4）鄉議局

（5）香港建築師學會（希望在工程師及有關專業的組別內有更大代表性）

（6）印度商會

（7）香港牙醫學會（希望被列入醫學界組別內）

（8）香港保險總會（希望被列入金融界組別內）

（9）香港教師會（要求增加教師組別的議席）

（10）英國特許屋宇設備工程師學會（希望被承認為工程師及有關專業組別的成員）

（11）香港旅遊協會

（12）香港建築業協會（希望被列入一個按社會功能劃分的選民組別內）

（13）香港土地測量師學會（希望被列入工程師及有關專業組別內）

（14）英國屋宇經理學會（香港分會）

（15）香港教育會有限公司（要求增加教師組別的議席）

（16）英國染色學會（香港分會）（希望有本身代表在立法局發言）

（17）香港測量師學會（希望為土地經濟學家另設一個組別）

（18）香港接受存款公司公會（希望被列入金融界組別內）

（19）香港工程師學會（要求增加工程界及有關專業組別的議席）

（20）工程、建築及土地發展專業聯合議會（要求增加工程師及有關專業組別議席）

（21）港九各區街坊會協進會有限公司

（22）英國特許秘書及行政人員公會香港分會

（23）港九新界牧業團體聯席會議

4.5　白皮書：代議政制今後的發展

〔1988 年 2 月〕

第一章　引言

背景

一九八七年五月二十七日，政府發表一份名為“一九八七年代議政制發展檢討”的綠皮書。香港的代議政制從七十年代開始不斷發展。到一九八四年，由民選議員參與政府事務的做法仍只限於在區域和地區層面實行。政府在一九八四年檢討了當時的政制，並在檢討後決定把選舉程序擴展到中央層面。立法局隨即在一九八五年進行重大改組，加入 24 名由功能團體及選舉團選舉產生的議員。政府也在一九八四年宣佈，決定在一九八七年再次檢討整個代議制度的發展。在五月發表的綠皮書就是這次檢討的開端。

整體目標

2. 經過多年來的演變，香港有了一套與世界其他地方不同的政制。這反映了香港的特殊情況，包括它的非宗主地區地位；狹小的面積及數目龐大、增長迅速和教育程度愈來愈高的人口；高速度的經濟和社會發展；以及作為主要商業及金融中心的地位。這些因素促使政府不斷改進行政制度，務求既可保持政治穩定、經濟繁榮和有效的管治，又可迎合社會與日俱增的需求和期望。

3. 這種要求繼續塑造政府在政制方面的構想。政制必須隨著香港社會的發展而演變，以確保政府持續得到社會人士的支持，同時亦須一如以往地在有效的管治下維持穩定與繁榮。

4. 這些考慮因素顯示，發展更具代議特色的制度，是有價值的。這樣可使政府更能對社會的需求作出敏捷的回應。另一點要認識的，就是香港的穩定繁榮極為依賴連貫一致的政策和審慎的發展方式。這表示有需要循序漸進地發展一向符合本港利益的獨特制度，而不應勉強把改革的步伐加速，以致本港的管治出現不穩定和不明朗的情況。在這方面，特別重要的是在直到一九九七年香港交還給中國這段時間內，香港市民能對政府的制度保持信心，和相信在一九九七年香港成為中華人民共和國的特別行政區以後，這個制度仍會延續下去。

5. 因此，在香港的代議政制方面，政府有以下的目標：

（甲）政制應繼續演變，以適合香港的情況；

（乙）政制的發展應該是審慎和循序漸進的；

（丙）任何改革都應獲得儘量廣泛的支持，以求得到社會人士整體的信心；

（丁）在一九九七年前存在的制度，應可促成在一九九七年順利過渡，並在其後保持高度的連續性。

綠皮書

6. 一九八七年五月發表的綠皮書，邀請社會人士對代議政制應否和怎樣在一九八八年進一步發展的問題發表意見。綠皮書提出的主要事項有：

（甲）區議會和兩個市政局的成員組織和職責，以及改善兩者之間聯繫的辦法；

（乙）立法局的成員組織和甄選立法局議員的辦法，包括應否直接選出部分議員和在什麼時候實行；

（丙）總督應否繼續出任立法局主席；

（丁）有關進行區議會、兩個市政局和立法局選舉的實務問題。

7. 綠皮書檢討有關現有政制中三個層次的一些問題。書中提出一系列可供選擇的方法，並列出贊成和反對各項方法的論點，但不作任何建議，目的是鼓勵市民儘量發表意見。

民意匯集處

8. 政府建立了一個民意匯集處，專責收集市民對綠皮書的意見。該處在政府的正常架構以外操作，不受行政部門干預。政府又委任兩位獨立的監察委員負責監察該處的工作。民意匯集處的工作是收集和整理社會人士發表的意見，但不負責評估。該處和監察委員的職責範圍載於附錄甲。民意匯集處從一九八七年五月二十七日至九月三十日收取意見書。該處在一九八七年十月二十九日提交有關社會各界人士反應的報告書，而監察委員也在第二天另外提交他們的報告書。兩份報告書都在十一月四日提交立法局省覽，以及公開發表。監察委員在他們的報告書中作出的結論是：民意匯集處已妥當、準確和公正地執行任務及依照職權範圍所定程序行事。

社會人士的反應

9. 綠皮書成功地引起社會人士廣泛的反應。在四個月的諮詢期內，民意匯集處共收到 131,589 份意見書。另外有 168 項民意調查和 21 項簽名運動。這樣的反應是前所未有的。比對來說，在一九八四年發表關於代議政制進一步發展的綠皮書取得了 364 份意見書；而在一九八四年後期對香港前途協議草案是否可以接受的評估，則取得了 2,494 份意見書。

10. 立法局曾就綠皮書的內容和民意匯集處及監察委員的報告書進行辯論。兩個市政局和所有 19 個區議會也討論過綠皮書提出的問題。這些討論及其他對綠皮書檢討工作的評論，都由傳播媒介廣泛報道。

白皮書

11. 政府在草擬這份白皮書的時候，已全面考慮市民在檢討期內提出的所有意見。政府也顧及上文概述的香港特殊情況；中英關於香港問題的聯合聲明的規定；和中國政府起草日後香港特別行政區基本法的工作進度。以下各章臚列政府在發展代議政制方面決定採取的各步驟。

第二章　現代的代議政制

12. 現時的代議政制是多年來逐漸演變出來的。這個政制包括三個不同但互有關連的層次，分別在地區、區域和中央層面發揮效能。

13. 每一層次各有自己的任務。在地區層面，19 個區議會是諮詢機構，就影響居民日常生活的區內事項，向政府提供意見。在區域層面，市政局和區域市政局（即 "兩個市政局"，是有財政自主權的法定機構，負有行政職責，在各自的區域內提供公共衛生、文化和康樂等服務。在中央層面，立法局制訂法律，辯論政策問題和管制公帑開支。政府部門在執行政策及運用公帑方面向立法局負責。

14. 區議會大部分議員由各選區直接選出，大約每 25,000 名居民即有一位議員。約有三分之一的區議員由總督委任。區議員通過與區內居民和分區委員會、互助委員會等當地組織的聯繫，密切接觸民意。

15. 兩個市政局也有由直接選舉選出的議員。兩個市政局的選區遠遠大於區議會的選區，大約每 21 萬居民有一位議員。市政局議員中，一半由直接選舉選出，另一半由總督委任。區域市政局的成員組織則較為複雜。三分之一的議員（12位）由直接選舉選出。九位議員由間接選舉選出，即由區域內每個區議會選派一位代表出任。鄉議局主席和兩位副主席是當然議員，提供與新界原居民的直接聯繫。其餘12位區域市政局議員由總督委任。

16. 在一九八五年以前，立法局全由委任議員組成，其中包括多名政府官員。一九八五年，立法局官守和委任議員人數分別減為10位和22位，並首次加入24位民選議員。其中12位民選議員由"社會功能"組別選出，各組別根據主要的專業和職業類別劃分。其餘12位民選議員由選舉團選出，選舉團由兩個市政局和各區區議會的成員組成。

17. 這個三層架構已證實非常適合香港的需要。市民對綠皮書的反應，強烈支持保留這個架構。因此，在策劃代議政制的進一步發展的時候，政府準備以這個架構為基礎，並會顧及下列各點：

（甲）在三層架構中，每一層次的責任應予明確界定，各層次的任務不應重複。

（乙）三個層次應有效地互相合作，聯繫的方法應讓每一層次能向上一個層次充分表達其意見及關注事項。

（丙）選舉每一層次成員的方法，應使各組織能夠密切接觸到廣大市民的意見，及與該組織工作特別有關的各階層的意見。

第三章　直接選舉立法局議員的問題

社會人士的反應

18. 在綠皮書提出的所有問題當中，市民對直接選舉立法局議員的問題反應最為熱烈。民意匯集處從個別及聯名人士收到124,228份意見書，總共代表137,217人的意見。由個別人士遞交的意見書，半數以上是各種預先印製的公式函件。該處也收到605份來自社團和其他組織的意見書。共有164項各類型的民意調查探討這個問題，也有21項簽名運動收集了超過20萬個簽名。此外，立法局曾辯論過這個問題，兩個市政局和所有區議會也有討論過。

19. 提出的意見大部分贊成有由直接選舉產生的議員加入立法局。雖然很多人沒有表示任何意見，但仍可明顯見到民意強烈地趨向於贊成進一步發展現有制度，在政府中央層面加入一部分直接選出的議員，並在距離一九九七年還有一段日子的時候實行。

20. 但是，對於能否在一九八八年開始直接選舉部分議員這個問題，意見極為分歧。贊成的人認為直接選舉對於發展更開放、更負責和更具代議特色的政府至為重要，因此應該儘早實行。反對的人則認為在一九八八年實行直接選舉是過早的。他們所持的理由是：上次的重大改組進行了還不到三年，現在就實行直接選舉或會危及穩定和持續性；或是基本法仍未確定一九九七年後採用的選舉制度，而基本法預期要到一九九〇年才頒佈。

21. 在民意匯集處收到個別人士、團體和社團遞交的意見書中，反對在一九八八年實行直接選舉的多於贊成的。民意匯集處委託私人機構進行的兩項民意調查，也得到相同的結果。其他民意調查和簽名運動 —— 尤其是後者 —— 都贊成在一九八八年實行直接選舉。至於立法局、兩個市政局和各區議會議員的意見，當中也有很大的差異。

22. 總括來說，大眾對綠皮書的反應顯示：香港市民廣泛支持立法局加入一些由直接選舉產生的議員這項原則，但對於應在什麼時候採取這個步驟卻有分歧。

23. 對於怎樣進行直接選舉，只有很少人提出意見，所提意見也不一致。發表意見的人比較贊成設立若干個選區，而不採用單一的全港性選區。他們也比較贊成直接選舉與由選舉團進行間接選舉的制度並行，而非取而代之。

穩定與過渡

24. 穩定的管治一向對香港的成功極為重要，一九九七年前後仍將如此。為了市民對政府和本港前途的信心，以及外商對香港的信心，穩定是絕不可少的。社會人士對這一點向來都有深刻的認識。

25. 為了保持穩定，香港代議政制的發展應該繼續是循序漸進而不是突變的。每一步驟都應經過小心考慮，而任何改變都應取得社會人士的廣泛支持和信心。

26. 這些演變也必須有助於一九九七年政權的順利交接。到時將有無可避免的改變。如果能同時保持高度的持續性，和有一個早已為香港人所熟悉的管治形式，那將會是對香港社會最有利的。因此，在考慮一九九七年前進一步發展香港的代議政制時，必須顧及中英聯合聲明的有關規定，和基本法起草委員會對一九九七年後怎樣執行這些規定的商議。在這方面，政府已注意到在基本法的最新擬稿內所有關於日後怎樣選舉立法機關的方案，都包括了採用直接選舉選出部分成員的方式。

直接選舉的實行

27. 政府衡量上述所有因素後所作出的結論是：一九九七年以前在立法局內加入若干名由直接選舉產生的議員，將會是香港代議政制發展進程中一個合理和可取的步驟。這個步驟將會獲得社會人士歡迎，並有助於維持穩定。

28. 至於實行直接選舉的時間，政府的結論是：鑒於社會人士在這問題上有十分明顯的分歧，在一九八八年實行這樣重大的政制改革將不會是正確的做法。一個有充分理由支持的看法，就是下一屆的立法局應再次採用現有的組合方式，而不應在三年內進行第二次重大改組。另一方面，在一九九七年前及早引進新的選舉方式，讓它有充分時間穩固起來，也是很有道理的。政府因此決定在一九九一年採用直接選舉選出若干名立法局議員。

29. 政府相信直接選舉最適宜採用由數個選區每區選出一位議員的方式進行，但要考慮應該怎樣處理現時按地區劃分的選舉團議席。同時實施兩種選舉地方性代表進入立法局的制度，即既有直接選出又有由區議會選出的議員，看來沒有什麼好處。這種做法等於在同樣的地區基礎上同時使用直接和間接兩種選舉方式選出議員。此外，假如要有兩種按地區選出的議員，將會大量增加立法局議員的人數，和擾亂該局的整體成員比例。政府因此決定在一九九一年應有 10 個直接選出的議席，由 10 個按地區劃分的選區各自選出一人出任。這些議席將取代現時由區議會間接選出的 10 個議席。至於餘下的兩個選舉團議席（即由兩個市政局的議員選出的議席）將來怎樣處理，將在下文第四章內討論。

30. 政府將在未來兩三年內為進行直接選舉而劃分選區和作出其他詳細安排。

第四章　立法局的成員組織

31. 綠皮書除了提到直接選舉的問題外，亦有就是否在一九八八年改變立法局的官守、委任和民選議員人數的問題，提出一些可供選擇的方法。

社會人士的反應

32. 在這些問題上，民意匯集處收到超過 42,300 份意見書，以及 108 項民意調查和一項簽名運動的結果。一般的意見認為不應在一九八八年對現時的立法局成員組織作出重大改變，但對調整立法局現有各類議席之中一類或以上議席的數目，卻有不同程度的支持。

33. 大部分意見贊成維持現有官守議員（10位）的數目。很多人認為減少這類議席將會影響效率。

34. 個別人士提出的意見書大部分不贊成在一九八八年改變委任議員的人數。很多人強調，這些議員為立法局帶來的廣泛經驗是極有價值的。不過，亦有部分人的意見 —— 包括大部分團體和社團提出的意見 —— 贊成減少委任議員的人數。

35. 社會各界人士的反應大致支持功能組別制度的構想，及贊成增加用這個方式選出的議員人數。很多團體和社團要求本身或其所屬組織被列入為功能組別。

36. 很多區議員贊成增加由選舉團選出的議員人數。但民意匯集處收到的意見書中，卻有明顯的大多數反對改變選舉團組別的數目或每一組別選出的議員人數。

37. 綠皮書提出一個較長遠的討論題目，就是將來或可由一個有多方面代表參與的新選舉團選出立法機構的部分成員。很少意見書論及這個構想，但民意匯集處委託私人機構進行的民意調查，則顯示社會人士頗有興趣進一步考慮這個概念。

官守和委任議員

38. 逐漸減低立法局內委任議員 —— 包括獲委任的官守議員 —— 的比例，將會符合代議政制的演變。無論如何，由於中英聯合聲明規定香港特別行政區的立法機構由選舉產生，委任制度到一九九七年將告終止。然而也有充分理由反對在這方面過於急進。一九八五年 56 位議員總數當中加入了 24 位民選議員，是立法局成員組織上一項十分重大的改變。在作出任何進一步改變之前，必須仔細衡量它的影響。

39. 目前的 10 位官守議員（即三位當然議員和七位被委任的官守議員）負責向立法局**提出政府事務**，解釋政府政策和回答其他議員對行政事務的質詢。在有關的較長遠憲制問題獲得解決之前，他們仍要履行這些任務。由於官守議員的人數在一九八五年由 18 位減至 10 位，因此他們要在局內處理一些在他們所負責的政策範圍以外的事務。這個制度並不理想。由直接負責的政府人員親自出席立法局處理各項事務，明顯地會是更好的辦法。但是，這個辦法需要委任更多官守議員，或尋求其他方式讓更多的政府人員參與立法局的工作。市民對綠皮書的反應顯示大多數人不贊成增加官守議員的人數。至於其他方式，或可每次委派不同的政府人員出席立法局會議，或由政府人員以非成員的身份列席。不過，每次由不同的官守議員出席，可能導致立法局與行政部門的關係產生極大改變，或損害到立法局的整體性。

民選議員

40. 正如上文第三章所述，在一九九一年將有 10 位由直接選舉產生的議員加入立法局，以代替現時由按地區劃分的（即由區議員構成的）選舉團組別選出的 10 位議員。在現時的選舉團制度下，還有兩個議席由市政局和區域市政局組成的特別組別選出。在立法局中繼續有由兩個市政局選出的代表是有充分理由的。這是上文第二章第 17（乙）段所述的代議政制三層架構聯繫制度的關鍵所在。因此，雖然政府將在一九九一年取消現有的選舉團，但仍決定保留兩個特別組別，以便兩個市政局繼續各自選出一位立法局議員。

41. 至於功能組別方面，在一九八八年進行有限度的擴展是很合理的。這個制度自一九八五年實施以來，一直運作良好。社會人士對綠皮書的反應顯示很多人贊成進一步發展這個制度。綠皮書提出在考慮某一或某些團體能否成為功能組別時，可採用下列的準則：

（甲）功能組別應該是有分量和在社會上有重要性的組別；

（乙）任何新的功能組別都應清楚界定，以避免在決定何人有資格被包括在內，和怎樣規定選民資格時出現困難；

（丙）功能組別不應以思想、教條或宗教為根據；

（丁）任何組織或團體都不應在超過一個功能組別內有代表。

政府根據這些準則，考慮了眾多要求加入為功能組別的意見書。政府認為現有九個功能組別（見附註）所代表的階層類別大致上是恰當的，但亦有理由擴大某些現有組別的範圍，以加入更多有相關利益的團體。政府因此認為應該略增由功能組別選出的議席數目。

附註：現有的九個功能組別是：商界；工業界；金融界；勞工界；社會服務界；醫學界；教育界；法律界；及工程、建築、測量及都市規劃界。

結論

42. 基於上述所有的考慮因素，政府決定從一九八八年開始，立法局的成員組織應如下述：

（甲）立法局將繼續同現時一樣有 10 位官守議員。為了確保官方代表能最有效地參與立法局的工作，總督可視乎會期內將要處理的事項及所需的政策專長，不時委任不同的政府人員出任為立法局議員。每一項任命都會持續一段合理的期間。

（乙）委任議員人數 22 位減為 20 位。

（丙）由功能組別選出的議員人數由 12 位增至 14 位。在增設的兩個議席中，其中一席的產生方法，是將現有的金融界組別擴展為"金融及會計界"組別，並由該擴展後的新組別多選一名代表會計專業的人士出任立法局議員。另外一席的產生方法，是將現有的醫學界組別擴展為"醫學及衞生界"組別，並分為兩個分組，其中一個分組由醫生和牙醫組成，另一個分組則由護士、助產士、藥劑師及五個輔助醫療專業的人士組成。這兩個分組將各自選出一位立法局議員。這兩個新選民組別的組織細節載於附錄乙。

（丁）由選舉團產生的議員人數保持不變。

43. 據此，一九八八年立法局的成員組織人數將會如下：

官守議員	10
委任議員	20
功能組別選出的議員	14
選舉團選出的議員	12
總數	56

44. 到一九九一年，在這份白皮書內宣佈決定將有如下的效果：

（甲）加入 10 位從按地區劃分的選區直接選出的議員；

（乙）取消現有由按地區劃分的選舉團組別選出議員的制度，但保留兩個特別組別，由市政局及區域市政局各自選出一位立法局議員。

第五章　區議會和兩個市政局

45. 綠皮書在區議會的任務和成員組織、市區區議會與市政局的關係，及市政局人數和委員會結構等問題上，提出了一些可供選擇的改變方法。

區議會的任務和成員組織

46. 民意匯集處的報告顯示,論及這個問題的意見書大部分不贊成改變區議會的任務。很多人表示改變區議會的任務將會涉及重大的憲制改變。亦有些人覺得這樣做可能會使目前政制架構三個層次之間的關係產生混淆,並使執行全港性政策的工作變得複雜。大部分曾就這個問題公開發言的立法局和兩個市政局的議員也有同樣看法,但也有很多議員覺得應該擴展區議會的諮詢功能。區議會本身的意見亦有分歧。各項民意調查則顯示,有些市民支持給予區議會在某些地區事務上作出決策和指導政府部門行事的權力。

47. 在區議會成員組織的問題上,雖然有些人贊成減少委任成員人數,但大多數人反對在一九八八年做出任何改變。

48. 區議會已證明是香港代議政制中可貴的一部分。沒有人要求對它們現時的任務或成員組織作出基本的改變;但明顯地有人支持再進一步發展區議會的諮詢功能。政府已決定指令各部門在一切地區事務上諮詢區議會,藉此擴展區議會的諮詢角色。如果有關部門不能接受區議會的意見,或對區議會討論過的建議作出重大修改,必須向區議會解釋理由。此外,各部門亦須儘可能就它們在地區內的全年工作計劃諮詢區議會,而不是在個別項目上作零星的諮詢。這樣可使區議會能掌握全面情況,並能就各項工作的先後次序問題發表意見。

49. 政府也準備逐步為區議會提供更多資源,已進行改善區內環境的計劃及組織各項社會活動,但會小心避免使區議會和兩個市政局的工作發生重複。

50. 在一九八八年,區議會的成員組織不會有重大變化。民選和委任議員整體上仍將保持約二對一的比例,但在實施這比例時會顧及不同地區的特殊情況。

市政局與區議會的關係

51. 民意匯集處收到的有關問題的意見書,大部分贊成改善市政局與市區區議會的關係。很多提意見的人士希望區議員有更多機會直接參與市政局及其專責委員會的工作。亦有很多人士希望增添市政局議員人數,使每個市區區議會可選派一位代表加入市政局,以加強市政局與各區議會的聯繫。很多區議員都支持這一選擇。不過,市政局議員卻反對這個做法。他們贊成保持現有制度,由市政局議員出任市區區議會的當然議員。

52. 市政局在現有的安排下運作良好,是毫無疑問的。該局提供優秀的市政服務，在社區的文化和康樂生活方面也發揮了關鍵性作用。

53. 可是，雖然市民堅決贊成區議會直接參與市政局的工作，但這點在現有安排下卻未能辦到。假如將為市政局和區議會提供聯繫的辦法，由目前市政局議員加入區議會改為由區議會加入市政局，將可補救上述的缺點。這種聯繫辦法將可免卻市政局議員出任市區區議會議員的需要。

54. 從代議政制三層架構的整體來看，上述的辦法可使每個層次有代表參與對上一個層次的工作，既有區議會代表加入市政局（一如現時有區議會代表加入區域市政局），亦有兩個市政局的代表加入立法局。這種做法還有一個好處，就是能使三個層次之間的聯繫更為合理。

55. 因此，政府決定在一九八九年三月兩個市政局舉行下次選舉時，市區的 10 個區議會應各自選出一位代表加入市政局。屆時市政局議員將不再出任為市區區議員的當然議員。同時，政府認為應該修訂有關市政局與市區區議會有共同成員的法例，使其與區域市政局地區現行的規定一致。所以，目前市政局議員一旦當選為市區區議會議員，就必須辭去市政局議員職位的規定，應予取消。同樣也應取消目前規定市區區議員一旦當選為市政局議員，就必須辭去區議員職位的條文。在發表這份白皮書之前，政府已在一九八七年十二月公佈了上述建議的一部分，以便希望在一九八九年三月後繼續擔任區議員的現任市政局議員，考慮參加一九八八年三月十日舉行的區議會競選。

兩個市政局成員的任務和成員組織

56. 對綠皮書提及有關兩個市政局的其他問題，市民較少表示興趣。有些意見書贊成保留兩個市政局。在區域市政局的成員組織和工作方面，市民大致支持保留現有安排。至於市政局的委員會結構，大部分意見都不贊成改變，亦少有人支持設立分區域委員會的構想。

57. 上文第 55 段提出的改變，將會使市政局議員人數在一九八九年由 30 位增至 40 位，包括現有的 15 位委任和 15 位民選議員，及來自區議會的 10 位新議員。至於市政局的委員會結構是否需要因應這個情況而做出改變，將由市政局自行考慮。

58. 在一九八九年，區域市政局的任務和成員組織將保持不變。

第六章　立法局主席的職位

59. 綠皮書提出總督應否繼續擔任立法局主席的問題。有近 95,000 份遞交予民意匯集處的意見書、110 項民意調查和兩項簽名運動討論這個問題。在這些意見中，明顯的大多數贊成總督最少在目前繼續擔任立法局主席的職位。同時也有一些人贊成可間中委任另一人主持立法局會議，或會議的部分。

60. 鑑於市民的反應，政府決定在短期內不改變立法局主席的職位。總督將繼續擔任主席。當總督不能出席會議時，將委任一位議員或由與會的首席官守議員代他主持。

第七章　選舉的實務問題

61. 綠皮書邀請社會人士對區議會、兩個市政局和立法局選舉的各項實務問題發表意見，包括：

（甲）選舉的先後次序和時間編排；

（乙）民選議員的任期；

（丙）選民的年齡規定；

（丁）在立法局選舉中採取的投票制度；及

（戊）若干其他選舉安排。

選舉的先後次序、時間編排和任期

62. 綠皮書提出的一個問題是：應否改變選舉次序，以使區議會、兩個市政局及立法局的選舉順序舉行。在民意匯集處收到的意見書中，贊成這個設想的與反對的大約相等。但大多數在這個問題上發言的區議員贊成這項改變，而一些民意調查也顯示有頗多人支持這項改變。

63. 綠皮書也提出不同組別的立法局議員任期交錯的可能性，即是說，各議員任期長短相同，但任期卻從不同年度開始。市民對這點沒有多大的反應，但比較以反對的居多。

64. 民意匯集處收到的意見書和民意調查顯示，社會人士中明顯的大多數不贊成改變區議會、兩個市政局及立法局民選議員的任期長短。但在這些組織中就這問題發言的議員，大多數希望將三年的任期改為四年。

65. 這些問題都受到上文第四章和第五章所述，有區議會選派代表加入兩個市政局，及由兩個市政局各自選出一位立法局議員的安排所影響。明顯地，依次舉行政府三個層次的選舉，及使三個層次的議員任期長短相同，將最有利於這個制度的運作。

66. 政府因此決定：

（甲）區議會、兩個市政局、立法局的選舉應順序舉行；

（乙）三個層次的選舉應在 12 個月內全部完成；

（丙）立法局不同組別議員的任期不應交錯。

67. 立法會民選議員的任期目前仍然定為三年。基本法的最新擬稿預期香港特別行政區立法機關成員的任期將為四年。如果基本法確是這樣規定，便要研究是否在一九九七年以前作出這項改變。

68. 要實施上述新的選舉次序，便要對區議會和兩個市政局的議員任期做出一些過渡性的調整。因此，兩個市政局的議員任期下屆將從一九八九年四月開始，到一九九一年三月屆滿。在一九九一年四月開始的區議員任期，也將加以調整，以使再下一屆區議會選舉能在八月或九月，亦即在兩個市政局選舉前的六個月和立法局選舉前的一年舉行。

選民年齡和候選人年齡的規定

69. 選民年齡的問題引起社會人士很大的興趣。從各方面收到的意見清楚顯示大多數人認為選民年齡應保持為 21 歲。很多人覺得在這年齡以下的人士需要接受更多的公民教育，才能準備好參加投票。至於候選人的年齡，社會人士沒有表示多大興趣。曾提出意見的人士大多認為候選人的年齡應保持為 21 歲。

70. 政府決定不改變投票年齡和候選人年齡的規定。政府自從發表一九八四年的白皮書以來，已在學校內外努力鼓勵公民教育。政府在一九八五年成立公民教育委員會，有一位立法局議員擔任主席。市民對社會事務的興趣現正日益濃厚，並可預期在上述各方面的努力下繼續增強。

立法局選舉的投票制度

71. 在立法局選舉中應採用什麼投票制度，是一個複雜的問題。只有很少的人在這個問題上提出意見。他們一般都贊成在立法局功能組別和選舉團的選舉中，採用"按選舉次序淘汰"投票制度。

72. 綠皮書解釋過，這個制度勝於在一九八五年功能組別選舉時使用的"按選舉次序合計選票"制度。新的制度使較優先的選舉次序獲得優先考慮，也沒有讓獲得最少第一選舉選票的候選人仍可當選的危險。這制度亦勝於在一九八五年選舉團選舉時採用的"重複投票"制度，原因是在新制度下只需要進行一輪投票。因此，政府決定在一九八八年的立法局功能組別和選舉團選舉中，採用"按選舉次序淘汰"制度。這制度的細節載於附錄丙。

其他選舉安排

73. 綠皮書提及政府準備增加選舉保證金，和加強管制擅用他人名義、申報選舉開支，及發給選民名冊副本予候選人等事項。有關的法例已在一九八七年十二月通過。

74. 綠皮書邀請市民對選舉開支限額 —— 特別是兩個市政局候選人的選舉開支限額 —— 提出意見。有關這個問題的評論，大多數贊成保留兩個市政局現時 35,000 元的選舉開支限額。政府已決定應定期檢討所有的選舉開支限額。這些檢討應在每次選舉之後進行，並在下次選舉之前六個月進行覆核，以確保可以追上通貨膨脹和其他改變。政府已因此在最近覆核過區議會選舉的開支限額。至於立法局和兩個市政局下次選舉的開支限額，將分別在一九八八年三月和一九八八年九月進行覆核。

第八章 今後的發展

75. 市民對一九八七年綠皮書的反應顯示社會人士渴望進一步發展代議政制。經多年來發展而成的代議形式證實是有效和得到市民堅定支持的。在一九八七年檢討中，政制的三層架構得到大力認許，而香港市民亦明顯地希望維持和加強這個制度。同時有很多人贊成將來的發展應該審慎和循序漸進，以確保從現在到一九九七年的穩定，和在一九九七年政權的順利交接。

76. 在這份白皮書內宣佈的各項決定反映了上述所有考慮因素，亦已充分顧及所有在檢討過程中發表過的意見。持續而穩步漸進地發展香港的代議政制，一方面配合本港社會不斷發展的需要，另一方面維持對香港前途的信心，肯定是符合社會最大利益的做法。這樣的進展是得到社會人士廣泛支持的。

77. 這份白皮書確定了從現在到一九九一年間代議政制進一步發展的路線。一九九一至一九九七年間仍需不斷的發展，以確保政制得以穩步漸進和持續，並能使政權在一九九七年順利過渡。預期在一九九〇年頒佈的基本法將會規劃一九九七年後的政府架構。因此，在一九九七年前必須作出決定，使香港的政制繼續發展。這些發展必須同時符合香港社會人士的願望和基本法規劃的架構。政府在作出這些決定前將進一步諮詢市民的意見，但不一定採用與剛結束的檢討相同的形式。

78. 香港的政制是獨特的，也是配合本港的獨特環境發展而成的。日後的香港特別行政區的政制也將有其特點。這個政制在中英聯合聲明中已見輪廓，並會在基本法內詳細規劃。一九九七年前後，香港將繼續需要一個配合其特殊情況而設計的政府架構。從現在到一九九七年的期間，政府的目標是使香港現有的代議政制能繼續逐步發展，而發展的方式應要取得香港市民的充分信心，和確保政府繼續能顧及社會不斷轉變的需求，並能有效地管理香港。這些發展亦應顧及一九九七年政權的順利交接和在其後維持高度的持續性。

附錄甲　民意匯集處及監察委員會的職責範圍

民意匯集處

（甲）儘量邀請廣大市民對"一九八七年代議政制發展討論"綠皮書內所討論各問題作出反應，並收取和記錄所有在一九八七年九月三十日或之前以書面發表的意見，包括直接向該處提交的、或間接經由現存各諮詢途徑向該處提交的意見書；和

（乙）在一九八七年十月三十一日或之前，就根據以下指示而蒐集和列出的所有這些意見向總督會同行政局提交一份公正確實的報告：

（一）設法鼓勵市民作出反應：

民意匯集處邀請團體、社團、法定和非法定組織，以及個別人士對綠皮書內所討論的問題加以考慮，並將意見以書面向民意匯集處提出；同時也可能採取適當步驟去鼓勵廣大市民作出反應。

（二）調查市民意見：

民意匯集處可委託其他機構進行民意調查；匯集處應留意其他調查及對這些調

查作出評論。

（三）保密：

倘提供意見人士要求對所提文件保密，則所交文件必須予以保密，並在白皮書公佈後，儘速將之毀滅。

（四）傳播媒介報道：

民意匯集處將留意傳播媒介所報道的意見，務使能通過這些報道滿足匯集處已收到的意見書而不致重複同樣來源的意見。

（五）簽名運動及同類文件：

民意匯集處須評論這類文件的來源及彙編方法，特別留意有否任何重複。

（六）報告：

民意匯集處的報告書須包括下述各種方式發表的意見的確實概要：

（i）區議會、市政局、區域市政局及立法局的辯論、會議記錄及意見書。

（ii）其他法定和非法定組織的書面意見及有關其成員、工作、目標，以及擬成意見書所循的種種程序的註釋。

（iii）各團體和社團的意見，及有關其成員、工作、目標，以及擬成意見書所循的種種程序的註釋。

（iv）並無要求保密的個別人士的書面意見。

（v）要求保密的個別人士的書面意見。

監察委員

監察委員須觀察民意匯集處各方面的工作，並向總督提交獨立報告，說明他們對民意匯集處能夠妥當、準確和公正地執行任務及依照職權範圍所定程序行事是否滿意。

附錄乙　在一九八八年予以擴展的功能組別 [1]

功能組別	選舉人分組	選舉人	選出議員人數
金融及會計界 [2]	金融界選舉人分組	香港銀行公會會員而有權在該公會之同人大會中投票者	1
	會計界選舉人分組	由香港會計師公會依照專業會計師條例註冊的會計師	1
醫學及衛生界 [3]	醫學界選舉人分組	依照醫生註冊條例或牙醫註冊條例註冊或推定已註冊的醫生或牙醫執業人員	1
	衛生界選舉人分組	依照護士註冊條例註冊或登記的護士 依照助產士註冊條例註冊的助產士 依照藥劑或毒藥條例註冊的藥劑師 依照輔助醫療業條例註冊的物理治療師、職業治療師、醫學化驗室技師、電療師和驗光師	1

附錄丙　"按選舉次序淘汰" 投票制度

　　下面的例子說明按選舉次序淘汰投票制度是怎樣運作的。例子中假設在一個由500名選舉人組成的選民組別內，有四名候選人競逐一個議席。所有選舉人都被要求將四名候選人按選舉的先後次序排列。

1　現時的九個功能組別是：商界；工業界；金融界；勞工界；社會服務界；醫學界；教育界；法律界；及工程、建築、測量及都市規劃界。其中金融界和醫學界功能組別在一九八八年予以擴展，其餘的功能組別保持不變。

2　由現時的金融界功能組別擴展而成。

3　由現時的醫學界功能組別擴展而成。

舉例一

1. 在第一輪點票時，只點算選票上註明的第一選舉。假設票數如下：

	候選人				有效選票總數
	甲	乙	丙	丁	
第一選擇票 佔有效選票總數的百分率	115 （23）	40 （8）	255 （51）	90 （18）	500 （100）

2. 候選人丙獲得有效選票總數中的絕對多數（即百分之五十以上），因而立即當選。

舉例二

1. 假設第一輪點票結果如下：

	候選人				有效選票總數
	甲	乙	丙	丁	
第一選擇票 佔有效選票總數的百分率	90 （18）	180 （36）	120 （24）	110 （22）	500 （100）

2. 沒有一位候選人丙獲得有效選票總數中的絕對多數。候選人甲得票最少，因而被淘汰出局。

3. 以候選人甲為第一選擇的 90 張選票，根據票上註明的第二選擇轉撥予其餘的候選人。在這些選票中任何沒有註明第二選擇的選票將告失效，並將不計算在此後的有效選票數內。現在假設上述 90 張選票上註明的第二選擇如下：

第二選擇候選人	票數
乙	39
丙	28
丁	19

無註明	4 ——失效
	90

4. 第二輪點票隨即進行，結果如下：

	候選人			有效選票總數
	乙	丙	丁	
本人取得的第一選擇票	180	120	110	410
從候選人甲轉撥過來的第二選擇票	39	28	19	86
取得選票總數	219	148	129	496
佔有效選票總數的百分率	（44.2）	（29.8）	（26.0）	（100.0）

5. 在第二輪點票後，仍沒有一位候選人取得有效選票總數中的絕對多數。候選人丁到此得票最少，因而被淘汰出局。

6. 以候選人丁為第一選擇的 110 張選票，根據票上註明的第二選擇轉撥予候選人乙及候選人丙。在這些選票中，任何沒有註明以候選人甲為第二選擇的選票，將由於候選人甲在第一輪點票後已被被淘汰出局而宣告失效。現在假設上述 110 張選票上註明的第二選擇如下：

第二選擇候選人	票數
乙	59
丙	18
甲	30 ——失效
無註明	3 ——失效
	110

7. 此外，原來從候選人甲轉撥予候選人丁，並以候選人丁為第二選擇的 19 張選票，亦根據票上註明的第三選擇轉撥予候選人乙及候選人丙。現在假設上述 19

張選票上註明的第三選擇如下：

第三選擇候選人	票數
乙	10
丙	9
	19

8. 第三輪點票隨即進行，結果如下：

	候選人		有效選票總數
	乙	丙	
本人取得的第一選擇票	180	120	300
從候選人甲轉撥過來的第二選擇票	39	28	67
從候選人丁轉撥過來的選票	59	18	77
（一）第二選擇票	10	9	19
（二）第三選擇票			
取得的選票總數	288	175	463
佔有效選票總數的百分率	（62.2）	（37.8）	（100.0）

9. 到此候選人乙已獲得有效選票總數中的絕對多數，因而宣告當選。

舉例三

1. 這個例子假設第一輪點票結果如下：

	候選人				有效選票總數
	甲	乙	丙	丁	
第一選擇票	100	100	180	120	500
佔有效選票總數的百分率	（20）	（20）	（36）	（24）	（100）

2. 沒有一位候選人取得有效選票總數中的絕對多數。候選人甲及候選人乙取得相同票數，而兩者都是得票最少的。為了決定兩者之中誰人應被淘汰出局，就要分別點算以候選人甲為第一選擇的 100 張選票，並將其中註明以候選人乙為第二選擇的選票數目，與候選人乙所得的第一選擇票數目加起來；同樣也要點算以候選人乙為第一選擇的 100 張選票，並將其中註明以候選人甲為第二選擇的選票數目，與候選人甲所得的第一選擇票數目加起來，然後將兩位候選人所得的選票總數作一比較。得票較少的候選人被淘汰出局。現在假設經分別點算後取得如下的結果：

	候選人甲	候選人乙
本人取得的第一選擇票	100	100
包括在以候選人甲為第一選擇的選票中的第二選擇票	不適用	30
包括在以候選人乙為第一選擇的選票中的第二選擇票	24	不適用
總數	124	130

候選人甲被淘汰出局。

3. 此後的程序與舉例二的第 3 段至第 9 段所述的程序相同。

4.6 布政司霍德聲明：代議政制的發展

〔1990 年 3 月 21 日〕

布政司：

督憲閣下，我們已經進行了漫長的討論，行政立法兩局議員辦事處的諸位議員起到了積極且至關重要的作用。今天，本人將向諸位議員詳述我們未來將如何實現一個更直接的代議政制。

此前我們已宣佈，1991 年，本局的直選議席將從 1988 年白皮書中宣佈的 10 個增加到 18 個。在考慮其餘席位的構成時，我們面臨的挑戰，是如何進行改革，可以使我們順利走完過渡期。本人希望諸位議員能夠看到，我們所提出的舉措能夠實現這一目標。

簡要地說，接下來的變革舉措包括：

（a）功能組別席位從 14 席增加到 21 席；

（b）委任議員席位從 20 席減少到 17 席；

（c）除三名當然官守議員外，其餘官員不再擔任本局議員；以及

（d）委任一名非官守議員擔任本局副主席。

關於功能組別，在當前的改革階段，我們的目標是增加新的功能組別以擴大其代表基礎。1995 年，我們將繼續這種做法，使本局議員可以儘可能最廣泛地代表各界利益。

七個新的功能組別包括：

市政局；

區域市政局；

鄉村利益 —— 由鄉議局來代表；

旅遊界；

金融服務界 —— 包括股票經紀、商品及期貨交易、貴金屬買賣及保險界；

地產及建造界；以及

從現有界別中獨立出來的工程界。

此外，現有金融界別的範圍將擴大，涵蓋有限制牌照銀行及接受存款公司。

自然，在這一次的改革中，會有一些認為自己應當獲得單獨代表的組別不能如

願。我們會在下一階段的改革中（即 1995 年）對其加以考慮，屆時，功能組別的數量將增加到 30 個，即本局一半的議席。

至此，本人認為有必要指出目前我們在認定功能組別的選民時所遇到的普遍困難。在過渡期的這些年裡，我們的目標，是確保社會的利益得到恰當代表：既包括通過地區來代表，也包括通過職業來代表。就前者而言，其選民的界定及登記相對簡單；後者則要困難一些，即使功能本身可以被輕易識別。

以旅遊界為例。沒人會懷疑，這是一個重要的經濟部門，其利益理應為本局所代表。要想確定旅遊界別的選民，而他的利益又不與其他界別代表的利益相重複，這相當困難，但是我們相信，我們已經找到了令人滿意的解決辦法。

1995 年，擴大及改良這套制度的關鍵因素是，要對分毫不差且令人滿意地界定每一個界別的選民。例如，我們會界定一個界別代表零售商的利益。我們希望從事這項職業及其他可能相關的組別的成員能夠按照某種方式組織起來，以方便我們對其進行界定。

從 1991 年 10 月起，本局的官守議員將僅包括布政司、律政司及財政司。我們將安排各決策科首長應邀列席本局會議，但不享有表決權。這會帶來更多靈活性 —— 直接負責特定事務的決策科首長列席會議，提出法案或者回應質詢。我們確信，回應質詢這一安排將極大改進目前的做法。這亦有助於我們應對 1997 年以後的局面，屆時，所有的官員都不再出任本局議員，而僅僅列席會議。

以上這些改革，再算上將委任議員減少到 17 名，將導致立法局呈現如下局面 —— 60 個議席由大致相等的三個部分構成：直選議員、功能組別議員及委任議員。

1995 年，立法局主席將由本局議員互選產生。當選者一旦就職，就必須在所有議員之間保持徹底中立。為應對這一改變，我們決定任命一名副主席主持部分會議。督憲閣下，閣下將任命一位對本局工作經驗豐富的人來擔當此職位。我們希望這一變革能夠循序漸進。總督將出席一些重要的會議，如預算案辯論；當然，總督每年向本局發表施政報告的傳統亦會延續。

督憲閣下，接下來本人談及 1991 年選舉的具體操作。關於這次選舉究竟如何劃分選區，坊間已有大量爭論，有人傾向於單議席選區，有人贊成雙議席，還有人主張採用以區域劃分的多議席選區。我們決定，遵循區議會的劃界，劃分 9 個雙議席選區。

理由如下。第一，我們希望建立起地區性的身份認同，這可以為整個社會提供機會，參與選舉，而非偏袒任一特定群體。第二，遵循現有劃界可以避免因選區邊界改變而導致連續性的斷裂，這是實踐中的需要。第三，我們面對的是一個變動不居的局面，我們所提出的發展代議政制計劃將持續改變香港的格局。

9 個選區如下：

港島東 —— 涵蓋東區及灣仔；

港島西 —— 涵蓋中西區及南區；

九龍東 —— 涵蓋觀塘；

九龍中 —— 涵蓋黃大仙及九龍城；

九龍西 —— 涵蓋深水埗、旺角及油尖區；

新界北 —— 涵蓋北區及大埔；

新界東 —— 涵蓋沙田及西貢；

新界西 —— 涵蓋元朗及屯門；以及

新界南 —— 涵蓋荃灣、葵青及離島。

多數人似乎傾向於在直接選舉中採用簡單的"得票最多者當選制"，每位選民人手兩票，分別投給選區內的兩位候選人。1991 年立法局的直接選舉將採用這一制度。不過，在 1988 年間接選舉中，"按選擇次序淘汰制"成功發揮了作用，它仍將用於功能組別選舉。

登記選民可以按照地域選區的劃分，參加直接選舉；同時，如果符合條件，還可以參加功能組別選舉。

督憲閣下，還有一個問題需要引起大家的注意，即投票年齡。1987 年我們就此問題徵求公眾意見時，得到的回應相當保守：公眾希望將投票年齡限制在 21 歲及以上。但目前已經出現相反的聲音反駁這種論調。年輕人現在成熟得更早。也許法律改革委員會已經認識到了這一點，因此我們已經開始把大多數人參與其他實踐活動的年齡下調到 18 歲及以上。而且，我們也希望鼓勵年輕人更多地參與管理自己的事務。在這些因素背景下，我們仔細權衡了要對 1991 年選舉作出的重大改變及小心謹慎加速改革的需要。此外，從現有的選民登記的情況看，年輕人還未對成為選民有充分的準備。因此我們決定，將投票年齡維持在 21 歲及以上，同時考慮在 1995 年將其下調至 18 歲及以上。

這一次，區議會及兩個市政局的組成將不會有所改變。這並非一個消極的做法。社會上已有意見，認為應該改變兩個市政局及區議會的成員構成比例。我們認為，這些意見都很好。但我們現在不這樣做的根本理由是，本局要進行的改革已經足夠多了，我們要用這一次選舉來消化這些改革的影響，如果同時對兩個市政局及區議會也進行改革，可能會令我們無法把精力集中在本局歷史上的第一次直接選舉上。因此，在目前階段，兩個市政局及區議會將維持現行的組成，即三分一成員由委任產生。然而，因應未來的改革，我們將在 1995 年選舉之前再次檢討這種情況。

當然，當局將起草法案落實我剛剛描繪的那些改革舉措，相關法案在適當時候會送呈諸位議員審查及辯論。相關法律亦會涵蓋其他實踐中的種種舉措，目前予以檢討的包括選舉開支、提名程序及選舉按金。我向諸位保證，我們清楚知道有必要令這些規定儘快落實，以使希望參選的人士有充分時間準備競選。

督憲閣下，在我們著手啟動這些改革舉措時，本人想向所有行政立法兩局議員辦事處的議員表示敬意，他們積極參與了這些事項的討論。他們以極大的熱情鼓勵公眾參與憲制改革的辯論，他們自己也對辯論貢獻良多，這些都對我們制訂未來的發展方向不無裨益。

最後，本人要說的是，我們希望 1991 年的改革能夠成功。我們期待公眾能積極登記成為選民，推舉出候選人參加選舉，在投票日走出來投票。本人有信心，在 1991 年 10 月於本議事廳組成的立法局將為我們未來民主制度的發展打下一個堅實的基礎。

（資料來源：香港特別行政區立法會，劉天驕譯）

未來特區的
政制安排與順利銜接

上世紀 80 年代初，當香港問題被提上中英兩國政府議事日程的時候，香港的政制安排與之前並無太大不同，仍然是總督專制，立法局由官守議員及委任議員組成，中央層級的政權建制中並無選舉元素。中國政府為了香港可以順利回歸祖國，承諾按照"一國兩制"原則成立特別行政區，實行"港人治港"及"高度自治"。而這一政制原則就體現在未來特別行政區行政長官及立法機關如何產生，這亦是中英談判的焦點之一。**文件** 5.1 是《中英聯合聲明》的正文節錄及附件一，對未來特區行政長官及立法機關產生辦法進行了規定，讀者可以發現，這些規定皆十分簡短，對具體的制度設計並無太多著墨。

1985 年 7 月，全國人大成立了基本法起草委員會，正式開展基本法起草。1987 年 4 月，鄧小平同基本法起草委員會委員見面，發表了一場講話，其中從"一國兩制"的高度談及治理香港的港人要"愛祖國、愛香港"的要求、普選的問題、民主的定義、中央對特區的權力。在目前香港社會為 2017 年普選行政長官展開諮詢這一階段，重溫鄧小平的講話，大有裨益。**文件** 5.2 全文收錄了這個講話。

未來特區政制安排是由《基本法》詳細規定的，例如兩個"普選"的最終目標是《基本法》明確提出的。《基本法》起草過程共持續了四年零八個月，在這段時期，英國政府及港英當局已經啟動了"代議政制改革"，立法局開始出現民選議員（儘管並非是直選議員），且數量逐漸增加。當時，未來的政制安排引起港人的高度關注，在起草委員會內部亦爭論不斷。從 1985 年開始起草工作，到 1990 年 4 月《基本法》由全國人民代表大會通過，有關特區政制安排的條款幾易其稿，能夠達成最後的共識委實不易。**文件** 5.3 整理了在《基本法》起草過程中，行政長官及立法機關產生辦法，以及特區第一屆政府及立法機關產生辦法在不同階段的條文草案版本。

我們按照起草過程的先後順序，整理了四個時間點的條文草案。第一個時間點是 1987 年 12 月，由政治體制專題小組起草的條文，讀者可以看出，在此階段，專題小組內部對這些問題的意見根本無法統一。第二個時間點是 1988 年 4 月，起草委員會通過的徵求意見稿，這份草案被送到香港進行諮詢，在此階段，起草委員會內部仍然無法對兩個產生辦法的具體方案形成共識。其後，起草委員會在吸收港人意見的基礎上對徵求意見稿進行修改，形成了 1989 年 2 月的草案，這也是我們整理的第三個時間點的條文版本，這一次起草委員會內部總算達成共識。這份草案再次被送到香港進行諮詢，之後再次進行修改，形成了 1990 年 2 月的草案，也就是第四個時間點的條文版本。

《基本法》將於 1997 年 7 月 1 日生效，但特別行政區並非憑空產生，而是從之前英國治下的殖民地過渡而來。因此，如何保障平穩過渡，尤其是在英國政府與港英當局已經啟動 "代議政制改革" 的背景下保持順利銜接，是《基本法》起草時要解決的另一個難題。平穩過渡與順利銜接主要集中在港英最後一屆立法局與特區立法會的對接。為了將過渡造成的影響降低到最小，中英兩國外交部長在 1990 年 1 月至 2 月間，《基本法》由全國人大通過前夕，通過七封外交信件對這個問題達成了協議，就是通稱的 "直通車" 安排。**文件 5.4** 是中國外交部刊發的七封信件的全文。

在此基礎上，特區未來的政制安排全部確立。《基本法》規定了特區成立後的行政長官及立法會產生辦法，同時為了回歸之際的平穩過渡、順利銜接，全國人大以決定的方式規定了第一屆政府和立法會的產生辦法。**文件 5.5** 是時任起草委員會主任委員姬鵬飛對如何形成這些規定的說明，我們節錄了有關政制安排及其他相關內容的段落。**文件 5.6** 是《基本法》對兩個產生辦法的規定，包括了正文和附件一及附件二；**文件 5.7** 是全國人大關於特區第一屆政府和立法會產生辦法的規定，其中特區第一屆立法會即通過 "直通車" 的機制產生。

5.1 中華人民共和國政府和大不列顛及北愛爾蘭聯合王國政府關於香港問題的聯合聲明

（節錄）

〔1984 年 12 月 9 日〕

中華人民共和國政府和大不列顛及北愛爾蘭聯合王國政府滿意地回顧了近年來兩國政府和兩國人民之間的友好關係，一致認為通過協商妥善地解決歷史上遺留下來的香港問題，有助於維持香港的繁榮與穩定，並有助於兩國關係在新的基礎上進一步鞏固和發展，為此，經過兩國政府代表團的會談，同意聲明如下：

……

三、中華人民共和國政府聲明，中華人民共和國對香港的基本方針政策如下：

（一）為了維護國家的統一和領土完整，並考慮到香港的歷史和現實情況，中華人民共和國決定在對香港恢復行使主權時，根據中華人民共和國憲法第三十一條的規定，設立香港特別行政區。

（二）香港特別行政區直轄於中華人民共和國中央人民政府。除外交和國防事務屬中央人民政府管理外，香港特別行政區享有高度的自治權。

（三）香港特別行政區享有行政管理權、立法權、獨立的司法權和終審權。現行的法律基本不變。

（四）香港特別行政區政府由當地人組成。行政長官在當地通過選舉或協商產生，由中央人民政府任命。主要官員由香港特別行政區行政長官提名，報中央人民政府任命。原在香港各政府部門任職的中外籍公務、警務人員可以留用。香港特別行政區各政府部門可以聘請英籍人士或其他外籍人士擔任顧問或某些公職。

……

（十二）關於中華人民共和國對香港的上述基本方針政策和本聯合聲明附件一對上述基本方針政策的具體說明，中華人民共和國全國人民代表大會將以中華人民共和國香港特別行政區基本法規定之，並在五十年內不變。

……

附件一　中華人民共和國政府對香港的基本方針政策的具體說明

中華人民共和國政府就中華人民共和國政府和大不列顛及北愛爾蘭聯合王國政府關於香港問題的聯合聲明第三款所載中華人民共和國對香港的基本方針政策，具體說明如下：

一

中華人民共和國憲法第三十一條規定："國家在必要時得設立特別行政區。在特別行政區內實行的制度按照具體情況由全國人民代表大會以法律規定。"據此，中華人民共和國將在1997年7月1日對香港恢復行使主權時，設立中華人民共和國香港特別行政區。中華人民共和國全國人民代表大會將根據中華人民共和國憲法制訂並頒佈中華人民共和國香港特別行政區基本法（以下簡稱《基本法》），規定香港特別行政區成立後不實行社會主義的制度和政策，保持香港原有的資本主義制度和生活方式，五十年不變。

香港特別行政區直轄於中華人民共和國中央人民政府，並享有高度的自治權。除外交和國防事務屬中央人民政府管理外，香港特別行政區享有行政管理權、立法權、獨立的司法權和終審權。中央人民政府授權香港特別行政區自行處理本附件第十一節所規定的各項涉外事務。

香港特別行政區政府和立法機關由當地人組成。香港特別行政區行政長官在當地通過選舉或協商產生，由中央人民政府任命。香港特別行政區政府的主要官員（相當於"司"級官員）由香港特別行政區行政長官提名，報請中央人民政府任命。香港特別行政區立法機關由選舉產生，行政機關必須遵守法律，對立法機關負責。

……

5.2 鄧小平會見香港特別行政區基本法起草委員會委員時的講話

〔1987 年 4 月 16 日〕

今天沒有別的，同大家見見面，快兩年時間沒有見面了，應該對你們道道辛苦嘛！

你們委員會工作了一年零八個月，靠大家的辛苦、智慧，工作進展是順利的，合作是好的，這樣香港會過渡得更好。我們的“一國兩制”能不能夠真正成功，要體現在香港特別行政區基本法裡面。這個基本法還要為澳門、台灣作出一個範例。所以，這個基本法很重要。世界歷史上還沒有這樣一個法，這是一個新的事物。起草工作還有三年時間，要把它搞得非常妥當。

今天我想講講不變的問題。就是說，香港在一九九七年回到祖國以後五十年政策不變，包括我們寫的基本法，至少要管五十年。我還要說，五十年以後更沒有變的必要。香港的地位不變，對香港的政策不變，對澳門的政策也不變，對台灣的政策按照“一國兩制”方針解決統一問題後五十年也不變，我們對內開放和對外開放政策也不變。到本世紀末，中國人均國民生產總值將達到八百至一千美元，看來一千美元是有希望的。世界上一百幾十個國家，那時我們恐怕還是在五十名以下吧，但是我們國家的力量就不同了。那時人口是十二億至十二億五千萬，國民生產總值就是一萬至一萬二千億美元了。我們社會主義制度是以公有制為基礎的，是共同富裕，那時候我們叫小康社會，是人民生活普遍提高的小康社會。更重要的是，有了這個基礎，再過五十年，再翻兩番，達到人均四千美元的水準，在世界上雖然還是在幾十名以下，但是中國是個中等發達的國家了。那時，十五億人口，國民生產總值就是六萬億美元，這是以一九八○年美元與人民幣的比價計算的，這個數字肯定是居世界前列的。我們實行社會主義的分配制度，不僅國家力量不同了，人民生活也好了。

要達到這樣一個目標，需要什麼條件呢？第一條，需要政局穩定。為什麼我們對學生鬧事問題處理得這麼嚴肅，這麼迅速呢？因為中國不能再折騰，不能再動盪。一切要從大局出發。中國發展的條件，關鍵是要政局穩定。第二條，就是現行的政策不變。我剛才說，要從我們整個幾十年的目標來看這個不變的意義。比如說，現在我們國內人們議論僱工問題，我和好多同志談過，犯不著在這個問題上表現我們在"動"，可以再看幾年。開始我說看兩年，兩年到了，我說再看看。現在僱工的大致上只是小企業和農村已經承包的農民，僱工人數同全國一億多職工相比，數目很小。從全局看，這只不過是小小的一點。要動也容易，但是一動就好像政策又在變了。動還是要動，因為我們不搞兩極分化。但是，在什麼時候動，用什麼方法動，要研究。動也就是制約一下。像這樣的事情，我們要考慮到不要隨便引起動盪甚至引起反覆，這是從大局來看問題。重要的是，鼓勵大家動腦筋想辦法發展我們的經濟，有開拓的精神，而不要去損害這種積極性，損害了對我們不利。

一個是政局穩定，一個是政策穩定，兩個穩定。不變也就是穩定。如果到下一個五十年，這個政策見效，達到預期目標，就更沒有理由變了。所以我說，按照"一國兩制"的方針解決統一問題後，對香港、澳門、台灣的政策五十年不變，五十年之後還會不變。當然，那時候我不在了，但是相信我們的接班人會懂得這個道理的。

還要講一個不變。大家對於中國黨和中國政府堅持開放政策不變，很高興，但是一看到風吹草動，一看到反對資產階級自由化，又說是不是在變了。他們忽略了中國的政策基本上是兩個方面，說不變不是一個方面不變，而是兩個方面不變。人們忽略的一個方面，就是堅持四項基本原則，堅持社會主義制度，堅持共產黨領導。人們只是說中國的開放政策是不是變了，但從來不提社會主義制度是不是變了，這也是不變的嘛！

我們堅持社會主義制度，堅持四項基本原則，是老早就確定了的，寫在憲法上的。我們對香港、澳門、台灣的政策，也是在國家主體堅持四項基本原則的基礎上制訂的，沒有中國共產黨，沒有中國的社會主義，誰能夠制訂這樣的政策？沒有哪個人有這個膽識，哪一個黨派都不行。你們看我這個講法對不對？沒有一點膽略是不行的。這個膽略是要有基礎的，這就是社會主義制度，是共產黨領導下的社會主義中國。我們搞的是有中國特色的社會主義，所以才制訂"一國兩制"的政策，才可以允許兩種制度存在。沒有點勇氣是不行的，這個勇氣來自人民的擁護，人民擁護我們國家的社會主義制度，擁護黨的領導。忽略了四項基本原則，這也是帶有片面性嘛！看中國的政策變不變，也要看這方面變不變。老實說，如果這方面變了，也就沒有香港的繁榮和穩定。要保持香港五十年繁榮和穩定，五十年以後也繁榮和穩定，就要保持中國共產黨領導下的社會主義制度。我們的社會主義制度是有中國特色的社會主義制度，這個特色，很重要的一個內容就是對香港、澳門、台灣問題的處理，就是"一國兩制"。這是個新事物。這個新事物不是美國提出來的，不是日本提出來的，不是歐洲提出來的，也不是蘇聯提出來的，而是中國提出來的，這就叫做中國特色。講不變，應該考慮整個政策的總體、各個方面都不變，其中一個方面變了，都要影響其他方面。所以請各位向香港的朋友解釋這個道理。試想，中國要是改變了社會主義制度，改變了中國共產黨領導下的具有中國特色的社會主義制度，香港會是怎樣？香港的繁榮和穩定也會吹的。要真正能做到五十年不變，五十年以後也不變，就要大陸這個社會主義制度不變。我們反對資產階級自由化，就是要保證中國的社會主義制度不變，保證整個政策不變，對內開放、對外開放的政策不變。如果這些都變了，我們要在本世紀末達到小康水平、在下世紀中葉達到中等發達國家水平的目標就沒有希望了。現在國際壟斷資本控制著全世界的經濟，市場被他們佔了，要奮鬥出來很不容易。像我們這樣窮的國家要奮鬥出來更不容易，沒有開放政策、改革政策，競爭不過。這個你們比我們更清楚，確是很不容易。這個"不變"的問題，是人們議論紛紛的問題，而且我相信，到本世紀末、到下世紀還要議論。我們要用事實證明這個"不變"。

現在有人議論，中國的改革、開放政策在收。我要說，我們的物價有點問題，對基本建設的投資也收緊了一點。但問題要從全局看。每走一步都必定會有的收，有的放，這是很自然的事情。總的是要開放。我們的開放政策肯定要繼續下去，現在是開放得不夠。我們的開放、改革是很不容易的事情，膽子要大，要堅決。不開放不改革沒有出路，國家現代化建設沒有希望。但在具體事情上要小心，要及時總結經驗。我們每走一步都要總結經驗，哪些事進度要快一點，哪些要慢一點，哪些還要收一收，沒有這條是不行的，不能蠻幹。有些人看到我們在某些方面有些緊縮，就認為政策變了，這種看法是不妥當的。

"一國兩制"也要講兩個方面。一方面，社會主義國家裡允許一些特殊地區搞資本主義，不是搞一段時間，而是搞幾十年、成百年。另一方面，也要確定整個國家的主體是社會主義。否則怎麼能說"兩制"呢？那就變成"一制"了。有資產階級自由化思想的人希望中國大陸變成資本主義，叫做"全盤西化"。在這個問題上，思想不能片面。不講兩個方面，"一國兩制"幾十年不變就行不通了。

美國記者華萊士曾向我提出一個問題，大陸現在的經濟發展水平大大低於台灣，為什麼台灣要同大陸統一？我回答說，主要有兩條。第一條，中國的統一是全中國人民的願望，是一百幾十年的願望，一個半世紀了嘛！從鴉片戰爭以來，中國的統一是包括台灣人民在內的中華民族的共同願望，不是哪個黨哪個派，而是整個民族的願望。第二條，台灣不實現同大陸的統一，台灣作為中國領土的地位是沒有保障的，不知道哪一天會被別人拿去。現在國際上有好多人都想在台灣問題上做文章。一旦台灣同大陸統一了，哪怕它實行的制度等等一切都不變，但是形勢就穩定了。所以，解決這個問題，海峽兩岸的人都會認為是一件大好事，為我們國家、民族的統一作出了貢獻。

還想講點基本法的起草問題。過去我曾經講過，基本法不宜太細。香港的制度也不能完全西化，不能照搬西方的一套。香港現在就不是實行英國的制度、美國的制度，這樣也過了一個半世紀了。現在如果完全照搬，比如搞三權分立，搞英美的議會制度，並以此來判斷是否民主，恐怕不適宜。對這個問題，請大家坐到一塊深思熟慮地想一下。關於民主，我們大陸講社會主義民主，和資產階級民主的概念不同。西方的民主就是三權分立，多黨競選，等等。我們並不反對西方國家這樣搞，但是我們中國大陸不搞多黨競選，不搞三權分立、兩院制。我們實行的就是全國人民代表大會一院制，這最符合中國實際。如果政策正確，方向正確，這種體制益處很大，很有助於國家的興旺發達，避免很多牽扯。當然，如果政策搞錯了，不管你什麼院制也沒有用。對香港來說，普選就一定有利？我不相信。比如說，我過去也談過，將來香港當然是香港人來管理事務，這些人用普遍投票的方式來選舉行嗎？我們說，這些管理香港事務的人應該是愛祖國、愛香港的香港人，普選就一定能選出這樣的人來嗎？最近香港總督衛奕信講過，要循序漸進，我看這個看法比較實際。即使搞普選，也要有一個逐步的過渡，要一步一步來。我向一位外國客人講過，大陸在下個世紀，經過半個世紀以後可以實行普選。現在我們縣級以上實行的是間接選舉，縣級和縣以下的基層才是直接選舉。因為我們有十億人口，人民的文化素質也不夠，普遍實行直接選舉的條件不成熟。其實有些事情，在某些國家能實行的，不一定在其他國家也能實行。我們一定要切合實際，要根據自己的特點來決定自己的制度和管理方式。

還有一個問題必須說明：切不要以為香港的事情全由香港人來管，中央一點都不管，就萬事大吉了。這是不行的，這種想法不實際。中央確實是不干預特別行政區的具體事務的，也不需要干預。但是，特別行政區是不是也會發生危害國家根本利益的事情呢？難道就不會出現嗎？那個時候，北京過問不過問？難道香港就不會出現損害香港根本利益的事情？能夠設想香港就沒有干擾，沒有破壞力量嗎？我看沒有這種自我安慰的根據。如果中央把什麼權力都放棄了，就可能會出現一些混亂，損害香港的利益。所以，保持中央的某些權力，對香港有利無害。大家可以冷靜地想想，香港有時候會不會出現非北京出頭就不能解決的問題呢？過去香港遇到問題總還有個英國出頭嘛！總有一些事情沒有中央出頭你們是難以解決的。中央的政策是不損害香港的利益，也希望香港不會出現損害國家利益和香港利益的事情。要是有呢？所以請諸位考慮，基本法要照顧到這些方面。有些事情，比如一九九七年後香港有人罵中國共產黨，罵中國，我們還是允許他罵，但是如果變成行動，要把香港變成一個在"民主"的幌子下反對大陸的基地，怎麼辦？那就非干預不行。干預首先是香港行政機構要干預，並不一定要大陸的駐軍出動。只有發生動亂、大動亂，駐軍才會出動。但是總得干預嘛！

總的來說，"一國兩制"是個新事物，有很多我們預料不到的事情。基本法是個重要的文件，要非常認真地從實際出發來制訂。我希望這是一個很好的法律，真正體現"一國兩制"的構想，使它能夠行得通，能夠成功。

5.3 基本法起草過程中有關行政長官及立法會產生辦法、第一屆政府和立法機關產生辦法的各項建議方案

5.3a 行政長官的產生辦法

版本時間	內　　容
《香港特別行政區基本法起草委員會各專題小組擬訂的各章條文草稿彙編》（1987 年 12 月 12 日）	**第四十五條** （第一款）香港特別行政區行政長官在當地通過選舉或協商產生，由中央人民政府任命。 ［說明］寫成正式條文時，（第一款）、（第二款）等字樣刪去。 （第二款）行政長官的具體產生辦法有以下四種方案： 1. 由一個有廣泛代表性的大選舉團選舉產生。 2. 由立法機關成員（例如十分之一）提名，全港一人一票直接選舉產生。 ［說明］有的委員主張，由一個有廣泛代表性的提名團提名候選人數人，全港一人一票直接選舉產生。 3. 由功能團體選舉產生。 4. 首三屆行政長官由顧問團在當地協商產生，報中央任命；此後由顧問團提名三名候選人經中央同意後，交由選舉團選舉產生。 ［說明］部分委員贊成第一方案，有些委員贊成第二方案，有些委員贊成第三方案，有的委員贊成第四方案。 （第三款）前款規定的行政長官的產生辦法可根據香港特別行政區的實際情況予以變更。此項變更須經香港特別行政區立法機關全體成員三分之二多數通過，行政長官同意，並報全國人民代表大會常務委員會批准。 ［說明］有的委員建議本條第二、三款次序調換，將第三款寫成第二款，並修改為："香港特別行政區行政長官的產生辦法，除第一、二、三屆外，可根據香港特別行政區的實際情況予以變更。此項變更須經香港特別行政區的全國人民代表大會代表三分之二的多數通過，香港特別行政區立法機關成員三分之二的多數通過及香港特別行政區行政長官同意，

版本時間	內　　容
	並報全國人民代表大會常務委員會批准"。
《中華人民共和國香港特別行政區基本法（草案）徵求意見稿》（1988 年 4 月 28 日）	**第四十五條** 香港特別行政區行政長官在當地通過選舉或協商產生，由中央人民政府任命。 行政長官產生的具體辦法由附件一《香港特別行政區行政長官的產生辦法》規定。 附件一規定的行政長官的產生辦法可根據香港特別行政區的實際情況和循序漸進的原則予以變更。此項變更須經香港特別行政區立法會議全體成員三分之二多數通過，行政長官同意，並報全國人民代表大會常務委員會批准。 **附件一　香港特別行政區行政長官的產生辦法** **方案一** 1. 香港特別行政區行政長官在當地通過一個有廣泛代表性的選舉團選舉產生。 2. 選舉團由香港各界人士代表組成，其成員包括：立法機關的成員、各區域組織的代表、各法定團體和永久性非法定團體的代表、各類功能界別的代表（包括工商、金融、專業人士、教育、勞工、宗教、社會服務及公務員等界別），共約 600 人。 3. 在選舉團內的各個社團和組織可按內部的規定，用民主程序選出其代表。所選出的代表將以個人身份投票，一人不得兼代表多個組織，任期只維持到選舉完成即解散。 4. 選舉團設提名委員會，由選舉團成員互選 20 人組成。提名委員會負責提名行政長官候選人三名。提名委員會成員不能作為行政長官候選人，亦無權投票選舉行政長官。 5. 選舉團根據提名委員會的提名進行投票，候選人必須獲得半數票才能當選，如首輪投票無人獲得半數票，則就得票最多的兩名候選人進行次輪投票。選舉團選舉產生的行政長官人選報請中央人民政府任命。 6. 選舉細則由香港特別行政區政府以法律規定。 **方案二** 1. 香港特別行政區行政長官由不少於十分之一的立法機關成員提名，經由

版本時間	內　　容
	全港性的普及而直接的選舉產生。
	2. 立法機關成員每人只可提名一人為行政長官候選人。
	3. 行政長官的選舉必須為真正、定期的選舉。選舉權必須普及而平等，選舉應以無記名投票法進行，以保證選民意志的自由表現。
	4. 當選的行政長官如為立法機關、行政機關或司法機關的成員，則須在當選後立即辭去其原有職務。
	5. 行政長官的選舉細則由香港特別行政區的法律予以規定。
	方案三
	1. 香港特別行政區行政長官由功能選舉團一人一票方式選舉產生。
	2. 功能選舉團的成員不超過六百人，由香港特別行政區永久性居民並屬於對政府運作、社會服務有影響力的工商、金融、專業、勞工等團體的人士互選出代表組成，其比例為：
	工商、金融團體　　　　　　　　　　　　25%
	專業團體　　　　　　　　　　　　　　　35%
	勞工團體　　　　　　　　　　　　　　　10%
	宗教、社會及慈善服務機構　　　　　　　15%
	街坊組織、小販團體　　　　　　　　　　15%
	3. 凡符合本法第四十四條規定的資格，並得到五十名香港永久性居民提名的人，均可成為香港特別行政區行政長官的候選人。
	4. 選舉團的成員不得成為提名人或候選人；提名人不得參加選舉團或當候選人；候選人不得為選舉團的成員或其他候選人的提名人。
	方案四
	1. 除第一屆另有規定外，開始幾屆（約二、三屆）行政長官由顧問團協商產生。
	顧問團由顧問 50—100 人組成，顧問人選由香港各界提名，經行政會議甄選，再由行政長官提請中央批准後任命（顧問應為政制專責顧問，有別於其他專業顧問）。
	每屆顧問團必須在前一屆行政長官任期屆滿前六個月產生。但如經顧問團及中央同意該屆行政長官繼續連任，則不必產生下一屆顧問團。

版本時間	內　容
	2. 以後各屆由選舉團選舉產生。 選舉團由已卸任的歷屆立法會議成員、行政會議成員、行政長官和曾經中央任命的主要官員等組成，須達到 250 人才能成立，以後每屆陸續增加，但最高人數不超過 500 人，如超過時以出任的先後依次退出，如有出任先後相同時，以年長者先行退出。 行政長官候選人由顧問團協商提名三人，經中央同意後，交選舉團選舉產生。 **方案五** 1. 行政長官由"香港特別行政區行政長官提名委員會"經協商或協商後投票程序提名三人，全港選民一人一票普選產生。 2. "香港特別行政區行政長官提名委員會"由香港永久性居民組成。必須具有廣泛代表性，成員包括全國人民代表大會香港地區代表、全國政治協商會議香港地區委員、立法機構及區域組織代表、各階層界別人士的代表。 3. "行政長官提名委員會"組成的比例如下： 工商、金融界代表　　　　　　　　25% 專業團體代表　　　　　　　　　　25% 勞工、基層、宗教團體代表　　　　25% 立法機關成員　　　　　　　　　　12% 區域組織成員　　　　　　　　　　8% 人大代表、政協委員　　　　　　　5% 4. "行政長官提名委員會"負責制訂協商或投票程序，提名行政長官候選人，提名委員會的委員不得任行政長官候選人。 5. "行政長官提名委員會"成員由各界法定團體或永久性非法定團體選舉、推舉或協商產生。提名委員會的章程由香港特別行政區制訂法律規定。 6. 以一人一票普選方式選舉行政長官的選民登記、投票程序等項，由香港特別行政區以法律規定。
《中華人民共和國香港特別行政區基本法（草案）》（全國人民代表大會常務委員會 1989 年 2 月 21 日通過）	**第四十五條** 香港特別行政區行政長官在當地通過選舉或協商產生，由中央人民政府任命。 行政長官的產生辦法根據香港特別行政區的實際情況和循序漸進的原則而規定，最終達至普選產生的目標。

版本時間	內　　容
	行政長官產生的具體辦法由附件一《香港特別行政區行政長官的產生辦法》規定。 **附件一　香港特別行政區行政長官的產生辦法** 一、行政長官由一個有廣泛代表性的選舉委員會選出，由中央人民政府任命。 二、選舉委員會委員共 800 人，由下列各界人士組成： 工商、金融界　　　　　　　　　　　200 人 專業界　　　　　　　　　　　　　　200 人 勞工、社會服務、宗教等界　　　　　200 人 立法會議員、區域組織議員代表、 香港地區全國人大代表、 香港地區全國政協委員的代表　　　　200 人 三、各個界別的劃分，以及每個界別中何種組織可產生選舉委員的名額，由香港特別行政區以選舉法規定。 各界別法定團體根據選舉法規定的分配名額和選舉辦法，選出選舉委員會委員。 選舉委員以個人身份投票。 四、不少於一百名的選舉委員可聯合提名行政長官候選人。每名委員只可提出一名候選人。 五、選舉委員會根據提名的名單，經一人一票無記名投票選出行政長官候任人。具體選舉辦法由選舉法規定。 六、選舉委員會於中央人民政府任命行政長官後解散。 七、第一任行政長官按照《全國人民代表大會關於香港特別行政區第一屆政府和立法會產生辦法的決定》產生。 第二、第三任行政長官按本附件規定的辦法產生。 在第三任行政長官任內，立法會擬定具體辦法，通過香港特別行政區全體選民投票，以決定是否由一個有廣泛代表性的提名委員會按民主程序提名後，普選產生行政長官。投票結果報全國人民代表大會常務委員會備案。 上述全體選民投票的舉行，必須獲得立法會議員多數通過，徵得行政長官同意和全國人民代表大會常務委員會的批准方可進行。投票結果，必須有百分之三十以上的合法選民的贊成，方為有效，付諸實施。

版本時間	內　　容
	八、如上述投票決定行政長官由普選產生，從第四任起實施；如投票決定不變，每隔十年可按第七項的規定再舉行一次全體選民投票。
	九、除本附件第七、八項已有規定者外，行政長官的產生辦法如需進行其他的修改，可經立法會全體議員三分之二多數通過，行政長官同意，並報全國人民代表大會常務委員會備案。
《中華人民共和國香港特別行政區基本法（草案）》（1990年2月16日）	## 第四十五條 香港特別行政區行政長官在當地通過選舉或協商產生，由中央人民政府任命。 行政長官的產生辦法根據香港特別行政區的實際情況和循序漸進的原則而規定，最終達至由一個有廣泛代表性的提名委員會按民主程序提名後普選產生的目標。 行政長官產生的具體辦法由附件一《香港特別行政區行政長官的產生辦法》規定。 ### 附件一　香港特別行政區行政長官的產生辦法 一、行政長官由一個具有廣泛代表性的選舉委員會根據本法選出，由中央人民政府任命。 二、選舉委員會委員共800人，由下列各界人士組成： 工商、金融界　　　　　　　　　　200人 專業界　　　　　　　　　　　　　200人 勞工、社會服務、宗教等界　　　　200人 立法會議員、區域性組織代表、 香港地區全國人大代表、 香港地區全國政協委員的代表　　　200人 選舉委員會每屆任期五年。 三、各個界別的劃分，以及每個界別中何種組織可以產生選舉委員的名額，由香港特別行政區根據民主、開放的原則制訂選舉法加以規定。 各界別法定團體根據選舉法規定的分配名額和選舉辦法自行選出選舉委員會委員。 選舉委員以個人身份投票。 四、不少於一百名的選舉委員可聯合提名行政長官候選人。每名委員只可

版本時間	內　　容
	提出一名候選人。 五、選舉委員會根據提名的名單，經一人一票無記名投票選出行政長官候任人。具體選舉辦法由選舉法規定。 六、第一任行政長官按照《全國人民代表大會關於香港特別行政區第一屆政府和立法會產生辦法的決定》產生。 七、二〇〇七年以後各任行政長官的產生辦法如需修改，須經立法會全體議員三分之二多數通過，行政長官同意，並報全國人民代表大會常務委員會批准。

5.3b　立法會的產生辦法

版本時間	內　　容
《香港特別行政區基本法起草委員會各專題小組擬訂的各章條文草稿彙編》（1987年12月12日）	**第六十三條** 香港特別行政區 ××（名稱待定）是香港特別行政區的立法機關。 [說明] 關於立法機關的名稱，委員們提出下列建議：立法委員會、立法局、立法會（英文仍稱 LEGISLATIVE COUNCIL）、立法議會、立法議會。 有些委員建議，第一條加第二款："香港特別行政區的立法權屬於香港特別行政區立法機關"。有的委員則認為，"香港特別行政區立法權屬於香港特別行政區"。
	第六十四條 （第一款）香港特別行政區的立法機關由選舉產生。 （第二款）立法機關具體的產生辦法有以下三種方案： 1. 功能團體選出的成員佔百分之五十；由地域性選區直接選出的成員佔百分之二十五；經大選舉團選出的成員佔百分之二十五。 2. 不少於百分之五十經由普及而直接之選舉產生；不多於百分之二十五經功能團體選舉產生；不多於百分之二十五由地區的議會如區議會、市政局和區域市政局選舉產生。 3. 百分之三十的成員由顧問團推選非顧問入立法機關，其中至少三分之

版 本 時 間	內　　容
	一為主要官員，其餘為行政會議成員及社會上其他人士；百分之四十的成員由功能團體選出；百分之三十的成員由各地區直接選出。
	［說明］多數委員主張混合選舉，其中較多委員贊成條文中的第 1 種方案，有些委員贊同第 2 種方案，有的委員贊同第 3 種方案。提出第 1、3 兩種方案的委員主張，他們的方案中立法機關成員的各種產生辦法是"一攬子"辦法，即是否有地域性直接選舉，須視其他兩種選舉方式是否一併被接受為條件。
	此外，有些委員建議，香港特別行政區立法機關的成員全部由功能團體選舉產生。
	有的委員提出，香港特別行政區立法機關的成員全部由地域性的、一人一票的普及選舉方式產生。
	（第三款）前款規定的選舉辦法可根據香港特別行政區的實際情況予以變更。此項變更須經香港特別行政區立法機關全體成員的三分之二多數通過，行政長官同意並報全國人民代表大會常務委員會批准。
	［說明］有的委員提出，本條第二、三款的次序應相互調換，即將現在的第三款寫成第二款，並改寫為"香港特別行政區立法機關的具體產生辦法，可根據第一屆立法機關的產生辦法，並按照香港特別行政區的實際情況，循序漸進予以改變。此項變更須經香港特別行政區的全國人民代表大會代表三分之二的多數通過，香港特別行政區立法機關成員三分之二多數通過，及香港特別行政區行政長官同意並報全國人民代表大會常務委員會批准。"
《中華人民共和國香港特別行政區基本法（草案）徵求意見稿》（1988年 4 月 28 日）	## 第六十八條 香港特別行政區立法會議由混合選舉產生。 立法會議產生的具體辦法由附件二《香港特別行政區立法會議的產生辦法》規定。 附件二規定的立法會議的產生辦法可根據香港特別行政區的實際情況和循序漸進的原則予以變更。此項變更須經香港特別行政區立法會議全體成員三分之二多數通過，行政長官同意，並報全國人民代表大會常務委員會批准。

版本時間	內　容
	附件二　香港特別行政區立法會議的產生辦法 **方案一** 1. 香港特別行政區立法機關由 80 人組成，比例如下：功能團體選出的成員佔 50%，按地區直接選出的成員佔 25%，選舉團選出的成員佔 25%。 2. 選舉團和提名委員會的組成與《香港特別行政區行政長官的產生辦法》方案一的規定相同，提名委員會的主席由行政長官擔任。 3. 在上述三種選舉方式中，每個選民只能參加其中的一種，並只能在一種選舉方式中作為候選人。 4. 立法機關成員任期四年，每兩年改選一半。功能團體每兩年選一半席位，地區直接選舉和選舉團選舉則輪流兩年選舉一次（地區直接選舉與行政長官的選舉同一年）。 5. 地區性直接選舉 —— 全港將劃分為十個選區，每區兩席，以得票最多的兩位當選。 6. 選舉細則由香港特別行政區政府以法律規定。 **方案二** 1. 香港特別行政區立法機關組成安排如下： 不少於百分之五十經由普及而直接的選舉產生；不多於百分之二十五經由功能團體選舉產生；不多於百分之二十五經由區域組織（即區議會、市政局和區域市政局或相類似的機構）選舉產生。 2. 立法機關的直接選舉必須為真正、定期的選舉。選舉權必須普及而平等，選舉應以無記名投票法進行，以保證選民意志的自由表現。 3. 立法機關的選舉細則由香港特別行政區的法律予以規定。 **方案三** 1. 香港特別行政區立法機關成員共 60 人。 2. 30%(即 18 人) 的成員由顧問團推選非顧問擔任，其中至少三分之一（即 6 人）為主要官員，其餘（約三分之二）為行政會議成員及社會上其他人士。(顧問團產生的立法機關成員，必須有行政會議成員和主要官員，以貫通行政和立法機關的聯繫)。 3. 40%(即 24 人) 由功能團體選出。

版 本 時 間	內　　容
	4. 30%由各地區直接選出。直接選舉產生的立法機關成員人數，與顧問團產生的立法機關成員人數和產生時間須約略相同，以保持平衡。（如顧問團產生辦法不被採用，則不能有地區直選）。 5. 上述 3、4 兩項的詳細選舉辦法，由法律規定。 **方案四** 1. 香港特別行政區立法機關的組成： 工商界　　　　　　　　　　　　　　30% 專業人士　　　　　　　　　　　　　25% 基層組織　　　　　　　　　　　　　20% 地區性普選產生　　　　　　　　　　25% 2. 組成的比例分為四大類，第一、第二、第三三個大類，再分為各個界別，每個界別的劃分及所產生的立法機關成員的人數，由香港特別行政區以法律規定。 三個大類的立法機關成員均依法從各個法定團體中產生。 各團體根據名額的分配，自行決定採取下列方式選出立法機關成員：（一）各會員以一人一票的直接選舉選出；（二）團體會員以每一單位一票的間接選舉選出；（三）會員大會授權理事會以間接選舉選出。 3. 地區性普選的選區劃分、選民登記、投票程序、候選人提名方式等項，由香港特別行政區以法律規定。 〔說明〕 1. 提出第 1、3 兩種方案的委員主張，他們的方案中立法機關成員的各種產生辦法是"一攬子"辦法，即是否有地域性直接選舉，須視其他兩種選舉方式是否一併被接受為條件。 2. 有些委員建議，香港特別行政區立法機關的成員全部由功能團體選舉產生。功能團體選舉的辦法與附件一方案三相同。 3. 有的委員提出，香港特別行政區立法機關的成員全部由地域性的、一人一票的直接選舉方式產生。立法機關的選舉必須為真正、定期之選舉，選舉權必須普及而平等，選舉應以無記名投票法進行，以保證選民意志的自由表現。 4. 有的委員提出，一人一票的普及選舉方法應和國籍問題一起考慮，並

版 本 時 間	內　　容
	必須研究已經移居國外（不一定已取得外國籍）的原香港永久性居民的選舉權和被選舉權。
《中華人民共和國香港特別行政區基本法（草案）》（全國人民代表大會常務委員會1989年2月21日通過）	**第六十七條** 香港特別行政區立法會由選舉產生。 立法會的產生辦法根據香港特別行政區的實際情況和循序漸進的原則而規定，最終達至全部議員由普選產生的目標。 立法會產生的具體辦法由附件二《香港特別行政區立法會的產生辦法》規定。 **附件二　香港特別行政區立法會的產生辦法** 一、香港特別行政區第一屆至第四屆立法會組成如下： 第一屆　立法會議員共 55 人 （1）地區性代表人士　15 人 （2）工商、金融界　16 人 （3）專業界　12 人 （4）勞工、社會服務、宗教等界　12 人 第二屆　立法會議員共 65 人 （1）地區性普選代表　25 人 （2）工商、金融界　16 人 （3）專業界　12 人 （4）勞工、社會服務、宗教等界　12 人 第三、四屆　立法會議員共 80 人 （一）地區性普選代表　40 人 （二）工商、金融界　16 人 （三）專業界　12 人 （四）勞工、社會服務、宗教等界　12 人 二、上述地區性普選的選區劃分、投票辦法，各個界別及各個界別法定團體的劃分、名額分配、選舉辦法等，由香港特別行政區以選舉法規定。

版本時間	內　　容
	每個選民只能有一個投票權。
	三、第一屆立法會按照《全國人民代表大會關於香港特別行政區第一屆政府和立法會產生辦法的決定》產生。
	第一至第四屆立法會按本附件的規定組成。在第四屆立法會任內，立法會擬定具體辦法，通過香港特別行政區全體選民投票，以決定立法會的議員是否全部由普選產生。投票結果報全國人民代表大會常務委員會備案。
	上述全體選民投票的舉行，必須獲得立法會議員多數通過，徵得行政長官同意和全國人民代表大會常務委員會的批准方可進行。投票結果，必須有百分之三十以上的合法選民的贊成，方為有效，付諸實施。
	四、如上述投票決定立法會議員全部由普選產生，從第五屆起實施；如投票決定不變，每隔十年可按第三項的規定再舉行一次全體選民投票。
	五、除本附件第三、四兩項已有規定外，其他變更須經立法會全體議員三分之二多數通過，行政長官同意，並報全國人民代表大會常務委員會備案。
《中華人民共和國香港特別行政區基本法（草案）》（1990年2月16日）	### 第六十八條 香港特別行政區立法會由選舉產生。 立法會的產生辦法根據香港特別行政區的實際情況和循序漸進的原則而規定，最終達至全部議員由普選產生的目標。 立法會產生的具體辦法和法案、議案的表決程序由附件二《香港特別行政區立法會的產生辦法和表決程序》規定。 **附件二　香港特別行政區立法會的產生辦法和表決程序** 一、立法會的產生辦法 （一）香港特別行政區立法會議員每屆60人，第一屆立法會按照《全國人民代表大會關於香港特別行政區第一屆政府和立法會產生辦法的決定》產生。第二屆、第三屆立法會的組成如下： 第二屆 功能團體選舉的議員　　　　　　　30人 選舉委員會選舉的議員　　　　　　6人 分區直接選舉的議員　　　　　　　24人

版 本 時 間	內　　容
	第三屆 功能團體選舉的議員　　　　　　　　　　30 人 分區直接選舉的議員　　　　　　　　　　30 人 （二）除第一屆立法會外，上述選舉委員會即本法附件一規定的選舉委員會。上述分區直接選舉的選區劃分、投票辦法，各個功能界別和法定團體的劃分、議員名額的分配、選舉辦法及選舉委員會選舉議員的辦法，由香港特別行政區政府提出並經立法會通過的選舉法加以規定。 二、立法會對法案、議案的表決程序 除本法另有規定外，香港特別行政區立法會對法案和議案的表決採取下列程序： 政府提出的法案，如獲得出席會議的全體議員的過半數票，即為通過。 立法會議員個人提出的議案、法案和對政府法案的修正案均須分別經功能團體選舉產生的議員和分區直接選舉、選舉委員會選舉產生的議員兩部分出席會議議員各過半數通過。 三、二〇〇七年以後立法會的產生辦法和表決程序 二〇〇七年以後香港特別行政區立法會的產生辦法和法案、議案的表決程序，如需對本附件的規定進行修改，須經立法會全體議員三分之二多數通過，行政長官同意，並報全國人民代表大會常務委員會備案。

5.3c　第一屆政府及立法會產生辦法

版本時間	內　　　容
《香港特別行政區基本法起草委員會各專題小組擬訂的各章條文草稿彙編》（1987年12月12日）	**第一百七十條** 關於香港特別行政區第一屆政府的產生辦法，有下列六種方案： **方案一** 1. 在一九九七年前由中央委任不少於五十人的香港各界人士，組織顧問團，在當地協商產生行政長官，報中央任命。 2. 由行政長官組織行政會議，並提名主要官員，請中央任命。 3. 由行政長官會同行政會議提名，由顧問團選出立法委員成立臨時立法會議。 4. 第一屆政府所有成員，任期均不得超過三年。在三年內必須依照本法，產生常規性政府。 **方案二** 香港特別行政區第一屆行政長官候任人選在一九九六年十二月一日在當地按附件一所列辦法協商產生，經中央人民政府認許後，成為第一屆候任行政長官。 第一屆候任行政長官在一九九七年四月一日前提名第一屆候任行政會議成員人選，成為第一屆候任行政會議成員。 第一屆候任行政長官會同第一屆候任行政會議成員組織"第一屆政府成立籌備委員會"。一九九七年七月一日零時經中央人民政府正式任命後，第一屆行政長官在第一屆行政會議成員的協助下，按本法規定宣佈香港特別行政區第一屆政府成立，在中央授權下，從全國人民代表大會常務委員會接管香港特別行政區的行政管理。第一屆立法機關尚未產生前，臨時立法機關行使臨時立法權，在必要時，可制訂暫行法例。 〔說明〕臨時立法機關在當地按附件所列辦法由選舉團選舉產生。候選人不排除在一九九七年六月三十日卸任的原香港立法局議員。 香港特別行政區第一屆政府成立後，六個月內按附件所列辦法舉行第一屆區議會及市政局選舉，十二個月內按附件二所列辦法舉行第一屆立法機關選舉，成立第一屆立法機關。

版本時間	內　　容
	附件一　由香港各界在當地協商產生第一屆行政長官的程序 基本法公佈後，由全國人大委任不少於五十名委員，組織"基本法實施籌備委員會"。其任務多元化，包括諮詢各界意見後，制訂（或由其屬下專責小組制訂）"協商程序"草案，交人大審核通過。 一九九五年七月一日，"基本法實施籌備委員會"成員互選不少於十人，組織"協商委員會"，按"協商程序"主持公開協商。"協商委員會"成員本身不能做行政長官候選人，也不能提名或支持任何行政長官候選人。"協商委員會"推動及監督協商的進行，本身必須保持客觀、公正。 一九九六年十二月一日產生第一屆行政長官候任人選，提請中央認許，並在一九九七年七月一日正式任命為行政長官。 **附件二　第一屆立法機關選舉辦法** 選舉團：二分之一由擁有廣泛代表性的大選舉團選舉產生，其中不少於三分之二應為中國公民。 間選：四分之一由區議會及市政局的議員中屬中國公民者互選產生。 功能組別直選：四分之一按功能組別直接選舉產生（功能組別均按當地法律註冊成為法人，屬中華人民共和國國籍。按功能組別直接選舉產生的立法機關成員，不論其本身屬何國籍，均可借重其所屬之功能組別的中國國籍關係，在任期內行使本應由中國公民享有的公民權。 **方案三** 1. 在一九九七年七月一日前的適當時候，全國人民代表大會設立香港特別行政區籌備委員會，由內地和香港委員組成，負責籌備成立香港特別行政區的有關事宜。 2. 第一屆香港特別行政區行政長官由香港各界人士組成的代表組織在當地協商或選舉產生，報中央人民政府任命。該代表組織由香港特別行政區籌備委員會負責組織。 第一屆香港特別行政區政府由香港特別行政區行政長官按本法規定負責籌組。 3. 第一屆香港特別行政區立法機關在香港特別行政區成立後一或二年內按本法規定選舉產生。 在第一屆香港特別行政區立法機關產生前由香港特別行政區臨時立法機關代行職權。臨時立法機關按前款規定的辦法選舉產生。

版本時間	內　　容
	方案四 香港特別行政區第一屆政府按照附件 "香港特別行政區第一屆政府產生辦法" 的規定而成立。 附件： 1. 中華人民共和國全國人民代表大會常務委員會委任一個 "香港特別行政區第一屆政府籌備委員會"，籌備委員會成員均為中國公民。半數為內地居民，半數為香港永久性居民，主任委員由人大常委會之委員擔任。 2. "香港特別行政區第一屆政府籌備委員會" 委託香港委員在香港地區內邀請各界具有廣泛代表性之人士，組織 "香港特別行政區第一屆行政長官推舉委員會"。 3. "推舉委員會" 在香港協商或選舉香港特別行政區第一屆行政長官候任人，報請中央人民政府任命。 4. 中央人民政府根據 "推舉委員會" 所推舉之人選，任命該行政長官候任人為香港特別行政區第一屆行政長官。 5. 第一屆行政長官委任行政會議成員，組成行政會議。行政長官提名香港特別行政區行政機關之各主要官員，報請中央任命。 6. 中華人民共和國主席宣佈，中華人民共和國於一九九七年七月一日起恢復對香港行使主權，"香港特別行政區基本法" 全部生效，並委派行政長官在香港特別行政區按照本法規定，實行高度自治。 （以上 1 至 6 項，均於一九九七年七月一日前完成。） 7. 行政長官及各主要官員宣誓就職。 8. 香港特別行政區第一屆行政長官宣佈：香港原有之政府各級公務人員（除各主要官員外），各級法院之法官及司法人員，一律留任原有職位，至另有任免為止。 9. 行政長官宣佈：於一年內按照本法第四章第三節的規定，產生香港特別行政區第一屆立法機關。 10. 香港特別行政區第一屆政府的公共開支，在第一屆立法機關選出並通過財政預算之前，由行政長官批准財政司司長所提出之臨時撥款建議支付，於第一屆立法機關成立後提交追認。 11. 行政長官依照本法第八十四條、第八十六條的規定，任命香港特別行政區終審法院及高等法院的首席法官。 （以上 7 至 11 項，於一九九七年七月一日或其後完成。）

版本時間	內　　容
	方案五 1. 中華人民共和國全國人民代表大會常務委員會委任一個"香港特別行政區第一屆政府籌備委員會"，籌備委員會成員均為中國公民，包括內地居民和香港永久性居民，主任委員由人大常委會之委員擔任。 2. "香港特別行政區第一屆政府籌備委員會"委託香港委員在香港地區內組織一選舉團，成員包括香港特別行政區成立前之立法機構、區域組織機構代表，以及各法定團體、永久性非法定團體、各階層界別市民的代表。該選舉團必須有廣泛代表性，名為"香港特別行政區第一屆政府選舉團"。 3. 香港特別行政區第一屆政府選舉團負責擬定程序以協商方法或協商提名後，投票選出第一屆行政長官。 （行政長官之資格、職權等均依照本法第四章規定。） 4. 香港特別行政區第一屆政府選舉團負責擬定程序，選舉第一屆立法機關。在香港特別行政區成立前之立法機構成員，凡符合本法第四章的規定者，均可被選為第一屆立法機關成員。 （立法機關成員的資格、職權等均依照本法第四章規定。） 5. 香港特別行政區成立前之政府官員及公務、司法人員，凡符合本法之規定者，均任職於第一屆政府。 （行政機關之組成及職權，均依照本法第四章規定。） **方案六** 1. 行政長官 中華人民共和國全國人民代表大會常務委員會委任一個"香港特別行政區第一屆政府籌備委員會"。籌備委員會成員均為香港永久性居民中的中國公民，主任委員由委員會互選產生。 在一九九六年中或年底，第一屆政府籌備委員會在香港依照本法主持選舉，經一人一票的直接選舉產生候任行政長官。 一九九七年七月一日，候任行政長官接受中央人民政府的任命，正式宣誓就職。 2. 主要官員 候任行政長官於一九九七年七月一日前提名香港特別行政區行政機關之各主要官員，報請中央人民政府任命。各主要官員於一九九七年七月一日宣誓就職。

版本時間	內　　容
	3. 立法機關 一九九七年六月時的香港立法局議員到了七月一日自動成為香港特別行政區第一屆立法機關成員，至其任期終結為止，除宣誓效忠香港特別行政區等儀式外，不作特別安排。
《中華人民共和國香港特別行政區基本法（草案）徵求意見稿》（1988 年 4 月 28 日）	**附件三　香港特別行政區第一屆政府和立法會議的產生辦法** 1. 在一九九六年內，全國人民代表大會設立香港特別行政區籌備委員會，負責籌備成立香港特別行政區的有關事宜，決定產生第一屆政府的具體辦法。籌備委員會由內地和不少於百分之五十的香港委員組成，主任委員和委員由全國人民代表大會常務委員會委任。 2. 香港特別行政區籌備委員會負責籌組"香港特別行政區第一屆政府推選委員會"。 "推選委員會"全部由香港永久性居民組成，必須具有廣泛代表性，成員包括中華人民共和國全國人民代表大會香港地區代表、全國政治協商會議香港地區委員、香港特別行政區成立前曾在香港行政、立法、諮詢機構任職並有實際經驗的人士和各階層界別中具有代表性的人士。 "推選委員會"組成的比例，建議暫定如下： 工商、金融界人士　　25% 專業人士　　25% 勞工、基層、宗教界人士　　25% 原政界人士　　20% 人大代表、政協委員　　5% 3. "推選委員會"擬定程序，在當地以協商方式、或協商後提名選舉，推舉第一任行政長官人選，報中央人民政府任命。第一任行政長官的任期與正常任期相同。 4. 第一屆香港特別行政區政府由香港特別行政區行政長官按本法規定負責籌組。 5. 香港特別行政區第一屆（或臨時）立法機關由"推選委員會"選舉產生，原香港立法局議員都可以作為香港特別行政區第一屆（或臨時）立法機關的候選人。 香港特別行政區第一屆（或臨時）立法機關成員的任期為兩年。 6. 香港特別行政區第一任行政長官於一九九七年七月一日宣誓就職。 香港特別行政區第一屆政府和立法機關於一九九七年七月一日同時成立。

版本時間	內　　容
《中華人民共和國全國人民代表大會關於香港特別行政區第一屆政府和立法會產生辦法的決定（草案代擬稿）》（全國人民代表大會常務委員會1989年2月21日通過）	一、香港特別行政區第一屆政府和立法會根據體現國家主權、平穩過渡的原則產生。 二、在一九九六年內，全國人民代表大會設立香港特別行政區籌備委員會，負責籌備成立香港特別行政區的有關事宜，決定產生第一屆政府的具體辦法。籌備委員會由內地和不少於百分之五十的香港委員組成，主任委員和委員由全國人民代表大會常務委員會委任。 三、香港特別行政區籌備委員會負責籌組香港特別行政區第一屆政府推選委員會（以下簡稱推選委員會）。 推選委員會全部由香港永久性居民組成，必須具有廣泛代表性，成員包括中華人民共和國全國人民代表大會香港地區代表、香港地區全國政協委員的代表、香港特別行政區成立前曾在香港行政、立法、諮詢機構任職並有實際經驗的人士和各階層、界別中具有代表性的人士。 推選委員會由 400 人組成，比例如下： 工商、金融界　　　　　　　　　　　25% 專業界　　　　　　　　　　　　　　25% 勞工、基層、宗教等　　　　　　　　25% 原政界人士、香港地區全國人大代表、 香港地區全國政協委員的代表　　　　25% 四、推選委員會在當地以協商方式、或協商後提名選舉，推舉第一任行政長官人選，報中央人民政府任命。第一任行政長官的任期與正常任期相同。 五、第一屆香港特別行政區政府由香港特別行政區行政長官按香港特別行政區基本法規定負責籌組。 六、香港特別行政區第一屆立法會由 55 人組成，其中：地區性代表人士15 人，工商、金融界 16 人，專業界 12 人，勞工、社會服務、宗教等界12 人。原香港最後一屆立法局議員凡擁護香港特別行政區基本法、願意效忠香港特別行政區並符合香港特別行政區基本法規定條件者，經香港特別行政區籌備委員會確認，即可成為香港特別行政區第一屆立法會議員；如出現缺額，可由推選委員會進行補缺選舉。 香港特別行政區第一屆立法會議員的任期為兩年。 七、香港特別行政區第一任行政長官和第一屆立法會議員於一九九七年七月一日宣誓就職。 香港特別行政區第一屆政府和立法會於一九九七年七月一日同時成立。

版 本 時 間	內　　容
《中華人民共和國全國人民代表大會關於香港特別行政區第一屆政府和立法會產生辦法的決定（草案）》（代擬稿）（1990年2月16日）	一、香港特別行政區第一屆政府和立法會根據體現國家主權、平穩過渡的原則產生。 二、在一九九六年內，全國人民代表大會設立香港特別行政區籌備委員會，負責籌備成立香港特別行政區的有關事宜，根據本決定規定第一屆政府和立法會的具體產生辦法。籌備委員會由內地和不少於百分之五十的香港委員組成，主任委員和委員由全國人民代表大會常務委員會委任。 三、香港特別行政區籌備委員會負責籌組香港特別行政區第一屆政府推選委員會（以下簡稱推選委員會）。 推選委員會全部由香港永久性居民組成，必須具有廣泛代表性，成員包括中華人民共和國全國人民代表大會香港地區代表、香港地區全國政協委員的代表、香港特別行政區成立前曾在香港行政、立法、諮詢機構任職並有實際經驗的人士和各階層、界別中具有代表性的人士。 推選委員會由四百人組成，比例如下： 工商、金融界　　　　　　　　　　25% 專業界　　　　　　　　　　　　　25% 勞工、基層、宗教等界　　　　　　25% 原政界人士、香港地區全國人大代表、香港地區全國政協委員的代表　　25% 四、推選委員會在當地以協商方式、或協商後提名選舉，推舉第一任行政長官人選，報中央人民政府任命。第一任行政長官的任期與正常任期相同。 五、第一屆香港特別行政區政府由香港特別行政區行政長官按香港特別行政區基本法規定負責籌組。 六、香港特別行政區第一屆立法會由六十人組成，其中分區直接選舉產生議員二十人，選舉委員會選舉產生議員十人，功能團體選舉產生議員三十人。原香港最後一屆立法局的組成如符合本決定的上述規定，其議員擁護中華人民共和國香港特別行政區基本法、願意效忠中華人民共和國香港特別行政區並符合香港特別行政區基本法規定條件者，經香港特別行政區籌備委員會確認，即可成為香港特別行政區第一屆立法會議員。 香港特別行政區第一屆立法會議員的任期為兩年。

5.4 中英雙方有關香港問題的七份文件

文件之一：英國外交和聯邦事務大臣道格拉斯・赫德[1] 閣下致外交部長錢其琛閣下的書面信息

香港總督已向我彙報了他上星期訪問北京的情況。我認為，訪問十分重要，因為它使雙方增進了對對方觀點的了解，尤其是有關政治發展問題上的觀點。此後，中國外交部又向英國使館轉達了進一步建議。阿倫・唐納德爵士已告訴您的同事，我讚賞提出這些建議的積極精神，我認為這些建議比中國方面早先提出的建議前進了一步。阿倫爵士還告訴您如果可能的話，我希望能就一九九七年以前及其後的政治體制的發展問題達成諒解。我希望向您說清楚這一點。

我仔細考慮了您的建議，即：我們應該把一九九一年直接選舉的議席數目限制在 15 個，作為交換，一九九七年你們將允許 60 個席位的立法機關中的 20 個（三分之一）議席由直接選舉產生，此後在一九九九年直接選舉的議席比例將增至百分之四十，二〇〇三年增至百分之五十。

此次香港之行，我非常清楚地感覺到，在香港大多數公共部門，包括很多工商業界部門都極力要求在一九九一年有 20 個議席由直接選舉產生。我的印象是，如果不能做到這一點，一九九七年以前這段時間內英國在香港的權威將有遭到嚴重損害的危險。

如果不管香港社會大部分人士所明確表達的願望，我們仍決定在一九九一年採納較低的直選比例，我認為，唯一可行的辦法是在一九九七年有足夠的直選議席，而且此後的發展足以在香港獲得廣泛的支持。這樣，我們也許能夠消除人們因一九九一年不能有 20 個直選議席而產生的失望。

中方建議二〇〇三年的直接選舉席位為百分之五十。我認為若該百分比屬於早些時候開始的穩步增加的百分比的一部分，則該建議可為香港輿論所接受。但我擔心中方關於一九九七年直選席位為 20 個的建議不足以贏得支持。然而，倘若中方準備在一九九七年將直選席位增至 24 個（百分之四十），我認為基本法中關於政

1　港譯韓達德 —— 編者註。

治發展的規定很可能在香港獲得支持，我們屆時將能積極支持這些規定。我們尤其將竭盡全力鼓勵持溫和意見的人士，包括工商界人士，在香港的政治生活中發揮積極的作用。

在這種情況下，英國政府準備將一九九一年的直選席位限至 18 個，將一九九五年的直選成員定為 24 名，英國議會中肯定有失望情緒，香港也會出現強烈的敵對反應，但是，按我概述的方法取得逐步、穩定的進展將使我能夠為此決定進行有力的辯護。

這項建議與貴國外交部一月十五日向我方提出的建議在本質上無甚大區別，稍微提高了一九九一年的起點，將中方建議一九九九年席位的數目提前至一九九七年實現。但是我認為這些小變動在爭取香港支持方面，在確保英國從現在至一九九七年期間管理香港的能力不遭削弱方面將發揮關鍵性的作用。

如果你們希望基本法就設立大選舉團一事作出規定，並安排使選舉團的組成是開放的並具有充分的代表性，那麼，我們希望我們雙方通過磋商在一九九五年創建選舉團，此年度為大選舉團選出者若符合基本法規定的要求，其後即可成為第一屆特別行政區立法機關的成員。根據基本法第二草案的規定，一九九五年立法機關的其他成員亦將成為第一屆特別行政區立法機關成員。同時我還認為，如欲使基本法中有關政治體制的條款在香港獲得支持，應採取香港習慣的方式進行選舉，這一點至關重要，我們需要的是保證立法機關的總體連續性。

我非常希望我們能在這一重要問題上達成協議，這對於確保香港的政治穩定具有重要意義，這樣做將使我方能夠與貴方通力合作，共同建立一個能確保銜接和順利過渡的政治體制。如果我們能就這些問題達成協議，這將使我能夠訪問北京，與你們討論共同關心的問題，並進而考慮英國首相在其致江澤民總書記的信中提出的關於改善中英關係的設想。

文件之二：錢其琛外長就香港立法機構直選問題答覆英外交大臣赫德的信息

一九九〇年一月二十日晨，外交部港澳辦主任陳滋英，緊急約見英駐華大使唐納德，請唐轉達錢外長給英國外交大臣赫德的信息，內中回答了赫德於一月十八日給錢外長的信息裡所提出的有關香港立法機構直選比例的反建議，全文如下：

"錢外長感謝外交大臣赫德先生傳來的信息。他注意到了外交大臣對香港政制發展問題的關心。外長相信只要以香港的繁榮穩定為重，並本著曾使我們兩國簽署了《中英聯合聲明》的互諒互讓精神行事，在我們之間就沒有什麼解決不了的問題。正是本此精神，中方於一月十五日就香港政制發展問題提出了一項新建議，這是我們在此問題上所做的積極努力和重大讓步。考慮到各種因素，中方不能同意外交大臣閣下關於將一九九七年香港特別行政區第一屆立法機構直選部分比例定為百分之四十的建議。但是若英方同意中方在十五日建議中所提的一九九七年及其後各屆立法機構的直選部分比例（即：總數 60 名，一九九七年佔百分之三十三點三，一九九九年佔百分之四十，二〇〇三年佔百分之五十），為了實現一九九一年前後政制上的銜接和政權轉移的平穩過渡，中方願意考慮英方把一九九一年立法局的直選議員從 15 名增至 18 名的想法。如中英雙方能在這個問題上達成共識，將有利於香港的繁榮穩定，而且使我們兩國在恢復和發展相互關係的道路上邁出重要的一步。"

文件之三：英大使轉交英外交大臣赫德致錢外長信息

一九九〇年一月三十一日下午，英大使唐納德見外交部港澳辦主任陳滋英，請陳向錢其琛外長轉交英外交大臣赫德的以下信息：

"感謝你一月二十日的信息，我仔細地作了研究。我完全同意你的看法：雙方只要以香港的繁榮穩定為重，並本著互諒互讓的精神行事，我們之間的分歧是可以得到解決的。

我真誠希望就一九九七年以前和以後對香港最為合適的政治結構同你早日達成諒解。

對於你為了回答我們的關切所作出的努力表示感謝。

收到你的答覆後，我作了深入的思考。我也仔細地研究了我接到的香港對在廣州召開的基本法起草委員會政制專題小組提案的反應報告。

我想中方也同我一樣清楚，基本法起草委員會專題小組會議產生的結果在香港引起了真正的失望。

一直在努力謀求合理共識的香港溫和派人士正在作出十分強烈的反應。因此，我們面對這樣的情形，除非做很大的改動，否則，《基本法》中有關政治體制條款將得不到香港負責的輿論界的歡迎。這種情形對我們兩國政府來說都將成為嚴重的政治問題。《基本法》對香港人如何認識他們的未來將產生重大的影響。從這點上說，政治體制條款尤為重要。倘若這些條款遭到廣泛批評，那麼，對海內外投資者的信心所產生的後果將是嚴重的。

我在一月十八日信中說過，我們之間的主要分歧在兩個領域：直選議席數目和一九九七年前後政制的銜接。

我們對直選議席的分歧不是很大，真正的問題是中方考慮的議席數目。我已解釋過，我們受到壓力，必須使一九九一年直選席位達到二十個。在一月十八日的信中，我說如果中方願在一九九七年提供直選 24 席（百分之四十），我們將同意把一九九一年直選議席限制在 18 名（百分之三十）。我們將很難做到這一點，除非你們能把九七年的直選議席增加到 20 個以上。

至於銜接，我有三點顧慮。首先是投票方式。香港人重視像現在立法局所採用的直截了當的方式。關於實施新的差額投票制度的報道已在香港，特別是在溫和及明智的輿論界，引起廣泛的關注。因為人們除了對新的投票方式不熟悉以外，還擔心這一方法會妨礙立法程序而不能產生任何相應的益處。第二，保證選舉立法局成員的任何大選舉團或選舉委員會應該是一個有充分代表性並以公開的方式組成的機構，我已在一月十八日的信息中強調了我們對這一問題的重視。我等待著你的保證：中方的考慮也正是如此。同樣重要的是，應使香港人民清楚大選舉團的組成及章程的細節，以使他們對未來政治體制的性質感到放心。之後我們可以考慮在一九九五年作出類似的安排，從而保證連續性。這是我們雙方今後更加密切磋商的題目。

最後一點，我看到報告中說基本法將有一新的條款，將立法局成員的外籍人士數字限制在總數的百分之十五，這在香港引起了關注，將給連續性設置嚴重障礙，也很難實施。

非常清楚的是，香港對一個有限的，如果是不斷增加的直選席位比例的立法局的理智看法的接受力將受到我已提到的投票和其他安排的嚴重影響。所以，我希望你認真關注這幾點。我願再次向你保證，想方設法依照聯合聲明以確保一九九七年順利過渡，這是英國政府的願望。我們想在《基本法》頒佈時能公開支持它，並說服香港人支持信任它。但我不得不說，假如有關政治體制條款不做改變，那麼行政、立法兩局將會提出辭呈。他們正是我們維持香港有效政府所要依靠的人，在討論通過一九九一年選舉的必要立法問題上，我們將可能得不到立法局的合作。在這種情況下，在英國行政管轄下的未來幾年內，英國政府維持香港繁榮穩定的能力將遭受嚴重破壞。

我們應該相互合作以解決這些困難，這是至關重要的。我很清楚，在基本法起草委員會二月十二日召開全體會議以前，我們的時間不多了。因此我願意派遣我的一位高級官員麥若彬先生來北京就這些問題的細節進行討論。二月五日以後的那個星期，甚至你們認為有必要更早一些，他都可隨時來京赴會。"

文件之四：錢外長就香港政制問題回答英外交大臣 一月三十一日的信息

二月三日傍晚，外交部港澳辦主任陳滋英緊急約見英國駐華大使唐納德，請唐轉達錢外長致英國外交大臣道格拉斯·赫德的信息，內中回答了赫德一月三十一日所提出的問題。

錢外長信息全文如下：

"感謝你一月三十一日通過唐納德大使轉來的信息。對你希望就香港的政制發展同我早日達成諒解，我表示讚賞。

遺憾的是英方在有關的具體建議上沒有作出任何讓步，不能不令我深感失望。中方一直誠懇地尋求在這個問題上同英方達成共識，不管是中國領導人給撒切爾首相的信，還是在會見柯利達特使和港督衛奕信時的談話，都闡明了中方的合情合理的立場。我的同事與港督的會談和我本人給你的信息中曾不止一次地作了重大讓步。但是，中方的誠意並未獲得英方應有的積極響應。在這種情況下，我看不到有什麼再派人來北京進行磋商的必要。

正如外交大臣所知道的那樣，香港特別行政區基本法起草委員會即將召開會議，作出最後的決定。如果英方不能接受一月二十日我向你轉達的信息中所提出的建議，那麼基本法起草委員會就只能按原方案作出決定，我想外交大臣非常清楚地了解，基本法的起草完全是中國的內部事務。

中國願意看到香港繼續保持穩定和繁榮，希望英方能夠作出正確的抉擇，以避免發生我們雙方不願意看到的情況。"

文件之五：唐納德大使就香港政制問題
轉達英方的新信息

一九九〇年二月六日上午，外交部港澳辦主任陳滋英應約緊急會見英駐華大使唐納德。唐請陳將他剛剛收到的來自倫敦的緊急信息報告錢外長，並將所附三份書面材料轉交中方基本法專家。

一、英方的信息全文如下：

（一）外交大臣已注意到錢外長最近信息中提出的各點並正給予緊急的考慮。

（二）外交大臣在一月十八日（應為二十三日 —— 註）及一月三十一日的信息中提出了三個問題，如蒙能對中方的立場，作出緊急澄清以幫助外交大臣對這一問題的考慮，他將表示感激。這些問題是：大選舉團，表決程序，以及對立法機關成員的國籍限制。錢外長給外交大臣的答覆和陳（主任）的口頭說明中均未提及這些問題。在對一九九一年直選席位的數額及此後銜接的可能性做決定時，英國政府需要立即知道中國政府現在對一九九七年以後政制的設想。

（三）英國政府對這三個方面的關注及建議將分別在三份書面材料中提出。

二、英方三個文件的內容提要

（一）關於立法會成員的中國國籍要求

英方要求澄清：如立法會中外籍候選人超過百分之十五，如何取捨；只在香港享有居住權的非華人永久性居民是否亦受此限制，英方認為此類人應視為香港人。

（二）立法機構的表決程序

英方提出：英國政府在一九九五年不能採納香港人強烈反對的分組表決程序。

英方要求：中國政府保留去年二月公佈的基本法草案中的第七十四條第二段（即：特區立法會對法案和議案的表決，須經出席會議的過半數議員通過）。

（三）大選舉團或選舉委員會

英方提出：確保一九九七年順利移交的辦法是規定一九九五年當選的所有議員全部繼續工作到一九九九年。為此英方原則上接受選舉委員會方式，並將其介紹給一九九五年的立法機構。

英方提出選舉委員會應有四個組成部分，各佔四分之一，即：

1. 工商、金融、專業、勞工、社會服務和宗教等功能團體；

2. 高級政治人物（包括行政、立法兩局前議員）；

3. 市政局和區議會成員；

4. 各法定及諮詢委員會的代表。

三、三個書面材料全文

（一）香港特別行政區立法會成員的中國國籍要求

1. 一九九〇年一月十一日，李後和魯平先生在北京會見港督時曾說，關於對香港特別行政區立法機構成員實行國籍限制的問題正在考慮之中。

2. 據新聞報道，基本法起草委員會政治制度專題小組已建議在基本法中加入一項條款，規定香港特別行政區立法機構成員應為長期在香港特別行政區居住的、不享有外國居住權的中國公民：長期在香港特別行政區居住的非中國國民或者享有外國居住權的特別行政區永久居民也可以被選為立法機構成員，但不能超過立法機構總人數的百分之五十。

3. 在香港，人們對這些建議的可行性深表懷疑。

英國政府希望下述意見將有助於中國政府對上述建議形成最後意見。

（1）儘管確有一些立法機構實行國籍限制，但香港立法局、市政局或區議會卻從未實行過此種限制；因此，如果一九九七年之後對香港立法機構成員實行國籍限制，勢必有悖於現在香港大家已接受的做法。

（2）這種規定將限制立法機構吸收人才的範圍。

（3）這些規定也可能給一九九五年至一九九七年間立法機構成員的充分連續性造成嚴重的問題。

（4）如何執行擬議的百分之五十的規定，尚不明確。特別行政區的選舉法應對其程序作出詳細的規定。英國政府認為，這種法律規定必然是複雜而沒有伸縮性的，例如：如果外國籍或在外國享有居住權的獲勝候選人的總數超過了提出的上限，就難以決定應請哪位退出，以便符合百分之十五的規定，也難以決定，如何填補由此造成的空缺。

4. 如果中方能澄清百分之十五是否包括只在香港享有居住權的非華人永久居民這個問題，英國政府將不勝感激。我們希望這不是中方的意圖，因為就"港人治港"的原則而言，這類人只能被視為港人。

（二）香港的憲制發展：特別行政區立法機構的表決程序

1. 一九九〇年一月十一日，李後先生和魯平先生在北京會晤港督時解釋了中國政府關於特別行政區立法機構表決程序的意見。

2. 據新聞報道，基本法起草委員會的政治制度專題小組在今年一月的會議上同意在基本法草案中加上一條有關分別計票的新條款，如下：

"除本法另有規定外，所有提交香港特別行政區立法會的法案和議案應獲功能組別當選議員的簡單多數，以及直選議員和與會的選舉委員會的簡單多數，方可通過。如果政府提出的一項法案在上述的兩類與會議員的投票中都沒有獲得簡單多數，政府應修正此法案並再次提交立法會，付諸表決：此類法案需在全體與會議員中獲得簡單多數方能通過。"

3. 這些新聞報道在香港引起了很多公眾批評。對擬議中的這種表決制度的批評集中在它將造成分裂和低效率。普遍感到關注的是，政治制度專題小組不顧當地人的強烈反對同意了這一建議。

4. 英國政府僅就這一建議提出以下意見：

（1）分別計票將放慢立法的通過並影響辦事效率；

（2）根據提議的這一條款，如果一項政府法案在兩類委員的投票中都未能獲得多數票，就可在修正後再次提交，以獲得簡單多數的通過。最初的分別計票有何作用令人懷疑；

（3）如果在基本法最後文本採納了這一條款，在香港會有人批評基本法起草人無視當地人的意見。這將對公眾對整個基本法的態度產生不良影響；

（4）英國政府無法在一九九五年採納當地人如此強烈反對的表決程序。

（5）英國政府提議，中國政府保留一九八九年二月二十一日全國人大常委會公佈的基本法草案中第七十四條第二款。

（三）香港憲制發展：大選舉團或選舉委員會

1. 一九九〇年一月十一日李後與魯平先生在北京會見香港總督時，就基本法中有關今後香港特別行政區的政治體制的章節的起草提出了中國政府的設想。他們說，基本法起草委員會政治專家小組已經採納了關於特別行政區的立法機構的一定比例將由一大選舉團（GEC）或選舉委員會選舉產生的建議。他們說這種方式將會使香港一些有名望但又不希望參加直接選舉的人經該機構的選舉在立法機關中發揮作用。他們還建議在一九九五年經雙方就選舉委員會的組成及選舉程序進行磋商後，立法局的一些議員可通過此方式來選舉產生。英國政府對中國方面就這一設想作出的解釋表示謝意。

2. 英國政府認為：確保一九九七年順利移交的一個最理想的方法是規定

一九九五年所有當選的立法局議員都應能繼續工作到一九九九年。為此，如果我們兩國政府能就為此選舉所作的令人滿意的安排達成諒解，我們將原則上願意同中國政府合作並將選舉委員會的選舉方式介紹給一九九五年的立法機構。

3. 我們認為有必要達成協議的一些主要方面：

（1）選舉委員會的規模及組成，每類成員的劃分及每類各成員的選舉。

（2）立法機構候選人提名與選舉程序。

4. 英國政府歡迎中國政府就這幾點發表詳細看法。就我們而言，我們相信以下原則能夠最好地構成建立一個立法機構選舉委員會的框架。

（1）鑒於選舉委員會的目標是選舉一部分立法機構的成員，它本身不應作為一個政府機構，一旦選舉立法機構成員的主要任務完成，它就應該停止活動。每一次新的選舉都將編制新的選舉名冊。

（2）選舉委員會的構成應盡量避免與選舉立法機構成員的其他組別的當選成員直接重複。

（3）選舉委員會應盡可能具有代表性。

（4）選舉委員會向立法機構提名候選人的程序應簡單、公開並在選舉法中作規定。

（5）選舉應以無記名投票的方式進行。

5. 注意到現有基本法草案所規定的其他選舉委員會的組成，英國政府謹提出以下幾點建議以便對選舉委員會的組成作進一步的詳細討論：

（1）工業、商業和金融部門，專業、勞工、社會服務和宗教部門 —— 百分之二十五。

（2）資深政治人物：包括前行政局議員、前立法局成員 —— 百分之二十五。

（3）市政局和區議會的成員 —— 百分之二十五。

（4）在《香港公務人員名冊》中列出的各法定及諮詢局和委員會的代表，（只包含那些非公務員性質的成員）百分之二十五選舉委員會具有廣泛的代表性，由經驗豐富和名望高的人士組成，這就使立法機構能繼續得益於具有廣泛代表性的人士的才能和經驗。

6. 在香港現行政府制度中，沒有使用選舉委員會制度進行立法機構選舉的先例，所以預先確定選舉委員會的作用、組成及工作程序，在基本法中說明並在香港特別行政區選舉法中及時予以詳細規定，這是一項十分重要的。如果中國政府能夠

就擬議中的制度的原則向香港人民作出保證（也許可以在基本法起草委員會召開全
會或頒佈基本法時這樣做），也將十分有利於促使人們接受該制度。

文件之六：陳滋英向唐納德大使轉達中方對英方
二月六日信息的答覆

一九九〇年二月八日傍晚，外交部港澳辦主任陳滋英緊急約見英駐華大使唐納
德，請唐向英方轉達中方對英方二月六日信息的答覆。中方答覆全文如下：

"大使先生於二月六日代表英方向中方傳遞的信息，我已報告給錢外長，並將
附來的三份書面材料轉給了我基本法專家。現在，我奉命答覆如下：

一、關於直接選舉的比例問題。中方早已明確表示，如英方承諾九一年香港立
法局的地區直接選舉議席不超過十八席，中方可以考慮使特區第一屆立法會的直選
議席增至二十席。對此，中方希望英方以書面形式在基本法起草委員會第九次全體
大會前予以確認。否則，中方將按基本法起草委員會政制專題小組已通過的十八席
定案。

二、關於選舉委員會問題。中方同意英方在文件中所提的關於選舉委員會的五
點原則。但對選舉委員會組成的比例，中方認為只能按照基本法（草案）附件一第
二項所規定的成分和比例，因為附件一在起草委員會第八次全體會議已獲全體委員
三分之二的多數通過。中方認為，上述成分和比例的規定是適當的，不宜再改。

三、關於分開計票問題。中方認為，此種表決方式有利於發揮立法會本身的制
衡作用，從而保障香港各階層的普遍利益，對香港的穩定繁榮有好處。至於分開計
票的具體方法將由最近召開的起草委員會第九次全體會議討論、決定。中方認為，
英方如不打算在九五年的香港立法局中實行分開計票的辦法，中方亦無意堅持此
點。從九七年特區第一屆立法會開始實行分開計票的辦法，對政制銜接並無影響。

四、關於非中國籍的和在外國有居留權的香港永久性居民在特區立法會的席位
限額問題，中方的立場早已十分明確。基本法必須對下列兩種人在特區立法會的席
位數目加以限額規定：一種是外國人，即非中國籍的香港特別行政區永久性居民。
另一種是在外國有居留權的香港特別行政區永久性居民中的中國公民。採取後一種
人包括在內的措施，完全是由於英國單方面公佈給予五萬個家庭以"完全的英國公
民地位"所引起的。英方自稱在香港立法局沒有國籍限制的說法是與香港的歷史事

實不符的。至於限額幅度，起草委員會第九次全體會議將會作出決定。"

文件之七：外交及聯邦事務大臣道格拉斯·赫德閣下給錢其琛外長閣下的信息

一九九〇年二月十二日英駐華大使唐納德將此件轉交外交部港澳辦陳滋英主任。

我現在有時間來充分考慮你二月三日的信息以及二月八日陳滋英先生按你的指示向愛倫·唐納德爵士表明的幾點意見。

如你所知，我極為重視我們兩國政府就香港未來的政治制度達成諒解，重建相互信任的氣氛。過去，在這種氣氛裡，我們兩國政府曾共同為促進香港的穩定與繁榮而努力，我認識到中國政府也是本著同樣的精神處理這個問題，並且為找到一條雙方滿意的前進道路進行了積極的努力。

在這一背景下，我現在準備就以下文字同中國政府確認一項諒解。如果《基本法》最後文本中規定香港特別行政區立法機構中的直選席位在一九九七年為二十個，在一九九九年二十四席，在二〇〇三年三十席，英國政府準備將於一九九一年實行直選時把直選席位限制在十八席。

但是，從我前幾次給你的信中你可以看出，直接選舉席位的增長速度比許多香港人及我們自己所期待的要慢。因此，我非常希望你看到一九九一年的立法機構進行運轉後會逐漸贊同我們的觀點，即：加速直接選舉議員的比例增長是可行的，也是理想的；希望經與你達成一致意見之後，於一九九五年適當增加直接選舉議員的比例，使直接選舉議員的比例有一個急劇的增長以便在一九九七年以後繼續增長。在此基礎上，我提議在現階段我只想說，一九九五年的立法機構中直接選舉的議席不少於二十個。但是我可向你保證，英國政府將會繼續認識到保持一九九七年以前和一九九七年以後安排的連續性是有益的。

我在前幾次信中還提到另外一個繼續使我十分關注的問題，那就是你所考慮的分開計票的條款。香港人對這一條款反應很差，大多數人認為這一條款極易引起分裂且會造成行政管理上的低效率。我不得不說，如果保存這一條款，實難贊成《基本法》中有關政治制度的安排，儘管我們希望有這些安排。因我強烈地敦促你不在《基本法》中列入有關分開計票的安排。這一點對香港輿論十分重要。

我原則同意你提出的成立選舉委員會的安排。這一選舉委員會可於一九九五年成立。此項安排的詳細細節可由雙方在適當時間進行討論。同時，我希望你已同意的五項原則能在《基本法》中得到反映。

我仍然認為，你提出的對香港非中國籍或享有外國居留權的永久性居民在香港特別行政區立法會中席位的限額，會給一九九五年至一九九七年間立法局全體議員的連續性造成困難，而該限額在現在的《基本法》草案中是一項重要的規定。如果你繼續認為有些限制極為重要的話，我希望你能考慮增加名額以減少這種風險。

（資料來源：《人民日報》1992 年 10 月 29 日第三版）

5.5 關於《中華人民共和國香港特別行政區基本法（草案）》及其有關文件的説明（節錄）

〔1990年3月28日在第七屆全國人民代表大會第三次會議上〕

各位代表：

中華人民共和國香港特別行政區基本法起草委員會經過四年零八個月的工作，業已完成起草基本法的任務。全國人大常委會已將《中華人民共和國香港特別行政區基本法（草案）》包括三個附件和香港特別行政區區旗、區徽圖案（草案），連同為全國人大代擬的《中華人民共和國全國人民代表大會關於香港特別行政區第一屆政府和立法會產生辦法的決定（草案）》和《香港特別行政區基本法起草委員會關於設立全國人民代表大會常務委員會香港特別行政區基本法委員會的建議》等文件提請全國人民代表大會審議。現在，我受香港特別行政區基本法起草委員會的委託就這部法律文件作如下説明。

……

一、關於起草基本法的指導方針

"一個國家，兩種制度"是我國政府為實現祖國統一提出的基本國策。按照這一基本國策，我國政府制訂了對香港的一系列方針、政策，主要是國家在對香港恢復行使主權時，設立特別行政區，直轄於中央人民政府，除國防、外交由中央負責管理外，香港特別行政區實行高度自治；在香港特別行政區不實行社會主義制度和政策，原有的資本主義社會、經濟制度不變，生活方式不變，法律基本不變；保持香港的國際金融中心和自由港的地位；並照顧英國和其他國家在香港的經濟利益。我國政府將上述方針政策載入了和英國政府共同簽署的關於香港問題的聯合聲明，並宣佈國家對香港的各項方針政策五十年不變，以基本法加以規定。"一國兩制"的構想及在此基礎上產生的對香港的各項方針政策，是實現國家對香港恢復行使主權，同時保持香港的穩定繁榮的根本保證，是符合我國人民，特別是香港同胞的根本利益的。

我國憲法第三十一條規定，"國家在必要時得設立特別行政區。在特別行政區內實行的制度按照具體情況由全國人民代表大會以法律規定。＂我國是社會主義國家，社會主義制度是我國的根本制度，但為了實現祖國的統一，在我國的個別地區可以實行另外一種社會制度，即資本主義制度。現在提交的基本法（草案）就是以憲法為依據，以＂一國兩制＂為指導方針，把國家對香港的各項方針、政策用基本法律的形式規定下來。

二、關於中央和香港特別行政區的關係

中央和香港特別行政區的關係，是基本法的主要內容之一，不僅在第二章，而且在第一、第七、第八章以及其他各章中均有涉及。

草案第十二條規定：＂香港特別行政區是中華人民共和國的一個享有高度自治權的地方行政區域，直轄於中央人民政府。＂這條規定明確了香港特別行政區的法律地位，是草案規定特別行政區的職權範圍及其同中央的關係的基礎。香港特別行政區是中華人民共和國不可分離的部分，是中央人民政府直轄的地方行政區域，同時又是一個實行與內地不同的制度和政策、享有高度自治權的特別行政區。因此，在基本法中既要規定體現國家統一和主權的內容，又要照顧到香港的特殊情況，賦予特別行政區高度的自治權。

草案所規定的由全國人大常委會或中央人民政府行使的職權或負責管理的事務，都是體現國家主權所必不可少的。如特別行政區的國防和外交事務由中央人民政府負責管理，行政長官和主要官員由中央人民政府任命；少數有關國防、外交和不屬於香港特別行政區自治範圍的全國性法律要在特別行政區公佈或立法實施，全國人大常委會決定宣佈戰爭狀態或因特別行政區發生其政府不能控制的危及國家統一或安全的動亂而決定特別行政區進入緊急狀態，中央人民政府可發佈命令將有關全國性法律在香港實施。除此以外，草案還規定，特別行政區應自行立法禁止任何叛國、分裂國家、煽動叛亂、顛覆中央人民政府及竊取國家機密的行為，禁止外國的政治性組織或團體在特別行政區進行政治活動，禁止特別行政區的政治性組織或團體與外國的政治性組織或團體建立聯繫。這對於維護國家的主權、統一和領土完整，維護香港的長期穩定和繁榮也是非常必要的。

草案所規定的特別行政區的高度自治權包括行政管理權、立法權、獨立的司法權和終審權，此外，經中央人民政府授權還可以自行處理一些有關的對外事務。應

該說，特別行政區所享有的自治權是十分廣泛的。

在行政管理權方面，草案在規定特別行政區依照基本法的規定自行處理香港的行政事務的同時，還具體規定了特別行政區在諸如財政經濟、工商貿易、交通運輸、土地和自然資源的開發和管理、教育科技、文化體育、社會治安、出入境管制等各個方面的自治權。如規定特別行政區保持財政獨立，財政收入不上繳中央，中央不在特別行政區徵稅；自行制訂貨幣金融政策，港幣為特別行政區的法定貨幣，其發行權屬於特別行政區政府。又如，規定特別行政區政府的代表可作為中國政府代表團的成員，參加同香港有關的外交談判；特別行政區可在經濟、貿易、金融、航運、通訊、旅遊、文化、體育等領域以"中國香港"的名義，單獨地同世界各國、各地區及有關國際組織保持和發展關係，簽定和履行有關協議。

在立法權方面，草案規定特別行政區立法機關制訂的法律經行政長官簽署、公佈即生效，這些法律雖然須報全國人大常委會備案，但備案並不影響生效。同時草案還規定，全國人大常委會只是在認為特別行政區立法機關制訂的任何法律不符合基本法關於中央管理的事務及中央和香港特別行政區的關係的條款時，才將有關法律發回，但不作修改。法律一經全國人大常委會發回，立即失效。這樣規定，符合"一國兩制"的原則，既符合憲法的規定又充分考慮了香港實行高度自治的需要。

根據憲法規定，解釋法律是全國人大常委會的職權。為了照顧香港的特殊情況，草案在規定基本法的解釋權屬於全國人大常委會的同時，授權香港特別行政區法院在審理案件時對本法關於特別行政區自治範圍內的條款可自行解釋。這樣規定既保證了全國人大常委會的權力，又有利於香港特別行政區行使其自治權。草案還規定，香港特別行政區法院在審理案件時對本法的其他條款也可解釋，只是在特別行政區法院對本法關於中央人民政府管理的事務或中央和特別行政區的關係的條款進行解釋，而該條款的解釋又影響到終局判決時，才應由香港特別行政區終審法院提請全國人大常委會作出解釋。香港特別行政區法院在引用該條款時，應以全國人大常委會的解釋為準。這樣規定可使香港特別行政區法院在審理案件時對涉及中央管理的事務或中央和特別行政區關係的條款的理解有所依循，不致由於不準確的理解而作出錯誤的判決。

草案規定特別行政區法院享有獨立的司法權和終審權，作為一個地方行政區域的法院而享有終審權，這無疑是一種很特殊的例外，考慮到香港實行與內地不同的社會制度和法律體系，這樣規定是必需的。香港現行的司法制度和原則一向對有關國防、外交等國家行為無管轄權，草案保留了這一原則，而且規定特別行政區法院在審理案件中遇到涉及國防、外交等國家行為的事實問題，應取得行政長官就此發出的證明文件，上述文件對法院有約束力。行政長官在發出證明文件前，須取得中央人民政府的證明書。這就妥善解決了有關國家行為的司法管轄問題，也保證了特別行政區法院正常行使其職能。

此外，為使全國人大常委會在就特別行政區立法機關制訂的任何法律是否符合基本法關於中央管理的事務及中央和香港特別行政區的關係的條款、對附件三所列適用於香港的全國性法律的增減以及基本法的解釋或修改等問題作出決定時，能充分反映香港各界人士的意見，起草委員們建議，在基本法實施時，全國人大常委會應設立一個工作機構，這個機構由內地和香港人士共同組成，就上述問題向全國人大常委會提供意見。為此起草了《香港特別行政區基本法起草委員會關於設立全國人民代表大會常務委員會香港特別行政區基本法委員會的建議》。

三、關於居民的基本權利和義務

草案第三章規定香港特別行政區居民和在香港特別行政區境內的其他人享有的廣泛權利和自由，包括政治、人身、經濟、文化、社會和家庭等各個方面。草案關於香港居民的權利和自由的規定，有以下兩個基本特點。

（一）草案對香港居民的權利和自由賦予了多層次的保障。針對香港居民組成的特點，不僅規定了香港居民所一般享有的權利和自由，也規定了其中的永久性居民和中國公民的權利，還專門規定了香港居民以外的其他人依法享有香港居民的權利和自由。此外，在明文規定香港居民的各項基本權利和自由的同時，還規定香港居民享有特別行政區法律保障的其他權利和自由。根據《公民權利和政治權利國際公約》、《經濟、社會與文化權利的國際公約》和國際勞工公約在香港適用的情況，草案規定這些公約適用於香港的有關規定繼續有效，通過特別行政區的法律予以實施。草案除設專章規定香港居民的權利和自由外，還在其他有關章節中作了一些規定。通過這幾個層次的規定，廣泛和全面地保障了香港居民的權利和自由。

（二）草案所規定的香港居民的權利、自由和義務，是按照"一國兩制"的原則，從香港的實際情況出發的，如保護私有財產權、遷徙和出入境的自由、自願生育的權利和對保護私人和法人財產的具體規定等等。草案還明確規定，有關保障香港居民的基本權利和自由的制度，均以基本法為依據。

四、關於政治體制

第四章政治體制主要規定了香港特別行政區的行政、立法以及司法機關的組成、職權和相互關係，規定了香港特別行政區行政長官、主要官員、行政會議和立法會成員、各級法院法官和其他司法人員以及公務人員的資格、職權及有關政策，還規定了香港特別行政區可設立非政權性的區域組織等等。

香港特別行政區的政治體制，要符合"一國兩制"的原則，要從香港的法律地位和實際情況出發，以保障香港的穩定繁榮為目的。為此，必須兼顧社會各階層的利益，有利於資本主義經濟的發展；既保持原政治體制中行之有效的部分，又要循序漸進地逐步發展適合香港情況的民主制度。根據這一原則，本章以及附件一、附件二對香港特別行政區政治體制有以下一些主要規定：

（一）關於行政機關和立法機關的關係。行政機關和立法機關之間的關係應該是既互相制衡又互相配合；為了保持香港的穩定和行政效率，行政長官應有實權，但同時也要受到制約。草案規定，行政長官是香港特別行政區的首長，對中央人民政府和香港特別行政區負責。行政長官領導香港特別行政區政府；簽署法案並公佈法律，簽署財政預算案；行政長官如認為立法會通過的法案不符合香港特別行政區的整體利益，可將法案發回立法會重議，如行政長官拒絕簽署立法會再次通過的法案，或立法會拒絕通過政府提出的預算案或其他重要法案，經協調仍不能取得一致意見，行政長官可解散立法會。草案又規定，政府必須遵守法律，向立法會負責：執行立法會制訂並已生效的法律，定期向立法會作施政報告，答覆有關質詢，徵稅和公共開支需經立法會批准；行政長官在作出重要決策、向立法會提交法案、制訂附屬法規和解散立法會前，必須徵詢行政會議的意見。同時又規定，如立法會以不少於全體議員三分之二多數再次通過被行政長官發回的法案，行政長官必須在一個月內簽署公佈，除非行政長官解散立法會；如被解散後重選的立法會仍以三分之二多數通過有爭議的原法案或繼續拒絕通過政府提出的財政預算案或其他重要法案，行政長官必須辭職；如行政長官有嚴重違法或瀆職行為而不辭職，立法會通過一定程序可提出彈劾案，報請中央人民政府決定。上述這些規定體現了行政和立法之間相互制衡、相互配合的關係。

（二）關於行政長官的產生辦法。草案規定，行政長官在當地通過選舉或協商產生，報中央人民政府任命。行政長官的產生辦法要根據香港的實際情況和循序漸進的原則而規定，最終達到由一個有廣泛代表性的提名委員會按民主程序提名後普選的目標。據此，附件一對行政長官的產生辦法作了具體規定，在 1997 年至 2007 年的十年內由有廣泛代表性的選舉委員會選舉產生，此後如要改變選舉辦法，由立法會全體議員三分之二多數通過，行政長官同意並報全國人大常委會批准。行政長官的具體產生辦法由附件規定比較靈活，方便在必要時作出修改。

（三）關於立法會的產生辦法和立法會對法案和議案的表決程序。草案規定，立法會由選舉產生，其產生辦法要根據香港的實際情況和循序漸進的原則而規定，最終達到全體議員由普選產生的目標。據此，附件二對立法會的產生辦法作了具體規定，第一、二屆立法會由功能團體選舉、選舉委員會選舉和分區直接選舉三種方式產生的議員組成。在特別行政區成立的頭十年內，逐屆增加分區直選的議員席位，減少選舉委員會選舉的議員席位，到第三屆立法會，功能團體選舉和分區直選的議員各佔一半。這樣規定符合循序漸進地發展選舉制度的原則。附件二還規定，立法會對政府提出的法案和議員個人提出的法案、議案採取不同的表決程序。政府提出的法案獲出席會議的議員過半數票即為通過；議員個人提出的法案、議案和對政府法案的修正案須分別獲功能團體選舉的議員和分區直接選舉、選舉委員會選舉的議員兩部分出席會議的議員的各過半數票，方為通過。這樣規定，有利於兼顧各階層的利益，同時又不至於使政府的法案陷入無休止的爭論，有利於政府施政的高效率。在特別行政區成立十年以後，立法會的產生辦法和對法案、議案的表決程序如需改進，由立法會全體議員三分之二多數通過，行政長官同意並報全國人大常委會備案。立法會的具體產生辦法和對法案、議案的表決程序由附件規定，也是考慮到這樣比較靈活，方便必要時作出修改。

（四）關於香港特別行政區行政長官、行政會議成員、立法會主席、政府主要官員、終審法院和高等法院首席法官以及基本法委員會香港委員的資格。草案的有關條文規定，擔任上述職務的人必須是在外國無居留權的香港特別行政區永久性居民中的中國公民。這是體現國家主權的需要，也是體現由香港當地人管理香港的原則的需要，只有這樣才能使擔任上述職務的人切實對國家、對香港特別行政區以及香港居民負起責任。也正是基於這一考慮，有關條文還規定，特別行政區立法會必須由在外國無居留權的香港特別行政區永久性居民中的中國公民組成。但照顧到香港的具體情況，允許非中國籍的香港特別行政區永久性居民和在外國有居留權的香港特別行政區永久性居民可以當選為立法會議員，但其所佔比例不得超過立法會全體議員的 20%。

（五）關於香港特別行政區第一屆政府和立法會的產生辦法。根據體現國家主權、有利平穩過渡的原則，香港特別行政區的成立須由全國人大設立的香港特別行政區籌備委員會負責主持。考慮到籌備工作須在香港特別行政區第一屆政府和立法會成立之前進行，而基本法要到 1997 年 7 月 1 日才開始實施，起草委員會建議，全國人大對第一屆政府和立法會的產生辦法作出專門決定，此項決定與基本法同時公佈。起草委員會為此起草了有關決定的代擬稿。規定香港特別行政區第一任行政長官，由香港人組成的推選委員會負責產生，報請中央人民政府任命；原香港最後一屆立法局的組成如符合全國人大關於特別行政區第一屆政府和立法會產生辦法的決定中的規定，其議員擁護基本法，願意效忠香港特別行政區並符合基本法規定條件者，經籌委會確認後可成為香港特別行政區第一屆立法會議員。這樣安排，是為了保證香港在整個過渡時期的穩定以及政權的平穩銜接。

此外，還規定行政長官、主要官員、行政會議和立法會成員、各級法院法官和其他司法人員在就職時必須宣誓擁護基本法，效忠中華人民共和國香港特別行政區。

......

中華人民共和國香港特別行政區

基本法起草委員會主任委員

姬鵬飛

5.6 中華人民共和國香港特別行政區基本法（節錄）

第四章　政治體制

第一節　行政長官

第四十三條　香港特別行政區行政長官是香港特別行政區的首長，代表香港特別行政區。

香港特別行政區行政長官依照本法的規定對中央人民政府和香港特別行政區負責。

第四十四條　香港特別行政區行政長官由年滿四十周歲，在香港通常居住連續滿二十年並在外國無居留權的香港特別行政區永久性居民中的中國公民擔任。

第四十五條　香港特別行政區行政長官在當地通過選舉或協商產生，由中央人民政府任命。

行政長官的產生辦法根據香港特別行政區的實際情況和循序漸進的原則而規定，最終達至由一個有廣泛代表性的提名委員會按民主程序提名後普選產生的目標。

行政長官產生的具體辦法由附件一《香港特別行政區行政長官的產生辦法》規定。

……

第三節　立法機關

……

第六十八條　香港特別行政區立法會由選舉產生。

立法會的產生辦法根據香港特別行政區的實際情況和循序漸進的原則而規定，最終達至全部議員由普選產生的目標。

立法會產生的具體辦法和法案、議案的表決程序由附件二《香港特別行政區立法會的產生辦法和表決程序》規定。

第六十九條 香港特別行政區立法會除第一屆任期為兩年外，每屆任期四年。
⋯⋯

附件一　香港特別行政區行政長官的產生辦法

一、行政長官由一個具有廣泛代表性的選舉委員會根據本法選出，由中央人民政府任命。

二、選舉委員會委員共 800 人，由下列各界人士組成：

工商、金融界	200 人
專業界	200 人
勞工、社會服務、宗教等界	200 人
立法會議員、區域性組織代表、	
香港地區全國人大代表、	
香港地區全國政協委員的代表	200 人

選舉委員會每屆任期五年。

三、各個界別的劃分，以及每個界別中何種組織可以產生選舉委員的名額，由香港特別行政區根據民主、開放的原則制訂選舉法加以規定。

各界別法定團體根據選舉法規定的分配名額和選舉辦法自行選出選舉委員會委員。

選舉委員以個人身份投票。

四、不少於一百名的選舉委員可聯合提名行政長官候選人。每名委員只可提出一名候選人。

五、選舉委員會根據提名的名單，經一人一票無記名投票選出行政長官候任人。具體選舉辦法由選舉法規定。

六、第一任行政長官按照《全國人民代表大會關於香港特別行政區第一屆政府和立法會產生辦法的決定》產生。

七、二〇〇七年以後各任行政長官的產生辦法如需修改，須經立法會全體議員三分之二多數通過，行政長官同意，並報全國人民代表大會常務委員會批准。

附件二　香港特別行政區立法會的產生辦法和表決程序

一、立法會的產生辦法

（一）香港特別行政區立法會議員每屆 60 人，第一屆立法會按照《全國人民代表大會關於香港特別行政區第一屆政府和立法會產生辦法的決定》產生。第二屆、第三屆立法會的組成如下：

第二屆

功能團體選舉的議員	30 人
選舉委員會選舉的議員	6 人
分區直接選舉的議員	24 人

第三屆

功能團體選舉的議員	30 人
分區直接選舉的議員	30 人

（二）除第一屆立法會外，上述選舉委員會即本法附件一規定的選舉委員會。上述分區直接選舉的選區劃分、投票辦法，各個功能界別和法定團體的劃分、議員名額的分配、選舉辦法及選舉委員會選舉議員的辦法，由香港特別行政區政府提出並經立法會通過的選舉法加以規定。

二、立法會對法案、議案的表決程序

除本法另有規定外，香港特別行政區立法會對法案和議案的表決採取下列程序：

政府提出的法案，如獲得出席會議的全體議員的過半數票，即為通過。

立法會議員個人提出的議案、法案和對政府法案的修正案均須分別經功能團體選舉產生的議員和分區直接選舉、選舉委員會選舉產生的議員兩部分出席會議議員各過半數通過。

三、二〇〇七年以後立法會的產生辦法和表決程序

二〇〇七年以後，香港特別行政區立法會的產生辦法和法案、議案的表決程序，如需對本附件的規定進行修改，須經立法會全體議員三分之二多數通過，行政長官同意，並報全國人民代表大會常務委員會備案。

5.7　全國人民代表大會關於香港特別行政區第一屆政府和立法會產生辦法的決定

〔1990 年 4 月 4 日第七屆全國人民代表大會第三次會議通過〕

一、香港特別行政區第一屆政府和立法會根據體現國家主權、平穩過渡的原則產生。

二、在 1996 年內，全國人民代表大會設立香港特別行政區籌備委員會，負責籌備成立香港特別行政區的有關事宜，根據本決定規定第一屆政府和立法會的具體產生辦法。籌備委員會由內地和不少於 50% 的香港委員組成，主任委員和委員由全國人民代表大會常務委員會委任。

三、香港特別行政區籌備委員會負責籌組香港特別行政區第一屆政府推選委員會（以下簡稱推選委員會）。

推選委員會全部由香港永久性居民組成，必須具有廣泛代表性，成員包括全國人民代表大會香港地區代表、香港地區全國政協委員的代表、香港特別行政區成立前曾在香港行政、立法、諮詢機構任職並有實際經驗的人士和各階層、界別中具有代表性的人士。

推選委員會由 400 人組成，比例如下：

工商、金融界	25%
專業界	25%
勞工、基層、宗教等界	25%
原政界人士、	
香港地區全國人大代表、	
香港地區全國政協委員的代表	25%

四、推選委員會在當地以協商方式、或協商後提名選舉，推舉第一任行政長官人選，報中央人民政府任命。第一任行政長官的任期與正常任期相同。

五、第一屆香港特別行政區政府由香港特別行政區行政長官按香港特別行政區基本法規定負責籌組。

六、香港特別行政區第一屆立法會由 60 人組成，其中分區直接選舉產生議員 20 人，選舉委員會選舉產生議員 10 人，功能團體選舉產生議員 30 人。原香港最後一屆立法局的組成如符合本決定和香港特別行政區基本法的有關規定，其議員擁護中華人民共和國香港特別行政區基本法、願意效忠中華人民共和國香港特別行政區並符合香港特別行政區基本法規定條件者，經香港特別行政區籌備委員會確認，即可成為香港特別行政區第一屆立法會議員。

香港特別行政區第一屆立法會議員的任期為兩年。

第
六
章

"直通車" 停駛：
中英關於政制發展的爭論

1990 年 4 月《基本法》通過後，香港進入過渡期的後半段，這段時期伊始，中英兩國按照協議順利完成了.1991 年立法局選舉，但兩國的蜜月期隨著彭定康（Christopher Francis Patten，香港第二十八任，亦即最後一任總督）就任香港總督戛然而止。在彭定康 1992 年 10 月發表的施政報告中，他提出了自己的"政改方案"，**文件** 6.1 節錄了這份施政報告的相關內容。

需要注意的是，彭定康的"政改方案"並非僅僅集中在立法局的選舉安排上（例如擴大功能組別選民基礎的"新九組"及選舉委員會本身通過選舉產生），還在於相對於立法局降低了行政機關的權力和地位、改變了行政立法關係、通過賦予區議會更多的權力加速發展地方行政，這些措施都對《基本法》規定的未來特區的政制發展有所影響，讀者在閱讀相關段落時可以留意觀察。

文件 6.2 是港英當局布政司署憲制事務科起草的劃分"新九組"的建議説明。讀者可以發現，按照這種劃分，"新九組"加上之前的功能組別，幾乎囊括了全港合資格選民。

彭定康的做法受到了中方的嚴厲譴責。**文件** 6.3 是時任新華社香港分社社長周南於 1993 年 1 月在香港接受《鏡報》記者採訪的內容節錄，**文件** 6.4 是時任港澳辦主任魯平在北京出席記者招待會的答問記錄。中方的立場是一貫的，即彭定康的"政改方案"違反了《中英聯合聲明》、《基本法》及中英兩國外交部長通過七封信件達成的協議。周南回顧了中英談判的歷史，並從當時國際形勢的發展背景對英方的轉變作了解讀。魯平在記者招待會詳細介紹了自彭定康提出"政改方案"（1992 年 10 月）到將其刊憲（1993 年 3 月）這段時間中英兩國的談判過程。

雖然中英兩國對彭定康"政改方案"的立場相衝突，但兩國的談判仍在繼續，1993 年 4 月至 11 月，中英兩國共舉行了 17 輪談判，**文件** 6.5 是英國政府以白皮書的形式公開了這 17 輪談判的經過，**文件** 6.6 是中國政府由外交部發言人公佈的這 17 輪談判的經過，從內容到措辭，可以看出，兩國均各自表述，達成協議實際已不可能。

　　因為中英兩國的 17 輪談判以失敗告終，香港 1995 年立法局選舉隨即按照彭定康"政改方案"實施，**文件** 6.7 及**文件** 6.8 是港英政府 1994 年制訂《1994年立法局（選舉規定）（修訂）條例》時，立法局法案委員會與港英當局各自的意見陳述。

6.1 總督彭定康施政報告（節錄）

〔1992 年 10 月 7 日〕

各位議員：

香港的未來：五年大計展新猷

1. 還有不到五年，英國便會結束對香港的管治。一個章節將會結束，接著另一個章節便會開始。現在是時候訂定我們未來五年的目標。現在是時候弄清楚我們希望未來的香港是什麼模樣。現在也是時候表明我們打算怎樣按照 "一國兩制" 這個極具遠見的構思，為香港的未來作好準備。

2. 我的目標很簡單，就是要保障香港的生活方式。這個生活方式，不單在物質和文化方面為我們帶來了重大的利益，而且更融合了大家都珍惜的價值觀。香港的安定繁榮是我們生活方式的支柱。同樣地，我們未來的安定繁榮，亦必須以香港的生活方式為基礎。全賴這些因素互相配合，香港取得了出人意表的成就。香港的過去和現在都值得我們引以為豪，這應可使我們對將來充滿信心。

3. 由我領導的政府，將會根據四項主要原則制訂政策：

第一，我們必須繼續保持經濟方面的成功，這方面的成功，使香港成為世界的奇跡之一：對於商業，我們將會繼續依循作出最少干預、給予最大支持的方針；

第二，我們必須讓個人和家庭自由選擇生活的方式，同時對那些往往非因本身有過錯，卻真正需要別人援手的人，給予適當協助；

第三，我們必須保證施行法治，由獨立的司法機構執行以民主方式制訂的法律，而且絕不鬆懈地打擊犯罪和貪污行為；

第四，我們必須讓本港市民在管理本身事務上能有最大程度的民主參與，並加強對本港前途的信心。

4. 假如我們恪守這些原則：

我們便可令經濟持續繁榮蓬勃，創造所需財富，使提供的公共服務，能達到市民要求的合理水平；

我們便會擁有一個各種自由和生活方式都受到保障的社會；這個社會的制度強

健有效，並能透過植根於社會，吸取力量；及

我們便會擁有一個能清楚明確地領導市民，並能對香港不斷轉變的需要和期望迅速作出回應的政府。

......

憲制方案

101. 要保證香港在我們可預見或展望的將來仍然繼續繁榮興旺，最有效的方法，是維持我們現有的生活方式。香港的生活方式不變，正是中英聯合聲明所訂明的一個要點。已故總督尤德爵士在談判聯合聲明中扮演了一個重要的角色。這種生活方式，亦即所謂本港的"制度"不可或缺的一部分，就是每個市民在管理香港事務方面的參與。我們以什麼步伐去擴大這種參與，以及可以把這種參與擴大至什麼範圍，是本港及其他地方許多公開辯論的中心問題。我亦希望就香港推行民主的問題，申明我自己的信念和目標。我們能夠越快找到令本港市民滿意的方法，去解決這些重大問題便越好；我更希望這些解決方法能令中國和英國的朋友都感到滿意。而我所說的一切，都是基於一個假定，就是最後達成的方案除非能令香港市民滿意，否則便很難像我們以至北京和倫敦所希望一般順利推行。

102. 有關民主步伐的辯論，有兩派不同的主張，其中一派要求即時區的最大的民主進展，理由是無論從經濟成就、教育水平或任何其他進展指標方面去衡量，香港都顯然是高度發展和成熟的。另一派卻認為，每個社會都應以順應本身情況的步伐來發展自己的民主制度。我們並且認為，強行加快步伐，會對本港獨特的憲制安排構成壓力，同時令一九九七年的銜接變得困難。

政制發展

103. 我有責任向公眾表明我的立場。我的事業生涯，都是在參與一個以代議民主為基礎的政制之中度過的。如果說這並沒有對我產生什麼影響，那就奇怪了。事實上，我是有受它影響的。我一直很拜服*以賽亞‧柏林*對民主的看法，他說："民主就是：認為促進社會公益和個人自由，未必意味著有效管治不再存在；權力和秩序並不等於要受到經濟或政治教條的束縛；而個人自由 —— 社會一個鬆散的特質 —— 與不可或缺的最少量組織和權力是可以調和的。"

104. 我是本著這些觀念來履行管理香港的責任。在這裡，已簽訂的各項國際協議，以及不可改變的歷史、地理和經濟實況，塑造和限定了如何把這些觀念應用於香港的方式。香港人都深深明白這個現實，也許較很多希望以香港人作為賭注，實現他們主張的人更為清楚，雖然這些主張無疑是善意的主張。

105. 我們都知道，本港推行民主的步伐必然是受到約束的。不過，它只是受到約束，而不是在前進的軌道上被截停。當然，有些人認為，無論其他地方的情況會如何，香港都不需要任何進一步的政制發展。他們往往提出冠冕堂皇的論據。容許我說，香港的管理方式已經是公平和正當的；香港的經濟欣欣向榮；以任何標準來說，個人自由程度都很高。我也明白到香港獨特的歷史經驗，但這些論據都只不過是主張民主步伐應停滯不前的。

106. 我們不能選擇停滯不前。中英兩國政府在聯合聲明中，已同意應繼續推動民主，成立一個完全經由選舉產生的立法機關。基本法亦訂明立法機關的直選議席會穩步增加，而不是停滯不前。而且，基本法的草擬者無疑也知道，市民都希望有更大程度的民主。每當市民被問及這個問題時，都會這樣回答。

107. 民主並不僅是一個哲學理想，它還是促進經濟進步的要素。讓我舉例說明我的意思。如果沒有了民主制度支持的法治，投資者便會毫無保障。如果沒有了獨立的司法機構，去執行以民主方式指定的法律，商業便很可能因任意、專橫的政治決定而受損，這樣肯定會導致信心崩潰和令海外投資者卻步。

108. 所以，民主不單是一個價值觀念，也會對人民帶來好處。民主有助於創造可以吸引人才和資金流入香港並把它們留下來的社會和營商機會。最重要的，民主提供了一個行之有效的制度，讓成熟和練達的市民，有權對如何管理他們的社會發言，並且可以毫不畏懼地指出管理階層在哪些地方和什麼時候犯了錯。

行政局與立法局的關係

109. 在著手推動憲制發展時，有些轉變是可以即時實行，以鞏固我們的代議機制的。其他改善措施比較長遠，而且主要與一九九五年的選舉有關。我們需就這些措施與中國政府進行磋商，同時亦需 —— 我希望強調這點 —— 顧及社會人士的意見，並取得本局的支持。

110. 讓我先談談那些可以、並且應該立即實行的措施。我的目的是確保我們有一個有魄力的、有效的、行政主導的政府，而這個政府又確實地向立法局負責。我相信在現階段的政制發展，行政與立法兩個機關的角色有可能混淆不清，引致削弱行政機關的效能，同時阻礙立法機關發展成為一個制衡政府的獨立組織。

111. 去年，香港在憲制上有長足發展。不過，正如我所說，這些發展令人對行政局和立法局的關係產生疑慮，這是不足為奇的。由於我們已展開建立一個完全由選舉產生的立法機關的步伐，對行政局的角色不免產生影響。然而，我們不應忽略我們的首要工作。聯合聲明和基本法都清楚表明，立法機關是憲制中須加以發展的主要部分，因此，這就是我最關注的事項。

一個與立法局分開的行政局

112. 有了一個已經改變和更具代表性的立法局後，行政局的發展和所擔當的諮詢角色，又有什麼可供選擇的方案呢？在已研究過的多項建議中，看來只有兩項是較合乎情理的——其一是聯盟形式的行政局，其二是行政局和立法局徹底分家。

113. 在一九九一年立法局選舉後，我們在某種程度上曾嘗試採用聯盟的方式，但卻未能完全付諸實行。一些可能同時出任兩局議員的人，視保密原則和集體負責制為過於沉重的負擔，這是可以理解的。對那些已加入行政局的立法局議員來說，要在爭取社會人士支持或成立政黨的同時，卻又要履行支持政府政策的責任，實在是一種負累。

114. 除了這些在政治上的實際困難外，我認為聯盟的方式還有一個更基本的問題。人們不時說，他們擔心行政局會變成立法局的縮影，主要是因為他們擔心這樣做不知會對行政局造成什麼影響。我反而更加關注本局會受到的影響。這個做法會把政治辯論由立法局的公開辯論變為行政局的閉門討論。如果把在立法機關公開進行的政治辯論，改為閉門保密討論，令選出立法機關的選民無法知情，那還算什麼民主？

115. 此外，一個聯盟式的行政局，意味著一些從委任途徑加入立法局的議員，再獲委任加入行政局。這種"雙重委任"的做法，日後會令我們為加強本港代議政制作出的努力，變得毫無意義。我這樣說，對一直表現出色的行政局議員，絕無不敬之意。

116. 在考慮過這些論點後，我的結論是，在現階段的政制發展中，行政局和立法局議員的身份不應重疊，我打算暫時把行政局和立法局的非官方議員分開。此舉可令兩局都能適當地發揮本身的角色。各政黨和政治團體將來亦可在本局內自由發揮他們的計劃和政綱，而不會受到因兼任行政局議員而必需遵守的約束所掣肘。

117. 我謹向今天退出行政局的各位兩局議員致謝。他們很多在履行行政局議員所必須遵守保密和集體負責的責任的同時，還要努力負起政黨政治帶來的重要新職責，實在令我欽佩不已。香港市民應感謝他們在過去一年來，本著真誠和善意，肩負起日益艱巨的政治重擔。

新組成的行政局

118. 我期望新組成的行政局是一個非政黨的政治組織，並可以就政府需要處理的多方面事務，向我提供明智和中肯的意見。因此，我會委任在本身行業中表現卓越的獨立社會人士，加入行政局；他們向我提供意見時，可以無需顧慮因積極參與政治活動而與他們對行政局的忠誠有所抵觸。行政局的成員亦會包括數名政府高級官員。我將會在今天稍後時間，公佈新的行政局議員人選。此外，我亦期望行政局能一改近期的做法，用較多時間處理策略問題，減少用在政府細微事務上的時間。我將會不時邀請非官方議員運用他們的專門知識，與政府當局共同制訂一些與他們專長範疇有關的政策。然後政府當局便會負責向本局議員闡釋這些政策，以及說服本局議員通過和發展這些政策。負責的實際意思就是：政府當局與各位議員之間有建設性的對話，而這就是我接著要講的話題。

立法局主席

119. 分開兩局的非官方議員，意味著必須讓立法局自行處理本身的事務，而在這個過程中，它更需要進一步發展與政府的關係。這是皇室訓令現時訂明的情況，亦是基本法第七十五條所訂明的將來情況。我希望在完成所需的程序後，儘快把主持本局會議的責任，交予各位議員互選出來的主席負責，作為朝著這個方向邁出的重要一步。

120. 這表示在將來，我會以行政機關首長的身份向本局負責，而不受作為本局主席的角色所局限。為要實行向本局負責，我建議如各位同意的話，我在立法局會期內，每個月至少有一個星期四與各位會面，答覆議員的問題和討論政府的政策及建議。但實際上，我相信我們會面的次數將會更頻密。此外，我亦打算就一些重要的外地訪問，例如行將到中國的訪問，以及其他重要發展，向本局作出彙報。我們顯然要共同訂出實行這些安排的最佳辦法。正如各位所知，在各位同意下，我已安排明天就舉行第一次這類會議。

立法局的行政管理

121. 我們需要更進一步確保本局具備有效地代表市民所需的獨立性。你們必須可以明確而獨立地管理本局的事務。行政立法兩局議員辦事處表現卓越。我知道你們一直在考慮該辦事處的前途，而結束該辦事處似乎是明智的做法。我們準備和議員積極合作，發展在行政管理和支援設施方面的財政和管理獨立。我們歡迎你們提出建議。

122. 你們已擁有發展本身的委員會架構所需的權力。我想你們都希望建立一個制度，以確保行政機關正如聯合聲明和基本法訂定一般，能充分向立法機關負責，並確保這個過程是有實效和公開的。

政府及立法局事務委員會

123. 我們需要建立本局與政府的關係，以確保公眾事務，亦即政府的立法及財務計劃，能夠有效地進行。我建議應成立一個政府及立法局事務委員會，以便政府當局可與本局議員商討有關處理立法及財務計劃的事宜。這個新的非法定組織，將會由我或布政司或財政司主持，視乎所討論的事項而定。我會請本局自行決定我應邀請哪些議員加入新組織。我想本局亦希望確保這些議員能夠廣泛代表全體議員。

124. 我們需要商討有關成立這個委員會的詳細安排。不過，這個委員會的主要目標，是建立本局與政府之間的有效工作關係這個重要任務，使政府可充分了解議員的關注，而本局亦可獲得政府詳細解釋它要求議員支持的建議。

一九九五年選舉

125. 我所概述建議，將為一九九五年選舉所需的轉變作好準備。我知道許多人都認為最重要的問題，是直選議席的數目。按照現時的計劃，在一九九五年，直選議席的數目，將由 18 個增至 20 個，並會在以後的選舉中繼續增加，最終達致立法局完全由直選議員組成的目標。有人認為我們應該致力加快這方面的發展步伐，這個論點已提出了一段時間，而英國政府亦已作出承諾，答應與中國政府磋商。因此，英國外交及聯邦事務大臣兩個星期前在紐約與中國外交部長會面時，向中方提出增加一九九五年立法局直選議席的事。中方認為此舉並不符合基本法，而他們已說過，基本法在一九九七年以前是不能修改的。

126. 我們會繼續就有關在一九九五年增加直選議席的事，力陳我們的立場。但這並不是在香港建立民主的唯一途徑。我很希望我們能同時研究如何在聯合聲明和基本法條文的範圍內，儘量發展我們的代議制度。英國外相已在我先前提及的紐約會晤中，把我的想法告訴了中國外交部長。

127. 我想強調，我們以真誠的態度，著手進行這些由英國外相展開的磋商，以期向中國政府的同事說明更具代議特色的制度可為香港帶來的好處。若要這個過程順利成功，香港的政界人士便要表現睿智和克制，並以事實證明較大程度的民主，可為香港的發展、市民的福祉，以及社會的信心作出重大的貢獻。

為何需要進行討論

128. 希望大家都明白我們為什麼與中國政府磋商這些關於一九九五年選舉的問題。社會人士都想擁有更具代議特色的政府。不過，我認為同樣明顯的是，大多數市民都希望各項憲制改革能儘量符合基本法，並從而跨越一九九七年。我尊重這些人士的意見。同時，我們亦須考慮香港現時及未來的主權國的意見。因此，我們需要與北京方面認真討論我今天提出的各項建議。

選舉方案

129. 在這裡劃一條線，宣佈本局將會在適當時候獲告知磋商的結果，在外交或許以及政治方面來說，都非常容易。不過，我從來沒有想過要這樣做。你們應該知道更多，而我亦相信，我的首要責任是要對本局和社會人士坦誠。

130. 因此，我今天會向各位闡述我希望與社會人士和中國政府大致上在哪些方面取得諒解。

降低投票年齡

131. 首先，正如本局所提議，我希望投票年齡可由 21 歲降低至 18 歲。在中國和英國，以及世界其他國家，18 歲都被視為一個合理的投票年齡。香港的青年男女，與其他國家同一年齡組別的青年人一樣，都能運用自己的判斷力，履行公民的責任。

單議席單選票

132. 接著下來，我想談談分區直選的投票制度。我認為所採用的制度應該清楚易明、公正持平，以及得到選民信任。一九九一年實行的雙議席選區制度受到批評，被指為有一種所謂"聯票"效應。為免產生這個問題，而又能維持一個簡單明確的制度，我認為最佳的辦法，是在單議席選區中，讓每一名選民投一票，選出一名由直接選舉產生的代表。這個辦法，是市民通過參與兩個市政局及區議會選舉所熟悉的辦法，亦反映了本局多數議員的意見。

功能組別方面的修改

133. 我們需要研究現有的 21 個功能組別，以及需要增設的九個新組別。在這項工作上，我認為我們應有兩個目標。我們要回應一些對現有功能組別的批評，辦法是擴大功能組別的選民數目，從而給予它們比較廣闊的支持基礎。此外，假如我們能夠讓社會上每名在職人士都有第二個投票機會，代表他們工作上的利益，則可取得市民對整個功能組別制度的信任。

134. 至於現有的功能組別方面，我建議所有形式的法團投票均應以個人投票取代。因此，商界和工商界功能組別的法團選民，應由擁有或主管有關法團的個人取代。舉例來說，香港總商會會員公司的所有董事將可以投票，而不像往常一樣，只有這些公司本身才有投票權。根據同一原則，在勞工界功能組別中，指定的職工會執事將會獲得投票權；而在社會服務界功能組別中，已登記的社會工作者將與福利機構的主管人員一樣，有投票權。

135. 總的來說，這些措施會把有關的功能組別的選民範圍擴大五倍以上。同時，擴大若干專業選舉組別（例如衛生界、教育界，以及工程、建築、測量及都市規劃界）的選民範圍，看來也是合理的。

136. 至於九個新的功能組別，最簡單和最公平的做法，是使它們的界定範圍包括整個香港的工作人口。要做到這一點，我們可以沿用現行界定各行業的辦法，使每個行業內的每名在職人士都可投一票。

這些界別是：

——漁農礦產、電力及建築界；

——紡織及製衣界；

——製造界；

　　—— 進出口界；

　　—— 批發及零售界；

　　—— 酒店及飲食界；

　　—— 運輸及通訊界；

　　—— 金融、保險、地產及商業服務界；及

　　—— 公共、社會及個人服務界。

　　此舉有兩個主要作用。第一，可讓本港每個在業的人都有機會選出一名代表他們行業的立法局議員。第二，把所有行業都包括在功能組別內，可確保立法局有廣泛的代表性。

　　137. 這些措施會把 30 個功能組別的選民範圍，擴大至全港 270 萬工作人口中所有符合資格的選民。當然，每一名選民只能夠在一個功能組別中投票。

加強地方行政

　　138. 我現在談到第四點，就是區議會和兩個市政局所擔當的極重要角色。本局曾於本年較早時敦促我檢討它們的角色，以及加強兩個市政局和區議會的代表性和責任承擔。

　　139. 兩個市政局已經擁有廣泛的行政權力。但我認為，非常重要的區議會，它們的職能卻過於局限。因此，我打算在一九九三年，擴大區議會的職責、功能和財政預算，使區議會在處理影響區內居民的問題上負起更大的責任。在許多地區事務上，區議會比中央政府更適合為區內居民的利益，作出決定。因此，我們會讓區議會全權負責小規模環境改善工程、地區性工務計劃和社區建設活動的經費管理。此外，區議會亦將會負責管理社區會堂和委任多類地區團體的成員，例如學校聯絡委員會、工會聯絡委員會和公民教育委員會。

　　140. 當區議會負起更大的責任，而本局的議員在一九九五年完全由選舉產生後，我相信很難再有理由繼續實行區議會的委任議員制度。因此，我建議由一九九四年起，除了新界的區議會的當然議員外，所有區議員都應由直選產生。同時，我們亦應增加兩個市政局的直選議席。我們會繼續讓區議會及鄉議局選出現有數目的代表進入兩個市政局，但我們亦應廢除委任議席。

選區分界及選舉事務委員會

141. 實施上述各項為立法局、市政局和區議會選舉所作出的安排，須劃定新選區和重劃現有選區的分界，因此會產生大量工作。為確保這項重要工作做得公平合理起見，我提議我們應按照本局的建議，建立一個獨立及直接向我負責的選區分界及選舉事務委員會。

把計劃具體化

142. 我想強調一點，就是我提出的是一些建議，並非最後決定的計劃。要把這些建議具體化，香港、倫敦和北京均須付出努力、坦率對話和處事以誠。其中一些建議亦牽涉繁複的行政安排。舉例來說，根據工作人口的廣泛工業類別劃分新功能組別的選民登記工作，將會十分艱巨，但我相信，我們是不能讓這些挑戰阻嚇我們的。

143. 在制訂這套方案時，我是嘗試在現有制度上發展，並嘗試給予這些制度較廣闊的支持基礎。

一九九五年的選舉委員會

144. 現在只餘下一項具有特別挑戰性的問題。

145. 除非基本法有任何更改，否則我們在一九九五年便需有一個選舉委員會。這個委員會將須選出多至十位立法局議員。基本法並無訂定一九九五年選舉委員會的成員組合。事實上，基本法清楚訂明，該選舉委員會的成員組合，不會是一九九九年選舉委員會的規定成員組合。

146. 我們若須組織選舉委員會，最理想便是組織一個能夠真正代表社會人士的。鑒於在一九九五年所有立法局議員都必須由選舉產生，委員會的成員亦應由選舉產生才合理。如並非全部都由選舉產生，則可能被視作間接委任。若要任何在一九九五年組成的委員會符合上述原則，最簡單有效的方法，是讓全部或大部分委員都由直接選舉產生的區議會內的區議員出任，他們應不但可以投票支持委員會的委員參選，還可投票支持任何符合資洛（原文如此，疑為格之誤。——編者註）的候選人。

整體目標

147. 讓我重申一個簡單的要點。我提出這些建議，是要達致兩個我知道也是代表市民意願的目標 —— 就是擴大民主，同時要在基本法範圍內進行。我相信我概述的所有建議都符合基本法的條文。因此，這些安排應會為我們提供一列民主"直通車"，在基本法鋪成的軌道上前進。

……

（資料來源：香港特別行政區立法會）

6.2 一九九五年立法局選舉新功能組別的劃分建議説明書

〔1992 年 10 月〕

引言

按照目前計劃，立法局功能組別的議席，在一九九五年會由現時的 21 席增至 30 席。

2. 一九九二年十月七日總督發表施政報告會時，提出了一九九五年立法局選舉九個有廣泛代表性功能組別的建議大綱。這本小冊子說明新功能組別的劃分細則和其他有關事項。

新功能組別的理論基礎

3. 為增加市民在功能組別選舉中的參與，九個新功能組別將把選民範圍擴大至包括在分區選舉中有資格登記為選民的所有在職人士。

新功能組別的劃分方法

4. 九個功能組別是參照香港標準工業分類而劃分。這個分類法是由國際公認的經濟活動分類系統中引伸出來的。香港標準工業分類把香港的在職人口，按照他們工作機構的主要活動而分為九大行業界別。

5. 新功能組別是根據香港標準工業分類，再加以一些調整而分為概括的行業界別。例如，人數較少的行業會合併為一（如漁農礦產、電力及建築界），而人數較多的組別則拆分為數個人數較少的組別（如製造界分為：紡織及製衣界功能組別、製造界功能組別）。建議的九個功能組別如下：

（1）漁農礦產、電力及建築界	249,000
（2）紡織及製衣界	251,000
（3）製造界	325,000
（4）進出口界	272,000
（5）批發及零售界	279,000
（6）酒店及飲食界	211,000

（7）運輸及通訊界	273,000
（8）金融、保險、地產及商業服務界	199,000
（9）公共、社會及個人服務界	454,000
	2,513,000

　　註：以上數字只是在職人口（年齡 18 歲及以上）的估計數字，而且並不包括歸入現有功能組別的約 190,000 人。

登記為新功能組別選民的資格

　　6. 所有從事經濟活動的人，只要他們已登記為分區選區的選民，均有資格在新功能組別其中一個登記為選民。

怎樣選擇適當的功能組別以登記為選民

　　7. 僱員如要在適當的功能組別內登記為選民，必須說明他的僱主的主要行業。他在工作機構內的職位或工作反而不重要。舉例來說，在一間工廠內當打字員的人應在製造界功能組別內登記，而在一間出入口公司同樣當打字員的人卻應在進出口界功能組別登記。僱主或自僱人士則應在適合他們行業性質的功能組別登記。

功能組別所包括的主要行業舉例

　　8. 以下是各功能組別所包括的主要行業的舉例。因為行業眾多，這些只是例子而已，未能盡列所有行業。

（1）漁農礦產、電力及建築界功能組別

漁業及農業

　　——海洋漁業／養魚業；

　　——種植農作物；飼養禽畜；

　　——農產作業，例如苗圃。

採礦及採石業

　　——採石礦。

電及煤氣業

　　——發電及電力傳送；煤氣。

建造業

　　——建築物及地盤內進行之建築土木工程，地盤勘探及清拆；

　　——建築物的裝修、維修及保養，建設及一般整理工程；

　　——機電裝設工程，煤氣及水務裝設工程，木工及提供操作員服務之地盤機器租賃。

（2）紡織及製衣界功能組別

　　——服裝及紡織品製造；

　　——紡織業，梭織業，針織業，漂染業。

（3）製造界功能組別

　　——塑料、金屬、電子、電器貨品及機器製造；

　　——食品及飲品業。

（4）進出口界功能組別

　　——進口貨品以供批發；

　　——出口貨品；

　　——買辦或安排貨品進出口的代理及經紀。從事進口貨品以供零售的機構則列為零售商。

（5）批發及零售界功能組別

　　——批發商是從事轉售貨物給零售商、其他工商機構、專業用戶或其他批發商的機構；

　　——零售商則是從事轉售及租賃貨物給個人或家庭（包括零售店，小販攤位，郵購服務社）及提供銷售後服務的機構。

（6）酒店及飲食界功能組別

——酒店及旅舍指供應收費住宿地方的機構；

——飲食業包括酒樓、餐廳及出售在店內享用食品及飲品的機構，例如快餐店，酒吧及其他飲食場所。

（7）運輸及通訊界功能組別

——陸上客運，海運，空運及有關的輔助服務，例如巴士，船隻，航空公司，停車場，貨櫃碼頭；

——運輸業之附帶服務，例如旅行社，票務代理，貨運代理，包裝及裝箱服務；

——倉庫；

——通訊，例如電話，電報及電訊服務，傳呼服務。

（8）金融、保險、地產及商業界服務功能組別

——銀行，財務及投資公司，保險業務，股票期貨及金銀貿易公司；

——地產發展、租賃、管理、經紀及代理；

——工商業用機械及器材租賃；

——法律，會計，核數，簿記，資料處理，廣告及有關服務；

——建築服務，測量及工程服務；

——其他：例如商業管理及顧問服務，職業介紹，保安及偵探服務，秘書、打字及翻譯服務。

（9）公共、社會及個人服務界功能組別

——公共行政，例如政府部門；

——教育，研究及科學機構，醫療及衛生服務；

——福利機構，例如青少年及社區服務中心等；

——商會；

——社會及公眾服務，例如宗親會，街坊福利會等；

——文娛及康樂服務，例如電影院，劇院，電台及電視台，圖書館，體育館，娛樂及康樂物品租賃等；

——個人及家用物品維修服務，例如補鞋，修理電器等；

——其他：例如家庭傭工、洗熨、理髮及美容院。

查詢

（略）

6.3 訪問周南暢談香港前景（節錄）

〔1993 年 1 月 13 日〕

訪問：林文　梁德標

由於港督彭定康拋出政改方案，引致中英關係惡化，社會呈現不穩，維多利亞港口的上空又一次佈滿陰霾，普羅大眾陷入了迷惘之中。種種跡象表明，彭定康一意孤行，準備把他的政改方案提交二月的立法局會議討論通過；而中方亦已多次申明：彭定康若不收回他的違反中英聯合聲明、違反基本法、違反兩國業已達成的諒解和協議的政改方案，中英雙方將無磋商、合作的餘地。英方蠻幹到底，中方只好"奉陪到底"，並且"另起爐灶"。

在這種情況下，港人應如何自處？應如何看待中英的這一場角力？相信大家都極有興趣聽取中方派駐香港的頭號人物 —— 新華社香港分社社長周南的意見。

通過港事顧問、鏡報董事長徐四民先生的聯絡，周南社長欣然接受我們的訪問，暢談了他上任三年來的觀感和當前中英爭論的實質，以及新華社香港分社的工作、參加中共十四大的感受、參加外交工作四十年的體會，等等，周社長暢所欲言，談話系統而深刻，極具啟發性。現經整理刊出，以饗讀者。

……

對彭定康挑戰的看法

鏡：請談談對彭定康拋出政制方案挑起爭論的看法。

周：彭定康先生下車伊始就採取突然襲擊的方式，拋出所謂政改方案，無端地挑起了論戰，使中英今年的合作關係發生了逆轉，的確出乎我們的意料之外。

為什麼說由他挑起的這場爭論不是要不要民主，而是要不要守信義的爭論呢？因為按照循序漸進的原則逐步實行民主政制的安排，本來已經在基本法起草的過程中多次同香港各界人士磋商達成了協議，並寫入了基本法。而且這項安排也經中英兩國政府交換信件而達成了諒解，是一個早已解決了的問題。聯合聲明簽署和基本法公佈時，英國政府都曾鼓掌歡迎，表示滿意，怎麼一下子態度就變了呢？英國殖民統治一百五十年，到今天還是總督專政獨裁，哪裡有什麼民主？現在的安排是九一年直選議席由零一下子增加到十八席，然後陸續增加，到二○○三年增加到三十名，達到百分之五十。在此以後如何增加，完全由港人自行決定。去年九十高齡的英上院議員蕭克羅斯勳爵來看我，我說按照已達成的協議，在短短的十二年中，直選議席從零增加到半數，你說這個速度是快了還是慢了？他說：這當然是很快了，我們英國自己用了四百多年的時間才完成議會民主進程，而且到現在還保留了由委任產生的上議院，說香港的民主進程還不夠快，是荒謬的，不現實的。他後來在上議院作了一篇很客觀的發言，可惜香港傳媒很少刊載。說彭定康的方案違反了聯合聲明、基本法和中英協議，這已經是不爭的事實。你們仔細看看公佈的七封信就很清楚了。當時英國派遣柯利達爵士到北京談判這一問題，他了解全過程，我也參加了會談，是經過他同我們談妥，才有信件的交換。柯利達已公開表態批評彭的方案。還有前總督麥理浩、衛奕信也都講了話。李光耀先生指出這些人的講話是最有說服力的。你們仔細看看，英國外交大臣在第一封信中就講到"希望能就一九九七年**以前及其以後**的政治體制發展問題達成諒解"，表示願"與貴方通力合作，共同建立一個**能確保銜接和順利過渡**的政治體制"。其後他在信件中又表示，英國政府"確認一項諒解"即直選議席"九一年十八席，九七年二十席，九九年二十四席，二○○三年三十席"。並表示"原則同意"中方提出的"選舉委員會組成的成分和比例必須按照基本法附件一第二項確定的以四部分人組成"的安排，並承諾將這項安排推薦給香港立法局，這個選舉委員會也可於一九九五年成立。不言而喻，英方同意按照直通車的設想，即九五年的直選議席應限制為二十席，其他四十席都應由間接選舉產生，剩下需要聯絡小組磋商的細節問題，只不過是新增加九名功能團體應從哪幾個界別產生，選區劃分和選舉方式如何確定，等等。白紙黑字寫得清清楚楚，並沒有什麼"灰色地帶"。但他們還狡辯說，兩國外長交換的信件不是外交協議，"沒有約束力"，這簡直是不顧起碼的外交常識，完全不講信義。如果你們外長簽署的協議都可以推翻，那麼兩個政府首腦簽署的聯合聲明還算不算數呢？還有沒有"約束力"呢？這是英方必須明確回答的問題。

英改變對港政策原因

鏡：英國改變對港政策的原因何在？

周：英方搞的這一手雖有彭定康個人的因素，但也反映了英方對港政策的改變。許多港人都說他們不理解英國改變政策的"動機"究竟是什麼？對此有各種各樣的解釋，據說一種解釋是在英國內部流傳很廣的，即他們做出了一種非常錯誤的估計，認為蘇聯解體後中國也將發生類似的變化，因此要準備在必要時推翻過去的中英協議，一方面在九七年後通過他們扶植的代理人變相延長英國的殖民統治，把香港搞成半獨立的政治實體，同時進而從香港影響中國（首先是華南），改變中國的政權性質。人們還記得，在中英談判之初，英方首先提出了所謂三個不平等條約有效論，接著又提出要以主權換治權，都被我們駁回了；其後又講要在九七年後實行某種程度的"參與"，實際上是要求變相的治權的延續。最後迫於形勢不得不接受現實。如果上述流傳的說法是準確的話，那就說明他們的這些"瘧疾原蟲"在新形勢下又有死灰復燃之勢。最近他們講的對香港今後五十年也負有所謂"道義責任"，明目張膽地要插手九七年後五十年的香港事務，聽起來不是多少有點耳熟嗎？在這一點上他們就不如英國外交部的那些"中國通"高明了，後者至少認識到中國的國情同蘇聯完全不同，不可能走上前蘇聯那條道路。英國的政策變化是否還有些國際因素和國際背景呢？不排除這種可能性。不是有人要打"國際牌"嗎？不是有人正在向台灣出售先進武器，打算進一步支持台獨嗎？近來港英當局不是也在同台灣當局，甚至台獨分子勾勾搭搭嗎？這些事是否有內在的聯繫，是值得發人深思的。我看世界上總有一些勢力是不願看到中國早日實現統一，不願看到中國日益強大。所以看來香港最近發生的問題，並不是偶然的孤立事件，對此我們當然應該認真對待。

中英可否各讓一步呢

鏡：中英雙方會否各讓一步？

周：我認為從英國方面來講，要處理好中英關係，處理好香港問題，必須對中國的國情和人民的感情有一個起碼的清醒的認識。不久前，一位著名的英國電視製片人來港見我，他說要拍製一部大型電視片，全面反映香港回歸中國的情況，準備九七年上映，希望我給他提點意見。我只講了一點，指出：要拍好這部片子，必須首先要對中國近代史有個了解。要懂得中國近代史是從一八四〇年的鴉片戰爭開始的，那也是中國淪為半殖民地的起點，是列強瓜分中國勢力範圍的起點，是堂堂的中國人民受屈辱和損害的歷史的起點。從那時起的一百多年來，中國有無數的志士仁人，包括林則徐、魏源，後來洪秀全領導的太平天國運動，義和團運動，康梁變法，孫中山領導的辛亥革命，他們前仆後繼，不怕犧牲，是為了什麼？就是為了排除列強的欺壓，實現國家的獨立、統一和富強。**轟轟**烈烈的"五四"運動和"一二九"運動也都是以反對不平等條約和抵抗外來侵略為導火線的。中共老一輩領導人首先都是最徹底的愛國者，為尋找救國救民的道路而奔走獻身。第一次國共合作實行北伐，口號就是"打倒列強除軍閥"；第二次國共合作是為了抵抗日本侵略。實現國家的獨立和統一，是中國人民長期為之流血犧牲的奮鬥目標，這是十多億中國人民的共同的不可抗拒的強烈的民族感情。明乎此，才能理解為什麼中國政府和人民那樣珍視國家主權和領土完整。我讀過顧維鈞先生寫的回憶錄，其中講到抗戰後期我們的"蔣委員長"也曾一度向那時的"盟國"英國試探收回香港的可能，但碰了釘子，為什麼？就是因為當時中國太軟弱了，英國人根本不理你那一套。所以鄧小平同志第一次同戴卓爾夫人會談時就直截了當地告訴她，"**主權問題是不容談判的**"，"**如果一九九七年不收回香港主權，中國人民不會答應，任何中國政府都得倒台下野。如果那樣，我們就會成為歷史的罪人，民族的罪人。**"其後，小平又多次講過，在涉及國家主權的問題上，"**我們不會放過一分一毫，更不用說一寸**"。我們不是清政府，不能當李鴻章。有人要中英各讓一步，這不行。聯合聲明、基本法和中英已達成的協議必須嚴格執行，一個字也不能改。小平幾年前還對香港人士講過，"**基本法已讓得夠多了，越讓問題越複雜，要引起動亂**"。在這個大是大非的問題上，我們沒有退讓的餘地。

我們和香港居民一樣，都不願看到未來四年香港在中英對抗中度過。大家都希望能夠安居樂業，維持香港的穩定繁榮，實現平穩過渡。問題是人家要選擇對抗，我們不得不作出堅定的回應。這叫做實逼處此，有什麼辦法呢？

中英爭論的前景如何

鏡：中英爭論的前景如何？

周：下一步怎麼辦？這就要看港英的態度了。他們應該懂得，九七年後英國在港的利益存在於中英合作和基本法之中，而不在其外。如果他們要蠻幹下去，對抗下去，不但要損害港人利益，也會損害英方利益。要恢復合作，那就要完全回到聯合聲明、基本法和雙方協議的軌道上來。在彭定康方案的基礎上修修補補，我們是決不會接受的。記得在中英談判的後期，我曾對我的談判對手說：我有一事不明，你們明明知道貴方提出的一些損害中國主權的所謂"建議"，是我們決不會接受的，為什麼還要在談判中提出來呢？對方的回答倒也坦率，他說："我們不試探一下，怎麼知道你們不會接受呢？"如果這次他們提出的所謂"建議"也是想試探一下中國在原則問題上的堅定性的話，那麼現在是到了他們應該清醒的時候了。至於如何下台階，我相信英國人並不傻，只要他們有決心改弦更張，自然會自己找到下台階的辦法。

……

（資料來源：香港《鏡報》1993 年 2 月號）

6.4　魯平就香港問題答記者問

新華社北京 3 月 17 日電　國務院新聞辦公室今天舉行中外記者招待會，邀請國務院港澳辦公室主任魯平就港英當局突然公佈選舉安排、破壞中英合作的基礎問題闡述中國政府的立場，回答記者的提問。

有記者問，如果港督彭定康堅持"政改方案"，一意孤行，中國政府將採取什麼措施。

魯平回答說，中國政府一貫主張合作，不要對抗。但如果彭定康先生一意孤行，堅持和中國政府對抗的話，中國政府將不得不採取相應措施，按照香港基本法的規定籌組香港特別行政區第一屆政府和立法會，也就是大家所說的"另起爐灶"。事實上，這個"爐灶"在香港基本法裡已經設計好了。現在說"另起爐灶"，就是按照基本法的設計來砌一個新"爐灶"。這是因為彭定康先生所砌的"爐灶"與基本法不能銜接，到九七年後就不能用了。離九七年只有四年多時間了。從現在開始，我們就要抓緊做好各方面的準備工作。這就是我們要採取的相應措施。魯平說，在"另起爐灶"的時候，中國政府會堅持貫徹"一國兩制"的方針，全面執行基本法的有關規定，爭取到九七年香港能實現平穩過渡，順利交接，保持繁榮穩定。中國政府的這個一貫立場，任何時候都不會動搖。"另起爐灶"的目的，就是為了保持香港的長期繁榮穩定。

有記者問，據英方透露，彭定康突然公佈選舉安排，是因為中方不願意定出一個確切的會談日期。中英兩國政府還有沒有機會重開談判，能不能談一下談判的過程？

魯平說，英方的這一說法不確實。中國政府已經同意在有關談判的問題已經解決的情況下，在 3 月份進行談判，至於在哪一天還有待商定。所以，3 月 12 日彭定康突然在香港立法局發表聲明，公佈他的所謂"憲制方案"，我們一方面感到非常震驚，另一方面又在意料之中。感到震驚，是因為在 3 月 12 日前，雙方關於談判安排的分歧已逐步縮小，幾乎已經達成協議，談判眼看馬上可以進行，但遺憾的是他於 3 月 12 日下午 3 時公佈了方案。本來，這個問題雙方還可以進一步探討，有些分歧已經逐步縮小，經過雙方磋商是不難解決的，所以，我們對彭定康為什麼要匆匆忙忙在"憲報"上公佈他的所謂方案感到不理解。但另一方面我們覺得又在意料之中，因為我們認為彭定康對中英兩國談判解決有關九四、九五選舉問題的分歧本來就沒有誠意。他的行動充分證明了我們的看法，那就是他在蓄意破壞談判的基礎，把談判的門關得死死的。為什麼這樣說？一是因為中國政府的一貫立場是彭定康必須收回他的違反中英聯合聲明、違反基本法、違反中英兩國達成的協議和諒解的"政改方案"。彭定康公佈他的"方案"說明他還是頑固堅持他的"方案"，在這種情況下談判就失去了基礎；二是因為中英雙方達成協議，關於這次談判的內部磋商要嚴格保密，但彭定康在 3 月 12 日的聲明中把談判的過程特別是一些分歧全部公佈，違反了中英雙方關於保密的原則。這樣，他把談判的兩重大門都關閉了，在這種情況下談判是沒法進行下去的。相信彭定康也知道破壞談判會造成什麼嚴重後果，因此，我們認為破壞這次談判的責任完全在英方。正如李鵬總理在政府工作報告中指出的，英國政府要對由此而引起的一切嚴重後果負完全責任。

魯平說，彭定康是完全置香港的利益於不顧。我初次和彭定康在北京見面，第一句話對他說的就是讓我們兩人坐下來談，撇開其他因素特別是個人因素，真正為香港人考慮，為香港做點好事，為香港的繁榮穩定做些貢獻，只有這樣談判才能成功。但不幸彭定康根本不考慮香港人的利益，不然就決不會有今天這樣的行動，把談判的門關上。我們對此十分遺憾。

有記者問，中國政府為九七年後香港特別行政區政府的籌備採取什麼準備措施，中國會不會提前收回香港。

魯平說，籌備特別行政區第一屆政府的準備工作早就開始了，現在的問題是在英國政府不合作的情況下如何做好一切準備工作。我們會完全按照香港基本法的規定進行準備，包括第一屆政府如何組成。準備工作是大量的，包括將來行政長官通過籌備委員會在當地如何產生，立法會在彭定康不願意銜接的情況下勢必按照基本法的規定產生。我們在進行諸如此類的準備中，首先要考慮怎樣正確地貫徹"一國兩制"的方針，充分聽取香港各方面的意見，到九七年後按照基本法真正達到港人治港，高度自治。至於是否會提前收回香港，我們會嚴格按照《中英聯合聲明》來做。但是，《中英聯合聲明》是要雙方共同遵守的，我們不希望看到英國政府有任何破壞聯合聲明的舉動。至於中國政府，是要嚴格遵守聯合聲明的。

有記者問，港英當局提出"政改方案"是為了在香港發展民主，而中國政府認為這不是要不要民主的問題；中方對香港發展民主到底是什麼態度。

魯平說，我們一貫主張在香港發展民主。但由於香港 100 多年來在英國的統治下根本沒有民主可言，因此我們主張香港的民主應該按循序漸進的原則逐步發展。基本法有明確規定，香港最後還是要達到立法機關的議員全部直選產生，行政長官最終也要普選產生。之所以強調循序漸進，就是說要一步步地發展，這主要是為了保持香港的穩定和繁榮。

魯平說，基本法對前三屆立法會直選議席作了明確規定，第一屆是 20 人，第二屆 24 人，第三屆 30 人，這就佔了總共 60 人的一半。至於第三屆以後立法機關怎麼組成，將來完全由香港自己決定，只要有 2/3 立法會議員通過，行政長官同意，報全國人大常委會備案就可以，不必要中央政府同意。將來香港如何發展民主，完全是香港自治權範圍內的事，中央政府不會干涉。

有記者問，英方已經關閉了談判的大門，是否中方也不希望恢復與英方的談判了呢？是不是中方要在經濟等問題上採取不合作的態度？

魯平說：英方已經把談判的兩扇門都關閉了，中方不能破門而入。既然英方徹底破壞了雙方談判的基礎，關上了談判的大門，這個談判當然也很難進行了。至於是不是在經濟等方面進行合作，這個問題應該倒過來看，因為不是中方不要合作。中方一貫主張中英兩國在各方面加強合作，以保證政權的順利交接和平穩過渡，特別是到後期尤其要加強合作，中英聯合聲明需要雙方嚴格遵守。現在，不是中方破壞合作，而是英方破壞合作，不是中方而是英方不願意合作。最近彭定康的行為，把中英合作的基礎徹底破壞了。在英方不合作的情況下怎樣保持香港的繁榮穩定、平穩過渡，這是我們不得不考慮的問題。

有記者問及港府官員參加談判和談判的時間問題，說是中國政府在星期四（3月 11 日）還沒有反對港府參加談判，但到星期五卻提出了這個問題，因此港府被迫決定公佈"政改方案"。

魯平回答說，關於香港政府官員參加談判的問題，雙方一開始磋商時就提出來，但在整個談判磋商過程中都沒有解決。中國政府並不是要排除香港政府官員參加談判，但由於這次談判是中英兩個主權國家間的外交談判，因此，我們提出雙方只能有一個或二個代表。其實，這個主張不是中方先提出來的，早在朱鎔基副總理到英國訪問時，梅傑首相就主動提出願意派一位特使到北京來談判。後來我們接受了梅傑首相的建議，同意英方派一位特使到北京來，或者委派他們的大使為代表。中方也派兩名代表，一名是外交部的作為正代表，一名是港澳辦的作為副代表。所以，根本不存在什麼談判代表團的問題，而是代表與代表之間、特使與特使之間的外交談判。至於其他人，我們建議可以作為顧問或專家協助特使或代表進行工作。到 3 月 11 日，我們為了打破僵局，提出中方可以考慮只派一個代表，其他人員包括港澳辦的人員都作為專家或顧問，相應的希望英方也應該這樣安排。英方當時認為這是中方採取的一個新措施，答應馬上報告他們政府。但到了 12 日星期五上午，英方正式答覆我們，還是堅持要有一個所謂的談判團或者叫談判小組，堅決不同意港府官員以顧問或專家的身份參加談判。

魯平說，關於談判的時間問題，我們在 3 月 11 日特別提出，如果談判代表的問題能解決，談判可以安排在 3 月中旬或下旬舉行，具體日期由雙方再商定，英方當時也認為這是很好的建議。因此，3 月 12 日前，我們對談判還是樂觀的，認為雙方的分歧已經不大了，英方已經同意只派一名代表。但英方還是堅持其他人要作為他們所謂代表團的成員，我們認為這是說不通的，既然只有一個代表，就不存在一個代表團。怎麼可能其他人又組成一個代表團呢？外交史上是沒有這個先例的。但是，這個問題我覺得不是不能解決。但是不幸，到了 3 月 12 日上午 10 點半，英方來找我，說英國政府堅持香港政府的官員一定要以小組的成員來參加談判，不同意以顧問身份來參加，而且說這是"最後的決定"，不能改變。到了 3 月 12 日下午 2 點 45 分，我們接到了英國大使館的電話，說香港政府已經決定，今天下午 3 點要在立法局發表一個聲明，要公佈彭定康的"政改方案"。事實的真相就是這樣。

所以，我們為什麼說感到驚訝！為什麼我們說彭定康從一開始就對談判沒有誠意。他這樣做，實際上是蓄意破壞，是對香港採取了極端不負責任的態度，是根本不考慮香港的利益。所以，我說彭定康先生將來在歷史上要成為香港的千古罪人。

有記者提出，目前美國的克林頓政府正在制訂新的對華政策，美國國會有些人認為，美國也應該推進解決香港問題的進程，並稱香港問題應該與最惠國待遇問題聯繫起來。中國對此做什麼樣的反應。

魯平說，我們認為，香港問題是中英兩國政府之間的問題，任何第三國都無權插手，也不應該插手。如果第三國捲入這場爭論的話，甚至於採取什麼行動的話，只會使香港問題更複雜化。我們是不願看到這種情況發生的。我們相信美國政府對香港問題會採取明智的態度。因為，美國畢竟在香港有大量的利益，據我所知，美國公司在香港的投資大概有 70 億美元，所以保持香港的繁榮穩定，保持香港國際金融中心和國際貿易中心的地位，真正在九七年以後按照基本法的規定成為中華人民共和國的一個特別行政區，實行港人治港、高度自治，這是符合美國的利益的，所以我相信，美國政府對香港會採取明智的態度。

魯平說，如果在最惠國待遇問題上，美國把香港問題聯繫起來的話，那麼首當其衝的是香港，首先受害的是香港，其次對美國也沒有好處。

（資料來源：《人民日報》1993 年 3 月 18 日第四版）

6.5 英國外交及聯邦事務大臣奉女皇命向國會提交的有關香港代議政制的白皮書

〔1994 年 2 月 24 日〕

引言

在英國仍然是香港的主權國的餘下數年內，我們決定履行對香港的責任。這正是我們的職責所在。於一九九四年和一九九五年在香港舉行選舉是我們的責任。聯合聲明規定到一九九七年七月，香港的立法機關"由選舉產生"。如果要確保香港的立法機關備受人們信任，足以保障聯合聲明列明的香港生活方式和維繫這種生活方式的法治制度，至為重要的是選舉必須公平和公開。

我們希望以與中國政府商定的辦法進行這些選舉，以便達到確保有連續性的目標。儘管我們切實不懈地努力，經過八個月進行了十七輪會談，卻仍然未能達成協議。到一九九三年底，基於立法工作的時間限制，必須在香港就較迫切而又不複雜的事宜展開立法程序。為此，香港政府於一九九三年十二月提出法例草案，內容包括分區選舉的投票年齡和投票方法，以及廢除區議會和兩個市政局的委任議席。同時，我們向中方表明，就較迫切的事宜提出立法後，便有一些時間可以討論餘下較複雜的問題，而我們願意在這段時間內加緊與中方討論。但中方至今仍沒有接納我們的建議。現在我們必須就一九九五年立法局選舉的餘下事項開始立法。

本白皮書旨在說明所涉及的情況和問題，以便為進行辯論的各方面 —— 國會、立法局以及各界人士 —— 提供資料。本白皮書詳細交代我們和中國進行會談所涉及的內容，為什麼未能達成協議，以及我們打算採取的路向。

香港在英國主權下所進行的最後一輪的各級選舉不能視為一個單獨的問題。這些選舉是香港代議政制循序發展漫長進程的一部分。中英於一九八四年簽訂的聯合聲明以及中國制訂而將於一九九七年七月一日生效的香港基本法訂定了香港民主進程的步伐。這一點是毋庸置疑的。聯合聲明和基本法也確定了香港在一九九七年以後將按照"一國兩制"和"港人治港"的原則，維持本身的資本主義生活方式。

香港的意願是關鍵因素。人們日形殷切的要求是讓香港人在管理本身事務方面有更大發言權。本白皮書第一部分概述這些發展，文內也談及曾經有很多人向我提出的一個問題：為什麼英國不在更早的時候在香港推行民主？簡短的答案是多年來，香港社會有其他更需要優先考慮的因素。人們深感憂慮的是提出政制問題可能導致國民黨人和共產黨人公開衝突，而這可能引致中國提出要收回香港的主權。當然在這段時間內，英國政府和香港總督通過英國政府，一直要負責向國會為香港的行政管理作出交代。

無論如何，逐步發展的民主進程已在一九八四年展開。一九九一年立法局首次引入用直接選舉選出的十八名議員。香港最新一任總督彭定康於一九九二年中就任時，面對的情況是，一方面社會大眾明確希望進一步發展民主，而另一方面，法定安排能夠跨越一九九七年，以提供至為重要的連續性，同樣是社會利益所在。他要解決的是怎麼在這兩者之間取得協調。

一九九二年十月香港政府在我們全力支持下提出的建議為這個問題提供了答案。這些建議使民主有溫和程度的發展。這些建議完全符合聯合聲明、基本法和中英達成的任何有關協議。

香港政府提出的建議在香港獲得良好反應。儘管中國作出敵意的反應，我們努力不懈，爭取雙方展開會談，並終於商定了會談基礎，使會談得以在一九九三年四月開始。本白皮書第二部分詳細闡述會談情況。這些詳情顯示我們願意就我們建議中有關功能組別和選舉委員會的兩項重要內容採取一些重大行動，條件是整體方案必須符合我們的必要要求。但是，如果我們要達到有公平和公開選舉的目標，有一個界限是我們不能逾越的。白皮書第三部分更詳細地分析雙方為達致這項目標而提出的具體建議。

兩方的對比是一目了然的。我們的建議，即使經過為了致力回應中方關注而作出實質修訂，仍會提供我們確信是公平、公開和為香港人接受的選舉安排。中方在會談中提出的建議並不能達到這個目標。中方建議的選舉安排將限制人們的選擇，並且導致選舉可能被人操縱。儘管事實證明狹窄的選民範圍可以導致貪污舞弊和選票被人操縱，他們仍建議凍結現有二十一個功能組別的任何發展，並建議沿用以往同一模式設立九個新增功能組別。他們建議選舉委員會選出十名立法局議員時，採用一種諸多限制和繁瑣的制度。他們建議分區組別使用的投票辦法可以確保獲得較少支持的黨派當選。

我們竭盡所能縮窄雙方的差距。我們的努力包括探討一切可能性，看能否達成一項初步諒解，讓有關最迫切事宜的立法工作可以展開。但中方拒絕接納我們視為公平公開選舉不可缺少的兩項重要內容。第一，他們反對在一九九四年和一九九五年廢除區議會及兩個市政局的委任議席，並表示惟有在一個前提下，即在一九九七年時至少恢復部分委任議席，他們才可能同意在一九九四年和九五年廢除該等議席。第二，縱使他們已同意區議會和兩個市政局的選舉採用單議席單票制，仍拒絕接受立法局分區選舉採用同一辦法。立法局在一九九二年七月明確地投票贊成這種辦法適用於立法局選舉，而兩大政黨領袖在一九九三年十一月申明支持這種做法。在這情況下，提出並不包括這項內容的法例草案根本沒有意義，因為立法局議員很可能做出修訂，以反映他們所提出眾所周知的觀點。如上所述，中方亦不能同意我們有關廢除區議會和兩個市政局委任議席的建議。由於時間迫切，香港政府於一九九三年十二月就這些較迫切的事宜提出條例草案。該草案現已獲得立法局通過。

我們跟中國政府商討的大門一直是敞開的，這情況不會改變。但我們必須立即就餘下選舉問題進行立法。總督現正提出一項法例草案，內容以他在一九九二年十月提出的方案為基礎。方案內容在過去十六個月以來，在香港經過廣泛討論，並且一直在社會大多數階層內獲得廣泛支持。立法局曾經三度辯論總督的建議，每一次的結果都是表示支持。現在便要由立法局負責通過法例。他們須在充分考慮市民的意見和本白皮書所載述的背景後通過法例。這是沉重的責任，我深信立法局將以符合香港人最佳利益的情況履行這項責任。我們和總督一直說明我們以香港人的意願為依歸，以此為準繩，不會逾越，也不會使他們失望。

我們全心全意跟中國就香港事務合作，並履行聯合聲明規定我們的義務。顯而易見，這是促進香港繁榮和穩定，以及達到平穩過渡的最佳方法。我們期待中方和我們共同努力，以達致這項目標。我們特別期待早日就新機場財務安排和香港的九號貨櫃碼頭達成協議。此外，要達致法律及技術事項方面的連續性，聯合聯絡小組議程上還有很多議題需要解決。我們將繼續努力和中國合作以全面履行聯合聲明，使香港在一九九七年後能夠保持驕人成就。

外交及聯邦事務大臣

韓達德

第一部　香港代議政制的發展

（a）截至一九八四年的發展

1. 香港的獨特環境決定了代議機構制度的發展情況。對於大多數其他屬土，英國政府的政策是推動民主發展，使有關地區最終走上獨立的道路。以香港來說，獨立從來都不是一個實際的選擇。香港市民的態度也反映了這種實況。第二次世界大戰結束後，當時的總督提出了頗溫和的建議，旨在發展民主，但簡直得不到社會人士的支持。香港人口迅速增長，一九四五年人口為數六十萬左右，至五十年代中葉，已增至二百二十萬人。大部分新增人口都來自中國，他們為自己和家人尋求一個安居樂業的環境。戰後初期，人們普遍擔心的是政治活動會使國共之戰蔓延到香港。

2. 六十年代中期，當局再度考慮促進憲政的發展。但中國出現的文化大革命在香港引起動盪和不明朗。許多市民懼怕選舉會導致國共之爭白熱化，結果危及香港的穩定（一九五六年香港發生國民黨激發起的騷亂，六十年代又發生共產黨激發起的騷亂）。同時，人們知道中國反對把西方式政黨政治和選舉引入香港，這也影響他們的態度。各方面都不願意刺激中國，致使她對*現狀*提出異議，尋求收回她一向主張所擁有的香港主權。

3. 香港政府因而致力通過成立一系列諮詢委員會的辦法，使市民更廣泛和有更大程度參與公共事務。這些委員會各自就政府工作的不同方面提出意見。一九七三年，地方層面的民選代議制度隨著市政局的改革而加強，市政局在當年獲授予財政自主權，並且開始兼由民選及委任議員組成。一九八二年全港各地區亦成立性質為法定機構的區議會。地方行政架構的發展於一九八六年完成。當年區域市政局宣告成立，在新界執行與市政局相若的職責。這些機構的部分議員由分區舉行的選舉產生，所有年滿二十一歲的合資格的居民都有投票權。

（b）一九八四年至一九九一年

4. 有兩件事特別導致人們強烈要求加快民主進程的步伐。第一，中英就香港的前途進行談判，至一九八四年簽署中英聯合聲明。第二，一九八九年發生的天安門事件。

5. 聯合聲明為香港民主發展訂定了概略體制。聯合聲明規定在一九八四年仍然全部由委任議員組成的立法機關，到一九九七年將“由選舉產生”。在這個架構之下，香港政府發表了綠皮書，就下一階段的代議政制發展諮詢市民意見。其後發表的白皮書宣佈一九八五年立法局的議員人數由四十七名增至五十六名；官守議員由十八名減至十名；委任議員人數由二十九名減至二十二名；而其中二十四名議員應由間接選舉產生——十二名由選舉團產生，十二名由功能組別產生。白皮書並指出諮詢過程顯示“雖然大多數人贊成直接選舉，但極少數人希望在短期內便實行”。對於一九八八年舉行立法局選舉時，應否推行直接選舉，白皮書說明留待在一九八七年進行另一次檢討時再考慮。

6. 一九八四年以後，公眾對選舉問題的辯論日趨熱烈。一九八五年的立法局較以往各屆立法局更積極，公開而不是閉門辯論這問題和其他重要事項。

7. 同時，中國全國人民代表大會於一九八五年委任基本法起草委員會制訂中國的香港特別行政區基本法，該法將於一九九七年七月一日主權移交時起生效。期內，基本法諮詢委員會也在香港成立，向起草委員會反映香港人的意見。基本法的第一稿於一九八八年發表，最後定稿於一九九〇年四月頒佈。基本法以較詳盡的條文列明聯合聲明承諾一九九七年後香港應有的憲制安排。基本法附件所載的“全國人民代表大會決定”頗詳細地說明一九九七年七月香港特別行政區第一屆立法機關的產生辦法，其中包括成員組織。該決定也列明一九九五年當選的立法局議員在什麼基礎上可以在一九九七年繼續服務，直至一九九八年（通稱直通車概念）。該決定文本見附件 2。由於要達致政治制度機構有連續性和平穩過渡，基本法條文和有關的全國人大決定對於香港政府在一九九七年以前訂定的選舉安排有重要影響。

8. 香港政府在一九八七年檢討代議政制的發展，市民對此深感關切。香港政府公佈另一份綠皮書。經過社會各界廣泛討論，香港政府於一九八八年發表白皮書，白皮書的結論是香港市民應廣泛支持立法局加入一些由直接選舉產生的議員這項原則，但對於實行時間卻有顯著分歧。香港政府決定延至一九九一年在立法局引入直選議員，讓整個制度有更多時間適應和融合一九八五年推行的改變。白皮書推薦在一九八八年增加由功能組別產生的議員人數，並在一九九一年引入十個直選議席。

9. 一九八九年六月的天安門事件對香港人的看法有深遠影響，使更多香港人贊成民主進程的步伐應較一九八八年白皮書所決定的更快。一九八九年七月行政立法兩局非官守議員（現稱非官方議員）建議一九九一年的立法局應有三分之一的議員由直選產生（即二十席），一九九五年應不少於二分之一（即三十席）。人們稱此為兩局共識方案。兩局首席非官守議員到倫敦大力要求英國政府推行這方案。

10. 這使當時面對的問題更形尖銳：社會大眾明確希望加速民主化進程，但一九九七年前後維持政制連續性也同樣是社會利益所在，這兩者究竟怎樣才可以協調呢？當時的基本法草案規定了一九九七年只有十五個直選議席，英國政府在一九八九年底及一九九〇年初與中國政府在連串的艱巨討論中提出這問題。英方強調立法局直選議席增加數目必須較基本法草案所訂更多，才可以順應香港人明確的願望，加快民主政制的發展。

11. 中方最終同意把基本法規定香港特別行政區第一屆立法機關的直選議席數目增至二十個。一九九〇年四月公佈的基本法定稿也訂明了這個數目。外交及聯邦事務大臣在一九九〇年二月向下議院確認，一九九一年立法局將有十八個直選議席，一九九五年則最少將有二十席。他又表示英國政府將繼續大力要求加快民主化的步伐。

12. 立法局第一次直接選舉於一九九一年九月舉行，選出十八名議員，全部當選者都要經過與對手角逐競爭。投票人數佔一百九十萬登記選民總數的百分之三十九，較香港以前舉行的任何選舉為高。香港民主同盟和其他極力倡導更大程度民主的人士，在十八席中贏得十六席，獲得百分之五十八的選票，清楚顯示社會大眾希望有更大程度的民主。

（c）一九九二年十月總督政改方案

13. 一九九一年立法局加入十八名直選議員，標誌著香港民主發展再邁出重要的一步。當彭定康先生在一九九二年七月抵港就任香港總督時，社會人士普遍的看法是香港在英國主權下進行最後一輪的各級選舉時，民主進程應再向前邁進一步。這一輪選舉包括一九九四年九月的區議會選舉，一九九五年三月的兩個市政局選舉以及一九九五年九月的立法局選舉。對於新任總督將就這方面採取怎樣的政策，人們作出紛紜的臆測。市民的期望帶來的壓力，以及實際上有需要及時訂立這些選舉的必要安排，意味著總督必須在履行不久即採取行動。

14. 因此，總督於一九九二年十月在立法局發表第一份施政報告時，提出一九九七年前政制發展的建議（內容要點撮錄於附件1）。這些建議是經過社會大眾廣泛討論所得結果，並且得到英國政府全力支持。要順應香港人希望有更大程度民主的意願，最簡單的方法應是由中國政府同意修訂基本法，規定直選議席有更大增幅。英國政府屢次大力要求中國政府採取這步驟。但中方堅持基本法在一九九七年生效前不可能加以修訂。因此，總督在獲得英國政府支持下，決定尋找符合基本法規定的其他擴大民主參與的方法。在總督發表施政報告兩周前，外交及聯邦事務大臣就方案內容知會中國外交部長。總督其後也去函一位中國高層官員，概述建議內容，並表示打算更詳盡地解釋及討論他的建議。在總督須向立法局發表施政報告前不久，中方要求延遲宣佈這些建議，直至與中方通過磋商達成協議。

15. 英國政府和總督認為，如總督未向香港人解釋他的取向便開始與中國談判，這是不能接受的。總督向立法局強調他提出的是建議，而不是不能更改的決定，而他希望和中方代表討論這些建議。建議在香港和國際間獲得良好反應。立法局經過在一九九二年十月、十一月和一九九三年一月間舉行三次辯論，以大多數通過贊成總督的做法。儘管中國作出敵意的反應，自從一九九二年十月以來在香港進行的民意調查，都顯示總督的目標繼續獲得支持。

16. 總督向立法局發表施政報告後，隨即在一九九二年十月二十日，於中方最早可以接待他的時間前赴北京。他解釋所提出的建議，並再度強調英國政府和香港政府希望和中方討論這些建議。中國領導方面拒絕任何討論，後來公開要求總督收回建議，然後才可以進行任何有關選舉安排的討論。其後兩個月內，由中國政府控制的香港報章展開日益淩厲的攻勢，大肆抨擊總督和他的建議，卻沒有提及任何可資取代的意見。中方發表的一些言論使政府合約和專利權在一九九七年後繼續有效產生疑問，又顯示中國可能開始另行籌備有關一九九七年立法機關的安排。這連串的公開言行使社會大眾產生焦慮。雖然香港經濟的基本因素仍然穩健，股市卻出現暫時的跌勢。

17. 總督訪問北京後，一名中國高層官員隨即召開記者招待會，在會中聲稱總督的建議違反一九九〇年初外交及聯邦事務大臣與中國外交部長在函件往來中所達成的協議和諒解。為使人們對事情有正確了解，英國政府於一九九二年十月公開七份有關文件。內容顯示雙方達致共同的看法，在一九九一年立法局應有十八個直選議席，但一九九五年的選舉安排問題則留待日後討論，並無達成任何協議。

第二部 中英就選舉安排進行會談

（a）確立會談基礎

18. 英國政府和香港政府從開始已說明願意聽取中方或香港人提出的不同意見。總督施政報告發表的數月內，香港很多人士和團體提出了許多不同的建議。香港政府在一九九三年初發表了這些不同建議的集錄，並把一份集錄交給中方。集錄旨在向立法局議員提供資料，以協助他們日後考慮為推行一九九四年和一九九五年選舉安排而需訂定的法例草案。

19. 香港政府的原意是在一九九三年二月就這些事項向立法局提交法例草案。但一九九三年初英國政府聯同香港政府，主動正式向中方重申願意在不帶先決條件的情況下舉行有關選舉安排的會談。結果，在一九九三年二月和三月間，中英在北京展開頻密的外交接觸，探討能否找出進行正式會談的建設性基礎。英國政府確認願意按照中方所建議，在聯合聲明、與基本法銜接的原則以及中英達成的有關協議和諒解的基礎上進行會談。英國政府並表明在任何會談中，英方將包括有必要參加的香港政府官員，他們將以與駐倫敦和北京的其他官員同等的身份參加會談。這符合歷來中英會談的慣例，有關聯合聲明的談判以及聯合聯絡小組會談都沿用這樣的安排。

20. 香港政府在二月向立法局提出一項條例草案，內容涉及總督提出的其中一項政改建議，即成立選區分界及選舉事務委員會。該條例草案於一九九三年五月正式通過為條例。香港的行政局於二月初表示同意包括總督政改建議其餘部分的法例草案。儘管香港市民大力要求政府公佈該法例草案，香港政府仍把草案的公佈日期押後五周，使中英間的接觸有更大機會能同意會談應早日展開。有見及此，法例草案遂於三月十二日公佈，但仍沒有在立法局提出。中方公開抨擊公佈法例草案一事。但是，經過英方再次主動提出，兩國政府再就進行一事恢復接觸。四月十三日，雙方宣佈達成協議，在聯合聲明、與基本法銜接的原則及以前達成的協議和諒解的基礎上進行會談。

21. 英國政府和香港政府的會談目標，是確定能否與中方達成有關一套英方認為可向香港立法局推薦的選舉安排的諒解。這些安排必須確保：

—— 第一，一九九四年及一九九五年的選舉應該是公平、公開和為香港人接受的。

——　第二，應該商定明確、客觀和為人接受的標準，以供**籌備委員會**[1]在一九九七年確認一九九五年當選的立法局議員成為一九九七年香港特別行政區第一屆立法機關成員時應用（直通車）。

由於會談的原因就是要保證一九九七年前後有連續性的安排達成協議，直通車便成為具有根本重要性的事宜。在一九九五年，參選的人和選民都需要知道籌備委員會將採用什麼標準，來決定那些立法局議員能夠在一九九七年後仍然留任以完成四年任期。缺乏商定的直通車客觀標準，與中方就一九九五年選舉安排細節達成協議也是沒有意義的。

22. 會談可以分為四個不同的階段。

（b）會談第一階段：一九九三年四月至五月（第一至三輪）

23. 英方[2]解釋需要及早完成會談，以便訂立有條不紊的安排，於一九九四年及一九九五年在香港進行選舉；解釋總督建議；指出中方批評總督建議，但並未提出中方本身的構想；要求中方提出具體建議，使會談迅速轉入討論選舉安排事務；並且強調必須有為人接受的客觀標準，以確保建立立法局直通車。

24. 英方又尋求中方就下列的其他三點提出保障：

——　就籌備委員會香港成員人選進行磋商。籌委會將規定香港特別行政區第一屆政府和立法會的具體產生辦法。委員會一半成員來自香港。英方建議雙方應就香港委員人選進行磋商，一如以前就機場諮詢委員會成員人選進行磋商一樣。

——　立法會以全部成員由普選產生為最終目標。基本法附件二容許在二〇〇七年達到這項目標。英方建議中國當局表明如果特別行政區屆時有這樣的意願，將支持二〇〇七年舉行普選。

——　推選特別行政區行政長官的安排。基本法規定第一屆行政長官由一"推選委員會"推舉，而以後各屆行政長官則由一"選舉委員會"產生。英方建議如雙方就一九九五年選出立法局十名議員的選舉委員會組成辦法達成協議，中方將使用同一模式，組成日後產生行政長官的推選委員會及選舉委員會，而該等委員會將由

1　根據附件 2 轉載的全國人民代表大會決定，籌備委員會將於一九九六年成立，負責籌備成立香港特別行政區的有關事宜。特別行政區將於一九九七年七月一日成立。

2　"英方"一詞是為了簡便而使用。一直以來，麥若彬大使和韓魁發先生（第十六和十七輪）在會談中以英方談判代表身份提出的立場都是獲得英國政府及總督按照行政局意見同意的。

公開選舉產生。

25. 中方在首三輪會談中，一直堅持雙方必須就若干原則達成協議，才可以開始討論實質問題。中方聲稱這些原則反映出較早前達成的協議和諒解。事實上，這些"原則"會有左右後來就實質問題進行討論的作用。英方的觀點是為收到成效，會談應集中處理實質問題，即以前未有協議的一九九四年及九五年選舉實際安排。

26. 第三輪結束時，中方放棄就原則達成協議的先決條件，並同意會談應轉入實質問題的討論。

（c）第二階段：一九九三年五月至六月（第四至第七輪）

27. 第二階段會談的大部分時間是中方遲緩地逐漸提出他們對主要問題的初步看法。英方繼續要求中方討論直通車問題，以及上文第二十四段所列的其他三項問題。

28. 中方對主要問題的立場在下文第三部分有較詳盡的描述。總括來說，他們的立場是：

── 現行香港法律中規定香港以外的立法機關成員不得出任區議會、兩個市政局或立法局成員的條文應予以修訂，使香港居民中的中國各級人大代表可以成為上述機構成員。

── 區議會和兩個市政局的職能應維持不變並應保留若干委任議員。

── 對於功能組別，現有二十一個組別的選民範圍不應加以擴大，新增九個組別的選民範圍不應大幅擴大，並應採用法團投票辦法。

── 對於選舉委員會，成員組織及比例應完全按照基本法附件一所列模式（一九九七年後負責選舉行政長官及立法會部分成員的選舉委員會模式），但成員人數（六百人）則應與基本法附件一所規定的（八百人）有分別。由此產生的其中一項結果是雖然香港區全國人民代表大會代表和香港區中國人民政治協商會議委員代表並非在香港經選舉產生，也作為一種權利而成為選舉委員會成員（基本法附件一文本轉載於本白皮書附件 3）。

（d）第三階段：一九九三年七月至八月（第八至第九輪）

29. 經過七輪會談，六月底的情況是中方終於就選舉的主要問題提出開首立場，但對許多重要方面仍然未有提及或說法模棱兩可。他們一直拒絕討論直通車標準或英方提出的其他三項問題。由於中方立場實際上在於藉限制性的選舉安排儘量局限香港政制發展，雙方因而存在很大的距離。

30. 外相利用他到亞洲參加東京高峰會議的機會，在一九九三年七月八至九日訪問北京，與中國外交部長進行討論。他訪華之行並非在於談判，而是要促使會談集中討論主要問題，並且強調必須早日取得進展。外相闡明任何修訂選舉建議都要符合以下原則，才可以切合我們的要求：

──選舉委員會方面。委員應在香港以公平公開的選舉，而不是用推選的方法產生；委員會內進行的選舉本身應該採用公開和公平的安排。如果可以就這些原則達成協議，英方願意考慮是否可以在基本法附件一所列有關成員組織和比例的基礎上設立一個選舉委員會。

──功能組別方面。選民範圍應該頗具規模。經驗顯示法團投票可以導致個別人士在功能組別內控制幾張選票。選民範圍狹窄的組別便有可能出現貪污舞弊，其實香港最近已經發生這樣的事例。英方因而建議現有二十一個組別應繼續循序漸進地發展。我們將願意研究一些可以符合雙方要求的建議。

外相又強調會談的整個目的旨在維持連續性。因此，必須就直通車客觀標準達成協議。雙方同意努力加快會談進度。

31. 在第八至第九輪，縱使中方當時仍然堅拒討論直通車客觀標準，英方為履行外相的承諾，亦就選舉委員會和功能組別提出修訂建議。修訂建議詳情見本白皮書第三部分。該部分也闡釋了為什麼中方就這些問題提出的建議是不可接受的。

（e）第四階段：一九九三年九月至十一月（第十至十七輪）

32. 在這幾輪會談中，英方表示願意就功能組別及有關選舉委員會的問題進一步採取重要行動（見下文第三十五及三十七段）。中方就有關功能組別的立場作了一些輕微調整。雙方終於開始討論直通車標準，並且全面探討能否就最迫切的問題達成初步協議。其後，中方表明惟有在英方保證不就討論中所餘任何其他問題採取單方面行動的情況下，才願意初步協議。

33. 十月一日，外相在紐約參加聯合國大會之餘，再度與中國外交部長會晤。對於儘管英方努力採取重大行動以彌補雙方差距，而會談仍然缺乏進展，外相表示失望。他強調英方正致力爭取會談達致圓滿結果，但雙方必須開始討論直通車標準，會談才可以再有進展。他就中方提出的一項建議作出回應，解釋權就區議會和兩個市政局選舉達成的一項初步協議是沒有吸引力的，原因是若干問題也適用於立法局選舉（例如投票年齡和投票方法），所以應該一併處理。外相當時並向中國外交部長介紹總督將於十月六日向立法局發表的周年施政報告內有關會談的主要內容。

34. 總督向立法局發表施政報告時，慎重地避免違反會談保密原則。但鑒於報章已廣泛出現透露會談內容的報道，總督確認英方已經就功能組別和選舉委員會問題提出修訂建議，條件是整體協議必須是英方可以接受和包括直通車標準在內的。他強調英方致力爭取會談成功，但基於實際理由，餘下可以達成協議的時間，只能以周計，而不是以月計。

35. 十月，英方顧及中方提出的觀點，再度修訂有關九個新增功能組別的建議，詳情見下文第七十七段。英方也提出有關選舉委員會的新建議，接受了中方的立場，即委員會應有約六百名委員，並且確認香港居民中的全國人民代表大會（全國人大）代表及中國人民政治協商會議（全國政協）委員可以參加競選委員會成員。

36. 十月底，中方建議雙方就五點達致一項初步諒解：區議會及兩個市政局性質職能維持不變；包括立法局在內的三級議會選舉的投票年齡應為十八歲；撤銷限制香港居民中的中國各級人大代表出任香港三級代議機構成員的規定；區議會及兩個市政局選舉應使用單議席單票制的投票方法；雙方亦應表明對於廢除區議會及兩個市政局委任議席的問題意見分歧。對於最後一點，中方建議應由香港特別行政區政府自行決定區議會及兩個市政局的委任議員人數。

37. 英方迅速作出回應，基於這幾點草擬一份諒解備忘錄（本文轉載於附件4）。鑒於時間迫切，英方在舉行另一輪會談以前，在十一月三日把擬稿預先交予中方。英國駐華大使又採取跟進行動，在十一月五日前往會晤中方代表。英方解釋他們在中方原來提出的建議內增加一項實質性內容，即單議席單票制的投票方法亦應適用於立法局的分區選舉。如果能夠迅速向立法局提出包括所有這些問題的法例草案，便可以為解決餘下的問題爭取多一點時間。但第一階段諒解必須包括立法局選舉的投票方法。根據所有跡象顯示，如提出的建議僅包括區議會和兩個市政局選舉的投票方法，而不包括立法局選舉採用的相同方法，該項建議將不會獲得立法局或市民接受，這特別是因為建議中第一階段諒解所涉及的其他內容，例如投票年齡及撤銷對香港居民中的中國各級人大代表的限制是適用於包括立法局在內的所有三級議會。英方向中方重申英方的理解（已列明於十一月三日交予中方的諒解備忘錄擬稿內）是：中方建議的方式使英方可在一九九四年和九五年的選舉中廢除委任議席，同時特別行政區當局在一九九七年也可自由決定是否恢復委任制。英方解釋除非中方建議的意義是這樣，否則是不會有用的。無論在十一月三日、十一月五日或第十六輪會談以前任何時間，中方都未有任何表示對英方上述理解提出反駁。

38. 英國在十一月十日舉行部長級會議，總督亦有出席。會後首相致函李鵬總理，他歡迎雙方就最迫切事宜達致諒解方面取得進展，並表示基於實際理由，有需要迅速就這些事宜達成協議。首相又指出如果可以就這些問題早日達成協議，便可以有多一點時間討論解決更困難的問題。他建議談判轉入加緊進行的最後階段。

39. 英方在首相致函中國總理後進行的兩輪會談（第十六和第十七輪）中，致力就諒解備忘錄文本達成協議。英方為努力就直通車客觀標準達成協議，在第十六輪會談中亦提出一九九七年立法會成員宣誓效忠特別行政區誓詞擬稿。所建議的誓詞擬稿包括較多細節（本文見附件 5），是基於中方在前一輪會談中提出的要點而擬定的。但英方說明不能接受具有追溯力的標準。

40. 對於諒解備忘錄，中方拒絕同意第一階段協議包括立法局分區選舉的投票方法。他們又在第十六輪中說明，他們就委任議員制度提出的建議並不表示英方可以在一九九四年和九五年廢除區議會及兩個市政局的委任議席。雖然英方當時已曾清楚地說明對該提議的理解，中方仍聲言雙方之間出現了誤解。

41. 在第十七輪會談的非正式討論中，中方提出兩份口頭諒解的文本：一份僅包括兩個市政局及區議會的選舉安排；另一份除包括前述內容外，並就投票年齡及撤銷對香港居民中的中國各級人大代表的限制方面，訂明亦適用於立法局選舉。中方表示無論用那一份文本，如果英方同意諒解內不應包括立法局選舉的投票方法，他們可以就委任制問題接受雙方用一個"同意保留分歧意見"的方式，而這方式可以讓英方在一九九四年和九五年廢除委任議席。他們提出的建議措辭如下：

"英方建議從一九九四年九月和一九九五年三月起分別取消區議會和兩個市政局的委任議席。中方建議在一九九四年和一九九五年產生的區議會和兩個市政局中保留適當比例的委任議席。中方聲明，自一九九七年七月一日起由香港特別行政區政府按基本法第九十八條的規定決定區議會和兩個市政局委任議席的數目。"

42. 這項建議中所採用的措辭與第十五輪中所提出的不同，主要是香港特別行政區政府後略去"自行"一詞。中方在提出這項建議時，說明如果英方堅持在一九九四年和九五年廢除委任議席，中方日後將確定會有適當比例的委任議席。

一九九七年六月三十日後特別行政區政府將根據基本法第九十八條自行決定委任議席數目。這並不表示特別行政區政府日後將自行決定是否保留或廢除委任議席；該項決定將由"中方"作出。

43. 即使英方接受中方提出這項建議的先決條件，即協議內不包括立法局選舉的投票方法 —— 這其實是英方不能接受的 —— 英方也不能接受對委任議員制有這樣的諒解。中方的建議等於侵害了香港特別行政區按照聯合聲明和基本法獲承諾的自治權。特別行政區當局應自行依法決定"區域組織"的成員組織，包括決定區議會及兩個市政局如果有委任議員的話，他們的的數目應該是多少。這是屬於香港高度自治範圍內的事宜，而這項高度自治權已根據聯合聲明和基本法獲得保證。此外，中方在討論第一階段協議時，再次堅稱對於任何未與中方達成協議的事項，我們都不應單方面進行立法，這繼續成為會談的障礙。

44. 第十七輪的過程明確顯示不可能就英方提出的諒解備忘錄擬稿中所包括的問題達成協議，有見及此，英方代表當時說明在他所接獲的指示範圍內，他並沒有權力繼續討論第一階段諒解。但他強調英方希望繼續討論餘下的問題，並為此建議在十二月舉行另一輪會談。外相在十一月三十日致函中國外長，證實基於實際及政治理由，有需要由總督在十二月上半月向立法局提出包括諒解備忘錄擬稿所涉及各項事宜的法例草案，總督並將在十二月二日向立法局宣佈採取這項行動的意向。英方在十二月一日接獲中方的回應，他們表示這項行動將導致會談破裂。英方作出回覆時再度強調英方並沒有中斷會談，他們仍然願意繼續討論其他問題。十二月二日，總督告知立法局有關第一階段問題的法例草案將於十二月十日在憲報刊登，並於十二月十五日在立法局提出。立法局現已對該條例草案進行詳細辯論並通過為法律。

第三部　分析會談過程中提出的各項建議

45. 英國政府和香港政府的必要條件是：一九九四年和九五年的選舉應該公開、公平和為香港人接受。中英雙方就此提出各項選舉建議，本部分對此進行研究。

投票年齡

46. 總督在一九九二年十月建議在香港的所有選舉中，投票年齡都應由二十一歲降至十八歲。

47. 英國和中國的投票年齡都是十八歲，而這項建議在香港也獲得廣泛支持。

48. 中方在第十五輪會談以前，並沒有對此問題採取任何立場。到第十五輪會談時，他們接受三級議會選舉的投票年齡應降至十八歲。

參選資格

49. 中方建議應修訂香港法律，容許中國各級人大香港區代表出任立法局和區域組織的成員。不過，對於其他國家的國會或議院成員的限制應予保留。

50. 英方在第十四輪會談表示作為商定整體方案的一部分，願意向立法局推薦修訂法律，容許香港居民中的中國各級人大代表出任立法局及區域組織成員。第十六輪會談中，英方同意如能就較迫切的問題達成諒解備忘錄，將就上述修訂提出立法。

區議會及兩個市政局的選舉（一九九四和九五年）

51. 總督在一九九二年十月建議區議會及兩個市政局的議員應全部由直接選舉產生（但鄉事組織的民選代表可成為新界區議會及區域市政局當然議員，此屬例外）。

52. 區議會及兩個市政局初成立時，全部由委任議員組成，但多年來已朝向民選議員制度有長足發展。總督的建議完全符合公開公平選舉以及香港政制循序發展的原則。

53. 中方在第四輪會談建議區域組織的性質、職能及組成方法應維持不變，委任議員制度應予保留。第十五輪中，他們建議輕微減少委任議員人數（區議會由百分之三十一點七減至百分之二十七點二）。其後在同一輪會談中，他們建議在一個有關區議會和兩個市政局的初步諒解中，明確表示雙方對廢除委任制的問題意見分歧，並應留待一九九七年六月三十日後由特別行政區政府自行依法決定委任議員人數。英方基於這項建議，提出附件 4 所載諒解備忘錄擬稿的第五點。這樣使英方可以提出立法，在一九九四和九五年的選舉中廢除委任制度，同時又不妨礙特別行政區當局日後決定是否恢復委任制。但是，中方在第十六輪及以後的時間內截然說明不能同意按此基礎廢除委任制度（上文第四十至四十三段詳細闡述有關情況）。英方繼續認為香港選舉制度逐步發展的過程中，廢除區議會和兩個市政局的委任制度是必要步驟，尤其是立法局由一九九五年起將全部由民選議員組成。

立法局選舉（一九九五年）

"直通車"

54. 在第一輪會談中，英方建議一九九五年當選的立法局議員繼續留任至一九九九年的唯一所需條件應為宣誓效忠中華人民共和國香港特別行政區及宣誓擁護基本法。這與基本法第一〇四條有關特別行政區政府官員、行政會議成員、立法會議員及司法人員宣誓的規定完全相同。

55. 中方初時採取的立場是惟有他們感到滿意，認為一九九五年立法局的組成將符合中方對基本法的解釋，才願意討論直通車標準。他們也指出根據全國人民代表大會關於香港特別行政區第一屆政府和立法會產生辦法的決定（轉載於附件2），須由籌備委員會確認立法局議員為特別行政區第一屆立法機關成員。

56. 第十三輪中，英方提出一個辦法，以期可以在符合基本法規定全國人民代表大會及籌備委員會的任務的情況下，早日頒佈客觀標準。這辦法涉及雙方商定標準；中國政府向全國人大常務委員會推薦商定標準，由常委會在一九九五年選舉前批准及頒佈；以及由全國人大常委會決定一九九七年確認立法會議員時應使用這些標準——而並沒有任何其他標準。中方表示不能接受這項建議，但認為應可找到解決方法。後來，他們仍然沒有提出任何其他辦法。

57. 第十五輪中，中方終於就英方有關直通車標準的建議作出回應。中方建議，立法會議員除了要符合基本法內包括宣誓效忠香港特別行政區在內的簡單條件外，為了"擁護基本法"還需要：

—— 愛國愛港；

—— 擁護中國對香港恢復行使主權；

—— 致力達致一九九七年平穩過渡及政權順利交接；

—— 擁護"一國兩制"原則；

—— 不（或從不 —— 中方所用措辭沒有清楚表達時態）從事反對基本法等行動，或參與或領導企圖推翻中國政府或破壞中國內地社會主義制度等的活動。

58. 英方注意到基本法條文已包括以上各點。但要點是任何標準都應該是前瞻性的；任何針對過往的政治觀點或行動的考查都是不可接受的。為再盡力顧及中方希望有包括較多細節的標準，英方在第十六輪提出一九九七年議員誓詞的擬稿（本文見附件 5），誓詞內容基於中方提出各點，包括更多細節。英方並說明這項標準適用於未來的言行。中方對此建議並未作出反應。

立法局分區選舉投票方法

59. 總督在一九九二年十月建議，應由二十個單議席的區域組別以直接選舉選出二十名議員。

60. 單議席單票制是簡單的辦法，使每一選區的選民和他們選出的代表之間維持有明確的連繫。香港的選民都熟悉這種已經在兩個市政局和大多數區議會的選舉中使用的投票方法。

61. 中方在第九輪會談中建議，由地區組別產生的二十個立法局議員，應由現有九個選區使用多議席單票制以直接選舉產生。雖然中方同意一九九四和九五年兩個市政局及區議會的所有選舉中應使用單議席單票制，但他們仍拒絕接受立法局選舉也採用這種辦法。

62. 英國政府和香港政府認為多議席單票制不會提供公平和公開制度。這種辦法人為地凍結一九九一年劃分的選區，沒有顧及香港人口分佈發展趨向，而且看來在於確保取得小部分選票的黨派可以贏取議席。香港立法局本身在一九九二年十月投票贊成立法局選舉採用單議席單票制，而主要政黨在一九九三年十一月也再次表明支持這項做法。

選舉委員會

63. 英國政府及香港政府認為選舉委員會選出十名立法局議員的選舉如要達至公平、公開和為香港人接受，必須符合兩項必要條件：

　　——選舉委員會的委員應在香港公平公開選出。

　　——選舉委員會選舉十名立法局議員的安排本身應公開公平。

64. 總督在一九九二年十月建議選舉委員會全部或大部分委員由直接選舉產生的區議會內的區議員出任；而選舉委員會應可投票支持任何符合資格的候選人成為立法局議員，而並非只限於投票支持委員會委員。

65. 這項建議符合兩項必要條件，也提供了一個簡單解決辦法，原因是無須設立新的選舉機構。

66. 中方的建議（在第七輪會談中提出，經英方一再詢問，其後在第十四輪會談中加以澄清）是：

——選舉委員會的成員組織和比例應完全按照基本法附件一第二款規定的四部分成員模式，（儘管附件二第二款訂明第一屆立法會的選舉委員會並不是附件一所規定的選舉委員會）但全部委員人數應為六百，而不是附件一第二款所述的八百人。

——投票方法是由四部分成員各自選出三名候選人，全部共十二名候選人，以供選舉委員會選出立法局議員。候選人不必是委員，但須來自有關界別。每一部分選出三名候選人時，將使用全票必要制，取得簡單大多數選票者當選。然後由選舉委員會全部成員按簡單大多數辦法在十二名候選人中選出十名立法局議員。

67. 英國政府及香港政府觀點是，中方建議並不符合必要條件，因而不會提供選舉的公平公開辦法。就這問題須注意的一點是，基本法附件一規定一九九七年後的選舉委員會應根據"民主開放"的原則組成。

68. 完全按照基本法附件一第二款規定組成第四部分成員導致有兩項問題。第一，基本法模式包括現有立法局議員，而現有立法局議員並非全部民選。第二，委員包括全國人民代表大會香港區代表及中國人民政治協商會議香港區委員，他們並不是在香港公開公平選舉產生的；純粹憑他們是該等非香港機構成員的身份而把他們包括在選舉委員會內，這樣會嚴重違反了一項條件，即選舉委員會應由本身是在香港公開公平選出的人士組成。這意味著選舉委員會部分成員是以不民主的方式產生。

69. 中方建議的投票方法明顯是諸多限制和繁瑣的。

70. 在外相於一九九三年七月和中國外交部長會面後，英方在第八輪會談中提出有關選舉委員會的修訂建議。為朝向中方的立場邁出重大一步，修訂建議接受了選舉委員會應沿著基本法附件一規定的模式，由四部分委員組成。首三部分委員由分為三組的功能組別選舉產生。換言之，每一功能組別選民除選出一名功能組別代表出任立法局議員外，亦選出指定數目的選舉委員會委員。至於第四部分委員，英方建議由區議會、兩個市政局及鄉議局成員[1]選出。英方說明基於上文列出的理由，純粹憑一九九一年立法局議員，或全國人大及全國政協香港區代表是該等機構成員身份而讓他們成為選舉委員會委員，都是不適當的。第十四輪會談中，英方再努力拉近雙方距離，確認香港居民中的全國人大及全國政協代表可自由競選為選舉委員會委員；並且接受中方建議，一九九五年的選舉委員會有六百名委員，條件為這是作為整體解決方案的一部分。

71. 在投票方法方面，英方建議由功能組別以全票制選出首三部分委員，即功能組別內每一選民可投票數與該功能組別可選出委員人數相同。選舉委員會內進行的選舉將採用可轉移單票制。任何有資格成為立法局議員的登記選民，只要獲得最少五名選舉委員會委員提名，便可以在選舉委員會進行的選舉中參加競選。

72. 英國政府和香港政府認為雖然這項修訂建議較總督原來提出的建議略為複雜，仍將符合必要條件，確保選舉委員會的委員由在香港通過功能組別或區議會舉行的公平公開選舉產生，而選舉委員會內進行的選舉亦以公開公平的方式進行。

功能組別

73. 香港政府在一九八八年白皮書中界定功能組別為代表香港具有規模和重要性界別的組別。英國在政府及香港政府認為功能組別制度要符合公平和公開的條件，必須從最近的經驗汲取兩項教訓。第一，目前在二十一個功能組別議席選舉中，其中十一個採用法團投票的方法，而這種方式會導致個別人士在功能組別內實際上可以控制幾張選票。第二，一些現有組別選民範圍細小，導致有可能出現貪污舞弊，香港最近也發生真確事例。因此，有需要設立選民範圍具規模的組別。

74. 總督在一九九二年十月提出的建議顧及上述各點，他建議為使現有二十一個功能組別維持現有循序漸進的發展，應以個人投票代替所有形式的法團投票。至於新增九個功能組別，總督建議最簡單和最公平的做法是使他們可以包括全體工作人口。在這個基礎上，總督建議沿用現行界定各行業的辦法設立九個新增組別。

75. 中方在第六輪談判時提出的建議是，現有二十一個功能組別的組成和投票方法應完全維持與一九九一年一樣，保留法團投票的概念。他們建議九個新增功能組別應該是：中國企業協會、現有勞工界功能組別增加一席、漁農界、紡織及製衣

1　鄉議局是代表新界原居民的組織。

界、進出口商會界、街坊福利會界、保險界、航運界及體育界。這些組別亦應採用
法團投票方法。

76. 英國政府及香港政府認為：中方建議不足以解決因法團投票及組別規模細
小而引致的問題。他們建議的九個新增組別只會在原有二十一個組別十一萬人的選
民範圍之上增加約二萬選民。中方若干具體建議亦不能符合功能組別的條件。街坊
會並不是社會上具重要性的經濟或專業團體。全港只有約六十個街坊會，所構成的
功能組別規模也自然細小。設立中國企業協會組別的建議並不符合香港一向以來對
所有投資者及企業所採取的態度，即不論來自那一國家，都獲得一視同仁。以"國
家"利益而不是經濟專業團體為基礎來設立功能組別，會造成分化作用。許多中資
企業已經是其他功能組別的登記選民。中方建議成立保險界功能組別便必須把現在
本來已經是小規模的金融服務組別再一分為二。由於香港的認可保險商數目不多
（二百二十九個），一個純粹由保險界組成的組別規模會很細小。在其後數輪會談
中，中方暗示可能願意對法團投票制度下法團投票人的數目採取靈活態度，但一直
沒有對此作具體說明。基於上文所述理由，英方的觀點仍然是法團投票應全面由個
人投票取代。

77. 英方在第九輪會談就九個新增功能組別提出修訂建議。此舉在於顧及中方
所建議功能組別應全部以團體為單位，並採納中方建議九個具體界別中的六個，作
為修訂建議的基礎。其後的會談中，英方為竭力拉近雙方差距，提出對功能組別名
單進一步作數項修訂。經修訂後，英方建議的九個組別為：

——紡織及製衣界

——批發／零售及進／出口界

——製造界

——漁業界

——運輸界

——公用事業及通訊界

——服務界

——體育、文化及娛樂界

——土地／建築工程／房屋及建造界

按此劃分的三十個功能組別的總選民範圍約為八十四萬人。

78. 英國政府及香港政府認為，這些修訂建議作為整體方案的一部分仍然可以

通過在社會上具規模和重要性的組別，符合提供公平公開的功能組別選舉的最低限度要求。

有關國籍的規定

79. 中方在第九輪會談中建議香港政府應在一九九五年，即基本法生效兩年前，執行基本法中有關國籍的規定。這方面的規定訂明非中國籍的香港特別行政區永久性居民和在外國有居留權的香港特別行政區永久性居民也可以當選為立法會議員，"其所佔比例不得超過立法會全體議員的百分之二十"。

80. 英方說明於一九九五年香港仍然在英國主權下舉行的選舉中，不可能以這樣的方式歧視英國國民。一九九五年選舉時至一九九七年七月一日期間，立法機關個別成員的國籍身份也可能出現變化。但英方表示願意討論中方提出的任何想法，如一九九七年七月一日後出現不大可能的情況，即擁有外國國籍或外地居留權的成員超過百分之三十，將怎樣執行這項規定。

第四部　結論及以後的路向

81. 由上文各部已清楚可見，會談所涉及的許多個別問題本身屬技術性問題。但雙方之間的根本分歧卻是簡單的。英國政府及香港政府提出的建議本質上在於建立真正代表香港和香港人利益的立法局和區域組織，從而體現"港人治港"的概念。中方要採用有更多限制和選民人數少得多的選舉安排。他們建議的新增功能組別中，規模最小的一個選民總數不及一百。這樣的安排可能被人操縱，而在英國政府和香港政府看來，不能保證選出的機構可以如實反映所代表市民的利益。

82. 有人提出應該不惜代價達成協議，所持的理由是不能達成協議會帶來堪虞後果。本白皮書已解釋清楚，英國政府和香港政府已經在可能範圍內，竭盡所能爭取達成可以接受的協議。但他們並不認為按中方要求的模式達成有缺陷的協議會比沒有協議好。中方建議的選舉安排為香港帶來的後果本身委實十分嚴重。

83. 聯合聲明的中心目標在於維持香港穩定繁榮，以及維繫穩定繁榮的開放社會。法治是這方面的基石，也是香港多年來驕人成就的基石；而同樣重要的，是香港人以及國際間有信心法治在一九九七年以後得以維持。在一個社會裡，如果立法機關既不是公平選出，也有可能受人操縱，實在難以想像怎樣可以維持法治。

84. 為保障香港生活方式的其他根本特質，有公平公開選舉產生的代議機構也是必須的。多年來商界可以公平競爭，使香港繁榮昌盛，在國際間建立顯赫聲譽。這一點歸根究底也要靠賴立法局有能力確保在決定公帑用途時，必定以香港經濟社會需要為依歸，不會因既得利益者在背後施加壓力而有所動搖。同樣，香港近數十年來，能夠杜絕貪污，也是它達致成就斐然的主要原因。引入一些導致人們對立法局的信任程度產生疑問的選舉結構或做法，會危及香港的成功。

85. 英國政府和香港政府對於未能與中國政府就這些問題達成協議感到遺憾。在沒有協議的情況下，英國政府和香港政府堅定地認為，為符合香港最佳利益，必須使一九九四年及一九九五年的選舉安排能確保已經商定及確立的民主進程能夠繼續推進，這些安排必須公平公開，能夠贏取香港人廣泛支持。

86. 在符合這些原則的情況下，英方在會談過程中願意提出修訂建議，以期達致包括商定直通車標準在內的可接受整體方案。我們盡了一切辦法，務求會談有圓滿的結果。我們致力就較簡單而迫切的問題達成第一階段協議。當事實顯示這是不可能的，我們先就有關問題提出條例草案，以爭取更多時間就其他問題繼續會談。我們現在已面臨必須就餘下問題立法的關頭。

87. 英國政府和香港政府仔細地考慮展開這項立法程序的基礎。如果能夠與中方達成包括直通車在內的整體協議，我們本來準備向立法局推薦經修訂的政改方案。但我們無法與中方達成協議。另一方面，總督在一九九二年十月提出的建議已經通過立法局三度進行動議辯論，每一次都獲得立法局支持。在過去十六個月以來，這套方案經過社會各界廣泛討論，並且獲得大多數階層的廣泛支持。建議內容符合聯合聲明及基本法的規定，也沒有違反中英兩國政府過去達成的任何協議。因此，我們仍然認為展開立法程序時，應以這套方案為基礎。總督在聽取行政局建議後，並在獲得英國政府支持下，現決定根據該項方案向立法局提出條例草案。

88. 在憲制規定下，立法局須負責通過一九九四及一九九五年選舉的法例。立法局要考慮的是香港政府提出的條例草案、過去十六個月內市民提出的意見以及與中方會談過程中出現的構想。英國政府和總督屢次說明他們所採取的路向是以香港人的意願為準繩。我們深信立法局負起這項沉重的任務時，將會全面估計香港人的意願。

附件 1

議題	英方一九九二年原有建議	英方修訂建議	中方建議
分區組別的投票方法：用於立法局二十直選議席的選舉及兩個市政局與區議會的選舉	每一選區有一議席，以單票制、先達終點辦法選出一名議員。	維持原有建議。	用現有（一九九一年劃分）九個選區用單票制選出二十名議員。（細節不詳，但似乎在於確保贏取小部分選票的黨派當選。）提出第一階段方案列明單議席單票制僅用於區議會及兩個市政局。
投票年齡（立法局、區議會及兩個市政局）	由二十一歲降至十八歲（一如英國及中國制度）。	維持原有建議。	願意在第一階段方案中協議區議會、兩個市政局及立法局選舉的投票年齡為十八歲。
兩個市政局及區議會（議員組成）	廢除委任議席。	維持原有建議。	保留委任制。暗示我們可以在一九九四年和九五年廢除，但中方將在一九九七年恢復該項制度。
功能組別（三十議席：現有組別選出二十一席，九個新增功能組別選出九席）	現有及新組別均不再用法團投票。設立九個新組別後選民範圍擴大至包括全體二百七十萬工作人口。	按原有建議廢除法團投票制度。修訂新增組別，使其中六個組別吸納中方提議。選民總數減至不足九十萬。	現有組別不變。九個新增組別全部採用法團投票。功能組別選民總數為約十三萬。

議 題	英方一九九二年原有建議	英方修訂建議	中方建議
選舉委員會（十個議席）	全部或大部分委員來自區議員。香港任何登記選民都有資格競選該十個議席。	由四部分委員組成選舉委員會。所有委員均由選舉產生。三部分委員由功能組別選出，第四部分委員由區議員、兩個市政局及鄉議局成員選出。選舉委員會首三部分成員用全票制選出。委員會用可轉移單票制選出十名立法局議員。	選舉委員會由四部分委員組成。三部分由功能組別組成。第四部分包括全國人大及全國政協香港區代表（該等代表都並非在香港選出）。每一部分的委員各自由所包括的界別用全票制選出三名候選人，取得簡單大多數選票者當選。然後由選舉委員會在十二名候選人中選出十名立法局議員，獲簡單大多數選票者當選。
直通車	中國當局確認誰可在一九九七年後繼續服務時應採用客觀標準（即宣誓效忠特別行政區及擁護基本法）。	願意在中方所列各項條件的基礎上，商定以誓詞形式表達的客觀標準，一九九七年立法會成員按誓詞宣誓效忠特別行政區及擁護基本法。（至為重要的是不應考查過往政治觀點或行動。）	除宣誓效忠特別行政區外，一九九七年後所有立法會成員必須擁護基本法。為符合此項條件的各項規定包括嚴禁破壞社會主義制度的行動。沒有確定不會對以往政治觀點或行動進行考查。

附件 2

全國人民代表大會關於香港特別行政區第一屆政府和立法會產生辦法的決定

（略）

附件 3

附件一　香港特別行政區行政長官的產生辦法

（略）

附件 4

一九九三年十一月三日向中方提出的諒解備忘錄擬稿

大不列顛及北愛爾蘭聯合王國政府和中華人民共和國政府就一九九四年及一九九五年在香港舉行的安排達成諒解如下：

1. 英方確認香港的區議會及兩個市政局非政權性機構，並為符合與基本法第九十七條銜接的目的，將不尋求改變該等機構的性質及主要職能。

2. 對於有關區議會、兩個市政局及立法局的選舉條例中禁止香港以外國家及地區的國會或議會成員及受薪官員參加該等機構的規定，將提交法例草案加以修訂，目的在於撤銷對中華人民共和國各級人大代表的限制，同時，仍保留現行對其他國家及地區的限制。

3. 雙方達成一致看法，認為區議會、兩個市政局及立法局選舉的最低投票年齡應由二十一歲降至十八歲。為此將提交法例草案。

4. 雙方達成一致看法，認為區議會、兩個市政局及立法局的地區組別選舉應使用 "單議席單票制"。為此將按情況提交法例草案。

5. 英方建議分別由一九九四年九月及一九九五年三月起廢除區議會及兩個市政

局的委任議員制度，為此將提交法例草案。中方建議應在該等機構中保留若干比例的委任議席。中方指出在一九九七年七月一日或以後，香港特別行政區當局將按基本法第九十八條自行決定區議會及兩個市政局的委任議席數目應是多少。

　　本諒解備忘錄將即時生效。

　　上文記錄大不列顛及北愛爾蘭聯合王國政府和中華人民共和國就文內所述事項達成的諒解。

附件 5

立法機關就職誓詞擬稿

（議員在一九九七年乘直通車誓詞）

　　本人 xxx 謹此宣誓／謹以至誠確實聲明及確認 ——

　　1. 本人必定擁護中華人民共和國香港特別行政區基本法。為此，本人擁護中華人民共和國由一九九七年七月一日起對香港恢復行使主權、香港特別行政區基本法序言所述中華人民共和國確立對香港的基本政策以及"一國兩制"原則，並絕不參加任何旨在損害此等方針政策原則的活動。

　　2. 本人致力確保中華人民共和國香港特別行政區長期穩定繁榮。

　　3. 本人擁護中華人民共和國香港特別行政區的法律，包括禁止旨在推翻中華人民共和國中央人民政府的活動的法律。

　　4. 本人必竭誠向中華人民共和國香港特別行政區效忠。

　　5. 本人必定以立法會成員身份忠誠確實為中華人民共和國香港特別行政區市民效力。

　　（此誓）

6.6 中華人民共和國外交部發言人公佈中英關於香港 1994/95 年選舉安排會談中幾個主要問題的真相

〔1994 年 2 月 28 日〕

自 1993 年 4 月至 11 月，中英兩國政府代表就香港 1994/95 年選舉安排問題舉行了十七輪談判。會談前，雙方曾達成會談內容不向外透露的諒解。現在，英方在未經與中方磋商的情況下，發表了《香港代議政制》白皮書，單方面公佈了會談內容，對中方的立場進行歪曲和攻擊，企圖推卸破壞會談的責任。對此，中方不得不公佈有關事實真相，以正視聽。

英方在會談中頑固堅持"三違反"的政制方案

香港 1994/95 年選舉包括香港立法局、市政局和區域市政局以及區議會三級選舉。香港立法局是根據《英皇制誥》而設立的，自 1843 年成立時起，在長達 140 多年的歷史中，其議員都是由港督委任的。到了中英聯合聲明簽署後的 1985 年，才開始有間接選舉產生的議員，到 1991 年，首次引入直接選舉。香港本屆立法局共有議員 60 人，其中官守議員 3 名，港督委任的議員 18 名，分區直接選舉產生的議員 18 名，功能團體間接選舉產生的議員 21 名。

1984 年簽署的中英兩國政府關於香港問題的聯合聲明對香港的政制發展問題作了明確規定。此後，中國方面曾經用四年零八個月的時間，在廣泛徵求香港各界人士意見的基礎上，制訂並頒佈了《中華人民共和國香港特別行政區基本法》。與此同時，中英雙方就香港政制發展具體問題進行磋商，達成了一系列協議、諒解和共識。基本法受到了廣大港人的歡迎，英方也多次承諾 1997 年前香港的政制發展要與基本法銜接。

然而，1992 年 10 月，港督彭定康在發表他上任後的第一份施政報告中，提出了包括關於香港 1994/95 年選舉具體安排的政制方案。這個方案從內容到提出的方式都違反了中英聯合聲明，違反了與基本法銜接的原則，也違反了中英雙方已經達成的有關協議和諒解。

聯合聲明附件二規定，中英兩國政府在香港後過渡期要加強合作，共同審議為1997年順利過渡所要採取的措施。香港1994/95年選舉安排問題直接關係到香港1997年的平穩過渡，所以這些選舉安排必須經過中英兩國政府磋商討論，並達成一致。在1992年10月以前，中方曾建議中英聯合聯絡小組早日就這一問題進行磋商，但英方卻在沒有同中方磋商的情況下，單方面突然提出政制方案，公然違反了聯合聲明的上述規定。

基本法規定，香港政治體制的發展應根據香港的"實際情況和循序漸進的原則"。基本法附件二和全國人大的有關決定中，明確規定了香港特別行政區第一、二、三屆立法會直選產生的議員逐步增加的具體比例和數字。而彭定康方案卻要對香港的現行政治體制作出急劇改變，實際上要在1995年推行變相的全面直選，同時，它還篡改了功能團體選舉的性質，並在不少具體問題上明顯抵觸基本法。

彭定康方案還違反了中英雙方已經達成的一些協議、諒解和共識，特別是中英兩國外長1990年初通過互換信件所達成的協議和諒解。

彭定康的"三違反"方案公佈後，理所當然地遭到了中國政府的堅決反對和廣大港人的強烈批評。在這種情況下，英國政府才不得不要求同中國政府就香港1994/95年選舉安排問題舉行談判。中國政府從實現香港平穩過渡和維護香港繁榮穩定的大局出發，同意同英國政府舉行談判。雙方並就談判要以聯合聲明、與基本法銜接的原則以及過去雙方已達成的協議和諒解這三項原則為基礎達成了協議。

中方希望會談能盡快達成協議，以便在中英合作的情況下，實現香港1997年的平穩過渡和政權的順利交接。為此，中方在會談中作出了不懈的努力。

在第一輪到第三輪會談中，中方提出，既然雙方已經同意以三項原則作為會談的基礎，中方要求英方首先對雙方過去達成的協議、諒解和共識加以確認，這樣才能使會談沿著正確的軌道前進。如對過去已達成的協議和諒解不願確認而要加以修改或推翻的話，那就無法保證今後再達成的協議會得到遵守。鑒此，中方提出了一份希望雙方進行確認的八點內容的措詞稿（見附件一）。英方對過去雙方已經達成的協議和諒解有的一直不肯確認，有的就虛避實，雖在口頭上給予不同程度的確認，但在談到具體問題時又不肯遵守和落實。

在第四輪到第九輪會談中，中方根據三項原則，提出了在若干主要問題上的方案。中方建議，雙方先就區議會和兩個市政局選舉安排進行磋商，進而再討論1995年立法局選舉，但遭到英方拒絕。在此期間，英方提出了有別於彭定康方案的某些新建議，但仍在一些主要問題上堅持彭定康方案的實質。

在第十輪到第十三輪會談中，中方為了推動會談前進，又對自己的方案作出調整，但由於英方不願從根本上改變"三違反"的立場，致使會談進展緩慢。錢其琛副總理兼外長於 1993 年 10 月在紐約同赫德外交大臣會晤時，再次提出了將區域組織（即區議會和兩個市政局）同立法局選舉安排分開討論的建議。

從第十四輪開始，中方又一次提出，將區域組織和 1995 年立法局選舉安排分拆處理，並提出了具體建議。英方雖表示同意討論中方的分拆建議，然而，在雙方接近達成協議的情況下，卻堅持要把 1995 年立法局選舉的投票方法也包括在關於區域組織選舉安排的諒解中。這一無理要求被中方拒絕後，英方於第十七輪會談單方面中斷談判，並將部分雙方正在談判的問題提交立法局討論，直接導致了談判的終止。

英方企圖干預中國主權範圍內的事務

中英這次會談的總議題是討論解決香港 1994/95 年選舉安排的問題，這是英方首先向中方建議而經雙方同意的，這也是會談的目的。然而英方卻在會談一開始並在以後一再提出三個問題要與中方討論。這三個問題是：香港特別行政區籌備委員會香港委員應由中英雙方磋商產生；如香港特別行政區同意，中國政府應支持在 2007 年立法會實行普選；1995 年的選舉委員會應作為今後產生特別行政區第一任行政長官的推選委員會以及產生以後各任行政長官的選舉委員會的模式。

對此，中方表示，英方提出的這三個問題，均超出了香港 1994/95 年選舉安排的範圍，不應是會談討論的內容。

關於 2007 年以後香港特別行政區立法會是否實行普選的問題，基本法第 68 條及基本法附件二第三項（見附件二）都有規定，這是要由香港特別行政區決定，根本不存在由中國政府來保證的問題。至於以 1995 年選舉委員會為模式的問題，由於產生特別行政區第一任行政長官的推選委員會和產生以後各任行政長官的選舉委員會，與 1995 年選舉立法局成員的選舉委員會的職責是兩回事，產生第一任行政長官的推選委員會如何組成和產生以後各任行政長官的選舉委員會如何組成，1990 年 4 月通過的《全國人民代表大會關於香港特別行政區第一屆政府和立法會產生辦法的決定》（見附件三）和基本法附件一（見附件四）已有明確規定，現在不能另作設計和修改。關於中英雙方磋商籌委會香港委員問題，籌組該委員會完全是中國主權範圍內的事，人大有關決定規定，對 1996 年成立的籌委會的主任委員、委員，包括香港委員都是由全國人民代表大會常務委員會委任。

由此可見，這三個問題都是基本法和人大的決定已有明確規定的問題，是屬於中國主權範圍內的事情，英方提出這些問題，其用意是很明顯的。

在選舉委員會問題上雙方達成的協議和諒解必須遵守

1990 年初，中英兩國外長曾就 1995 年香港立法局的選舉如何與基本法銜接以保證 1997 年的平穩過渡交換過七封信件，達成了包括選舉委員會的成分和比例在內的一系列協議和諒解。關於 1995 年的選舉委員會，錢其琛外長在 1990 年 2 月 8 日的信件中說，"對選舉委員會組成的比例，中方認為只能按照基本法（草案）附件一第二項所規定的成分和比例，因為附件一在起草委員會第八次全體會議已獲全體委員三分之二的多數通過。中方認為，上述成分和比例的規定是適當的，不宜再改。"赫德外交大臣在 2 月 12 日的回信中同意了中方的建議，表示"我原則同意你提出的成立選舉委員會的安排。這一選舉委員會可於 1995 年成立。此項安排的詳細細節可由雙方在適當時間進行討論。"這樣，中英兩國外長就 1995 年的選舉委員會的成分和比例問題達成了明確的協議和諒解。

基本法附件一第二項規定，選舉委員會由工商、金融界；專業界；勞工、社會服務、宗教等界；立法會議員、區域性組織代表、香港地區全國人大代表、香港地區全國政協委員的代表共四部分組成，每部分各佔四分之一（見附件四）。

然而，彭定康方案卻提出 1995 年的選舉委員會"全部或大部分委員由直接選舉產生的區議員出任"，這直接違反中英兩國外長 1990 年初達成的協議和諒解。

在會談中，英方堅持不承認中英雙方在選舉委員會問題上是有過協議和諒解的。經中方耐心說理，英方後來只同意，作為中方的建議，選舉委員會前三部分的成分和比例可以按基本法附件一第二項的有關規定辦，但仍堅持要以區域組織代表取代基本法附件一第二項中規定的第四部分人。這仍然是對基本法附件一第二項的重大修改。

選舉委員會要有廣泛的代表性，這是中英雙方早已達成的共識；英方也不反對均衡參與的原則。而英方的建議卻把基本法附件一第二項中明文規定的香港地區的人大代表、政協委員以及立法局議員完全排除在選舉委員會之外，這樣組成的選舉委員會明顯有損其代表性。

英方一再堅持“選舉委員會所有成員本身應是在香港通過選舉選出的人士”。其實，英方很清楚，1997 年前香港仍在英國的管治之下，中國全國人大代表和政協委員不可能在香港通過選舉產生。按基本法附件一第二項的規定，香港地區的人大代表和政協委員的代表都是選委會的委員。1995 年選舉產生的香港立法局及其議員涉及到一個跨越 1997 年的問題，這是 1995 年選舉的特殊性。因此，不讓人大代表和政協委員的代表參加 1995 年的選舉委員會是中方不能接受的。

中方還指出，設置選舉委員會只是一項過渡性的安排，其原意是為了使那些在香港社會有名望和有代表性但又不願意參加直選的人士能進入立法局發揮作用，選舉委員會的選舉是間接選舉，而不應是直選。

中方在選舉委員會問題上的主張其實很簡單，那就是嚴格按照中英雙方已經達成的協議和諒解辦事，從而為 1995 年選舉產生的香港立法局及其議員過渡成為香港特別行政區第一屆立法會及其議員創造條件。中方在選舉委員會問題上的具體建議是：選舉委員會由四部分人組成。前三部分的組成參照功能團體選舉的模式。第四部分按照基本法附件一第二項的規定，由立法會議員、區域性組織代表、香港地區全國人大代表、香港地區全國政協委員的代表組成。此項規定涉及的第四部分中的立法會議員是指 1997 年香港特別行政區政府成立後的立法會議員，區域性組織代表也是指 1997 年特區政府成立後的區域性組織代表。由於他們在 1995 年立法局選舉時還不存在，因此中方建議可以分別由本屆立法局議員和 1994/95 年分別選舉產生的區議會、區域市政局和市政局議員的代表代替。

關於選舉委員會的規模問題，中英雙方未就此達成過協議或諒解，而且考慮到 1995 年產生立法局 10 名議員的選舉委員會的性質和職能既不同於產生特區第一任行政長官的推選委員會，也不同於產生特區以後各任行政長官的選舉委員會，它既要有廣泛的代表性，又要便於組織和運作，因此中方提出 1995 年選舉委員會的規模以 600 人左右為宜。英方對此並未提出異議。

功能團體選舉的原意必須堅持

功能團體選舉這種制度原來是英方向中方推薦的。中方考慮到香港社會的實際情況，採納了英方的意見，並將之寫入了基本法。中英早已達成諒解，認為功能團體選舉為間接選舉。在會談中，中方在這一問題上的基本立場是：第一，功能團體選舉應按照當初設置功能團體這種選舉制度的原意和雙方達成的諒解進行，功能團體選舉是間接選舉，不能把它變成某種形式的分行業的直接選舉；第二，其發展應符合循序漸進的原則。

據此，中方在會談中提出，在 1995 年選舉時仍應按照 1991 年選舉時的原則，該實行 "一會一票" 的仍實行 "一會一票"，該實行 "一人一票" 的仍實行 "一人一票"。但是，英方提出的方案卻要全部取消法團投票；即使是法團的代表，他也不再是代表有關的法團，而只是代表他個人進行投票。英方還要把功能團體的選民範圍擴大至全香港工作人口，把功能團體選舉變成分行業的直選。英方的做法顯然不符合港英政府當初設置功能團體選舉制度的原意，違反了英方自己提出的原則和雙方就此達成的諒解。

中方還指出，功能團體選舉的發展應該符合循序漸進的原則，功能團體選舉產生的議席從 1991 年的 21 席增加到 1995 年的 30 席，這本身就是一個不小的發展，而且隨著議席數目的增加，功能團體選舉的選民基礎肯定也會相應地擴大。但是，英方卻堅持要在 1995 年把功能團體的選民人數從 1991 年的不足 10 萬突然增加到 270 萬。英方後來雖然提出了修訂方案，但仍要把功能團體選舉的選民人數增加到近 90 萬，使選民人數猛增約 9 倍，顯然，這不能說是 "循序漸進"。

中方在指出英方方案不合理之處的同時，為了推動會談取得進展，表現了應有的靈活性。關於功能團體選舉的選民基礎，中方提出，在堅持法團投票這一原則的前提下，中方同意法團投票的代表人數可以有所增加。關於 1995 年新增的功能團體問題，中方在會談的較早階段提出，新增的 9 個功能團體議席應由下列團體產生：中國企業協會、勞工界、漁農界、紡織及製衣界、進出口商會界、街坊會、保險業界、航運界、體育界。後來，考慮到英方的意見和關注，為了推動會談取得進展，中方又幾次調整了自己的建議，修訂為：中國企業協會、保險業界、勞工界、漁農界、紡織及製衣界、進出口商會界、批發及零售界、運輸界、體育演藝及文化界。這些都充分體現了中方的誠意和合作態度。本來，經過一段時間的會談，雙方在選民基礎問題上的分歧已有所縮小，在 1995 年時應為哪些界別增設議席等具體問題上也已取得一些共識。我們期待英方在認真研究了中方的建議之後，也能表現出相應的靈活性和合作態度。但是，英方直至最後仍然堅持其基本主張。這些主張既不符合港英政府當初設置功能團體選舉制度的原意，不符合英方自己過去一直大力向中方推薦的"指導原則"，不符合香港社會的實際情況和各界的要求，也不符合"循序漸進地發展"這一原則。對此，中方當然不能同意。

中方建議設立"中國企業協會"這個組別，主要是考慮到中資企業在香港社會、經濟生活中所具有的特殊重要性。根據設立功能團體選舉的原意，"對維繫香港前途的信心和繁榮"有重大作用的團體，在立法局中應有"充分的代表權"。目前在香港的商界主要有三個方面：一是外資，另一個是在香港的華人資本，還有一個就是中資企業。前兩方面的資本在香港立法局都已有他們的代表，唯獨中資企業沒有。1995 年選舉產生的立法局有一個過渡到 1997 年以後的問題，在這一屆立法局中，如對中資企業採取歧視態度，不允許它在立法局中有代表，這在道理上是說不過去的。

中方考慮到"勞工界"在立法局中雖已有兩席，但仍需要加強其代表性，所以建議在新增的九席中為勞工界增設一席。新增的一席同"勞工界"原有的兩席一樣，選民包括全港已登記註冊的 400 多家工會團體。但英方卻違反功能團體選舉的原意，要把某些行業的僱員同別的行業的僱主或專業人士混在一起，製造矛盾和不和。中方認為英方這種設想不可取。

在第九輪會談中，英方提出設立一個"公務員界"。英方這樣做是要對香港的公務員制度進行根本性的改變，損害公務員在政治上保持中立的原則，在公務員中間製造混亂與不和，並且直接違反了與基本法銜接的原則。英方這個建議遭到了中方的反對，也引起了廣大港人包括公務員本身的強烈不滿。英方最後被迫放棄了這一建議。

英方反覆強調，在 1991 年的功能團體選舉中出現的一些弊端與使用法團投票有關，糾正這些弊端的辦法就是把所有的法團投票都改為個人投票。英方這種說法是不能令人信服的。針對 1991 年選舉時出現在區域市政局功能團體的問題，中方指出：（1）區域市政局這個功能團體的情況比較特殊，只有 36 個選民，而且在 1995 年選舉時情況仍將如此。（2）區域市政局功能團體在選舉時恰恰是實行"個人投票"的，英方以"個人投票"產生的弊端為由來否定"法團投票"，在邏輯上是混亂的。而且退一步說，無論選舉中存在什麼問題，也應以實事求是的態度去解決，不應以它為藉口，改變功能團體選舉的原意及其特定作用。何況按照英方提出的辦法，也仍然解決不了英方自己提出的問題。

"直通車"問題只能在人大決定和基本法有關規定的範圍內加以解決

所謂"直通車"問題，主要是指香港最後一屆立法局的議員，在 1997 年 7 月 1 日我國對香港恢復行使主權時，經香港特別行政區籌備委員會確認，直接過渡成為中華人民共和國香港特別行政區第一屆立法會的成員。1990 年 4 月通過的人大決定的第六條規定，"原香港最後一屆立法局的組成如符合本決定和香港特別行政區基本法的有關規定，其議員擁護中華人民共和國香港特別行政區基本法、願意效忠中華人民共和國香港特別行政區並符合香港特別行政區基本法規定條件者，經香港特別行政區籌備委員會確認，即可成為香港特別行政區第一屆立法會議員。"

很明顯，對議員確認的問題是一個已有明確規定的問題。從人大決定的內容可以看出，1995 年選舉產生的最後一屆立法局在組成上要符合人大決定和基本法的有關規定，只有"組成"符合人大的決定和基本法的有關規定，才談得上對議員的"確認"問題。中方建議中英雙方應先討論解決"組成"符合人大決定和基本法有關規定的問題，這對討論議員的確認問題具有關鍵的意義。英方堅持在組成上還未與基本法和人大決定相符合之前討論對議員的確認問題，既不符合事物本身內在的邏輯，也缺乏談對議員確認的必要的基礎。

英方認為人大決定中有關議員確認條件的規定不夠客觀、明確，提出了一個所謂客觀、明確的確認標準，即根據基本法 104 條履行一個宣誓手續即可過渡成為特區第一屆立法會的議員。英方還多次標榜自己無意剝奪人大決定中規定的籌委會的職能，無意干擾人大和籌委會在這方面的憲制權力，無意修改基本法和人大決定的規定，無意謀求立法局所有人或某些個別人的過渡。

中方為了實現香港的平穩過渡，在涉及兩個不同性質的政權交接的情況下同意讓英國管治下的香港立法局議員經籌委會確認後 1997 年直接過渡成為中華人民共和國香港特別行政區立法會的成員，這在世界上是沒有先例的，也充分顯示了中方的合作誠意。同時，中方認為，對議員確認問題必須體現國家主權原則，全國人大的決定中對議員確認的條件是十分明確的。人大的決定將確認議員過渡的任務賦予了 1996 年成立的特區籌委會。中方只能按基本法和人大決定的規定辦事，不能加以修改，不能侵犯全國人大授予籌委會對議員進行確認的實際權力。

中方認為，英方建議 1995 年當選的立法局議員，只要口頭上表一個態，即可過渡成為特區立法會的成員，這實際上是要剝奪籌委會進行確認的實際權力，使確認失去意義。英方的立場同它的上述自我標榜是自相矛盾的。基本法第 104 條的規定，是指香港特別行政區行政長官、主要官員、行政會議成員、立法會議員等在就職時通常所需履行的手續，這與確認議員過渡的條件完全是兩回事。議員過渡涉及到兩個不同的政權，香港立法局的議員只有經過籌委會的確認後才具備香港特別行政區第一屆立法會成員的身份，在此之前還沒有資格按基本法 104 條的規定履行宣誓就職的手續，因而不能以履行宣誓手續去代替籌委會對議員的確認。

總之，中方不能超越而只能在基本法的規定和人大決定的範圍內來與英方討論對議員的確認問題。中方表示注意到了英方希望中方就"確認"議員條件作出解釋和說明並向有關機構提出推薦建議的意願，願意考慮在基本法的有關規定和人大決定的範圍之內探索適當的解決辦法。為此，中方對人大決定中有關確認議員的過渡的條件提出了一些解釋性看法。中方提出，作為香港特別行政區第一屆立法會議員，（1）必須效忠中華人民共和國香港特別行政區；（2）愛國愛港，擁護和遵守基本法，擁護中華人民共和國自 1997 年 7 月 1 日起對香港恢復行使主權，致力於 1997 年的平穩過渡和政權的順利交接以及香港的長期繁榮和穩定；（3）應擁護"一國兩制"方針。如果有的議員有反對基本法的行為，參與或領導了旨在推翻中國中央人民政府、改變內地社會主義制度的活動的話，此人就不能算是擁護和遵守基本法，顯然也違背了"一國兩制"的方針；（4）應符合基本法的有關規定和精神，例如，應是香港永久性居民，不犯有刑事罪行等。

中方是本著積極解決問題的態度，提出以上看法的。事實上雙方在"直通車"問題上的討論還正在繼續，雙方可以進一步交換意見，尋求適當的解決辦法。但英方卻在會外不斷通過它所控制的輿論公開歪曲中方的論點。其實，只要認真全面地研究一下中方所作的解釋，就會得出公正的結論。

中方為爭取在區域組織選舉安排問題上達成協議作出了巨大努力

為了推動會談前進，早在第四輪會談時，中方就建議先討論區議會和兩個市政局的選舉安排問題，就此達成協議後再進而討論 1995 年立法局的選舉安排問題。英方沒有同意中方這一建議。此後，英方一直在彭定康"三違反"的政制方案上兜

圈子，使得談判進展緩慢。為了使會談取得突破，錢其琛副總理兼外長於 1993 年
10 月 1 日在紐約同英國外交大臣赫德會晤時，再次提出了先討論解決區域組織選
舉安排的建議。錢副總理兼外長明確提出：區域組織選舉的有關問題比較簡單，
而時間緊迫，雙方可就此進行討論並達成協議。1995 年立法局選舉的問題比較複
雜，時間還有一點，雙方可繼續討論。這就是中方提出的按"先易後難"原則"分
拆"處理 1994/95 年選舉安排問題建議的原意。英方當時未表同意，到第十三輪會
談時，英方表示同意，但要中方接受選民年齡由 21 歲降至 18 歲，採取英方建議的
投票辦法，取消委任制這三項先決條件。中方對英方終於同意先討論區域組織選舉
安排問題表示歡迎，但同時指出，提出先決條件不是解決問題的建設性態度。

在討論區域組織選舉安排問題初期階段，中方就提出了應予關注的三個主要
問題：

一是在過渡時期的最後幾年裡，香港區議會和兩個市政局的非政權性質及其現
有的職能應保持不變，這樣才能與基本法的有關規定銜接。

二是為了與基本法銜接，中方要求英方修改香港選舉條例的有關條文，使香港
地區中國各級人大代表可以參加香港的有關選舉。這一條，英方在拖了很長一段時
間後表示同意。

三是區域組織的委任制問題。香港區議會及兩個市政局的主席和議員普遍反對
完全取消委任議席。中方考慮到港人的這一願望並從區議會和兩個市政局的實際運
作來看，認為保留部分委任議席有利於有關人士為維護本區的市民福利發揮積極的
作用，符合香港的實際。因此，中方主張保留區議會和兩個市政局現有的委任議席
的數目。而英方卻以立法局將在 1995 年廢除委任制為由，堅持要求全部取消區議
會和兩個市政局的委任議席。中方認為，區議會和兩個市政局的委任制是否存在與
立法局的選舉安排沒有必然的聯繫，因為兩者的性質和職能是不同的。為了推動會
談，中方又提出，如英方原則同意保留委任制，在保留委任議席的比例上中方同意
可以有一定的靈活性。但英方仍不肯作任何鬆動。這時中方再次作出努力，主張根
據循序漸進的原則，在保留委任議席的比例上，可以從現在約佔全部議員的三分之
一強降至約四分之一。但英方還是不同意。考慮到 1994 年選舉只剩下這一分歧，
為了能同英方儘快就區域組織選舉問題達成協議，中方在第十五輪會談中進一步提
出了一個照顧雙方立場、繞過分歧的辦法，即在雙方達成的諒解中說明："英方主
張在 1994/95 年選舉中取消區議會和兩個市政局的委任議席；中方主張在 1994/95

年選舉中保留適當比例的委任議席。1997 年 6 月 30 日後由香港特別行政區政府按基本法第 98 條的規定自行決定區議會和兩個市政局委任議席的數目。"中方提出的這一方案，實際上使英方在 1997 年 6 月 30 日之前可以不再設立委任議席，而在此之後由香港特別行政區政府按基本法有關規定設立適當比例的委任議席，以實現廣大港人要求保留區域組織委任議席的願望。中方的這一建議完全是積極的、建設性的。

在討論區域組織委任制問題時，中方還提出同意將選民年齡從 21 歲降至 18歲，並表示對英方在區議會和兩個市政局選舉中採取"單議席單票制"不持異議。這樣，在區議會和兩個市政局選舉涉及的選舉年齡、投票方法以及委任制這三個問題上，中方實際上已採納了英方的絕大部分意見。聯繫到有關確認區域組織性質與職能保持不變和承諾取消對香港地區中國各級人大代表參選限制這兩個問題也已基本得到解決，這樣雙方在區域組織選舉安排各個問題上的立場均已趨於一致。如果英方抱有解決問題的起碼的誠意的話，雙方早在第十五輪會談後就可以就區議會和兩個市政局的選舉安排達成協議。

然而，英方在第十六輪會談前通過外交途徑對中方上述建議作回應時，卻提出了新的要求，聲稱必須將區議會和兩個市政局採取的"單議席單票制"的投票方法同樣也適用於 1995 年的立法局分區選舉。中方指出，在區域組織選舉問題的協議中加入這一點是不合適的。中方在英方關注的區域組織選舉三個問題上對英方已經作了很大的照顧，現在英方又提出新的要求，這未免太過份了。

在第十六、十七兩輪會談中，英方堅持將立法局選舉也採取"單議席單票制"包括在區域組織選舉安排諒解備忘錄之中。英方說，這是因為要有一個"平衡"的協議，有著實際的和政治方面的原因。我們認為，英方提出的這些理由都是站不住腳的。

一、針對英方提出的"平衡"問題，中方在第十七輪會談中向英方提出了一個徹底分拆的口頭諒解草案（見附件五），建議將選舉年齡、投票方法和取消對人大代表參選限制的三點內容全部只限於區議會和兩個市政局的選舉，凡涉及立法局選舉的問題都留待以後再解決。但中方這一謀求解決問題的新建議當即遭到英方的拒絕。

二、英方說，關於立法局投票方法的立法需儘早獲得通過，否則要就投票方法進行兩次立法，那樣只會浪費時間。我們認為，分兩次立法這只不過是個技術問題。區議會和兩個市政局的投票方法與立法局的投票方法並沒有必然的聯繫，而且過去都是分開立法的。立法局的選舉於 1995 年 9 月進行，在時間上並不那麼緊迫，沒有必要現在就一定將立法局的投票方法硬扯到區議會和兩個市政局的選舉安排的諒解中來。立法局選舉採取什麼樣的投票方法完全可以而且應該留待以後中英雙方討論立法局的選舉時再商談解決。否則，就會使會談複雜化。英方一面說區議會和兩個市政局選舉立法時間很緊迫，一面又將本來完全可以留待以後解決的立法局選舉方法扯進來，設置障礙，拖延會談。對此中方實在感到難以理解。

三、英方說立法局已通過了 1995 年立法局選舉方法採用"單議席單票制"的動議。中方一向認為，香港立法局是港督的立法諮詢機構，如果英方執意要將立法局的意見凌駕於中英兩國政府談判之上，這是中方決不能接受的。對中方來說，這是一個政治原則問題。

英方蓄意破壞會談

由於英方堅持要將 1995 年的立法局分區選舉也採取"單議席單票制"的投票方法寫進區域組織選舉安排的諒解備忘錄中，在第十六輪會談時，中方首先著重批駁了英方節外生枝提出的無理要求，英方卻反過來指責中方在委任制問題上立場有倒退。中方當即重申中方在第十五輪中的立場，指出根本不存在什麼倒退的問題，並明確告訴英方，如果英方同意，雙方就可以達成協議。十分明顯，英方指責中方立場倒退，不過是為了誤導公眾，推卸自己不願同中方達成協議的責任。

實際上，立場有倒退的恰恰是英方自己。在區議會和兩個市政局選舉問題上，英方在第十五輪會談後已經同意中方提出的關於委任制問題的解決辦法，幾乎完全接受了中方提出的有關措詞。在第十七輪會談時，英方提出的文本的有關措詞也大致如此。但後來英方竟然對中國政府代表尚未成立的香港特別行政區政府同英方討論有關區議會和兩個市政局委任制問題提出質疑，甚至指責中方侵犯聯合聲明和基本法中所規定的香港特別行政區的自治權，這是完全沒有道理的。中方在第十五輪會談中提出五點諒解所使用的措詞"由香港特別行政區政府按基本法第 98 條的規定自行決定區議會和兩個市政局委任議席的數目"，後來，為了簡潔明瞭，略去了"自行"一詞，原句的含義並沒有變化。會談破裂時，英方反覆說，之所以沒有能同中方就區域組織選舉問題達成諒解，是因為中方不同意將立法局投票方法包括在內；現在，英方又改而把所謂中方不同意完全廢除委任議席列成了重要理由，這種前後矛盾的提法是難以自圓其說的。

在第十七輪會談時，中方再次作出重大努力，向英方提交了上述那份"徹底分拆"的五點諒解的文本草案。但中方的這一解決問題的積極建議卻當即遭到英方的拒絕，英方當場宣佈了一項事先已準備好的所謂"經過認真斟酌"的聲明，聲稱英方不能繼續同中方討論第一階段的諒解。隨後，中方正式提醒英方，早在 1993年 4 月 7 日，中英雙方就舉行談判達成協議時，中方曾聲明，在中英會談達成協議前，如英方將所謂的政制法案提交香港立法局討論，將意味著談判的中斷，其責任不在中方。但英方對中方的警告，根本不予置理，港督於 12 月 10 日公佈第一階段政制法案，並於 12 月 15 日提交立法局，從而破壞了中英關於香港選舉安排問題的會談。

結束語

從上述事實可以看出，英方對香港 1994/95 年選舉安排的談判沒有誠意。英方雖然在口頭上不得不同意談判應在中英聯合聲明、與基本法銜接的原則以及中英雙方已達成的協議和諒解的基礎上進行，但在談判過程中，卻不肯遵守和落實。英方採取這種抽象肯定、具體否定的手法，使談判無法沿著正確的軌道進行。談判伊始，英方就企圖把干預中國主權範圍內的事務的三個問題列入議題，為談判設置障礙；談判開始不久，港英當局又多次將須由雙方討論的有關選舉事宜付諸實施；最後，英方故意製造藉口，離開談判桌，並將第一階段政制方案提交立法局討論，導致談判的終止。現在，英方非但不撤回第一階段政制方案，而且又宣佈即將第二階段政制方案提交立法局，決意將談判的大門最終關死。破壞談判的責任完全在英方。

中方關於 1994/95 年選舉安排的建議，是依據作為中英談判基礎的三項原則提出的，這些建議有利於香港的平穩過渡和港人的安居樂業，有利於實現與基本法的銜接，反映了香港人的普遍願望。英方竟然指責中方的建議難以"維持法治"，使選舉"有可能受人操縱"。事實上違反基本法才是破壞法治，而企圖操縱選舉的正是英方自己。英方攻擊中方關於功能團體選舉的主張有可能導致貪污、舞弊。英方的這種指責是完全站不住腳的，也是對選民和現任由功能團體選舉產生的議員的不尊重。英方方案中關於功能團體的選舉辦法不但違背了設置功能團體選舉的原意，也不符合循序漸進的原則。英方堅持取消區議會和兩個市政局的委任議席違背了絕大多數港人的意願。在"直通車"對議員確認的問題上，英方企圖剝奪特區籌委會的實際確認權力。在選舉委員會問題上，英方拒不承認兩國外長達成的有關協議和諒解。

凡此種種充分表明，英方堅持"三違反"的政制方案的真實目的，就是企圖利用英國管治香港的最後一段時間，以發展民主為幌子，在香港製造分裂和混亂，為平穩過渡設置障礙，並使香港 1997 年前最後一屆三級架構的選舉產生對英方有利的結果，以便 1997 年後儘可能延續英國對香港的影響，操縱香港的政局。

中英關於香港政制問題爭論的實質，並不是什麼要不要發展民主的問題，也不是如英方所說的什麼"公開、公平"的問題，而是要不要遵守國際信義、要不要與基本法銜接實現香港平穩過渡的問題。這場爭論是由於英國在香港問題上政策變化所引起的。事實將證明，這種變化並不符合英國的利益，也將給香港帶來損害。

這次中英會談由於英方的破壞而告破裂。在此，中方有必要嚴正重申，根據中英聯合聲明的規定，英國對香港的行政管理到 1997 年 6 月 30 日為止，中國政府於 1997 年 7 月 1 日對香港恢復行使主權。作為英國管治香港政制架構的組成部分，即港英最後一屆區議會、兩個市政局和立法局，必將隨英國管治期的結束而終結。從 1997 年 7 月 1 日起，香港特別行政區政制架構將依據中國全國人大的決定和基本法的有關規定予以組建。

香港即將回到祖國懷抱，這是任何人都阻擋不了的。中國政府和中國人民完全有信心有能力按期恢復對香港行使主權，落實"一國兩制"方針，貫徹基本法，保持香港的長期繁榮穩定。

附件一　中方提出的關於雙方確認的措詞稿

一九九三年四月下旬，中國政府代表外交部副部長姜恩柱和英國政府代表駐華大使麥若彬根據中英聯合聲明、與基本法銜接的原則以及中英已達成的有關協議和諒解就香港一九九四／九五年選舉安排問題舉行了兩輪會談。

一、雙方再次確認，遵循雙方達成的共識，以聯合聲明、與基本法銜接的原則以及中英已達成的有關協議和諒解作為這次會談的基礎。

　　二、雙方確認，一九九七年前香港政制發展應以聯合聲明為依據，根據香港的實際情況循序漸進，並與基本法銜接。

　　三、雙方確認，一九九七年前香港繼續保持"行政主導"的政治體制，以與基本法銜接。

　　四、香港一九九四／九五年選舉問題是涉及到一九九七年平穩過渡的事宜，中英雙方應進行認真磋商，達成共識。

　　五、雙方確認，一九九七年前香港的區議會和兩個市政局的非政權性的性質及其職能維持不變，產生的方法不予改變。

　　六、雙方確認，一九九五年立法局分區直選議席數目為二十席，不得增加或變相增加。

　　七、雙方認為，功能團體選舉制度的目的是確保香港財經界及一批有特殊作用的團體和專業人士能有代表進入立法局；功能團體選舉是間接選舉，不能變成某種形式的分行業直選；原有的產生二十一席的組別和選舉方法應維持不變，新增加的九個組別和選舉方法應按設立功能組別的原意來確定。

　　八、雙方確認，選舉委員會將按照基本法附件一第二項所規定的成分和比例組成；選舉委員會的組成應遵循以下原則：選舉委員會本身不應作為一個政府機構，其構成應盡量避免與選舉立法機構成員的其他組別的當選成員直接重複，應盡可能具有代表性，向立法機構提名候選人的程序應簡單、公開並在選舉法中作出規定，選舉應以無記名投票方式進行。

附件二

（一）《中華人民共和國香港特別行政區基本法》

第六十八條　香港特別行政區立法會由選舉產生。

（略）

（二）《中華人民共和國香港特別行政區基本法》附件二

（略）

附件三

全國人民代表大會關於香港特別行政區
第一屆政府和立法會產生辦法的決定

（略）

附件四

《中華人民共和國香港特別行政區基本法》附件一

（略）

附件五　口頭諒解（中方在第十七輪會談提出的草案）

一、英方確認，香港區議會和兩個市政局不是政權機構；它們的性質和職能應與香港特別行政區基本法第九十七條的規定保持一致。

二、英方同意，區議會和兩個市政局選舉條例中禁止香港以外國家和地區的國會議員和議會議員以及受薪官員參加上述機構的規定應予以修改，目的在於取消對香港的中華人民共和國各級人大代表的限制，同時仍保留現行的對其他國家和地區國會議員和議會議員以及受薪官員的限制。

三、雙方同意將區議會和兩個市政局選舉的最低投票年齡從二十一歲降至十八歲。

四、雙方同意在區議會和兩個市政局選舉中實行"單議席單選票"的投票方法。

五、英方建議從一九九四年九月和一九九五年三月起分別取消區議會和兩個市政局的委任議席。中方建議在一九九四年和一九九五年產生的區議會和兩個市政局中保留適當比例的委任議席。中方聲明，自一九九七年七月一日起由香港特別行政區政府按基本法第九十八條的規定決定區議會和兩個市政局委任議席的數目。

以上各點構成雙方就上述問題的口頭諒解，並予以實施。

雙方表示，將以積極和建設性的精神繼續在聯合聲明、與基本法銜接的原則以及中英已達成的有關協議和諒解的基礎上就有關一九九五年立法局選舉問題進行討論並爭取盡快達成協議。

6.7 《1994 年立法局（選舉規定）（修訂）條例草案》審議委員會的報告

〔條例草案審議委員會主席黃宏發議員　立法局　1994 年 6 月 29 日〕

主席先生，作為條例草案審議委員會的主席，在發表我個人對此項條例草案的意見之前，我首先彙報條例草案審議委員會的審議結果。

從一開始，委員會成員便同意條例草案審議委員會應只集中研究本條例草案在技術方面的問題，及要求當局就擬議條文的內容作出澄清。

對於有關功能組別方面的建議，條例草案審議委員會要求政府當局澄清各功能組別所包括的團體。

部分成員提議應將衛生界功能組別易名為衛生服務界功能組別，以便更準確反映該組別內有關團體的職能。政府當局業已接納該項建議，而且將會在委員會審議階段提出有關的修訂。有些成員反對該項建議，他們當然亦會在委員會審議階段發言反對此項修訂。

此外，條例草案審議委員會亦曾討論擬在部分現有功能組別實施以個人投票，以取代法團投票的建議。本條例草案雖然並無限定可登記成為選民的公司董事（或機構的執行委員會成員）數目，但為了收緊此等人士的選民登記資格，卻引進了一些措施，包括規定有關公司（或機構）必須從事有關業務的經營至少有一年、有關公司董事（或執行委員會成員）必須已在董事局或執行委員會服務至少一年，及至少曾出席董事局或執行委員會所舉行的半數會議等。成員獲悉，當局為勞工界功能組別另外制訂不同的選民資格，是因為職工會的個別執事人員毋須受 "一年規則" 限制，而每個職工會限定不得有超過 4 名執事人員登記為選民。根據政府當局解釋，作出上述安排，是為了照顧職工會的特殊情況。該等職工會通常每年改選執事人員一次，而其主要執事人員一般只有主席、副主席、秘書及司庫各一名。部分成員對此等擬議安排持保留意見。相信他們會在今日的辯論就這個問題發表意見。

委員會成員曾向政府當局提出多項建議，以改善功能組別選舉的選民登記制度。此等建議包括規定選民的姓名及其所屬公司（或機構）的名稱須列於選民登記冊，使選民登記冊內所載每間公司名下均列明其選民的姓名；在候選人獲得提名之前完成功能組別的選民登記工作；以及在選民登記冊載列個別選民的住址及辦公地址等。政府當局表示選民登記工作將會在候選人提名結束之前完成，並答允研究議員所提的建議。

關於選舉委員會的建議，條例草案審議委員會請政府當局闡明選舉委員會在選舉 10 位立法局議員使採用的"可轉移單票制"的運作情況。根據政府當局所說，可轉移單票制會根據選民所投票數在分配議席方面達致最高比例。議員詢問為何要規定選民在選票上列明不少於 10 項選擇。政府當局解釋謂，此舉有助選票轉移，而選票的轉移正是可轉移單票制的基本特色；此外，選舉委員會成員有責任亦能夠列明所有選擇，從而使該制度能有效運作。

委員會成員曾商討選舉委員會採用可轉移單票制時儘量減少選舉舞弊機會的方法。有人擔心，若果選民須在選票上填寫指定數目的選擇，則選票可能易於辨認。成員遂要求政府當局考慮改用機器或電腦處理上述選舉的投票。

政府當局應條例草案審議委員會的要求，向成員簡介其在一九九三年就新功能組別的劃分及選舉委員會等事宜提出的修訂建議。該等資料頗具參考價值，有助成員審議本條例草案。有部分成員在委員會審議階段提出的一些修訂建議，亦是以這些資料為基礎。

（資料來源：香港特別行政區立法會）

6.8 《1994年立法局（選舉規定）（修訂）條例草案》恢復二讀辯論布政司陳方安生致辭

〔1994年6月29日〕

　　主席先生，今天，立法局正面臨重要時刻，要作出本局有史以來最重要的決定，這決定是為立法局首次全部經由選舉產生而鋪路。因此，本局議員及社會人士理應有充分的機會就九五年立法局選舉的安排進行全面辯論，並提出建議。政府於一九九二年十月首次發表政制建議後，社會人士於過去18個月來一直進行深入的討論，事實上，今天的辯論顯示這個長時間的討論已達高潮。我們現時必須為一九九五年的立法局選舉的確實安排，作出決定。我們今天的決定非常重要，對後代的影響至為深遠。

　　中英聯合聲明的主要目標其實很清晰，就是要令本港在一九九七年前及以後，繼續維持安定繁榮。能否達致這個目標，關鍵在於能否維持法治，這因為本港這些年來能取得驕人成就，法治是最主要的因素。因此，要本港在一九九七年後繼續繁榮穩定，便必須使香港人，以至國際人士，深信香港的法治在一九九七年後會維持下去。要維持法治，最好的方法是採用一個明顯地公開而公平，而且得到社會人士信任的選舉制度。

　　多年來，本局為社會竭誠服務。然而，香港賴以成功的，就是能夠力求進步和改善。現在社會人士愈來愈希望在政府的運作中有更大的影響力，因此我們的選舉制度必須因應演進。這就是香港的發展方式。我們必須努力為明年歷史性的選舉繪製藍圖，以達致公開、公平、具公信力的目標。

　　通過公平公開的選舉安排去建立代議政制，不僅是抽象和崇高的政治理想，更會帶來實際的利益，對保障香港生活方式的根本特質十分重要，而香港現時的生活方式，是我們最為珍貴的。這些根本特質包括公正和誠實的政府、公平的商業競爭、人權受到尊重、打擊貪污的決心，以及我們的法律得以公正持平地執行。換言之，這都是維繫香港社會穩定繁榮的重要因素。世界各地推行民主的國家的經驗，提供了大量證據，足以證明代議政制與經濟繁榮是相輔相成的。

　　我們這個條例草案的目標，是建立一個公開和公平的選舉制度；而我深信，衡量別的建議時亦應以能否達到此目標為標準。但社會人士在渴望選舉安排公正的同時，亦渴望選舉安排能在一九九七年後得以延續。正因如此，我們在擬訂建議方案時，已小心謹慎，確保這方案能符合聯合聲明、基本法及以往與中國達成的協議。也正因如此，我們並沒有建議將地區選舉產生的議席增至超過 20 席，縱然此舉是擴大本局代表性的最直接方法。

正是為了同樣的理由，我們去年本著誠意，與中方舉行了 17 輪會談，希望能夠在雙方達成協議的基礎上，為一九九五年的選舉安排推行立法。雙方未能達成協議，實在非常可惜。然而，時間不斷過去，我們必須繼續前進。而政府當局的責任，便是要制訂本身認為最符合社會人士明顯意願的法例。我們較早時提議把區議會及兩個市政局變為經過全面選舉產生的組織，以及在地區選舉中實施單議席單票制；我們的路向，早已得到立法局明確提示。

未能與中方達成協議而作出選舉安排會出現的後果，令人憂慮，這是可以理解的。對於這些憂慮，我有三點意見。

第一，倘若能夠以中英協議為基礎進行立法，當然最好不過，但這並不等於我們因而應該不惜任何代價去取得協議。非公開公平的選舉安排會損害法治的根基，而我們這個充滿生機、善於表達意見和具有卓越成就的社會，正是建基於法治之上。

第二，至於中國在一九九七年七月一日是否會解散本港各級代議政制議會，這個問題只有中國才能答覆。若中國真的要解散各級議會，當然可以辦得到；但這怎能符合社會人士一再表明希望立法局有直通車的明確意願？根據聯合聲明，中英雙方均有責任確保香港平穩過渡。解散經謹慎程序建立及適當的選舉程序產生且受到社會人士支持的代議政制機構，很難說是有利平穩過渡。此外，我還要補充一下，任何要求我們主動把九五年當選的立法局議員的任期縮短至一九九七年六月三十日的建議，對平穩過渡也沒有幫助。

第三，政府當局仍然相信，達致直通車目標的最佳方法，是確保選舉安排明顯地公開和公平，從而產生一個具公信力、備受社會人士尊敬的立法局。主席先生，本條例草案的主旨，正是如此。

當前的條例草案應否予以通過、修訂或反對，最終須由本局決定。本人相信，各位議員作決定的時候，不會辜負這個歷史時刻的使命，亦不會違反香港人的意願。這是社會人士對本局的期望。

謝謝主席先生。

（資料來源：香港特別行政區立法會）

第

七

章

"另起爐灶"：
特區臨時立法會與第一屆立
法會的產生辦法

中英 17 輪談判以失敗告終，"直通車" 機制已無法按原初設計工作。英國政府與港英當局以彭定康 "政改方案" 為藍本，啟動了 1995 年立法局選舉。這次選舉的安排與中方的預期大相徑庭，因此中方也不得不 "另起爐灶"，著手解決特區第一屆立法會的組成問題。**文件 7.1** 是全國人大批准三十二名人大代表議案的決定，從法律上規定了由特區籌備委員會組建特區第一屆立法會。

雖然中方 "另起爐灶"，自行組建第一屆立法會，但如果港英最後一屆立法局議員不能坐 "直通車" 過渡，那麼在特區成立後，會產生一段立法真空的時期。選舉立法會議員需要時間，不可能在特區一成立就即刻選出 60 名議員；另外，中英因銜接問題交惡，在回歸前，於香港進行全港規模的立法會議員選舉也不現實。因此，籌委會成立了臨時立法會以解決這個難題。**文件 7.2** 是籌委會關於設立臨時立法會的決定，**文件 7.3** 是時任籌委會主任委員錢其琛向全國人大所做的關於籌委會工作的報告，**文件 7.4** 是全國人大批准這份報告的決議，從決議內容來看，全國人大批准了籌委會設立臨時立法會的決定，而這是臨時立法會具有法律地位的憲制基礎。

解決了立法真空問題，籌委會將精力轉向了確定特區第一屆立法會的產生辦法。**文件 7.5** 是籌委會關於第一屆立法會產生辦法小組的報告，詳細分析了分區直選、功能組別選舉、選舉委員會選舉等各項制度安排。**文件 7.6** 是籌委會對第一屆立法會產生辦法所作的決定，規定了特區第一屆立法會產生的具體辦法。至此，特區政制安排已經全部就緒。

文件 7.7 及**文件 7.8** 是回歸後特區政府對實施第一屆立法會選舉辦法進行的本地立法工作。前者是政制事務局對劃分功能組別所作的建議，後者是時任政制事務局局長孫明揚於臨時立法會表決《立法會條例草案》時所作的聲明。

7.1　全國人民代表大會常務委員會關於鄭耀棠等三十二名全國人大代表所提議案的決定

〔1994 年 8 月 31 日第八屆全國人民代表大會常務委員會第九次會議通過〕

第八屆全國人民代表大會常務委員會第九次會議根據全國人大法律委員會的審議報告，審議了第八屆全國人大第二次會議主席團交付法律委員會審議的鄭耀棠等 32 名全國人大代表提出的議案。

會議認為，港英最後一屆立法局、市政局和區域市政局、區議會於 1997 年 6 月 30 日終止。英國政府單方面決定的有關港英最後一屆立法局、市政局和區域市政局、區議會的選舉安排，違反中英聯合聲明，不符合《中華人民共和國香港特別行政區基本法》和《全國人民代表大會關於香港特別行政區第一屆政府和立法會產生辦法的決定》。會議決定：由香港特別行政區籌備委員會根據《全國人民代表大會關於香港特別行政區第一屆政府和立法會產生辦法的決定》，負責籌備成立香港特別行政區的有關事宜，規定香港特別行政區第一屆立法會的具體產生辦法，組建香港特別行政區第一屆立法會。根據《中華人民共和國香港特別行政區基本法》，香港特別行政區的區域組織的職權和組成方法由香港特別行政區的法律規定。

7.2 全國人民代表大會香港特別行政區籌備委員會關於設立香港特別行政區臨時立法會的決定

〔1996 年 3 月 24 日全國人民代表大會香港特別行政區籌備委員會第二次全體會議通過〕

根據 1990 年 4 月 4 日《全國人民代表大會關於香港特別行政區第一屆政府和立法會產生辦法的決定》第二條關於香港特別行政區籌備委員會"負責籌備成立香港特別行政區的有關事宜"的規定，全國人民代表大會香港特別行政區籌備委員會決定：

一、設立香港特別行政區臨時立法會。臨時立法會在香港特別行政區第一任行政長官產生之後組成並開始工作。

二、香港特別行政區臨時立法會由 60 名議員組成。其議員以在外國無居留權的香港永久性居民中的中國公民為主體，非中國籍的香港永久性居民和在外國有居留權的香港永久性居民在臨時立法會中所佔比例不得超過全體議員的百分之二十。

三、香港特別行政區臨時立法會由第一屆政府推選委員會全體委員選舉產生。

具體辦法由籌委會確定。

四、香港特別行政區臨時立法會議員必須擁護中華人民共和國香港特別行政區基本法，願意效忠中華人民共和國香港特別行政區，並符合《中華人民共和國香港特別行政區基本法》規定的有關立法會議員的其他條件。

五、香港特別行政區臨時立法會的任務是：

1. 根據基本法的規定，制訂為確保香港特別行政區的正常運作所必不可少的法律，並根據需要修改、廢除法律；

2. 根據政府的提案，審核、通過財政預算；

3. 批准稅收和公共開支；

4. 聽取行政長官的施政報告並進行辯論；

5. 同意香港特別行政區終審法院法官和高等法院首席法官的任命；

6. 香港特別行政區臨時立法會主席參與對全國人民代表大會常務委員會香港特別行政區基本法委員會的 6 名香港委員的提名；

7. 其他在香港特別行政區第一屆立法會產生前必須由香港特別行政區臨時立法

會處理的事項。

六、香港特別行政區臨時立法會在 1997 年 7 月 1 日之前審議、通過的有關法律從香港特別行政區成立之日起實施。

七、香港特別行政區臨時立法會工作至香港特別行政區第一屆立法會產生為止，時間不超過 1998 年 6 月 30 日。

7.3 全國人民代表大會香港特別行政區籌備委員會工作報告

〔全國人民代表大會香港特別行政區籌備委員會主任委員錢其琛 1997 年 3 月 10 日〕

各位代表：

　　根據一九九〇年四月四日第七屆全國人民代表大會第三次會議通過的《全國人民代表大會關於香港特別行政區第一屆政府和立法會產生辦法的決定》，一九九五年十二月二十八日第八屆全國人民代表大會常務委員會第十七次會議通過了全國人民代表大會香港特別行政區籌備委員會（以下簡稱"籌委會"）組成人員名單，共計一百五十名，其中香港委員九十四名，內地委員五十六名。一九九六年一月二十六日，籌委會正式成立並召開了第一次全體會議。一年來，籌委會按照《中華人民共和國香港特別行政區基本法》和全國人大及其常委會的有關決定，就籌備成立香港特別行政區的有關事宜緊張而有序地開展工作。到今年二月為止，籌委會共舉行了八次全體會議，下設的六個工作小組共召開了三十一次會議。經過全體委員的共同努力，已經完成了組建香港特別行政區第一屆政府推選委員會、選舉產生香港特別行政區第一任行政長官人選和臨時立法會議員以及就香港原有法律提出處理意見等重大任務。對於與香港政權交接和平穩過渡有關的重大經濟問題、慶祝香港回歸的有關活動安排等，籌委會也研究並提出了一系列的建議和意見。現在，我就籌委會一年來的主要工作報告如下。

一、組建香港特別行政區第一屆政府推選委員會

　　籌委會成立後所進行的首要工作就是籌組由四百名香港永久性居民組成的香港特別行政區第一屆政府推選委員會。依照《全國人民代表大會關於香港特別行政區第一屆政府和立法會產生辦法的決定》，香港特別行政區第一任行政長官人選須由這個推選委員會推舉產生，然後報中央人民政府任命。因此，組建推選委員會是整個籌建香港特別行政區工作的"龍頭"。

　　去年四月，籌委會就推選委員會的具體產生辦法在香港開展了廣泛的諮詢活動，先後舉行了十六場諮詢會議，香港各界的三百三十六個團體、一千多位人士參

加了諮詢。在充分吸納港人意見的基礎上，籌委會制訂了《中華人民共和國香港特別行政區推選委員會的具體產生辦法》。辦法規定，推選委員會的前三部分人士即工商、金融界，專業界，勞工、基層、宗教等界的委員以及第四部分人士中的原政界人士，均由籌委會委員以無記名投票和差額選舉的方式產生，每部分差額比例不少於百分之二十。第四部分人士中還包括香港地區全國人大代表和香港地區全國政協委員的代表。其中，具有香港永久性居民身份的二十六名香港地區全國人大代表，依照全國人大的決定自動成為推選委員會委員。香港地區全國政協委員的代表的產生辦法由香港地區全國政協委員自行決定。推選委員會的委員採用公開和自願報名參選的辦法，受到了香港各界人士的歡迎。報名十分踴躍，參選人數多達五千七百八十九人。在這五千七百八十九人的範圍內，籌委會委員以個人身份推薦，提出了二千五百四十五名建議人選。由於委員們提出的建議人選已兼顧到香港各界、各方面之間的平衡，代表性相當廣泛，籌委會主任委員會議決定完全按照委員們提出的建議人選所獲推薦數多少的順序，確定為推選委員會四部分人士的候選人名單。一九九六年十一月二日，籌委會全體會議以無記名投票方式，從候選人名單中選出了三百四十名推選委員會委員。他們與二十六名香港地區全國人大代表和經協商推舉出來的三十四名香港地區全國政協委員的代表一起，組成了四百人的香港特別行政區第一屆政府推選委員會。

二、選舉香港特別行政區第一任行政長官人選

香港特別行政區第一任行政長官人選如何產生是香港各界矚目的一件大事。按照全國人大的有關決定，第一任行政長官人選由推選委員會以協商或協商後提名選舉的方式產生。籌委會研究後認為，協商後提名選舉的方式更易為廣大港人所接受。籌委會第五次全體會議通過的《中華人民共和國香港特別行政區第一任行政長官的產生辦法》採納了協商後提名選舉的方式。

按照上述辦法，第一任行政長官人選的具體產生過程分為三個階段。首先是提名，凡有意參選第一任行政長官的人先向籌委會主任委員會議表明參選意願，經主任委員會議進行資格審查後，符合資格者成為第一任行政長官參選人；然後由推選委員會委員在參選人範圍內提名第一任行政長官候選人人選。第二階段是確定候選人，凡獲得推選委員會委員五十人或五十人以上提名者，成為第一任行政長官候選

人。最後是選舉，以無記名投票方式進行。

在香港公開報名參加第一任行政長官人選選舉的有三十一人。籌委會主任委員會議進行資格審查後，確定其中的八人為第一任行政長官參選人。一九九六年十一月十五日，推選委員會第一次全體會議在香港舉行，由推選委員會委員進行第一任行政長官候選人的提名。結果，董建華、楊鐵樑、吳光正三人都獲得五十人以上的提名，成為第一任行政長官候選人。之後，籌委會主任委員會議在香港組織了候選人答問會議，三位候選人分別介紹了各自的施政主張，並現場回答了各界別推選委員會委員的提問。一九九六年十二月十一日，推選委員會在香港以無記名投票方式選舉香港特別行政區第一任行政長官人選。當天，四百名推選委員會委員全部出席了會議。選舉結果，在三百九十八張有效票中，董建華獲三百二十票，當選為第一任行政長官人選。

一九九六年十二月十六日，李鵬總理主持召開國務院第十一次全體會議，決定根據推選委員會選舉產生的人選，任命董建華為香港特別行政區第一任行政長官。李鵬總理隨即簽署了任命董建華的國務院第二百〇七號令。

香港特別行政區第一任行政長官的產生過程貫穿了民主的精神，體現了公開、公平、公正的原則。無論是候選人的提名，還是答問會議，以及最後的投票選舉，投票後的開票、唱票和計票均對新聞媒體開放，全過程並通過電視用中文、英文、粵語現場直播。現場有數百名記者進行採訪報道。香港社會和國際輿論對這次選舉的透明度一致予以好評。

三、設立香港特別行政區臨時立法會

關於設立臨時立法會的問題，籌委會成立後，及時地進行了研究。委員們一致認為，設立香港特別行政區臨時立法會既有實際需要，也有法理依據。

我國政府出於中英合作以利於香港政治體制的順利銜接和平穩過渡的願望，本來在香港特別行政區第一屆立法會的產生辦法方面特別作出了安排。一九九〇年四月四日第七屆全國人大第三次會議通過的《全國人民代表大會關於香港特別行政區第一屆政府和立法會產生辦法的決定》規定，香港最後一屆立法局的組成如符合該決定和香港特別行政區基本法的有關規定，其議員擁護中華人民共和國香港特別行政區基本法、願意效忠中華人民共和國香港特別行政區並符合香港特別行政區基本法規定條件者，經香港特別行政區籌備委員會確認，即可成為香港特別行政區第一屆立法會議員。這就是通常所說的"直通車"安排。但是，英方不顧中英聯合聲明、與基本法相銜接的原則以及中英兩國政府達成的有關協議，一意孤行地推行所謂"政改方案"，毀棄了這一安排。在這種情況下，一九九四年全國人大常委會作出決定，宣佈港英最後一屆立法局於一九九七年六月三十日隨英國對香港管治的結束而終止。

按照一九九〇年四月四日全國人大有關決定的規定，香港特別行政區第一屆立法會的議員必須通過分區直接選舉等三種方式選舉產生，這在港英管治下無法進行，也不可能在香港特別行政區成立後很短的時間內完成。一九九七年七月一日香港特別行政區成立時，有許多事項需要由立法機關來負責或參與，這是保證香港的平穩過渡和特別行政區的有效運作所必不可少的。因此，成立一個全部由香港永久性居民組成的臨時立法會，作為第一屆立法會產生前的一項臨時性安排，是體現"港人治港"、高度自治原則的最合適的辦法。

香港有一些輿論對籌委會決定設立臨時立法會的權力表示質疑，實際上全國人大上述決定第二條已規定，籌委會"負責籌備成立香港特別行政區的有關事宜"，設立臨時立法會屬於這個範疇。作為全國人民代表大會設立的一個權力機構，籌委會已被授權就籌建香港特別行政區的有關事項作出決定，設立臨時立法會的有關權力已包含在授權之內。

根據香港特別行政區成立時必須有立法機構的實際情況和全國人大的上述決定，一九九六年三月，籌委會全體會議通過了設立香港特別行政區臨時立法會的決定；十月，通過了臨時立法會的產生辦法，其中規定：香港特別行政區臨時立法會由香港特別行政區第一屆政府推選委員會以無記名投票方式選舉產生。臨時立法會在香港特別行政區第一任行政長官產生之後組成並開始工作，主要任務是為確保香港特別行政區的正常運作制訂必不可少的法律和參與必要的人事安排。其工作至香港特別行政區第一屆立法會產生為止，時間不超過一九九八年六月三十日。籌委會關於設立香港特別行政區臨時立法會的決定和上述辦法是符合一九九〇年四月四日七屆全國人大第三次會議通過的《全國人民代表大會關於香港特別行政區第一屆政府和立法會產生辦法的決定》的。

一九九六年十二月二十一日，推選委員會在深圳選舉產生了臨時立法會的六十名議員。今年一月二十五日，臨時立法會議員又以互選方式選舉范徐麗泰為臨時立法會主席。在臨時立法會的六十名議員中，既有工商界人士，也有不少來自勞工、基層的代表。報名參選的三十四名現任港英立法局議員，三十三人當選。就是說，現任港英立法局的大部分議員已當選為臨時立法會的議員。臨時立法會的組成具有廣泛的代表性，從而得到了香港社會的認同。

四、開展對與香港政權交接和平穩過渡有關的重大經濟問題的研究

保持香港經濟的穩定與發展，對實現香港平穩過渡、保持香港長期繁榮和穩定具有十分重要的意義。為此，籌委會設立了經濟小組，充分發揮港人的參與作用，對涉及香港政權交接和平穩過渡的重大問題進行研究並提出建議或意見。籌委會就香港經濟有關的問題做了以下工作。

（一）關於與平穩過渡和政權交接有關的問題

九七／九八年度財政預算案跨越"九七"，且執行的時間大部分在一九九七年六月三十日以後，是一項關係到平穩過渡的重大事項，為此，中英聯合聯絡小組成立了專家組，由中英雙方共同編制該年度的財政預算案。籌委會經濟小組提出，預算案的編制原則應符合基本法的有關規定，量入為出，力求收支平衡，避免赤字，預算開支的增長要與當地生產總值的增長相適應，要有利於香港經濟的長遠發展，社會福利的增長要與經濟發展相適應。同時對預算案的多項開支、收入政策以及為成立特別行政區所需費用等問題提出了許多具體意見。這些意見已為我主管部門所接受並在對英磋商中提出。目前，中英雙方已就預算案的開支部分、收入部分取得共識，編制出了一份涵蓋十二個月的預算案，為特別行政區政府的正常運作提供了有力保障。

金融的穩定對香港經濟、社會的穩定至關重要。籌委會在深入研究的基礎上提出了保持香港金融穩定、發展香港的國際金融中心地位的許多意見和建議，並形成了書面材料。

政府資產交接是政權交接的重要組成部分。籌委會經濟小組研究了政府資產的類別和管理體制，對應移交的資產的範圍、方式提出了意見，並為我有關部門所接納，目前通過中英聯合聯絡小組與英方的磋商正在進行。

（二）關於香港的大型基建問題

大型基建對香港經濟的長遠發展有深遠影響，保持其連續性，有助於香港經濟的繁榮和社會的穩定。但是大型項目的投資巨大，影響深遠，關係到未來特別行政區的責任承擔和長遠利益。為此，中方要求英方將多個跨"九七"的重大項目列入中英聯合聯絡小組磋商的範圍。籌委會經濟小組先後研究了香港新機場第二條跑道計劃和西北鐵路計劃等大型基建項目。根據經濟小組提出的儘快興建新機場第二條跑道具有必要性、有利於提高新機場的整體效益的意見，中英機場委員會經過磋商後，作出了興建香港新機場第二條跑道的決定。對於耗資上千億港元的西北鐵路計劃，經濟小組對其方案的合理性、成本效益提出了許多中肯的意見，這些意見並得到了香港社會的廣泛認同和支持。最近，港英政府決定對原方案進行大幅度的修改。

（三）關於香港長遠發展的有關問題

籌委會經濟小組對關係香港經濟發展方向的若干具體問題開展了研究，並完成了研究報告。這些研究成果和建議將提供特別行政區政府參考。

五、關於法律方面的工作

在法律方面，籌委會首先研究了我國國籍法在香港特別行政區的具體實施問題。根據基本法的規定，我國國籍法將在香港特別行政區實施。由於歷史形成的原因，國籍問題在香港具有一定的複雜性。如何根據國籍法確定香港居民的中國公民身份，香港社會各界以及國際社會都十分關注。籌委會根據基本法和國籍法的有關規定，以及我國政府對香港居民國籍問題的一貫政策，結合香港的歷史和現實情況，提出了靈活寬鬆的處理方案，並向全國人大常委會提出了就國籍法在香港特別行政區具體實施的若干問題作出解釋的建議。根據這一建議，一九九六年五月十五日全國人大常委會審議通過了《關於〈中華人民共和國國籍法〉在香港特別行政區實施的幾個問題的解釋》。

籌委會還研究了基本法第二十四條第二款，即哪些人可以成為特別行政區永久性居民的問題。這個問題雖已有原則規定，但在實施過程中還有一些需要進一步明確的具體問題。籌委會針對香港的具體情況，從穩定社會和人心的大局出發，本著有利於平穩過渡的原則，提出了《關於實施〈中華人民共和國香港特別行政區基本法〉第二十四條第二款的意見》，以供香港特別行政區制訂有關實施細則時參考。

國籍法和基本法第二十四條的具體實施問題的解決，受到了廣大香港同胞的好評，不僅起到了穩定人心的作用，而且為籌備成立香港特別行政區涉及的處理有關國籍和永久性居民身份問題的工作提供了依據。

法律方面的另一項主要工作是根據原有法律基本不變的原則，全面審查香港原有法律，以便在採用為特別行政區法律時對其中存在的與基本法相抵觸的各種問題提出處理意見。籌委會完成了對所有香港現行成文法律共六百四十多項條例和一千一百多項附屬立法的審查和研究工作。根據審查的情況，原有法律中有幾種抵觸基本法的情況：一是體現英國對香港殖民統治的法律已全部不適用；二是在一些條例或附屬立法中有部分條款抵觸基本法；三是對法律中普遍存在的用詞和名稱抵觸基本法。籌委會認為，應針對不同情況，分別處理。除極少數與基本法相抵觸的法例不採用為香港特別行政區法律外，對於其他絕大多數的法律，可通過一些解釋和適用原則或名稱、詞句替換原則解決問題，從而使這些法律均可採用為特別行政區法律。這樣做完全符合香港原有法律基本不變的原則。

處理香港原有法律時遇到的一個重要問題是如何處理一九九一年六月英方不顧我方反對，未經雙方磋商同意單方面制訂的《香港人權法案條例》。根據基本法和全國人大關於基本法的決定，只有基本法才能具有凌駕於香港其他法律以上的地位。而《香港人權法案條例》包含有該法具有凌駕地位的條款，是抵觸基本法的。不僅如此，港英根據該條例的凌駕地位，單方面對香港原有法律作出大面積、大幅度的修改。英方的這種行為，違反了中英聯合聲明及基本法中關於"現行的法律基本不變"的規定。籌委會建議，《香港人權法案條例》仍可採用為香港特別行政區的法律，但其中涉及其凌駕地位的條款應予以刪除。極少數的條例，由於人權法案的凌駕條款而作出了重大修改，對這些重大修改，籌委會也建議不採用為香港特別行政區的法律。

根據以上情況，籌委會提出了《關於處理香港原有法律問題的建議》，提請全國人大常委會審議。一九九七年二月二十三日，第八屆全國人大常委會第二十四次會議通過了《關於根據〈中華人民共和國香港特別行政區基本法〉第一百六十條處理香港原有法律的決定》。

六、慶祝活動方面的有關安排

香港回歸祖國，是包括香港同胞在內的全體中國人民的一件大喜事。屆時舉辦各類活動慶祝回歸，是廣大香港同胞的共同願望。為有利於香港社會各界的廣泛參與，使各項活動得以良好組織和順利進行，**籌委會**確定了香港回歸祖國民間慶祝活動總體方案的大致框架，支持並推動成立了"香港各界慶祝回歸委員會"（簡稱"慶委會"）。"慶委會"由逾千名香港人士組成，設主席團和執行委員會，主要任務是在籌委會統一部署下，發動香港社會各界人士積極參與香港回歸祖國的慶祝活動，籌劃、組織全港性民間的慶祝活動，推動各界別、各地區開展慶祝活動。"慶委會"得到香港各界人士的支持，目前正在積極籌劃迎接香港回歸的幾個大型的民間慶祝活動。

為了永久紀念香港回歸祖國這一歷史盛事，籌委會通過了《全國人民代表大會香港特別行政區籌備委員會關於建立香港回歸祖國紀念碑的決議》，建議在香港建立一座香港回歸紀念碑，由香港特別行政區政府負責籌建。

鑒於在慶祝香港回歸的各項活動中將大量使用香港特別行政區區旗、區徽，為了維護區旗、區徽的尊嚴，籌委會制訂了《中華人民共和國香港特別行政區區旗、區徽使用暫行辦法》，以便在香港特別行政區成立之前，通過這個暫行辦法，對正確地使用區旗、區徽作出指引。

此外，籌委會還就香港文化領域內一些與平穩過渡相關並為廣大港人所關注的問題提出了建議或作出了決定。例如，現行香港教科書中有些內容既不符合歷史和現實，也與"九七"之後的變化不相適應，與"一國兩制"的精神及基本法相抵觸，需要進行修改。為此，籌委會通過了《全國人民代表大會香港特別行政區籌備委員會關於教科書問題的決議》，對"九七"後香港教科書的編訂提出了原則性的指引。再如，在香港現有的公眾假日中，有的是反映英國統治香港的事實的，帶有殖民主義色彩，在"九七"之後應作出調整。為此，籌委會作出決定，對一九九七年下半年和一九九八年全年香港公眾假日作出了過渡性安排，一九九八年及其以後的公眾假日則留待香港特別行政區自行決定。考慮到在香港所謂公眾假日並不適用於全體市民，公眾假日並不一定就是勞工有薪假日，籌委會主任委員會議還通過了《全國人民代表大會香港特別行政區籌備委員會主任委員會議關於一九九七年下半年香港勞工有薪假日安排的建議》，建議把中華人民共和國國慶日和香港特別行政區成立日列為勞工有薪假日。

各位代表！

"一國兩制"是我國政府處理香港問題的基本方針。籌委會所進行的籌備成立香港特別行政區的各項工作，就是要落實"一國兩制"的方針，為"港人治港"、高度自治創造條件，打好基礎。為此，籌委會在制訂有關辦法、作出有關決定時，都是以"一國兩制"的方針為指導，以基本法和全國人大及其常委會的有關決定為根據。同時，在開展工作的過程中，籌委會堅持面向港人，依靠港人，充分吸納港人的意見，推動廣大港人參與到籌建香港特別行政區的偉大事業中來。正因為如此，籌委會的工作取得了順利進展。我們還高興地看到，香港特別行政區第一任行政長官產生後，籌組香港特別行政區第一屆政府的工作也在順利進行。一九九七年一月二十四日，董建華先生公佈了香港特別行政區第一屆行政會議的成員名單。二月二十日，董建華先生提名的香港特別行政區第一屆政府的二十三名主要官員也獲得了國務院任命。這兩件事在香港也獲得了廣泛好評。目前，香港的回歸大局已定，形勢令人鼓舞。籌委會下一階段的重要工作是抓緊制訂香港特別行政區第一屆立法會的具體產生辦法，以便在一九九八年早些時候進行香港特別行政區第一屆立法會的選舉。

各位代表，以上是關於香港特別行政區籌備委員會一年多來工作情況的報告，請大會審議。

謝謝各位。

7.4 第八屆全國人民代表大會第五次會議關於全國人民代表大會香港特別行政區籌備委員會工作報告的決議

〔1997 年 3 月 14 日第八屆全國人民代表大會第五次會議通過〕

第八屆全國人民代表大會第五次會議審議了全國人民代表大會香港特別行政區籌備委員會主任委員錢其琛作的《全國人民代表大會香港特別行政區籌備委員會工作報告》。會議決定批准這個報告。

會議認為，全國人民代表大會香港特別行政區籌備委員會成立一年來，為籌建香港特別行政區所做的工作是富有成效的。籌備委員會根據《中華人民共和國香港特別行政區基本法》和全國人大及其常委會的有關決定中關於"一國兩制"、高度自治、"港人治港"的方針，通過了《關於推選委員會產生辦法的原則設想的決議》、《關於設立香港特別行政區臨時立法會的決定》、《關於對〈中華人民共和國國籍法〉在香港特別行政區實施作出解釋的建議》、《關於處理香港原有法律問題的建議》、《關於香港特別行政區第一任行政長官、臨時立法會在 1997 年 6 月 30 日前開展工作的決定》等一系列決定、決議和建議；組建了香港特別行政區第一屆政府推選委員會，主持推選委員會選舉產生了香港特別行政區第一任行政長官和臨時立法會議員，並對與香港政權交接和平穩過渡有關的重大經濟問題、法律問題以及慶祝香港回歸的有關活動安排等提出了建議和意見，為香港特別行政區的成立和香港的平穩過渡奠定了基礎，並且有利於香港的長期穩定和繁榮。

會議希望香港特別行政區籌備委員會再接再厲，繼續支持香港特別行政區第一任行政長官的工作，為圓滿完成全國人民代表大會所賦予的任務而努力。

7.5 關於第一屆立法會產生辦法小組工作情況的報告

〔香港特別行政區籌備委員會第九次全體會議 1997 年 5 月 22 日〕

主任委員、各位副主任委員、各位委員：

　　籌委會第一屆立法會產生辦法小組自去年 11 月成立以來，共召開了三次會議。小組在預委會政務專題小組有關建議的基礎上，對第一屆立法會的具體產生辦法所涉及的有關問題進行了討論。今年 3 月份，小組還以書面諮詢的方式徵詢了香港各界人士對第一屆立法會的具體產生辦法的意見。在為期一個月的諮詢期內，共收到團體和個人交來的書面意見 972 份。這些書面意見經秘書處綜合整理後，小組會議進行了兩次討論，並形成了提交本次籌委會全體會議的《中華人民共和國香港特別行政區第一屆立法會的具體產生辦法（討論稿）》（以下簡稱 "討論稿"）。

　　小組認為，第一屆立法會的產生辦法應以基本法和全國人大的有關決定為依據，符合香港的實際情況，體現均衡參與、循序漸進地發展民主以及公平、公正、公開的原則，並兼顧社會各階層、各方面的利益。小組正是本著這些指導原則來制訂第一屆立法會的具體產生辦法的。

　　1990 年 4 月 4 日通過的《全國人民代表大會關於香港特別行政區第一屆政府和立法會產生辦法的決定》規定："香港特別行政區第一屆立法會由 60 人組成，其中分區直接選舉產生議員 20 人，選舉委員會選舉產生議員 10 人，功能團體選舉產生議員 30 人。" 據此，小組就分區直接選舉、選舉委員會選舉、功能團體選舉以及與第一屆立法會產生辦法相關的其他問題如候選人的資格和條件、落實非中國籍的香港特別行政區永久性居民和在外國有居留權的香港特別行政區永久性居民的當選議員不得超過全體議員的 20% 的辦法等進行了討論。小組認為，在香港最後一屆立法局議員過渡成為香港特別行政區第一屆立法會議員的 "直通車" 安排被英方破壞，香港特別行政區臨時立法會已經成立的情況下，籌委會制訂的第一屆立法會的具體產生辦法，必須就分區直選的選舉方式、功能團體的界定和選舉方式、選舉委員會的組成等問題作出規定。這與 1990 年 4 月 4 日全國人大通過有關決定時設計的 "直通車" 安排的情況有所不同。另一方面，第一屆立法會要在 1998 年內，在香港特別行政區政府的組織下選舉產生，而目前香港特別行政區第一任行政長官及政府主要官員已經產生，行政會議和臨時立法會也已開始運作，從有利於"港人治港"、高度自治的角度出發，小組大多數委員主張，籌委會在制訂第一屆立法會的具體產生辦法時，宜粗不宜細，應當給特別行政區留有餘地，以便其根據實際情況作出處理。一些細節問題宜留待特別行政區制訂有關選舉法例時加以規定和具體化。因此，對分區直選的辦法、新增哪些功能團體等香港社會存在較大爭議的問題，主張列出兩個方案或劃定一定的選擇幅度，供特別行政區自行決定。但也有委員認為，既然全國人大有關決定已授權籌委會制訂第一屆立法會的具體產生辦法，籌委會應當就這些具體問題作出明確規定。

下面，我對"討論稿"作一些具體說明：

一、關於候選人的資格和條件

《全國人民代表大會關於香港特別行政區第一屆政府和立法會產生辦法的決定》對第一屆立法會議員的資格有明確規定，即必須"擁護中華人民共和國香港特別行政區基本法、願意效忠中華人民共和國香港特別行政區並符合香港特別行政區基本法規定條件"。基本法中也有一些條文涉及立法會議員的資格和條件，例如，第六十七條規定，香港特別行政區立法會議員必須是香港特別行政區永久性居民等。小組將這些規定綜合起來，作為第一屆立法會議員候選人的資格和條件。

二、關於分區直接選舉的選舉方式

小組對有關直接選舉的主要方式如單議席單票制、多議席單票制和比例代表制等進行了討論。香港各界人士和團體提供的書面意見也對各種方式的優缺點進行了比較和分析。從討論和諮詢的情況來看，絕大多數意見反對採用單議席單票制，認為這種制度存在著明顯的弊端：第一，容易導致出現個別政黨取得的議席數與其得票率很不相稱的情況，造成立法機關內"一黨獨大"，既不公平，也不符合均衡參與的原則；第二，單議席單票制以小選區為單位，隨著以後直選議席的逐屆增加，選區勢必越劃越小，這樣選舉出來的議員，其代表性很低，難以反應香港社會的整體和長遠利益，這實際上是民主的倒退。在預委會階段，這一辦法也已被揚棄。

關於多議席單票制和比例代表制，小組委員們指出，這兩種制度各有利弊。

多議席單票制的優點是既可避免單議席單票制下因選區越劃越小而帶來的一系列弊端，防止立法會出現"一黨獨大"的情況，有利於各政治力量均衡參與，同時也不會對獨立參選人造成不公平，更不會人為地加速政黨政治的發展。這有利於維護行政主導的政治體制，保持香港社會的穩定。其缺點，一是選民不能根據議席數目投相應數量的票，限制了選民充分的投票權；二是目前世界上採用該項制度的國家和地區較少。

小組對多議席單票制在香港的實施方式進行了討論，有些意見主張沿用 1991 年香港立法局選舉中把香港劃分為 9 個選區的做法，即實行中選區制；另一些委員則主張實行大選區制，即把全港劃分為 4 個或 5 個選區，每個選區設 5 至 4 個議席。小組認為，選區劃分是一項複雜而細緻的工作，需要掌握大量的人口和地域資料。這一工作宜留給特別行政區去處理。因此，小組在綜合了各種意見後，提出了一個選區劃分幅度，即全香港可劃分為 4 至 9 個選區，供特別行政區作出選擇。

比例代表制是根據各政治團體或選舉組合在不同選區得票的總數，按照一定比例和計算辦法來分配議席。其優點是比較公平，並可使少數派也有代表參政的機會，有利於各派力量的均衡參與，而且，該制度為世界各國廣泛使用。比例代表制的缺點是，易於助長政黨政治的發展，對無政黨背景的獨立候選人不利。而且，其計票方法比較複雜，香港市民對之比較陌生。比例代表制本身要求劃大選區，如果在香港實行，可把全港劃分為 3 至 5 個選區。

總之，多議席單票制和比例代表制各有利弊，兩種方式在香港社會各有一定的支持者，因此，小組建議將兩種選舉方式一併列入第一屆立法會的具體產生辦法中，由香港特別行政區將來自行作出選擇。

三、關於功能團體選舉

在小組討論和書面諮詢中，比較一致的意見是，功能團體選舉的原意必須堅持。為此，功能團體必須是"對維繫香港前途的信心和繁榮"有重大作用、具有重要性並在社會上有分量、具有全港性而為社會各界所承認的團體，並且在組成上要有清楚的界定。其次，功能團體的選舉方式應根據各功能團體的組成情況，以法團為單位或以專業界內的個人為單位進行投票。

依照上述原則，小組就第一屆立法會功能團體選舉提出如下建議：

（一）關於功能團體的界定

小組認為，1991 年香港立法局選舉中所設立的 20 個功能團體共 21 個議席符合設立功能團體的原則，得到了香港社會的普遍認同，運作良好，應予以保留，成為產生香港特別行政區第一屆立法會 30 個議席的功能團體的組成部分。而 1995 年立法局選舉時所確立的 9 個新功能團體，在選民界定方面十分混亂，把功能團體選舉變成了一種變相的分行業直選，完全背離了功能團體選舉的原意，應予取消，重新設立。這一看法也是香港社會比較普遍的意見。

對於新增設哪 9 個功能團體，小組委員間存在較大分歧。書面諮詢中，香港社會各界自薦和推薦的功能團體共有 44 個。其中有十幾個團體得到了較多的推薦。這十幾個團體基本符合功能團體的標準和條件，且各有一定的支持者。在小組第二、第三次會議上，一種意見主張從中提出 15 個功能團體供特別行政區作出選擇；另一種意見則主張從中提出 12 個供特別行政區作出選擇。主張前一種意見的委員提到的 15 個功能團體是：中醫界、中國企業協會、進出口界、勞工界、批發及零售界、紡織及製衣界、體育演藝及文化出版界、飲食界、保險業界、香港僱主聯合會、資訊科技界、航運交通界、酒店界、高等教育界、漁農界。主張提出 12 個功能團體供選擇的委員建議從上述 15 個功能團體中刪除中國企業協會、香港僱主聯合會和高等教育界。由於小組對這兩種方案爭議較大，最後委員們同意將這兩種意見同時報告主任委員會議。

（二）關於功能團體的選舉方式

小組建議，第一屆立法會功能團體選舉應按照 1991 年香港立法局選舉中所確立的功能團體的選舉方式進行，即以法團為單位組成的功能團體選舉，實行 "一會一票"；由具有專業資格的個人組成的功能團體選舉，實行 "一人一票"；既有團體會員又有個人會員的功能團體選舉，仍兼用兩種投票方式。這是小組討論和書面諮詢中基本一致的意見。

四、關於選舉委員會選舉

選舉委員會選舉涉及選舉委員會如何組成和各界別委員如何產生兩個方面。

（一）關於選舉委員會的組成

小組討論過程中提到過兩種辦法：一種是不再重新組建選舉委員會，而是由現有的 400 人的推選委員會來代行選舉委員會的職責，或者以推選委員會為基礎，適當增加一些人組成選舉委員會；另一種是參照基本法附件一的規定組建 800 人的選舉委員會。

小組討論後認為，第一種辦法不可取。第一屆立法會是在香港特別行政區成立後產生，完全有條件而且應當儘可能依照基本法的有關規定來制訂其各部分議員的產生辦法。根據全國人大和籌委會的有關決定，推選委員會的職責和任務只有兩項，即選舉香港特別行政區第一任行政長官人選和臨時立法會議員，如果再讓推選委員會選舉第一屆立法會的部分議員，在法理上欠缺依據，當初那些因反對臨時立法會而不參加推委會的人就因此喪失參加選舉第一屆立法機關部分議員的選舉委員會的權利，也有欠公允。

小組建議第一屆立法會的選舉委員會參照基本法附件一第二項的規定組成，具體組成方案為：選舉委員會由 800 名香港永久性居民組成，工商、金融界，專業界，勞工、社會服務、宗教界和立法會議員、區域性組織代表、香港地區全國人大代表、香港地區全國政協委員的代表四個界別各佔 25%。其中，"立法會"應為臨時立法會。

小組委員們同時指出，由於 1990 年 4 月 4 日全國人大有關決定中有關第一屆立法會的產生辦法主要是針對有"直通車"的情況規定的，對於產生第一屆立法會 10 名議員的選舉委員會實際上未作具體規定。因此，參照基本法附件一第二條組建 800 人的選舉委員會，用以選舉第一屆立法會的 10 名議員是合適的，但是，這個選舉委員會只負責選舉產生 10 名立法會議員，沒有選舉第二任行政長官的任務。

（二）關於選舉委員會委員的具體產生辦法

考慮到香港特別行政區成立後，要處理的事務很多，小組委員們主張，選舉產生選舉委員會的過程應力求簡便易行。為此，建議選舉委員會前三個界別即工商、金融界，專業界和勞工、社會服務、宗教等界的委員，由各有關界別在選舉本界別立法會功能團體議員的同時選舉產生。這樣，不必再為產生這三個界別的選舉委員會委員另行組織較大規模的選舉。同時，考慮到第三界別中包含的宗教界沒有相應的功能團體，且宗教界委員產生的辦法有別於其他功能團體的產生方式，因此，宗教界委員的產生辦法需另行決定。第四界別中，臨時立法會 60 名議員和香港地區全國人大代表是當然的委員，區域性組織代表和香港地區全國政協委員的代表可以互選或其他方式產生。這裡需要首先確定每個界別 200 名委員的名額如何具體分配。小組認為，有關委員名額的分配和各部分委員的具體產生辦法，可由特別行政區法例加以規定。

小組建議，選舉委員會產生後，應先經過一定的提名程序，提名第一屆立法會議員候選人，然後再選舉產生 10 名立法會議員。委員在選舉時應以個人身份投票。

五、關於落實非中國籍的香港特別行政區永久性居民和在外國有居留權的香港特別行政區永久性居民的當選者在立法會中所佔比例不得超過 20% 的辦法

在小組討論和書面諮詢中提出的辦法主要有兩個：一是將 20% 的議席即 12 席按比例分配至三種類別的選舉中，即分區直接選舉 4 席，功能團體選舉 6 席，選舉委員會選舉 2 席。二是將 12 席全部限定在功能團體選舉中。主張採用第一種辦法的意見認為，無特別理由不讓非中國籍的或在外國有居留權的香港特別行政區永久性居民參加地區直選，而且，地區直選的議席將會逐步增加，而功能團體的議席則會逐漸減少直至取消，在這種情況下，非中國籍的或在外國有居留權的香港特別行政永久性居民終究要參加直選。主張採用第二種辦法的意見認為，地區直接選舉與功能團體選舉的意義不一樣，地區直選產生的議員要能代表地區利益，對地區有所承擔，應當由在外國無居留權的中國籍人士出任；而由於香港經濟與世界各國的緊密聯繫，在工商、金融界和專業界中有較大比例人士是非中國籍的香港永久性居民或取得了外國居留權的香港永久性居民，因此把 12 席限定在功能團體中，足以使那些對香港的經濟繁榮有重要作用的非中國籍的或在外國有居留權的人士進入立法機關。這種做法在一定程度上也符合功能團體選舉的原意。

在前一種方案下，如果非中國籍的香港特別行政區永久性居民和在外國有居留權的香港特別行政區永久性居民的當選人數超過規定的名額，建議其淘汰方式分別是：在分區直選中，按得票率多少淘汰超過的人數，即將所有當選的非中國籍的或在外國有居留權的人士按得票率高低進行排序，位於第五名及以後者被淘汰，其空出的議席由同一選區得票數僅次於他的在外國無居留權的中國籍參選者遞補，如無

遞補者，則需重新補選；在功能團體選舉中，也同樣按照得票率淘汰；在選舉委員會選舉中，淘汰辦法比較簡單，按照得票數多少進行淘汰。

在後一種方案下，如果非中國籍的香港特別行政區永久性居民和在外國有居留權的香港特別行政區永久性居民的當選人數超過 12 名，建議按得票率進行淘汰，將所有非中國籍的或在外國有居留權的當選者按得票率高低排序，得票率位於第十三名及以後者被淘汰，其空出的議席由同一團體的在外國無居留權的中國籍參選者遞補或補選。

小組認為，這兩種限制辦法均可作進一步研究，因此建議在第一屆立法會的具體產生辦法中將它們一併列出，供香港特別行政區從中選擇一種辦法。

小組提出的"討論稿"還就第一屆立法會議員的任期、第一屆立法會的選舉時間等作出了規定。

以上工作情況報告及有關說明，請全體會議審議。

謝謝各位。

小組召集人：劉兆佳　許崇德

1997 年 5 月 20 日

7.6 中華人民共和國香港特別行政區第一屆立法會的具體產生辦法

〔1997 年 5 月 23 日全國人民代表大會香港特別行政區籌備委員會第九次全體會議通過〕

第一條 為組建中華人民共和國香港特別行政區第一屆立法會（以下簡稱“第一屆立法會”），根據《全國人民代表大會關於香港特別行政區第一屆政府和立法會產生辦法的決定》和《中華人民共和國香港特別行政區基本法》，規定本辦法。

第二條 第一屆立法會由 60 名議員組成。其中，分區直接選舉產生 20 名議員，功能團體選舉產生 30 名議員，選舉委員會選舉產生 10 名議員。

第三條 第一屆立法會議員候選人必須是香港特別行政區永久性居民，擁護《中華人民共和國香港特別行政區基本法》，願意效忠中華人民共和國香港特別行政區，並符合基本法規定的其他有關資格和條件。

第四條 第一屆立法會的分區直接選舉採取多議席單票制或比例代表制，辦法分別如下：

（一）採取多議席單票制的選舉辦法。全香港劃分為 4 至 9 個選區，每個選區選舉產生 2 至 5 名議員。每位選民可在本選區內投票選舉一名候選人。

（二）採取比例代表制的選舉辦法。全香港劃分為 3 至 5 個選區，各政治團體、選舉組合根據其在各選區選舉中所得票的總數，按法律規定的計算辦法，確定各政治團體、選舉組合所獲的相應議席。

第五條 功能團體選舉產生 30 個議席。其中 21 個議席分配如下：商界第一組（香港總商會）、商界第二組（香港中華總商會）、工業界第一組（香港工業總會）、工業界第二組（香港中華廠商會）、金融界、金融服務界、社會福利界、地產及建造界、旅遊界、市政局、區域市政局、鄉議局、醫學界、衛生服務界、教育界、法律界、工程界、建築、測量及都市規劃界、會計界各 1 席；勞工界 2 席。其餘 9 個議席由香港特別行政區從以下 15 個組別中選擇 9 個組別予以分配：

體育演藝及文化出版界

勞工界

進出口界

紡織及製衣界

批發及零售界

資訊科技界

航運交通界

中國企業協會

漁農界

保險業界

酒店界

中醫界

高等教育界

飲食界

香港僱主聯合會

第六條 功能團體的選舉方式根據各功能團體的組成情況決定。以法團為單位組成的功能團體選舉，每個團體會員可投一票；由具有專業資格的個人組成的功能團體選舉，每名個人會員可投一票；既有團體會員又有個人會員的功能團體選舉，每個團體會員和每名個人會員均可投一票。

第七條 選舉委員會由 800 名香港永久性居民組成。其中，工商、金融界 200 名；專業界 200 名；勞工、社會服務、宗教界 200 名；臨時立法會議員、區域性組織的代表、香港地區全國人大代表、香港地區全國政協委員的代表 200 名。

選舉委員會前三大界別的委員由第五條所列的除市政局、區域市政局、鄉議局以外的 17 個功能組別和供香港特別行政區選擇的 15 個組別以及宗教界按照所分配的名額選舉產生。名額分配和具體產生辦法，由香港特別行政區立法規定。

選舉委員會的第四大界別中，臨時立法會議員和香港地區全國人大代表均為當然委員，區域性組織的代表和香港地區全國政協委員的代表的名額分配和具體產生辦法，由香港特別行政區立法規定。

選舉委員會按香港特別行政區有關法律的規定提名第一屆立法會議員候選人，然後由選舉委員會委員以個人身份無記名投票，選舉產生第一屆立法會的 10 名議員。

第八條 香港特別行政區立法會由在外國無居留權的香港特別行政區永久性居民中的中國公民組成。但非中國籍的香港特別行政區永久性居民和在外國有居留權的香港特別行政區永久性居民也可以當選為香港特別行政區立法會議員，其所佔比例不得超過全體立法會議員的百分之二十即 12 名。香港特別行政區可採取下列辦法之一以確保當選的非中國籍的香港特別行政區永久性居民和在外國有居留權的香港特別行政區永久性居民不超過 12 人：

（一）將百分之二十的名額按比例分配在三類選舉中，在分區直接選舉中不得超過 4 名，在功能團體選舉中不得超過 6 名，在選舉委員會選舉中不得超過 2 名。在這三類選舉中，如果非中國籍的和在外國有居留權的當選人數超過分配名額，分別採取以下方式處理：

1. 在分區直接選舉中，依照所有非中國籍的或在外國有居留權的當選者的得票率高低排序，得票率位於前四名者當選，其空出的議席由同一選區的在外國無居留權的中國籍參選者遞補或補選。如採取比例代表制，處理辦法由特別行政區另行規定。

2. 在功能團體選舉中，依照非中國籍的或在外國有居留權的當選者的得票率高低排序，得票率位於前六名者當選，其空出的議席由同一組別的在外國無居留權的中國籍參選者遞補或補選。

3. 在選舉委員會選舉中，依照非中國籍的或在外國有居留權的當選者的得票數多少排序，得票數位於前兩名者當選，其空出的議席由在外國無居留權的中國籍參選者遞補。

（二）將百分之二十的名額全部限定在功能團體選舉中。依照非中國籍的或在外國有居留權的當選者的得票率高低排序，得票率位於前十二名者當選，其空出的議席由同一組別的在外國無居留權的中國籍參選者遞補或補選。

（三）香港特別行政區在選舉前以法律規定可以由非中國籍的香港特別行政區永久性居民和在外國有居留權的香港特別行政區永久性居民參選的十二個議席的分配。

第九條 第一屆立法會議員任期為兩年。

第十條 第一屆立法會的選舉須在 1998 年 6 月 30 日前完成。

第十一條 香港特別行政區根據本辦法制訂有關第一屆立法會選舉的法例。

附：關於提請全體會議審議《中華人民共和國香港特別行政區第一屆立法會的具體產生辦法（討論稿）》的説明

主任委員，各位副主任委員，各位委員：

制訂香港特別行政區第一屆立法會的具體產生辦法是籌委會近一個時期以來的一項重要工作。第一屆立法會產生辦法小組召開了多次會議，就該辦法所涉及的有關問題進行了深入的研究，並以書面諮詢的方式徵詢了香港各界人士的意見。在此基礎上，小組提出了《中華人民共和國香港特別行政區第一屆立法會的具體產生辦法（討論稿）》，建議提交籌委會第九次全體會議審議。

主任委員會議認為，制訂好香港特別行政區第一屆立法會的具體產生辦法意義重大。依照 1990 年 4 月 4 日全國人大有關決定和 1994 年 8 月 31 日《全國人大常委會關於鄭耀棠等 32 名全國人大代表所提議案的決定》，籌委會負責制訂香港特別行政區第一屆立法會的具體產生辦法。另一方面，現在制訂這一產生辦法又面臨一些新的情況。一是"直通車"安排已被破壞，第一屆立法會要在香港特別行政區成立一段時間後產生；二是香港特別行政區第一任行政長官、主要官員、行政會議和臨時立法會等已經產生，而第一屆立法會的選舉將由香港特別行政區政府負責組織。第一屆立法會產生辦法小組在討論時充分考慮到了這些實際情況，所提出的第一屆立法會的具體產生辦法（討論稿）對社會上爭議較大的一些問題，規定了一些供選擇的方案，有些問題則規定得比較原則一些。這樣做，給特別行政區的行政、立法機關留有餘地，體現了"港人治港"、高度自治的精神，而且也符合全國人大有關決定和基本法的有關規定。將來香港特別行政區依照立法程序確定其中任何一種方案，都符合籌委會制訂的這個辦法。從實際操作的角度看，這樣做也是切實可行的。

小組在討論新增 9 個功能團體的問題時，對提供哪些功能組別供香港特別行政區選擇，意見分歧較大。主任委員會議認為，小組內的這種意見分歧是香港社會和籌委會內對這一問題存在不同看法的一種反映。本著民主的原則，並便於香港特別行政區班子日後確定 9 個新功能團體，主任委員會議研究決定，由全體委員以無記名方式進行選擇，每位委員可從討論稿中所列的 15 個功能組別中選擇其中的 9 個，然後匯總統計，將 15 個功能組別按得票數多少排序，全部寫進產生辦法中，供特別行政區參考，並由特別行政區從中確定 9 個新功能團體。

　　根據主任委員會議的決定，現將《中華人民共和國香港特別行政區第一屆立法會的具體產生辦法（討論稿）》提交本次全體會議審議。

　　以上說明，連同"討論稿"，請全體會議一併審議。

　　謝謝各位。

籌委會副主任委員兼秘書長　魯平

7.7 第一屆立法會選舉功能界別及選舉委員會的選民劃分

〔1997 年 8 月 14 日〕

1997 年 7 月 23 日，當局發表《香港特別行政區第一屆立法會選舉新增功能界別選民劃分及選舉委員會選民劃分諮詢文件》，徵詢公眾意見。在 1997 年 7 月 31 日諮詢期結束時，我們共收到 250 份意見書。此外，在諮詢期內，我們亦曾與各有關團體會面，聽取他們對選民劃分建議的意見。提交意見書的團體，大部分是要求加入某些功能界別，亦有意見書提出應擴大某些功能界別的選民範圍，讓更多人可參與功能界別選舉。

2. 經考慮社會人士對諮詢文件的意見後，我們修訂了 9 個新增功能界別和選舉委員會 7 個指定組別的選民劃分建議。在作出這些修訂時，我們依循了下述基本準則：

（a）各個功能界別會由有關界別內具代表性的主要機構組成。有關功能界別的選民一般應包括這些主要機構的團體會員。倘若個別機構主要由個人會員組成，則只有該機構本身才有投票權。此外，有關界別中須經某種形式的註冊或發牌制度而設立的機構，亦可包括在內。

（b）至於專業界別的選民，將由具備確立已久和認可資格（包括法定資格）的專業人士組成。

（c）某一團體或組織不應在多於一個功能界別內擁有代表。

由於各個功能界別的組成和特點不盡相同，因此，建議中每個功能界別的選民劃分，並不能依循一個完全相同的模式，有關建議是反映每個功能界別的性質和特點。

3. 下文各段闡釋 9 個新增功能界別和 7 個選舉委員會界別分組的選民劃分修訂建議。

體育、演藝、文化及出版界功能界別

4. 透過下述途徑擴大建議的選民範圍 ——

（a）加入香港業餘體育協會暨奧林匹克委員會附屬體育團體的屬會（學校及其

所組成的屬會除外）。因此，各體育總會本身（沒有屬會者除外）不會有投票權；

（b）加入 19 個負責舉辦地區活動的體育團體；

（c）更新參與 1995 年香港藝術發展局提名及委任成員事宜的藝術和文化團體名單；

（d）加入自 1994 年 4 月 1 日起，獲香港藝術發展局或兩個市政局提供資助／贊助而主要目標是促進藝術的團體；及

（e）加入主要出版團體的成員，以及主要經營出版業務而根據《本地報刊註冊條例》（第 268 章）註冊或獲發牌的團體東主。

勞工界功能界別

5. 沒有改變。

進出口界功能界別

6. 透過下述途徑擴大建議的選民範圍 ——

（a）鑒於香港付貨人協會和香港付貨人委員會的主要目標是促進香港進出口商的利益，故把這兩個團體從航運交通界轉移到本界別；及

（b）加入 7 個主要經營進出口業務的團體。

紡織及製衣界功能界別

7. 加入香港紡織及服裝學會，以及香港紡織商會的成員，使建議的選民範圍得以擴大。

批發及零售界功能界別

8. 加入 16 個與批發及零售業務有關的團體的成員，使建議的選民範圍得以擴大。

資訊科技界功能界別

9. 加入下述團體的專業成員，使建議的選民範圍得以擴大 ——

（a）電機暨電子工程師學會（香港電腦分會）；

（b）電機暨電子工程師學會（香港電路及系統兼電訊分會）；

（c）英國電機工程師學會（香港分會）；及

（d）英國電腦學會（香港分會）。

航運交通界功能界別

10. 加入 75 個運輸團體，使建議的選民範圍得以擴大。

漁農界功能界別

11. 加入 50 個團體，使建議的選民範圍得以擴大。

保險界功能界別

12. 沒有改變。

選舉委員會界別分組

香港中國企業協會

13. 沒有改變。

酒店界

14. 沒有改變。

中醫界

15. 沒有改變。

高等教育界

16. 加入高等教育院校中職級相等於全職教學人員的研究和行政人員，使建議的選民範圍得以擴大。

飲食界

17. 加入香港飲食聯會有限公司和香港餐務管理協會有限公司，使建議的選民範圍得以擴大。

香港僱主聯合會

18. 沒有改變。

宗教界

19. 沒有改變。

舊有功能界別

20. 雖然諮詢文件並沒有就舊有功能界別的劃分徵詢公眾意見，但一些意見書曾就這方面表達意見。此外，鑒於一些功能界別有新的發展，因此需要對原有的選民範圍，作出一些技術性修訂。受影響的功能界別載列於下 ——

教育界功能界別

21. 正如上文第 16 段所述，草案建議把選舉委員會的高等教育界別分組的選民範圍擴大，因此，教育界功能界別的選民範圍亦會同樣擴大。

衛生服務界功能界別

22. 以往，脊椎治療師、放射技師、物理治療師和視光師並沒有法定的註冊制度，因此，我們會以專業團體的會員身份，作為釐定這些專業人士選民資格的準則。我們當時認為，當這些有關醫療和衛生服務的法定專業登記冊一經備妥，有關界別的選民資格便可以此作為依據。上述專業界別現已開始訂立法定的註冊制度。因此，這個功能界別的選民資格準則應作出修訂，讓已註冊的專業人士有投票權。不過，考慮到脊椎治療師和物理治療師的新註冊制度，還需一段時間方可完成，我們認為，在這過渡期間，脊椎治療師和物理治療師如屬兩個有關專業團體的成員，可繼續符合資格登記為這個界別的選民。

社會福利界功能界別

23. 過往，這個界別的社會工作者，如屬香港社會福利專業人員註冊局的成員，便符合資格登記為這個界別的選民。這個界別的情況已有進一步發展，本年 6 月，當局成立了社會工作者註冊局的法定機構。因此，這個功能界別的選民將會包括香港社會服務聯會的團體成員和在新成立的社會工作者註冊局這法定機構註冊的社會工作者。

24.《立法會條例草案》的附表反映了上述各項修訂。功能界別的選民人數估計約為 18 萬人。

（資料來源：香港特別行政區內地及政制事務局）

7.8 政制事務局局長孫明揚動議二讀《立法會條例草案》

〔1997 年 8 月 20 日〕

主席，我謹二讀《立法會條例草案》。

我相信各位議員都同意，特區政府其中一項首要工作，是於明年舉行第一屆立法會選舉，並能夠確保選舉以公開、公平和公眾所能接受的方式，誠實地進行。我們將致力令每一位候選人，無論是參與直選、功能選舉或選舉委員會的選舉，都可以在平等的基礎上參與，以及令整個選舉過程在公正和高透明度下進行，從而提高公眾對選舉制度的了解和信心，並增加立法會的公信力。

在過去數月內，社會各界人士對有關選舉安排曾作出深入的討論。政府在 7 月 8 日宣佈了第一屆立法會選舉的整體安排後，為了更廣泛聽取公眾的意見，於 7 月下旬發出諮詢文件，徵詢公眾對 9 個新增功能界別的選舉和選舉委員會選民劃分的意見。經詳細考慮公眾所提出的意見後，政府擬定了此條例草案，為立法會選舉的整體安排，包括功能界別和選舉委員會的選民劃分等工作，提供法律基礎。

至於具體的選舉細則安排，例如有關選舉支出上限和選民登記程式，日後將以附屬法例形式，提交條例草案會審議。由於各位議員對此條例草案中的大部分建議都耳熟能詳，我只會就其中部分原則性重點作進一步介紹。在此之前，我想先跟各位談一談代議政制的發展和目標。

根據《基本法》所勾劃的特區政制發展藍圖，立法會的產生辦法，將根據特區的實際情況和循序漸進的原則而規定，最終達致全部議員由普選產生的目標。事實上，《基本法》已提供機制，容許於 2007 年以後，若社會上有清楚明確的共識，可根據有關規定而對立法會的組成作出決定。因此，在制訂第一屆立法會的選舉安排時，我們應以長遠的目光，朝著全民普選這個最終目標進發。條例草案中列載的各項選舉建議，正好是為邁向這目標而作出。

在此，我要解釋政府在選定功能界別和劃分有關選民時所作出的考慮。一直以來，我們沿用的制度，是透過地方選舉，施行全民普選。但是，功能界別的設立和有關選民的界分，從來都不是基於全民普選的概念。設立功能界別的目的，是要讓一些長期對社會有重要貢獻的工商、經濟及其他行業在立法會內得到充分代表，並在議會內發揮有關的專業功能，加強議會的運作。長久以來，我們在劃分功能界別時，都有一套既定的公開準則，包括有關界別必須是代表香港具有規模和重要性的界別，而它的組成代表必須能夠被清晰界定。在選定新增的 9 個功能界別時，我們正是採取了上述沿用已久的概念和準則。

對於功能界別選民的劃分和數目，社會上有不同的意見和聲音。我希望向大家指出，當討論有關選民的劃分時，我們的著眼點不應集中在選民的數目多寡，而是應該衡量他們是否有足夠的代表性，來真正代表有關的界別。我相信，我們的建議，已符合這準則。總括來說，各功能界別將由有關界別內具代表性的機構組成，而選民一般將包括這些主要機構的團體成員。此外，有關界別中經源於某種形式的註冊或發牌制度而設立的機構，亦被包括在內。至於專業界別的選民，將由具備確立已久和有認可資格的專業人士組成。

我必須強調，我們的最終目標，是一個全部 60 個議席都是由普選產生的立法會。因此，我們在討論選舉安排時，亦應著眼於此長遠目標。舉例來說，條例草案建議在明年地方選舉中採用比例代表制。比例代表制除了被公認能夠在議席分配上反映選民的意願外，其另一個長處，是可以配合我們政制發展的長遠目標。由於比例代表制的運作是基於大選區、多議席的概念，因此，日後當我們增加地方選區的議席時，亦無須就選區劃界作出重大修改。

現在，讓我就條例草案的主要內容作簡單介紹。首先，是有關選民的資格。要成為地方選區的選民，有關人士必須是特區永久性居民、年滿 18 歲和通常在特區居住。至於功能界別方面，個人選民必須是地方選區的選民，而團體選民則可授權一名代表代其投票。

有關功能界別的選民資格，條例草案還訂明一項有關 "12 個月" 的規定，以確保與有關功能界別真正有聯繫的選民才有權投票，以及防止 "種票"。這項規定的重點在於：代表團體內的團體成員必須在申請登記為有關功能界別的團體選民時，已加入有關代表團體最少 12 個月，並一直維持運作。至於代表團體內的個人成員，該人必須在申請登記為有關功能界別的選民時，已加入該個團體最少 12 個月。

條例草案亦訂明，在某些情況下，有關人士將喪失登記成為選民的資格，或即使已登記為選民，亦會喪失其投票資格。這些情況包括精神不健全、任何國家軍隊的成員、囚犯或逃犯；或曾在過去 3 年內，就一些指定罪行被定罪者。

在此順帶一提，為配合全面直選的長遠目標，政府亦將加強分區選民的登記工作。長久以來，政府一直不遺餘力地擴大地方選區的選民數目，利用不同的方法，鼓勵市民登記成為選民。經過多年努力，已有超過 250 萬名市民登記為選民，佔合資格登記人士六成以上，但我們絕未因此而感到滿足。為配合明年的第一屆立法會選舉，我們會動用適當的資源，進行全面的選民登記。我們的最終目標，是為所有合資格人士登記。同時，我們亦會利用這個機會，更新已登記選民的資料，令選民登記冊能更為準確。為了達到這個目標，政府現正積極研究進行逐戶上門登記的可行性。

在候選人資格方面，條例草案訂明，若要成為地方選舉候選人，有關人士須年滿 21 歲、已登記為地方選區選民，以及在緊接提名前的 3 年內通常在香港居住。至於功能界別選舉方面，候選人必須是地方區域選舉選民，亦必須是有關功能團體組別的選民或與該功能界別有密切聯繫。至於由選舉委員會選出的 10 個立法會議席，所有地方選區選民均可參加角逐。

條例草案亦訂明，非中國籍的特區永久性居民和在外國有居留權的特區永久性居民，可循指定的 12 個功能界別參選。這項條文，是鑒於長久以來外籍人士對香港所作的重要貢獻，並考慮到外籍人士在功能界別所佔的數目比例遠較地方選區為高。

接著我要向各位介紹條例草案中對投票制度的規定。在地方選舉方面，選區數目將會是 5 個，每區將有 3 至 5 個議席，議席總數是 20 個。選舉將會採用名單投票制度。參選團體須以名單形式提名候選人。為顧及以獨立候選人身份參選的人士，政府會接納 "單一候選人名單"。每名選民可投票一次，選擇一張名單。點票會按最大餘額方法進行。

至於功能界別方面，基本上將採用單議席單票制，但 6 個選民人數最少的界別，即市政局、區域市政局、鄉議局、漁農界、保險界及航運交通界，將採用按選擇次序淘汰的投票制度，以確保當選者的得票最少達到全部選票的半數，從而獲得大多數選民接受。此外，擁有 3 個議席的勞工界功能界別將採用全票制，即每名選民最多可投 3 票，按票數最多者當選的原則決定選舉結果。

有關選舉委員會方面，他們會以全票制選出 10 位立法會議員；而選舉委員會的組成，條例草案中已作出很詳細的規定。選舉委員會的 800 名委員，絕大部分將由所屬界別分組經選舉方式產生，而有關過程將由日後成立的選舉管理委員會所監管，以確保整個程式是完全公開及公平。

最後，我想提醒各位這次選舉在時間上的迫切性。為了如期在明年 5 月底舉行選舉，我們首先必須完成多項重要的步驟。舉例而言，選舉管理委員會須在 10 月底的法定期限前向行政長官提交選區劃分建議；選民登記須在年底和明年 1 月間進行；選民登記冊須依法在 3 月中前發表；選舉委員會須在 4 月初成立。

由此可見，有關日程表實在非常緊湊。當中有不少步驟和限期是由法例規定的。與此同時，各步驟皆互有牽連；因此每一個步驟的進度都會直接影響另一個步驟的開始。舉例來說，選舉管理委員會必須在地方選區的數目得到確定後，才能進行劃界的工作；而選區數目又只能在這法案獲得通過後，才能得以確立。

基於上述原因和各種情況，時間對於整個選舉過程來說是非常重要，亦不能有任何延誤。政府會盡一切努力，務求能在有關限期內完成各項工作。另一方面，我亦殷切期望本會能儘快完成有關的立法程式，為各項準備工作提供所需的法律基礎。

在結束我的發言之前，我希望藉此機會，多謝《選舉管理委員會條例草案》委員會各位議員的努力，使該條例草案的審議工作能迅速完成，並於下星期恢復二讀辯論。這對於選舉工作的順利展開，將有莫大的幫助。

主席，我謹此陳辭，建議臨時立法會儘快通過《立法會條例草案》。

（資料來源：香港特別行政區立法會）